保障性住房法律制度比较研究

张涛 著

中国社会科学出版社

图书在版编目（CIP）数据

保障性住房法律制度比较研究／张涛著．—北京：中国社会科学出版社，2023.8
ISBN 978 – 7 – 5227 – 2413 – 3

Ⅰ.①保… Ⅱ.①张… Ⅲ.①保障性住房—住房制度—法律—对比研究—世界 Ⅳ.①D912.204

中国国家版本馆CIP数据核字(2023)第149120号

出 版 人	赵剑英
责任编辑	孔继萍　郭如玥
责任校对	刘　娟
责任印制	郝美娜

出　　版	中国社会科学出版社
社　　址	北京鼓楼西大街甲158号
邮　　编	100720
网　　址	http://www.csspw.cn
发 行 部	010 – 84083685
门 市 部	010 – 84029450
经　　销	新华书店及其他书店

印　　刷	北京君升印刷有限公司
装　　订	廊坊市广阳区广增装订厂
版　　次	2023年8月第1版
印　　次	2023年8月第1次印刷

开　　本	710×1000　1/16
印　　张	22
字　　数	339千字
定　　价	118.00元

凡购买中国社会科学出版社图书，如有质量问题请与本社营销中心联系调换
电话:010 – 84083683
版权所有　侵权必究

目　录

第一章　绪论 ………………………………………………………（1）
　第一节　背景 …………………………………………………（1）
　第二节　研究的问题 …………………………………………（6）
　第三节　研究综述 ……………………………………………（9）
　第四节　研究成果和创新 ……………………………………（17）

第二章　住房、住房权和保障性住房 ……………………………（30）
　第一节　住房 …………………………………………………（30）
　第二节　住房权 ………………………………………………（32）
　第三节　保障性住房的释义 …………………………………（36）

第三章　保障性住房法学理论基础 ………………………………（40）
　第一节　分配正义理论 ………………………………………（41）
　第二节　功利主义理论 ………………………………………（60）
　第三节　政府干预论 …………………………………………（74）

第四章　保障性住房法律制度演进比较 …………………………（87）
　第一节　中国保障性住房制度演进 …………………………（87）
　第二节　新加坡保障性住房制度演进 ………………………（100）
　第三节　英国保障性住房制度演进 …………………………（102）
　第四节　荷兰保障性住房制度演进 …………………………（122）
　第五节　美国保障性住房制度演进 …………………………（126）

第六节　英国、荷兰、美国、新加坡和中国保障性住房
　　　　制度演进比较 …………………………………………（140）

第五章　保障性住房规划制度比较 ……………………………（151）
第一节　保障性住房的土地规划制度比较 …………………（151）
第二节　保障性住房的需求评估规划制度比较 ……………（171）
第三节　保障性住房质量规划制度比较 ……………………（180）
第四节　各国保障性住房包容性规划制度比较 ……………（188）

第六章　保障性住房的融资制度比较 ……………………………（211）
第一节　中国保障性住房的融资制度 ………………………（211）
第二节　新加坡保障性住房的融资制度 ……………………（215）
第三节　英国保障性住房的融资制度 ………………………（219）
第四节　美国保障性住房的融资制度 ………………………（231）
第五节　各国保障性住房融资制度比较结果 ………………（243）

第七章　保障性住房类型、申请和审核制度比较 ………………（252）
第一节　中国保障性住房类型、申请和审核制度 …………（252）
第二节　新加坡保障性住房类型、申请和审核制度 ………（264）
第三节　英国保障性住房类型、申请和审核制度 …………（269）
第四节　美国保障性住房类型、申请和审核制度 …………（278）
第五节　各国保障性住房类型申请审核制度比较结果 ……（294）

第八章　保障性住房欺诈监督制度比较 …………………………（305）
第一节　中国保障性住房欺诈监督制度 ……………………（305）
第二节　英国保障性住房欺诈监督制度 ……………………（314）
第三节　美国保障性住房欺诈监督制度 ……………………（324）
第四节　各国保障性住房欺诈监督制度比较结果 …………（335）

参考文献 ……………………………………………………………（337）

致　谢 ………………………………………………………………（350）

第 一 章

绪　论

第一节　背景

住房是人类生活的必需品。住房不仅能为人们提供安全感和存在感，也同时为人们提供归属感。通常情况下，住房被认为是一个可以免于外界侵扰的避风港。因此，拥有一套可以实现真实自我的空间一直是普通大众的梦想。但现实是在许多发展中国家的城市里，贫民窟随处可见，里边住着大量的城市移民，他们的居住环境非常恶劣，影响着家庭成员的教育、医疗和就业。特克斯塔（Turkstra，1998）指出：城市贫民窟出现的原因是城市的发展没有向所有城市居民提供令人满意的居住环境、基础设施、好的就业机会和其他基础性公共服务，从而导致了城市中的低收入弱势群体聚集在城市边缘区域。索林格（Solinger，2006）指出：一般城市贫民由下岗工人、农民工和城市低收入人群三部分人组成，他们的生活处于非常易受各种风险威胁的、贫穷的和多种困境的状态中。

瓦拉腾（Wratten，1995）提出了城市居民贫困的三个指标：

(一) 环境和健康危害

由于在城市里存在大量的人类病原体和工业有毒物质，因此城市环境和健康危险往往对城市贫民的生活造成巨大威胁。低收入城市贫民社区通常有以下四个显著特征：

第一是缺乏公共设施，例如饮水、卫生、下水管道和固体废料处理；第二是糟糕的住房条件；第三是拥挤；第四是居住的区域位置。这些因素增加了穷人的健康风险和医疗花费。

(二) 易受市场商品价格变动的影响

城市贫民容易受到市场里商品价格变动的影响。城市居民需要支付食物和住房费用。食品价格变化、工资收入的变化和生活的难以为继是城市贫民所面临的典型风险。房地产买卖价格和租赁价格的变化都可对他们的生活产生重大的影响。

(三) 社会分裂和犯罪

保护城市居民不是很容易，这是因为社区和住户相互之间的社会安全模式较乡村不易实施。城市区域往往受困于社会暴力、酗酒、吸毒和道路事故等危险因素之中。城市中的棚户区居民所面对的风险更为严重。[①]

基于瓦拉腾的城市居民贫困指标可以得出，住房困境是导致城市贫民生活恶化的基础性原因。当居无定所或生活在恶劣的环境中时，人们的其他基本生存要素也必将受到影响。住房是人类生存的基本需要之一。它涉及人们赖以生活的住所、人的尊严和家庭等因素。住房为人提供心理成长的空间，保护个人的隐私和促进家庭和个人的发展。由于对个人、家庭和社区生活如此重要，住房也往往决定着人际关系和所遇到的机会。另外，住房对人还有情感上的意义，为每个家庭提供了一个区隔于外部世界的神圣的居所。现代家庭的概念是以住房权为核心，并建立在充足和适当的住房基础上的。所以，没有住房往往是贫穷的标志，人们也无法获得安全感。没有一套体面的居所是导致城市贫穷的一个主要因素，并且极大地影响了城市贫民的生活质量。可以预见，如果房价高企，城市贫民更无法负担住房费用，他们仍将被迫生活在条件和环境差的贫民窟里。

中国没有出现过类似于其他国家贫民窟普遍存在的现象。这是因为在1980年代以前中国实行的是公有制住房制度，政府为城市居民分配住房，每个家庭和个人都有居所，居住条件和环境差别不大。但是随着近30年中国城镇化的快速发展，城市住房越发趋向于商品化和市场化。城市土地的供给、居民住房的刚性需求和投机等因素造成了房地产市场住

[①] Ellen Wratten, "Conceptualizing urban poverty", *Environment and urbanization*, Vol. 7, 1995, p. 21.

房供求关系失衡，城市房价快速上涨，城市房价远远超出了部分居民和家庭的承受能力。同时，越来越多的农村人口为了更好地就业和改善生活条件迁徙到了城市，尽管城镇化和工业化为中国的经济发展和市民化做出了巨大的贡献，但是同时在城市里也形成了一个新的群体——城市贫民。由于缺乏工作技能，大多数的人从事的是低收入的体力劳动，并且居住在环境条件很差的区域和房屋里。他们难以购买城市住房，被迫生活在环境较差、交通不便和拥挤的城市区域。居无定所和居住条件恶劣都影响着他们及其家人的生活、就业和受教育。

但是，社会中的每位成员都有权利享有一处体面居住和生活的空间。所以，政府有义务来确保该权利的实现。住房权是一种确保人们居住安全、平静和尊严的权利。这种权利人人享有，而不因为收入和其他资源的不同有所区别。因此，住房的供给必须充足，并给予足够的隐私、足够的空间、足够的安全和足够的基础设施。住房权不仅涉及民事权利中的财产权和人身权，同时体现了人的生存需求的许多因素，例如安全、可负担性、便利性等。住房权是民事权利和自然权利的融合体，自然权利是民事权利的基础。同时，住房权不能把住房限定为只能由市场供给的商品，而是充分地阐述和解释住房，这是确保人们发展和民权参与的基本条件。《世界人权宣言》第25条规定："从有权享受为维持他本人和家属的健康和福利所需的生活水准，包括食物、衣着、住房、医疗和必要的社会服务。①"

住房成为了重要的民生问题。为了解决城市贫困居民的住房问题和保护他们的住房权和基本人权。保障性住房制度应运而生，中国出台了一系列制度并构建了中国的住房保障体系。

一　中国保障性住房的发展

中国保障性住房开始于1995年的安居房项目，这也是政府干预住房市场的开端，其目的就是缓解城市贫困居民的住房压力。总体上，中国保障性住房的发展经历了五个阶段：孕育期、新生期、形成期、规范期

---

① 《世界人权宣言》，联合国大会于1948年12月10日通过的一份旨在维护人类基本权利的文献，是人权史上具有里程碑意义的文件。该文件认为住房也是人权实现的基本要素。

和快速发展期。整个过程当中，政府主要通过制定和执行保障性住房政策和规范性文件来进行政府干预。

（一）孕育期（1991—1993）

经济适用房的概念首次被正式提出是在1991年6月，国务院在《关于继续积极稳妥地进行城镇住房制度改革的通知》中提出："大力发展经济适用的商品住房，优先解决无房户和住房困难户的住房问题。"当时政府发展的重心是要逐渐实现住房的商业化，同时要缓解人民的住房困难并改善住房条件。对经济适用房的概念并没有做出清晰的界定。关于经济适用房的规划、融资和分配都没有制定相应具体的政策和制度。

（二）新生期（1994—1997）

1994年国务院在《关于深化城镇住房制度改革的决定》中提出了实施国家安居工程的方案，开始了以安居工程为主要形式的经济适用住房的建设。财政部于1994年12月15日发布《城镇经济适用住房建设管理办法》。该办法是关于经济适用房的首部法规，明确了供给对象、认定标准、规划和土地供给等制度。这一时期经济适用房的建设属于初期阶段，法规明确指出经济适用房就是向低收入和中等收入人群供给。事实上，此时中国已经把经济适用房定性为保障性住房，目的就是对社会财富进行重新分配，让城市中最弱势群体受益。当时关于廉租房制度的出台还在酝酿阶段。

（三）形成期（1998—2002）

1998—2002年这段时期，经济适用房制度初步形成，这也确保了经济适用房在中国正式开始大规模建造。在1998年7月，国务院出台了《关于进一步深化城镇住房制度改革加快住房建设的通知》，通知中明确提出"建立和完善以经济适用住房为主的住房供应体系"。从此在国家层面上确立了要大力发展经济适用房，把其培育成新的经济增长点，同时也可以解决城镇住房问题。此阶段建设部颁发的《城镇经济适用住房建设管理办法》是第一部关于经济适用房建设和管理的法律文件，在经济适用房制度史上具有重要的意义。在1998年，中国正式开始进行住房改革，这标志着福利分房制度的结束，进而开启了保障性住房制度的时代。通过建立和完善以经济适用住房为主的住房供应取代过去的福利分房。

(四) 规范期 (2003—2010)

中国保障性住房的规范和调整期开始于2003年。在经过一段快速发展后，保障性住房领域出现了很多问题，比如转售、转租、空置等。为了解决这些问题，政府出台了一系列的法律法规。在2003年8月12日，国务院颁布了关于促进房地产市场持续健康发展的通知的文件，文件强调了房地产商业化的重要性，大规模建设经济适用房的速度随之被放缓了。在2007年11月19日，根据《国务院关于解决城市低收入家庭住房困难的若干意见》，建设部、发改委、财政部等七部门经国务院同意联合出台了《经济适用住房管理办法》，在中国保障性住房制度建设中属于里程碑式的法规。《经济适用住房管理办法》对经济适用房进行了重新定义，内容涉及土地、融资、价格、管理、准入和退出等方面。而且在2007年9月26日，《廉租住房保障办法》经建设部第139次常务会议讨论通过，该办法强调了廉租住房补贴主要有货币补贴和实物配租，同时明确规定了廉租住房的资金来源、申请程序以及准入等制度。

(五) 快速发展期 (2011—2018)

根据"十二五"规划，中国政府计划建造3600万套保障性住房。2011年是"十二五"规划的第一年，政府规划建造1000万套保障性住房，这和2010年建设的580万套相比较，多出了42%，其中廉租房占了很大的比重。所以保障性住房在这一时期保持了稳定快速的发展。其中的制度考量是要真正的建立商品房和保障房的二元供给体系，不再弱化保障性住房的地位。关于经济适用房这一时期中央政府没有出台新的法规。但各个地方政府根据2007年的《经济适用房管理办法》和《廉租住房保障办法》都相应地出台了各地的《保障性住房管理办法》。在2012年5月28日住房和城乡建设部发布了《公共租赁住房管理办法》。该《办法》分总则、申请与审核、轮候与配租、使用与退出、法律责任、附则共6章39条，自2012年7月15日起施行。根据2013年住房和城乡建设部、财政部、国家发展和改革委员会联合印发的《关于公共租赁住房和廉租住房并轨运行的通知》规定从2014年起，各地公共租赁住房和廉租住房并轨运行，并轨后统称为公共租赁住房。同年，住建部在部分城市推出了共有产权房建设试点。近些年，国家推出了"安置房"和"棚户区改造",农村危房改造等项目,旨在建立多层次、多元化的住房保障体系。

二 中国保障性住房法律制度现状

法律是实现保障目标的基础。在保障性住房方面,具体体现在制定合理的规划制度、土地制度、融资制度、准入和退出等制度中。所以,完善保障性住房法律体系是实现保障性住房分配正义,确保个人住房权利,资源高效利用的前提。当前,中国保障性住房的法律法规繁杂。根据保障性住房法律法规度的效力等级来看可以分为三个层级:第一层级是中央政府制定的规范性文件,主要是国务院和国务院办公厅发布的有关保障性住房各方面的规范,例如1991年6月,国务院制定的《关于继续积极稳妥地进行城镇住房制度改革的通知》,1994年国务院《关于深化城镇住房制度改革的决定》等;第二层级是国务院各部委制定的规范性文件,主要针对的是经济适用房、廉租房和公共租赁房的管理办法,例如2007年9月26日的七部委出台的《经济适用房管理办法》,九部委发布的《廉租住房保障办法》和在2012年5月28日住房和城乡建设部发布的《公共租赁住房管理办法》;第三层级是地方性政府规章和规范性文件,这些都是地方政府以中央和各部委的规范为依据,并结合当地实际情况而制定的规范性文件,例如《深圳市经济适用住房管理暂行办法》和《上海市经济适用住房管理试行办法》。这三个层级的所有规范性文件都是各级政府和有关部门开展保障性住房工作的法律依据。

到目前为止,中国尚未出台保障性住房法律和行政法规。即使已经制定了大量纷繁复杂的保障性住房规范性文件,但仍然不能解决各个环节中存在的问题,典型的包括:分配不公平、监督缺失、管理不到位、公众参与度低、规划不合理,等等。这主要是因为许多规范性文件规定不明确,且存在许多漏洞和盲点,所以亟须制定新制度和完善现有制度。

第二节 研究的问题

在中国保障性住房30年的发展历程中,暴露出许多问题,涉及保障性住房的各个环节,这充分显示中国保障性住房法律制度无法满足现实需要。为了完善当前法律法规构建和充实保障性住房的理论基础,本书选择介绍发达国家的保障性住房制度,并进一步和中国相关制度进行比较,从而发现立法不足之处,达到借鉴的目的。本书将从三个方面阐释所要研究的问题:

(一)理论研究

关于保障性住房法律制度的法理基础是本书研究探讨的第一个问题。法律制度的制定必须以其目的、价值和功能的合理性为前提。它们是否合理必须予以充分的论证,否则制度的制定和适用将存在很大的风险。恶法往往导致法的价值难以实现,例如,公平、正义和效率。是否应当对保障性住房体系进行立法,首先要判断保障性住房法律制度的立法目的、价值、效率和功能是否合理。基于以上问题的考量,作者从罗尔斯的分配正义、边沁的功利主义和凯恩斯的政府干预论三个理论出发,以保障性住房为对象,阐释了保障性住房及其制度存在的合理性。为保障性住房制度的存在建立了新的法理基础,为保障性住房及其立法提供了理论支撑,反驳了保障性住房无用论的观点。首先,作者阐释了罗尔斯的正义论,进而把正义论的观点引入了保障性住房领域,通过讨论和论证创设了保障性住房的法理基础。通过罗尔斯的观点,很好地解释了住房权是一项基本权利,所以要通过立法予以保护。从而实现对社会中的弱势群体分配倾斜,达到正义的实现。作者创建的保障性住房理论以罗尔斯的正义论为基础,论证了住房权是一项基本人权,并接受罗尔斯认可的分配原则,即倾向社会弱势群体多分配社会资源,从而实现正义的目标,并结合正义实现的途径来阐释保障性住房需要在立法、执法、司法和法律监督进行制定和完善。其次,作者从功利主义的观点阐释了保障性住房存在的合理性,认为无论行为功利主义还是规则功利主义都认为所有的道德目标必须通过最大化社会的功利来服务大众利益,是对利益的满足。功利是所有人共享的基本利益的满足,在追求任何具体的偏好前,所有人必须拥有这些基本利益(Goodin, 1995)。[1] 同时,功利主义支持个人和社会追求"最大幸福"。功利主义幸福观是一切人的幸福,而

---

[1] Robert Goodin, *Utilitarianism as a Public Philosophy*, Cambridge: Cambridge University Press, 1995, p. 16.

不是行为者个体一人的幸福。而住房不仅是所有人必须拥有的基本利益，而且是个人和社会追求的幸福。最后，作者依据政府干预论的观点来佐证保障性住房发展的合理性，认为保障性住房是准公共产品，市场在资源分配中存在失灵的现象。作为无形的手的政府的调控应当介入住房市场，为城市低收入群体提供基本的居住条件。以上三个理论丰富了保障性住房的法学理论，为保障性住房的立法和完善开拓了法理空间。

（二）法律制度比较

第二个研究的问题是关于不同国家保障性住房的具体法律制度，并将它们与中国的制度进行比较，进而找到各自制度的优缺点。保障性住房法律制度本身就是一个体系。中国和其他国家的保障性住房制度内容和调整范围并不完全重合。当前，中国的保障性住房制度主要包括《经济适用住房管理办法》和《公共租赁住房管理办法》（2013 年公共租赁房和廉租房并轨），还有各个地方政府出台的《保障性住房管理办法》，另外还有一些涉及限价房、共有产权房和棚改项目的规范性文件。英国保障性住房法律制度主要包括《住房法案》（*Housing Act*）、《住房协会法案》（*Housing Association Act*）、《房主与承租人法案》（*Landlord and Tenant Act*）以及各个地方政府制定的保障性住房规范性文件。英国政府制定的法案一般都是原则性的规定，地方政法根据当地的具体情况制定的规范则更为详细和完整。而美国保障性住房法律制度主要包括《住房法案》（*Housing Act*）和《住房公平法案》（*Fair Housing Act*）。《住房法案》规定了不同的保障项目，主要有社区开发资助项目（Block Grant Program）和个人住房补助券项目（The Housing Choice Voucher Program），这些项目受美国联邦政府的住房和城市开发局（Department of Housing and Urban development, HUD）管理和监督。而新加坡在 1960 年出台了《新加坡建屋与发展法》，正式提出由政府发展公共住房，并明确了方针和目标。1966 出台了《土地征用法》（*Land Acquisition Act*）确保了保障性住房的土地供给，此后还颁布了《公积金制度》（*Central Provident Fund*）为购房者提供融资并构建了新加坡的保障住房法律制度体系。

作者以中国的保障性住房规范性文件为蓝本，尤其梳理了《经济适用住房管理办法》《公共租赁住房管理办法》和地方政府制定的《保障性住房管理办法》的文件目录，总结了中国保障性住房制度内容的框架。

中国保障性住房规范文件由三部分组成：总则、细则和附则。总则概括文件的目的和管理原则；细则通过章来划分和规范不同的内容，主要涵盖保障性住房的规划制度、融资制度、申请审核制度、监督处罚制度；附则是一些补充性规定，例如，赋予地方政府权力制定地方性保障性住房规范性文件。同时，作者通过梳理英国、美国和其他欧洲国家的保障性住房法律发现这些国家相应的制度框架和中国的基本吻合。所以，在进行制度比较时，把以上框架内容作为制度研究的范围，通过章节的形式建立制度比较的研究范围和框架。

（三）国家选择阐释

作者在比较保障性住房制度时主要选择了美国、英国、新加坡和欧洲其他一些国家作为比较对象，原因有以下三点：首先考虑到比较对象的多样性，美国在美洲具有典型性，英国在欧洲具有典型性，新加坡在亚洲具有典型性；其次是因为这些国家都是世界发达国家，保障性住房产业发展都经历了上百年的实践，经过长时间的反复完善，制定了相对合理有效的保障性住房法律制度；最后，这些国家对保障性住房法律制度进行了丰富和深入的学术研究，积累了大量研究成果，成为作者研究工作的充分的资源。所以，通过全面比较，他们的制度内容和实践经验对中国保障性住房制度的法理丰富和内容完善都有着重要的意义。

第三节　研究综述

一　国内研究

（一）理论方面

在保障性住房理论研究方面，中国学者们主要从政治哲学和经济学角度来探讨保障性住房的理论，但鲜有学者利用法学理论来探讨和论证保障性住房制度存在的合理性和适用的有效性。

1. 马克思的需求理论和恩格斯的住宅思想

从马克思和恩格斯政治哲学视角探讨保障性住房理论的学者认为，人的需求理论和住宅思想为保障性住房制度的创设提供了理论支撑。他们主张马克思的人的需求理论中的生理需求是人的第一需求，具体内容包括衣食住行等，这一切都是为了生存和发展，同时这些内容也体现了人最基本的需求，也是最直接、最原始和最强烈的意愿。满足人这些基本的需求既是社会主义制度的要求，也是社会主义制度优越性的体现，也是社会主义生产的根本目的。所以，在社会主义国家的中国，解决居民住房问题是国家和政府的责任。基于这个理论，中国应当建立保障性住房体系及其制度，满足人们基本的住房需求。

另外，恩格斯在《论住宅问题》中阐释了大量的和住宅相关的观点，总结起来主要包括：首先，住房困难是工业化必然的结果。大量的农民为了生计进入城市寻求就业，变成了工人，城市人口因而急剧增加，而住房变得稀缺。为了解决这部分人的居住问题，必须建造更多的住房来满足他们的住房需求；其次，在资本主义社会，住房集中和居住隔离是两个重要的住房问题。住房集中表现在一些人占有了大量的住房，而一些人流离失所的矛盾。居住隔离体现在不同阶级居住在不同的环境，不杂居，相互隔离。恩格斯认为只有依据市场的规律，才能最终实现供给平衡；再次，只有共产主义掌握政权才能有效解决住房供给不足的问题。恩格斯指出：应当制定某种标准来分配住宅，但并不是无偿地向城市中的所有人提供住宅。实现这一目标的条件是政权完全代表无产阶级的利益；最后，恩格斯认为公有制在住房中实行是一种进步。[①]

马克思的需求理论和恩格斯的住宅思想作为保障性住房的理论具有合理性。首先，马克思和恩格斯的理论阐释了住房对人类生存的重要性。他们主张要为人类解决基本的生存需求问题，住房就是其中一项基本的需求，而且是其他需要的基础。因为人类只有安居才能乐业，才能参与到正常的社会政治和经济活动中。其次，马克思和恩格斯所倡导社会主义公有制理论为中国保障性住房制度的设立奠定了社会性基础。因为公有制经济是社会主义的制度本质，也是中国社会的经济基础，它充分反映了社会主义制度的优越性。与世界其他国家一样，中国也存在住房问题。一方面，中国正在从计划经济向市场经济转型，但市场无法满足每位公民的住房需求，作为社会主义国家的中国政府肩负着解决住房问题的任务。另一方面，由政府向城市低收入且有住房需求的群体提供保障性住房。这是因为社会主义制度下的中国政府可以集中制度优势，通过

---

① 《马克思恩格斯全集》第18卷，人民出版社1995年版，第233页。

社会再分配的途径来实现每位公民的住房梦想。最后，马克思和恩格斯的理论与社会主义市场经济并不矛盾，而是高度契合。无论是资本主义社会还是社会主义社会，在经济的发展过程中都面临着城市化和工业化的问题，居民必然存在住房短缺的问题。所以社会主义中国也要做好顶层设计和制度安排，确保人有所居，并且要依靠制度优势，解决不同地位、身份和阶层的隔离居住现象和矛盾冲突。

2. 经济学上的平等和公平理论

还有一些中国学者从经济学中的分配正义和公平性角度来研究保障性住房。首先，平等和公平是经济学中的重要概念。平等不仅体现在人们主观思维中的机会平等，收入平等也是平等的重要标志。其次，公平分配是实现平等的首要途径。合理的社会规范是公平分配的前提，包括道德和法律。公平分配包括微观和宏观两个层面。微观上的公平分配是基于参与经济活动的个体而言，他们在投入和收入上达到相等。宏观上的公平分配是基于整个社会而言，不同阶层的收入要保持在合理的差距范围内。林增杰等（1999）认为社会的性质和特点决定了收入分配的公平性，但同时也要考虑到分配方式和结果对社会生产力的推动作用。所以，无论分配方式是否令人满意，只要可以促进生产力的提升，这样的方式就是公平的。总体上，公平分配可以稳定社会，也可以激发大多数人的生产积极性，最终营造一个健康的经济环境。赵海利（2003）则从公平和效率的角度来评估政府的政策，他认为公平和效率是评价政策的两个指标，并认为福利经济学基本定律提供了实现两个目标的方法，即完全和充分的市场竞争可以保障效率的实现，同时假设如果可以对初始资源占有情况进行调节，就可以实现配置的公平。这证明了公平和效率是可以共生的，既要允许合理的收入差距，也要保障弱势群体的利益。基于以上观点，一方面要建立由市场供给商品住房的体系，不仅可以激励市场主体努力工作，也可以积累社会财富。同时也要建立合理的保障性住房体系和制度规范，用以保障社会资源的公平分配，从而实现微观和宏观层面上的个人和社会的平等和公平。

（二）制度方面

在具体的保障性住房法律制度比较方面，中国的学者也对美国、英国、新加坡等国家的保障性住房制度进行过研究，产生了一些研究成果。

盛光华等（2005）研究发达国家保障性住房以美国和新加坡为例。关于美国，盛光华介绍了美国保障性住房法律制度的演进，在1937年，美国出台了《美国住房法》，由此开始了保障性住房的建设。随后，美国政府先后颁布了《全国国防住宅法》《住宅法》《住房和城市发展法》《新住房和城市发展法》《住宅和社区开发法》《税收改革法》《房屋供给和经济复苏法案》和《美国经济复苏和投资法案》，这些法律涉及保障性住房的建设、融资、土地规划、分配执行、补贴和运营。盛光华还指出，美国1937的《美国住房法》标志着公共住房建设进入实质性阶段，而1974年的《住宅和社区开发法》标志着美国住房保障趋向于货币化补贴，建立了保障性住房融资体系和补贴政策。关于新加坡，盛光华总结了该国保障性住房制度的三个特点：第一是国家统一建设分配。新加坡政府为大多数家庭和个人提供住房。同时设定了准入条件，包括身份、收入、家庭成员和房产状况等，不符合条件将不予分配。第二个特点是新加坡强制执行住房公积金制度，解决了保障性住房的融资问题。1953年新加坡出台《中央公积金法令》，该制度要求雇员强制储蓄住房公积金，由中央公积金局对基金进行管理。购房者在购买保障房时可以提取使用，并且中央公积金局还为购房者提供低息贷款。中央公积金局在吸纳了公积金后用于投资，把获得的收益再用到保障性住房产业中。新加坡公积金制度解决了保障性住房建设的融资问题，同时缓解了购房者的经济压力，实现了资金的良性循环运转。第三个特点是市场化退出机制的创立。新加坡政府允许保障性住房的置换和出售，鼓励以大换小、以旧换新。出售保障性住房时，政府也设定了期限，并要缴纳税金。

武斌（2018）和负恬（2015）从制度史的角度探讨了英国保障性住房的立法演进，介绍了不同时期英国保障房的立法背景，从而比照中国当前的实际情况。他们研究得出的结论是建议中国制定基本的保障性住房法律，制定配套的法律法规，对现有的规范进行细化，并建立有效的监督制度。唐天啸（2014）比较了美国、英国和新加坡的保障住房政策。唐天啸比较了以上国家的公共住房的覆盖范围、资金来源、补贴模式和住房法律。在法律制度比较部分得出的结论是中国保障性住房法律制度不完善。唐天啸建议应该借鉴新加坡建立公共住房体制，并创建配套的法律法规，例如《特别物产法》《新加坡建屋与发展法令》和

《建屋局法》。

二 国外研究

住房这一术语具有多面性。在英语中，住房既是一个名词也是一个动词。从名词的角度来讲，住房是客观存在的物，可以被建造被拆毁、被产出被消费、被理解被体验、被买被卖，这都体现了住房的物理属性。同时，住房也表明可以居住，即获得容身之处。社会中人们自己或他人通过参与不同的活动可以供给物理意义上的住房。随着城市工业化的发展出现的住房问题，尤其是低收入弱势群体的无处容身住房问题。正是由于住房含义的复杂性，学者们在研究住房理论时需要对所研究的住房相关问题进行范畴归类。首先，和住房相关的问题很多，例如，住房质量、无家可归、居住隔离、保障房、住房政策、社区，等等。这进一步证明了住房问题是一个多学科领域，它涉及社会学、心理学、经济学、人类学、历史、建筑、哲学等学科。所以在研究具体的住房问题时，要选择合适的理论作为研究支撑。这是因为住房问题具有多面性和复杂性，完全不可能存在一个纯粹的住房理论，一个可以高度概括所有住房问题的理论作为所有住房问题的理论基础。所有社会科学研究的问题根植于社会，住房问题同样根植于社会，是社会的一部分（Hannu Ruonavaara, 2017）。[①] 凯摩尼（Kemeny, 2003）也曾阐释相同的观点：住房研究需要更广泛地汲取社会科学的理论，只有这样才能对住房研究做出贡献。[②]

1. 福利经济学理论

欧洲学者的主流观点认为市场契约是分配住房的主要机制，国家干预就是为了矫正住房市场中经济和制度的失灵（Oxley & Smith, 1996）。按照福利经济学理论观点，住房既是市场中的商品，也是公共产品，需要政府提供。原则上，住房分配应当通过买卖双方，出租人和承租人双方自愿订立契约来实现。住房在很大程度上被视为单一商品，分配时应当根据消费者的偏好。托格森（Torgersen, 1987）指出住房和福利国家

[①] Hannu Ruonavaara, "Theory of Housing, From Housing, About Housing", *Housing, Theory and Society*, Vol. 2, 2018, p. 180.

[②] Jim Kemeny, *Housing and Social Theory*, London: Taylor & Francis Group, 2003, p. 17.

提供的其他福利产品一样不仅具有公共产品的共性，同时它还有其自身的特性，不仅属于公民福祉，而且符合消费者的偏好更为重要。所以，住房作为一种需要不可能直接由国家分配，而只能通过国家矫正市场的方式来实现。

按照福利经济学的观点，政府干预的合理性主要有两种：第一，产品对公民足够重要；第二，在没有规范的市场中，产品不能以一个可以接受的价格和质量向所有的公民提供。住房对公民意义重大，此处无须赘述。关于政府矫正住房市场失灵方面，福利经济学从来都认为完全交给政府或市场都是两个极端，不可取。

本特森（Bo Bengtsson，2001）认为住房市场矫正应当借用非家长式的理念来解决市场和政府的关系。这就意味着国家分配不能过分有家长式色彩，应该一方面由市场来调整需求，另一方面由国家来调整个体的需要。①

2. 社会学理论方面

美国学者在探讨保障性住房时主要是从社会学中的城市贫困角度出发。这是因为美国保障性住房的产生和其自身历史背景密切相关。美国1937年出台了《住房法案》，②当时正是大萧条的高峰期。因为私人建房基本停止，那些失去家园的美国民众只能迁入贫民窟。从1960年代中期开始，美国各个城市的贫困越来越集中，尤其对美国贫困黑人的影响最为突出，仅1960年至1979年的10年间，居住在极端贫困区域的城市贫困黑人人口就增加了164%，而白人人口仅增加了24%。贫困的集中往往伴随着失业的增加、依靠救济、隔离和犯罪。实际上该法案旨在鼓励建设公租房，其目的并不是解决住房短缺问题，也不是要确保城市贫民拥有一个体面的家，而是解决贫民窟的住房条件，当时贫民窟被认为对公共健康和福祉造成了威胁，例如疾病、火险和犯罪。

城市贫困在美国作为社会学和政治学讨论的题目长达100多年。所以，美国学术界创造了大量研究城市贫困的理论。基于这些理论美

---

① Bo Bengtsson, "Housing as a Social Right: Implications for Welfare State Theory", *Scandinavian Political Studies*, Vol. 24, p. 225.
② 美国1937年《住房法案》（*Housing Act*）又被称为《瓦格纳法案》（*Wagner Act*），它是美国历史上首部针对城市问题而制定的联邦法案，包括住房。该法案规定了联邦政府向低收入家庭提供住房补贴。

国联邦政府陆续出台的住房资助项目有四大类：第一类是政府出资建设公租房；第二类是补贴向低收入家庭出租住房的房东；第三类是补贴建设可负担性住房的开发商；第四类是直接补贴低收入消费者。1960年代之前，第一类项目一直是核心政策。从1960年到1970年第二类和第三类是核心。从1980年开始美国政府倡导第四类项目，即需求侧补贴项目。

早期的城市贫困理论主要有城市贫困生态理论和贫困文化理论。城市贫困生态理论早在1900年年初在美国已具有影响力，该理论通过人类生态视角认为贫困的城市社区是过渡性和实用性区域，只供新的城市移民群体暂时居住而已（Park & Burgess，1925）。还有一些美国生态理论家调查了一些贫困社区的城市混乱性质以及社会混乱的负面影响（Wirth，1938；Shaw & McKay，1942）。美国传统的城市生态观点一直受到批评，理由是该理论不承认许多黑人贫困社区持久存在的特性，忽视了其他非市场的因素，这也可以导致群体流动和土地使用（Sampson & Morenoff，1997）。第二类早期的城市贫困理论是文化贫困理论。该理论认为穷人的准则和行为是低等的文化和与众不同的生活方式，这都体现在反常的世界观和低抱负，并且这样的文化还会代代持续（Lewis，1968；Moynihan，1965）。

近代有影响的美国城市贫困理论主要有社会孤立和集中影响理论、居住隔离和歧视理论和社区影响理论。社会孤立和集中理论认为城市贫困阶层的社会状况恶化的原因有两个：第一个是经济结构的变化，低技能的劳动力需求减少，服务业就业门槛提高，这导致了大量的城市失业率，尤其是黑人；第二个是城市内部社区的社会构成的变化，1970年代到1980年代，中等收入阶层和工薪阶层的黑人陆续搬出城市中心，这导致了最贫困的居民聚居在这些社区，他们被正式的工作网络、工作典范、主流制度和主流的行为模式孤立和隔离。影响的结果就是个体的收入水平，个体的独立性和家庭的观念（Wilson，1987）。居住隔离和歧视理论则强调居住隔离和种族主义是集中贫困增加和城市黑人窘困的主要原因。因为歧视限制就业、教育和穷人的住房机会（Massey & Denton，1993；Leventhal et al，1997；Sampson & Morenoff，1997）。这一切都是当时美国白人通过限制黑人流动造成的。甚至在公租房项目建设选址时，也选在了黑人聚集社区。即使在 1968 年出台了《公平住房法案》，①居住隔离也一直持续到 1980 年代。居住隔离造成了社会隔离，黑人失去了和外界接触的机会。而社区影响理论主要阐释了失业、辍学、犯罪等与社区影响之间的关系（Massey et al, 1991；Brooks-Gunn et al, 1993；Sampson et al., 1997）。结论是贫困集中的社区往往对社区居民的方方面面产生负面影响，打破原来的城市贫民窟聚居现象是很重要的。这也为后来美国政府出台的住房分散项目和不同收入群体混居项目提供了理论基础。

基于城市贫困理论，美国保障住房政策和制度制定的宗旨就是要分散城市贫困的集中，解决种族和社会问题。1974 年制定的住房选择券项目（Housing Choice Voucher Program, The Section 8 Program）就是向持券人提供补贴从而在私人市场租赁住房，该项目的目的就是要解决公租房中的贫困集中问题。另外一种方式是持券人可以迁入较好的社区从而达到去集中化和分散贫困聚居的目的。还有 1976 年的高特鲁项目（Gautreaux Program），该项目的目的是要解决芝加哥公租房的种族歧视问题，做法是把低收入的黑人家庭迁入收入较高的白人郊区。虽然对成年黑人的就业和薪水产生的影响较小，但对这些迁入的孩童来说，他们受到了更好的教育，获得了更好的就业。由于认识到了孤立和贫困集中的负面影响，美国国会在 1993 年通过了城市复兴展示项目（Urban Revitalization Demonstration Program, now known as HOPE VI），目的就是要减少贫困集中，鼓励自给自足，并建设可持续的不同收入阶层的混居社区。具体方式是拆毁旧屋，建设更大的混居社区。该项目除了改变住房的物理结构外，还通过引入高收入阶层租住公租房改变了公租房的社会和经济结构。该项目还提供社会服务资金，帮助居民自给自足，例如职业培训、教育和家政。可以看出，贫困理论为美国住房保障制度的制定和完善提供了理论依据。

---

① 美国 1968 年《公平住房法案》（*Fair Housing Act*）又被称为《1968 年民权法案第八章》（*Title VIII of the Civil Rights Act of 1968*），该联邦法案保护美国个人和家庭在住房买卖、租赁、融资和广告中免于受到歧视，并于 1988 年被修改，重新界定了歧视的范围，包括种族、肤色、宗教、性别、残疾、家庭和国籍。

第四节　研究成果和创新

（一）在理论研究方面

关于保障性住房制度的法学理论研究中外学者各自的研究角度不同，中国学者主要从马克思主义的政治哲学和经济学角度来探讨保障性法律制度存在的合理性，而西方学者主要从福利经济学和社会学的角度来探讨保障性住房法律制度的理论基础。这些理论都具有合理性，也阐释了无论是社会主义国家还是资本主义国家的住房系统中都需要构建保障性住房法律制度，但是这些理论也具有明显的局限性。这是因为保障性住房制度本身的性质决定了其理论的多重属性。首先是保障性住房理论本身的合理性，因为只有理论具有合理性，才能证明和阐释保障性住房存在的基础。其次是保障性住房制度理论的法律属性。保障性住房具有多学科性，它涉及政治学、经济学、社会学、法学等。在探讨保障性住房时，不同的学科研究的方向和研究范畴也不尽相同，这就决定了当学者在研究不同学科和性质的保障性住房问题时，所依据的学科理论也不尽相同。当从法学的角度研究保障性住房时，应当依据的是法学理论和学说。再次，保障性住房理论的概括性。由于保障性住房作为一个产业涉及多个环节，包括规划、融资、建设、分配、管理和监督，所以，保障性住房法律制度应当涵盖和调整以上各个环节。最后，保障性住房法律制度理论的规范性。为了确保保障性住房可以分配到适格的城市低收入群体手中，保障性住房法律制度理论必须确保具体制度具有可操作性，可以有效地调整和规范各个环节的顺利执行。

所以，马克思主义住房需求理论和恩格斯的住房思想，以及福利经济学理论和社会学理论为建设保障性住房提供了理论基础，认为国家应当解决城市低收入群体的住房问题，并且国家需要承担起这项责任。但这只是解决了理论本身的合理性而已，这些理论没有从法学的角度来深入地探讨和解释保障性住房制度的其他属性，例如概括性和规范性。综上所述，作者从法学角度分别就分配正义、功利主义和政府干预的理论探讨保障性住房法律制度的法理基础，构建与以往不同的保障性住房法律制度的法理框架。

1. 保障性住房分配正义理论

首先，本书作者阐释了分配正义的历史演进，比较了不同学者的分配正义的观点，最终选择罗尔斯的正义论观点作为保障性住房法律制度理论研究的基础。约翰·罗尔斯主张社会需要制定制度来分配公民的基本权利和义务，来划分社会利益和负担。约翰·罗尔斯强调社会制度的首要价值是正义，非正义的事物都应该被改造或废除，所以人类活动在真理和正义面前绝不能妥协。因而他提出正义论，其目的就是设计一个合理的分配标准来处理社会中存在的分配问题。为了论证正义理论原则，罗尔斯采用了新社会契约论，一开始他先创设了一个纯粹的原始状态，即无知之幕，所有的缔约的参与者对自己所处的在社会的地位、阶级出身、天生资质和自然能力的限度一无所知，更不知道自己的善的观念、心理特征和社会经济政治状况等情况，而且在这种情况下，为了达成选择正义原则，契约当事人都是平等的和理性的。参与者在"无知之幕"之后选择和确定他们所期望的正义原则时，必然导致产生两个正义原则：第一个原则是每个人拥有的最广泛平等的权利；第二个原则是在处理不平等时，应当倾向于保护最少受惠者的最大利益，并且使所有人都拥有获得开放职务和地位的平等机会。同时，罗尔斯为实现正义原则时提出了"四个阶段的序列"理论，即接受正义原则、立宪阶段、立法阶段、法官和行政官员把指定的规范应用于具体个人阶段，这四个阶段也是通过制度安排确保正义原则。

其次，作者把罗尔斯的正义论拓展到了保障性住房法律制度中，基于罗尔斯正义论的观点构架了保障性住房法律制度的理论。罗尔斯在正义论中的第一个原则中提出每个人都拥有最广泛的平等自由权。他认为社会和财富分配上的平等的前提是政治自由权的平等，不正义的政治制度所产生的负面影响远大于市场缺陷所造成的影响。通过建立合理的政治制度，以此充分保障每个人的自由平等的权利是实现分配正义的基础。基于第一原则的观点，作者深入地阐释了保障性住房权利的属性，充分论证了该权利是每个人基本的平等权和自由权，是理性政治制度追求的目标。这一结论为保障性住房的存在以及保障性住房的立法奠定了学理基础。正义论的第二个原则包括差别原则和机会平等原则。第二个原则适用于收入和财富的分配，罗尔斯认为由于社会资源和经济的分配是不平等的，因此在分配时要倾向于最少受惠者的利益。作者基于第二个原则，首先确认城市低收入且具有住房困难的居民是最少受惠者，他们在社会财富的分配上处于不平等的地位。其次为了确保正义的实现，在社会财富分配时应当倾向于这类弱势群体，社会应当向这类人群提供可负担得起的住房，确保他们享有平等的居住权。

最后，关于如何使正义原则演化为具体的制度，罗尔斯还提出了"四个阶段的顺序"。第一阶段是正义原则的选择阶段。政党首先需要选择罗尔斯主张的两个正义原则，同时也要同意为后代储蓄和保留。然后政党利用新信息来逐渐决定和完善适用这些原则的制度，最终编织好正义需要的所有条件；第二阶段是宪法制定阶段。要求向各个政党提供更多关于社会政治文化和经济发展的信息，从而召开制宪会议，确定正义的政治机构来起草并制定一部宪法，依据宪法实现罗尔斯自己主张的两项原则。这个阶段主要是确定平等的公民权和各种自由权；第三阶段为立法阶段。政党们仍然要了解社会，并通过立法制定具体的法律来实现第二阶段宪法制定框架下的两项原则；第四阶段是具体运用规范的阶段。政党掌握了社会的全部信息，法官和行政官员把制定的规范用于具体的事务，公民则普遍遵循规范。在罗尔斯的正义论中，其创设了"四个阶段的顺序"的方法，认为该方法是实现两个原则的一个制度工具。实际上，"四个阶段的顺序"所体现的核心价值是要强调法律工具在实现两大原则中起到的决定作用。法律作为一种社会规范，其运行由立法、执法、司法和惩罚构成。所以，基于以上四个阶段，保障性住房法律制度的设立也必须确立合理的正义理论的地位，通过宪法保护每个人的基本平等权和自由权。然后基于宪法制定保障性住房法律制度，通过立法来调整保障性住房的各个环节。

罗尔斯正义论全面地阐释了对分配正义的认知。尤其是该理论创设了两大正义原则：平等权利和机会以及使最弱势群体受益。同时，为了实现两大原则，罗尔斯还提出了"四个阶段的顺序"制度路径。和其他理论相比较，该理论不仅解决了理论本身的合理性，而且在法律属性，内容的概括性和制度规范性方面为保障性住房的提供了法理支撑。作者通过大量的分析和论证，形成了以正义论为基础的保障性住房分配正义理论，这也是作者研究保障性住房制度在理论方面的成果和创新。

2. 保障性住房功利主义理论

功利主义既是道德的政治理论也是法律理论。该理论主张通过立法来调整人们的关系，目的就是获得幸福躲避痛苦。功利主义的立法目标是促成和确保最大多数人的最大幸福。检验国家对错和好坏的标准是幸福。功利主义主张所有的政治制度和官员必须由结果来评判而不是他们的理想，即他们使人们获得幸福的效果，而不是遵守自然权利理论或绝对正义。功利主义理论是基于享乐主义心理学说假设人是感知生物，最大多数的最大幸福原则是功利主义评估政府政策和立法的标尺，国家必须促进这一原则的实现。所以立法者在执行特定法律时必须审视它们是否提升了幸福所要求的安全、丰富、平等等要素。首先，作者阐述了住房是一种"功利"，是人类生存的基本利益。住房基于其家的特性有着自身的特点，这些特点都揭示了住房是个人和社会得以维系的基本利益。第一，住房提供安全感和归属感；第二，住房给予尊严和个人身份。其次，作者阐释了住房是个人和社会追求的幸福。第一，住房作为家的庇护给予幸福；第二，住房作为财富给予幸福。保障性住房为城市低收入弱势群体提供住房救济，使他们有一个安身立命的庇护所，确保他们基本的生存条件和权利，增加个人的持久的幸福和快乐，最终增加了整个社会的幸福。所以，保障性住房的目的就是通过满足个人的基本需要来改善他们的居住，其效果可以通过统计获得住房后对他们生活的积极改变来展现。

从法理学角度来讲，功利主义相信法律的制定需要符合最大的社会实用目的，即法律的功利和实效就是增加幸福、财富或正义的能力。功利主义认为社会正义以一定的自由为基础提升社会生产力，通过"平等的人平等对待"和"不同人不同对待"的原则来维持社会的秩序。功利主义做出的决策就是为了产出巨大的利益。边沁相信法律最终应当为社会带来利益。他主张任何法律的最终目标应该是促进最大多数人的最大幸福。功利主义者鼓励产出更多幸福的行为，而禁止导致痛苦的行为。

保障性住房立法涉及保障性住房的规划、土地、融资、管理、监督等制度。确定了住房救济的对象，即城市低收入无房居民，这体现了功利主义主张的社会正义和分配正义的最高标准，就是要善待城市中的每个平等公民。因为他们是社会的成员，具有平等的地位，应当得到善待，应当得到团体普遍利益的分享,应当保障他们基本的生存条件,包括居住条件。住房本身作为一种基本的生活必需品,在很大程度上增加了居住者的幸福感。另外,保障性住房的规划制度要求保障性住房地理位置具有便利性,需要相关配套基础设施的建设,包含学校、医院和其他公共设施。这些规划无疑可以增加这类人群的利益和幸福,体现了保障性住房立法的立法遵旨。保障性住房的救济方式包括实物救济和补贴救济。无论通过降低住房的土地价格,还是通过较低成本的融资,其目的就是确保保障性住房的可负担性。确保城市低收入群体还留有收入满足其他需求,间接地提升了他们的幸福。总之,功利主义原则在很大程度上可以指导保障性住房制度的立法目的和宗旨,通过法律的手段最大化个人和社会整体的幸福。

3. 保障性住房政府干预理论

庇古在他的《福利经济学》中指出:亚当·斯密主张市场"看不见的手"对资源配置具有重大价值和效果,前提是只有当外部性的问题不存在的情况下,市场才能使社会资源得到最优配置。然而,在实际情况中,外部性问题一直普遍存在。只有当外部性问题被国家和政府解决后,也就是在国家对市场进行了有效干预后,资源配置才能达到最有效率的状态。同时,庇古对收入分配问题也做过阐释。他认为当一个人的收入增加越多,在总收入中,其消费的比例反而越小。所以,如果把相对富有阶层的财富部分转移给穷人,必会使穷人增加的满足程度大于富人减少满足的损失,这最终有益于增加社会总福利。根据此理论,他主张政府和国家应该干预收入分配来增加社会和经济福利。所以,国家的干预只有在市场失灵的地方发挥作用,如公共产品的提供、涉及国家安全和存在外部性影响的领域。当然,法律是国家干预最有效的手段之一。

基于政府干预论的观点,本书作者首先认为住房也属于商品,具有一般商品的属性,但有别于一般的商品,其具有自己特殊的属性。第一,住房具有社会属性,获得适宜居住的住房是保障人权的基本体现,这和其他一般商品的属性是不同的。住房的社会属性追求公平、正义和秩序,政府干预是实现以上价值的途径;第二,住房还有商品的消费属性,住房具有高价格、耐用性和空间位置固定的属性,市场在追求高利润时往往容易形成垄断,企业通常会形成垄断集团,提高住房价格,占据优势位置。这些都会形成不公平、不公正的现象，只有通过政府干预才能破除垄断；第三，住房具有产品异质性，住房的生产周期长，资金的投入大，其生产的复杂性突出，涉及多个行业；第四，住房具有交易复杂性，买卖或供求双方信息不对称，交易成本过高。所以，住房属于准公共产品。基于以上原因，政府通过制定一系列的法律和政策对住房市场进行干预，其目的就是促进住房市场的公平和效率。政府制定的法律和政策主要可以分为两类：需求侧干预和供给侧干预的立法和政策。补助包括住房补贴、住房券、租金控制、税收优惠和低利率按揭。采取的措施主要是通过立法和政策规定抑制违法，并调控住房标准。

（二）在制度比较研究方面

作者选择美国、英国、新加坡等国家作为研究对象，与中国当前的保障性住房制度进行了比较并得出以下创新结论：

1. 在规划制度方面

首先关于土地规划制度，在土地所有权方面中国《民法典》规定：城市的土地属于国家所有。新加坡四分之三的土地属于国家所有，并且新加坡制定了《土地征用法》，这就确保了新加坡在建设保障性住房时，也属于政府主导的土地供给制度。美国和英国在土地所有权制度方面类似。他们的土地是双轨制，私人可以拥有土地所有权，政府也可以拥有土地，所有权被称为公共用地或政府所有的土地。英国和美国，建设的保障性住房所使用的土地属于公共用地。随着保障性住房的货币化补贴的流行，英国和美国鼓励私人企业参与到保障性住房的建设中。政府向私人企业供给政府土地，鼓励开发商建设混居的可负担性住房。其次在土地供给规划制度方面，中国、新加坡、英国和美国体现出了高度的一致性，都是通过政府主导向私人开发商提供政府公用土地、吸引开发商参与保障性住房项目的建设。

其次是各国保障性住房需求评估制度方面，总体上，各个国家对保障性住房的需求评估都是由政府部门来进行主导，这也体现了政府干预理念在住房领域的应用。各国在评估保障性住房需求时，参考的主要依据都是收入和住房的调查统计数据，只是在准确性方面，每个国家的国情不同，略有差异。为了确保评估的准确性，需要其他相关制度的制定来辅助，例如完善的税收制度、社会诚信制度的建设以及相应的惩罚制度。这都是美国、英国和新加坡成为保障性住房典范国家的制度基础。

再次是保障性住房质量制度方面,各国保障性住房的质量总体上要求符合物理性的居住条件,同时也要求环境的宜居性和生活的便利性。无论中国、新加坡、英国和美国的保障性住房的质量门槛都有同样的理念和制度要求。一方面向低收群体提供可以居住的保障性住房,该住房提供居住的所有基础设施,例如水、电、门窗、楼梯电梯等。另一方面,住房周围提供生活基础设施,例如医院、交通、学校等。除此之外,新加坡的保障性住房升级制度也值得借鉴。毕竟保障性住房随着时光的流失,其质量也处于下降态势,对老旧保障房的升级是提高保障性住房质量的有效途径。老旧保障性住房小区的升级需要小区居民和辖区政府的共同参与,关于升级的费用由居民公积金储蓄摊派获得,政府同时提供融资贷款。升级通过实验期、验证期和主要开展期分阶段地逐步推动,赢得居民信任后,再在其他老旧小区进行推广。

最后是保障性住房包容性制度方面。第一,英国和美国在保障性住房包容性规划制度中有明确的立法目的:分散贫困的集中度和改善社区治理效果;鼓励现代社会的多样性,让不同文化、背景和信仰的社区居民相互忍让和尊重,促进社区居民的和谐共处;实现社会融合,不同收入阶层共享标准、价值、社区归属感和社会团结。这样的立法目的对中国保障性住房的包容性规划立法具有很好的借鉴意义。

第二,英国的多样化的包容性制度值得借鉴。英国包容性社区的类型包括很多老旧的不同产权的内部城市区域和一些不同种族和不同收入阶层混居的小区域。很多农村地区也存在小规模的不同产权房,不同收入阶层和不同家庭类型的混居。另外,英国政府通过拆迁和保障性住房的销售,形成混合产权小区。英国很多较大的新住房开发项目从一开始就是混居模式。可以看出,包容性不仅仅是不同收入,不同种族的混居,它可以有多种类型。这为今后中国包容性社区类型的规划提供了参考依据。

第三,保障性住房包容性规划制度的内容。美国保障性住房包容性制度包括:保障性住房的预留;保障性住房的目标人群;包容性项目制度要求;建设保障性住房的替代选择;成本抵消;开发标准和可负担性的控制。美国的保障住房包容性规划制度相对完善,涉及了几乎所有包容性规划制度调整的范围,其制度框架合理全面,对今后中国保障性住房包容性规划制度的立法提供了框架支撑和借鉴。

2. 在融资制度方面

通过对各国保障性住房融资制度的梳理和剖析发现保障性住房融资的目的就是确保保障性住房的可负担性持续发展。为了确保保障性住房的可负担性,各国在保障性住房融资制度的不同主要体现在保障性住房开发和消费主体的融资制度方面。首先在保障性住房开发商的融资制度方面,中国融资平台的造血功能不足且融资困难。和新加坡相比较,新加坡的中央公积金制度就显示出了很多优越性。在储蓄方面,新加坡中央公积金制度强制实施个人储蓄计划,购房时可以使用。在投资管理方面,新加坡中央公积金局为了使公积金保值增值设计了投资计划,为公积金的主动造血提供途径。在英国,保障性住房开发商在开发保障性住房项目时,政府向开发商提供一部分融资,剩余部分开发商完全依据市场规则进行融资。债和债券融资在英国广泛存在。另外,英国政府还在财政措施上创新,确保对保障性住房开发商融资上的支持。一是减少建设保障性住房的税收。二是政府部门和私人雇主参与供给。三是减少增值税。这都显示了英国政府对解决融资市场和补贴制度的巨大灵活性。在美国,保障性住房领域的融资制度主要有三大类:第一类是机构融资制度。该类融资又进一步分为商业银行的投资制度及储蓄和贷款协会的投资制度;第二类是免税债券制度;第三类是低收入住房减税制度。更为重要的是美国设立了 12 家联邦家庭贷款银行(Federal Home Loan Banks)。设立目的是成为保障性住房建设、社区发展、就业等的融资渠道。比较结果发现:美国对保障性住房开发商的融资制度规定具有多元化特性。银行是开发商传统的融资渠道,这和中国、英国相同,但不同于把公积金作为主要融资渠道的新加坡。美国还成立了专门的联邦家庭贷款银行,该机构是保障性住房建设和社区发展的专门融资渠道。它不仅参与保障性住房的开发融资,还参与项目和社区的运作和管理。中国则没有设立专门针对保障性住房开发的商业银行。另外,美国和英国相同,还制定了保障性住房减税制度,激励开发商来建设保障性住房。它是依托保障性住房项目,向开发商减税,在一定程度解决了美国英国保障性住房的资金短缺的问题。保障性住房减税制度要求开发商投资保障性住房项目，从而获得一定期限的税收减免作为投资回报。中国和新加坡没有制定专门的保障性住房建设减税制度，但中国的各个地方政府也出台了税收减免和优惠政策。尽管各个国家的制度在名称和操作上有不同，但都认可税收措施是重要的手段来调节保障性住房的开发成本，其最终的目的就是把保障性住房的价格控制在各个收入阶层的可负担范围内。

其次在保障性住房申请人的融资制度方面，在中国，无论是购买还是租住保障性住房，申请人可以通过住房公积金贷款或在市场上进行商业贷款。和新加坡相比较，中国的融资途径显得比较单一。在新加坡，中央公积金制度不仅可以通过再投资的方式让公积金实现造血的功能，中央公积金将蓄水池中的公积金进行再投资后的收益中的一部分通过补贴的形式向不同收入和家庭背景的申请人提供住房补贴，最终实现保障性住房的可负担性。但中国没有实现公积金的增长和公积金的再造血功能，从而无法实现公积金的补贴制度，这是中国需要向新加坡借鉴的地方。

在关于申请人的融资制度方面，英国建立了可负担得起的家庭所有权保障房融资制度。英国和新加坡一样，都对保障性住房的申请人提供补贴，补贴的形式虽然侧重不同，但都是为了降低购房和租房门槛，使得住房对低收入群体具有可负担性。中国国情不同，但对保障性住房的申请人也提供了不同形式的补贴，包括土地，住房公积金储蓄并提供低息贷款，对公务员、事业单位和国有企业人员提供住房补贴。

美国的保障性住房融资制度涉及三个主体，其中针对个人申请人的融资为银行按揭贷款。同时美国还创设了储蓄和贷款协会，它是联邦住房金融局的特许成员，是一家金融机构，专门受理储蓄并向住房按揭发放贷款。储蓄和贷款协会主要的租金来源是储户的存款。这和新加坡的中央公积金和中国公积金的资金来源相同，这能够保证储蓄和贷款协会获得长期的资金，为保障性住房的个体申请人提供永久的和长期的贷款。所以，储蓄和贷款协会在保障性住房的融资制度和联邦家庭贷款银行制度非常相近。只是提供的融资主体不同而已。同时，美国联邦政府和地方政府还向申请人提供多种形式的补贴，资金来源于联邦政府和地方政府的拨款。美国、英国和新加坡属于发达的高收入国家，在认同低收入的住房权和人权的前提下,通过商业银行、住房公积金等金融机构向这些弱势群体提供了低息和多渠道的融资途径。在此基础上,还依据各个申请人的经济状况、住房状况、身体和年龄状况设计了多元的补贴,解决了这些弱势群体的住房问题。中国保障性住房的融资制度虽然处于起步阶段,但是进步很快,不仅引入了新加坡的中央公积金制度,也在逐步建立自己的保障性住房融资平台,不过在具体制度建立和操作方面还需要完善。

3. 在申请审核制度方面

第一,在保障性住房类型方面,中国保障性住房类型包括经济适用房、公共租赁住房、拆迁安置房、两限商品房和安居商品房。与新加坡相比较,中国保障性住房类型的划分不够细致,这也会导致保障的目标群体不明确,缺乏人性化。例如新加坡保障性住房类型包括:单间公寓、两居室公寓、三居室公寓、四居室公寓、五居室公寓、3代共居公寓(3Gen Flat)、特大公寓(Executive Flat)和定制公寓(DBSS)。特大公寓的面积最大,3代共居公寓次之,公寓中多代人共同生活。这体现了新加坡保障性住房类型的划分中不仅考虑申请人收入,还考虑到申请人的家庭人员构成以及成员的特殊需求。在英国,除了由政府提供的廉租房,其他类型的廉租房在很大程度上属于商品房,政府在很大程度上向申请实行货币化住房补贴,让申请人在市场中寻找适宜的住房。这样既可以满足住房需求,还可以满足他们特殊的住房需求。当前美国的保障性住房实行货币化补贴,政府向适格的申请人提供住房资助,申请人在市场中寻找合适的住房。由于美国政府财政有保障,所以美国保障性住房的类型是货币补贴的类型。其中联邦政府和州政府都制定了保障补贴制度,针对的人群非常细化,保障的目标群体特定,既有低收入的单身,也有家庭,还包括高龄人、残疾人、精神障碍群体等。新加坡、英国和美国的保障性住房类型很具体,这可以锁定低收入群体中的有住房困难的人,同时通过对这部分人的再细化再分类,制定了更有针对性的保障项目和住房类型,这不仅可以达到保障弱势群体的住房权和人权,同时满足他们的特殊需求,使保障具有精准性和人性化。另外,他们在保障性住房项目上实行混居,让不同收入群体共同居住,消除歧视,促进社会融合。这是中国保障性住房类型设计中可以借鉴的地方。

第二，在申请条件方面，中国、新加坡、英国和美国都把收入和现有住房状况作为申请是否适格的主要考量因素。和中国相比较，其他国家保障项目更多，他们的条件也更详细。美国的保障性住房条件和英国类似，他们把申请的适格性分为基本的申请条件，例如收入、国籍、家庭、工作等。同时他们还设定申请人的合格性，如同英国，美国也要求申请人是个良好的、有信用的、为社会做出过贡献的公民。所以对申请人的资格要求也很高：首先要求申请者的租住历史良好；其次是信用历史是正面的；最后是犯罪历史，有严重犯罪记录都是认定申请不适格的重要因素。中国应当学习和借鉴英国和美国，保障低收入且良好公民的住房权利，一方面可以实现社会公平正义，另一方面可以营造公序良俗和有信用的社会环境。

第三，在保障性住房的申请程序方面，中国是两级审核，首先由居委会和街道办事处进行初审，之后是住房保障部门的再审核。在英国，关于申请程序方面值得借鉴的地方包括：英国政府保障性住房部门的成员和亲属关系需要披露。申请人在申请表中必须明示受理申请的地方保障性住房部门的工作人员，以及相关人员和申请人之间的关系。这种主动回避制度值得中国借鉴，因为这样可以平等对待每一位申请人，赢得公众信任；保障性住房的申请人有义务每年更新他们的申请信息，申请人的重大信息发生了变化的，仍然有义务通知保障性住房的申请部门；建立优先分配轮候制度，即一旦获得审核通过，将被放到优先分配的范围。建立优先分配的轮候制度可以评估需要保障的人数，从而确定政府资助的预算和建造的保障性住房数量。在这方面，中国也应该借鉴英国的制度和做法。美国与其他国家不同的地方在于保障性租房申请程序包括承租人和出租人分别向地方住房局或联邦住房和城市开发局申请的两套程序，承租人为了获得住房补贴资格进行申请，出租人为了获得补贴的租金进行申请。中国、新加坡和英国不存在这样的两套程序，申请人直接向主管部进行申请。在美国，提交的申请材料包括申请表、近期的工资单、银行流水和个人财产。住房局也还要查看申请人的信用和背景，或者直接联系之前的房东进行核查。另外，申请人还要接受面试审查。

第四，在审核制度方面，中国的审核制度就是审核申请人提交的申请材料，其目的就是确定申请材料的真实性，这和其他国家审核的目的相同。但在审核事项方面，与英国和美国相比较，英国和美国的审核内容要广于中国。在英国，住房局主要审核三方面内容，首先审核申请人的优先分配等级。其次对申请进行经济评估。最后给予申请人申请复议的权力。在美国，地方政府也制定了类似于英国的优先分配制度。美国地方住房局在遴选申请人时要确保不得存在歧视，例如种族、肤色、宗教、原始国籍、性别、性取向、婚姻身份、年龄、退役士兵、残疾等。他们主张和维护申请者都有平等的申请机会，并应当平等对待。英国和美国的优先分配制度值得中国借鉴，英国和美国不仅确定了优先分配的人群，还制定了优先分配的考量因素。毕竟保障性住房属于稀缺资源，应当确保最需要救济的弱势群体受到关照和帮助，这才能实现社会分配的正义，保护弱势群体的权益。国家的财政和社会的捐助是有限的，优先分配制度可以更准确地锁定保障对象，从而提供针对性的资助，让有限的资源被高效和正确地利用。同时，优先分配制度可以缓解最弱势群体的住房困境，维护社会的公平正义，降低社会矛盾。另外英国的保障性住房申请复议制度体现了对申请权利的尊重和保护。该制度可以防止和纠正不当审核行为，对这些行为要撤销和纠正。同时保障性住房的申请审核复议制度既可以保护申请人的合法权益也可以对审核机构进行监督，最终实现公平正确的分配结果。在中国引入保障性住房申请复议制度有着现实和必要的意义。美国在保障性住房审核制度方面，引入了第三方审核制度。中国、新加坡和英国都实行的是政府单方审核，这是内部审核，其目的就是自查和自我完善。而美国在保障性住房申请审核制度中引入第三方审核，有一定的制度优势：第一，第三方审核目的是以公平、公正和公开的形式委托第三方对申请人的财产、收入和其他证明材料的真实性进行评估，第三方更为专业，获取信息的渠道更广泛，效率更高。第二，美国的第三方审核步骤详细，分为预审、书面审、口头审核和材料复审。为审查中出现的不利情形制定了各种预案，确保审查结果的实现。当然，第三方审核也会增加审核成本，增加财政负担。

4. 在欺诈监督制度方面

中国在骗取保障性住房的行为性质认定中还存在争议，没有在保障性住房制度中予以明确规定，相应的惩罚制度也是缺失状态。与英国制度比较，英国政府颁布了《2013年阻止保障性住房欺诈法案》。该法案将一些严重的保障性住房欺诈行为界定为刑事犯罪,包括:保护性住房购买权欺诈和通过提供虚假信息成功申请到保障性住房。在惩罚方面,针对保障性住房欺诈的民事案件,其结果仅限于收回保障性住房,承担损害赔偿和相关费用。但关于刑事责任,现行的英国法律中没有规定相应的刑事责任,例如罚款或监禁刑。这对中国解决保障性住房欺诈问题提供了很好的借鉴。另外,英国保障性住房的供给者使用各种方式来调查和打击欺诈行为,这些方式也值得中国借鉴,主要包括:设立专职调查人员、保障性住房审计、信息比对、检举和信息共享的权力。

美国为了解决保障性住房中的欺诈行为,在保障性住房领域中引入了《监管法案》,把监管分为内部监管和外部监管。内部监管指的是美国住房与城市发展局(HUD)下属的监管办公室(OIG)负责调查地方住房部门(PHA)雇员的欺诈行为。监管办公室查处的很多案件显示这些欺诈行为主要集中在财务和管理方面。外部监管指的是美国住房与城市发展局下属的监管办公室,同样负责对保障性住房的合同商和申请人的条件进行监管。监管办公室(OIG)主要通过电脑比对的方式来进行监管,确保申请联邦住房项目的申请人提供的申请材料真实可信。另外,美国还在保障性住房领域引入了《虚报法案》。该法律规定:如果任何个人或公司(尤其联邦合同商)在政府项目中实施欺诈将承担法律责任。这部法律是政府在被欺诈时,用以维护政府权利的主要法律依据。《虚报法案》还规定了举报人条款,允许非政府知情人员作为原告代替政府提起诉讼。当他们依据此法案提起诉讼,通常他们可以获得被追索损失的一部分(15%—25%)作为奖励。这些制度对打击保障住房欺诈起到有效的作用,为中国建立相应制度提供了经验。

第二章

住房、住房权和保障性住房

家的神圣不可侵犯性是公认的个人生活的核心概念。能有一处被称为家的栖身之所是作为人的基本要素，也是人权的基本要素。保障性住房的供给为社会中的弱势群体提供了基本的生活需要，它体现了社会成员的集体价值体系，这意味着无论每一位社会成员所属的经济和社会地位如何，住房作为重要的生活资源必须通过制度设计得以确保。

第一节 住房

衣食住行是人类生活的必备要素。房屋除了提供安全保障，保护人们免受外部因素侵害以外，还发挥着其他一些关键的功能。思科（Schorr, 1996）的研究表明房屋不仅影响对人自身的价值判断，而且对人的压力和健康产生影响。拉科夫（Rakoff, 1977）也对房屋的意义进行过阐述，他指出房屋可以使人感受到持久感和安全感，同时他强调房屋是一处免受外部世界或因素干扰的庇护所和堡垒，它可以使人们实现一种欲望：避开他人和社会的纷争，独处于自己的空间，在这样的空间下他才能是真实和完整的自己。①

一 "房屋"的属性和"家"紧密相连

拥有一个家可以给人以归属感和"根"的自然感觉。所罗门（Solo-

---

① Robert M. Rakoff, "Ideology in Everyday Life: The Meaning of the House", *Politics & Society*, 7, 1, 1977, p. 85.

mon，1990）认为理解归属感的重要性在于明白：在社会体系之中拥有一处住所是生理性和社会性的需要。拥有一个家，也意味着获得人们所需要的舒适感和安全感。正如李博新斯基（Rybcynski，1989）所描述的那样，一个家的前门就是控制、归属和分界线的标志，家的首要功能就是在面对人类和非人类的威胁时提供庇护。波顿（Botton，2006）认为人们需要家是基于安全的心理感受和身体感受。另外，家所提供的安全感和隐私的概念也有着紧密联系，换句话说，隐私也是家所存在的部分意义。以上对安全感，归属感和隐私的讨论都是从房屋对社会个体成员的利益方面进行的，而没有从社会的整体性出发探讨房屋对社会公共利益的解释。

事实上，拥有一个家是成为一位公民的一部分。房屋是可以完全实现家作为公民一部分的重要组成元素。黑格尔（Hegel，1896）曾在对成为人的条件中认为人格、权利和财产紧密联系，在一定程度上表明住房权对人格可能有着重要的权影响。他强调只有一个人拥有了某种身份才能被称为人。依照罗马法，成为人是一个阶级的属性，这恰恰和奴隶阶层相对应。基于黑格尔理论，一个社会可以把无家可归的人降格成为获得自由较少的人，甚至是奴隶。另外"财产权"常常被用来联系拥有不动产所有权的家庭所有者和租户。西门斯（Simmons，1993）相信财产所有权是人格的重要属性，这是因为对财产的拥有是建立个人的社会成员资格或公民身份的一个重要手段。同时哈特曼（Hartman，1998）认为：往往那些无家可归的人和居住条件简陋的人是被剥夺了各种权利的人。根据以上的论述，我们可以得出房屋不仅可以提供私有利益，还可以提供公共利益。因此，拥有房屋可以影响社会成员的身份，可以影响他们完全享有和实现社会所赋予的权利，而且还影响其家庭生活和安全。[①]

同时，对房屋的享有也影响着一个人的身份、相关感受和其他目标。对财产的拥有，包括家，是建立个人身份的一个方式。家为人们提供心理和生理的避难所，指引安全，提醒我们是谁。房屋作为家的物质载体是尊严和自尊的平台，是希望和改善的基础。它可以给予受教育、健康

---

① Chester Hartman, "The Case for a Right to Housing", *Housing Policy Debate*, 9, 2, 1998, p. 223.

和就业的机会，也影响着家庭的稳定。好的住房可以改善个人的境遇，社区和社会的环境。

二 房屋的重要性

如果为低收入群体提供住房是一项支持其他社会福祉实现的有效手段，那么强调住房的首要性而不是其他形式就能很容易被理解。哈特曼（Hartment，1998）认为我们的社会正为保障性住房的短缺付出代价：更昂贵的医疗、消防、警务、人力资源、教育和低下的工作效率。而且，随着住房的短缺，情况还在恶化。另外，住房的质量和位置也影响着就业、教育和其他机会。换句话说，如果保障房得不到有效供给，这有可能对社会成员个人和社区的提升产生长期负面的影响。在解决大部分贫困问题时，住房是唯一被强调的最为有效的手段。即使住房不能解决每一个引起贫困的问题，至少在很大程度上它可以帮助解决其中的一些问题。[①] 正如波顿（Botton，2006）阐述道：仅靠住房一项，不可能解决社会中最为普遍的问题，但是，解决低收入人群的住房问题将会对他们的生活起到不一样的意义。

第二节 住房权

住房是人类生存的基本需要之一。它涉及人们赖以生活的住所，人的尊严和家庭等因素。住房为人提供心理成长的空间，保护个人的隐私和促进家庭与个人的发展。住房还能为人提供其他机会，所以住房对个人、家庭和社区生活如此重要，它往往决定着人际关系和所遇到的机会，例如就业、医疗、上学和其他公共服务。另外，住房对人还有情感上的意义，作为家庭的住房为人提供了一个区别于外部世界的神圣的居所。现代家庭的概念是以住房权为核心，并建立在充足和适当的住房基础上的，没有住房往往是贫穷的标志，人们无法获得安全感。

---

① Chester Hartman, "The Case for a Right to Housing", *Housing Policy Debate*, 9, 2, 1998, p. 223.

一 权利的意义

在解释住房权存在的必要前，首先需要对"权利"的概念有着清晰的认识。科曼（Jules Coleman，1998）认为诉求的合法性是权利概念的基本组成部分，德沃金（Ronald Dworkin，1978）认为权利不能因为其仅为大多数人的利益而被否定，也不能因为很小的原因而删减权利的内容。[①]而哈特（Hart）认为拥有权利的人，其选择应当得到尊重。根据庞德（Roscoe Pound，1958）的观点，权利不是法律创制的，而是促进法律和帮助人们认识法律的。他主张，法律应首先认可某种利益，然后赋予权利来保护利益，最后设定义务来保护权利。按照他的理论，要保护住房权，首先要找到住房权中的利益。总结以上学者对权利的认知，可以看出权利意味着合法性和权势，需要法律来保护并使权利更具有影响力。另外，在对权利进行界定时，也要考虑一下权利的性质。通常，权利可以被分为自然权利和民事权利。佩恩（Thomas Paine，1791）认为自然权利与人的生存保持一致，而民事权利依附于社会中的成员关系。他认为自然权利和民事权利相互联系，并且自然权利是每项民事权利的基础，在很多情况下，自然权利和民事权利可以相互交换。也就是说，一些情形下，某项权利是自然权利和民事权利的集合。最后，在界定权利时，需追寻权利的渊源。正如德沃金、鲍尔和古德曼主张的那样，要去检测权利是否已经存在，即使此权利独立于法律体系之外，并没有被法律认可。这些观点对探讨权利有着重要的意义。

二 住房权的概念和内容

住房权是一种确保人们居住安全、平静和尊严的权利。这种权利人人享有，而不因为收入和其他资源的不同而有所区别。因此，住房的供给必须充足，并给予足够的隐私、空间、安全和基础设施。同时，住房权不能把住房限定为只能由市场供给的商品，而是充分地阐述和解释住

[①] Ronald Dworkin, *Taking Rights Seriously*, Cambridge: Harvard University Press, 1978, p. 301.
［美］罗纳德·德沃金：《认真对待权利》，信春鹰、吴玉章译，上海三联书店2008年版，第315页。

房是确保人们发展和民权参与的基本条件。联合国人权宣言第 25 条规定："每个人都有权利享有基本的健康和福祉，包括衣、食、住房和医疗。"住房权的内容基本包括：

（一）安全性

住房很重要的一个意义就是提供持久的安全。当人们在谈论住房时，总是提到"根"或"窝"。这反映出，住房是一个非常重要的象征——安全，具有归属感和永久性。这是因为住房是一个区别于外部世界的庇护所，或者说是一个对抗外部世界的堡垒，可以逃避外界的人、社会的纷争，从而建立一个排除他人的住所，在这个住所里，其可以成为一个能自我控制的个体和真正的自我。

（二）平等性

根据德沃金（Dworkin）的权利理论，每一位社会成员都应得到平等的关怀，而不是平等的对待。他认为，平等的对待是对物品和机会的均分；平等的关怀是以平等的地位对待和尊重，通过政治程序来决定物品和机会如何进行分配。因此，每一位社会成员都应享有平等的住房权，这就包括低收入群体和弱势群体。但这并不意味着，大家都有住房，住房的面积相同，住房环境和设施相同。所以，住房权的平等性指的是平等的关怀，而不是住房和机会的均等化。

（三）可负担性

住房的可负担性指的是个人或家庭在住房的支出（包括租住和购买）不影响其他的基本和必需的开支。依据可负担性原则，租户的住房权应得到保护，而不受到不合理的租金上涨的侵害，或购买家庭住房的消费者不应因受到高房价的威胁，而无法获得拥有住房权的机会。因此，可负担性强调，住户在缴纳最初的维修费用、管理费用和使用费用后，仍然可以长期维持一个当地的最低生活标准。

（四）可居住性

可居住性原则的目的是要区别贫民窟和标准的社区住房。这就要求住房必须提供基本的设施，包括自来水、电和煤气，并且住房的建筑质量须满足法律的要求，并设计门窗、厨房、客厅和卧室。这样可以为家庭成员提供足够的空间来保护他们免受寒冷、潮湿、酷热、风雨、建筑危险和疾病的侵袭。

(五) 便利性

为了便于生活，社区周围应提供一些基本的公共服务，例如，医院、学校、公共交通、商场和公园。这样，居民就不必再付出更多的时间成本，并解决了医疗和受教育的问题，使居民在一个完善和便利的环境中生活。另外，住房的选址应远离垃圾和有毒物质，以免使住房的便利性受到威胁。

基于对住房权内容的剖析可以看出，住房权涵盖了民事权利和自然权利。但在更大的意义上涉及的是自然权利，它包括了人们生存所必需的方方面面。因此，住房权是体现了自然权利，它为住房权的存在提供了法理基础，为住房权的民事救济提供了法理依据。

三 住房权保护的法律渊源

(一) 国际组织法律文件

《世界人权宣言》（*Universal Declaration of Human Rights*，1948）第25条对住房权做出了规定：任何人都有权利享有一定的生活标准，包括充足的食品、衣服、住房、医疗和必需的社会服务。之后，《关于经济，社会和文化权利的国际公约》（*International Covenant on Economic, Social and Cultural Rights*，1966）对世界人权宣言中的住房权进行了认可，要求参与国认可、尊重、保护和履行住房权，确保制定非歧视性和适当的立法和政策，并利用现有一切资源来逐步实现这些权利。另外，《关于人类权利和义务的美洲宣言》（*American Declaration on the Rights and Duties*，1948）第23条规定：任何人都有权利拥有基本的财产来满足体面生活的需要，并维持个人和家人的尊严。第34条规定：成员国都同意创造平等的机会，消除极端贫困，平等地分配财富和收入，并为各阶层的人群提供充足的住房。非洲联盟（African Union）在《非洲妇女的人权和种族协议》（*Protocol to the African Charter on Human and Peoples' Rights on the Rights of Women in Africa*，2003）中第16条规定妇女也享有平等的住房权，并要求政府采取适当的行动去促使，保护和保障住房权的全面和渐进的实现。

(二) 地区组织法律文件

欧洲委员会（European Council）制定的《欧洲社会宪章和修改章程》

(*European Social Charter and Revised Charter*, 2007)明确提出了住房权。为了确保住房权的实现,第 31 条规定:要建设足够的住房,要减少和消灭无家可归的情形,并使房价控制在可接受的范围内。同时,《欧盟基本权利宪章》(*EU Charter of Fundamental Rights*, 2000)中第 34 条第三款规定:为了消除贫困,欧盟认可并尊重社会资助和住房资助以确保低收入群体能获得体面的生存。

(三)宪法和成文法律文件

当前,很多国家在其宪法和制定法中都对住房权做出了规定。例如南非的《宪法》(*Constitution of South Africa*, 1996)第 26 条规定:任何人都享有住房权,国家应通过立法和其他方式以确保住房权的实现;立法不能允许任意的驱逐和强拆。另外,法国和苏格兰也都通过成文法的形式对住房权做出了规定。

住房权不仅涉及民事权利中的财产权和人身权,同时体现了人的生存需求的许多因素,例如安全、可负担性、便利性等。住房权是民事权利和自然权利的融合体,自然权利是民事权利的基础。

第三节 保障性住房的释义

西方学者把保障性住房称为可负担性住房(Affordable Housing)。其含义就是住房的价格,无论是购买还是租住都在购买人和承租人的承受范围之内。可负担性住房和市场中的商品房是相对关系,因为两类住房供给的对象是不同的。可负担性住房供给的对象是城市中低收入群体,他们的收入无法帮助他们在市场中购得或租赁价格高昂的商品房。政府为了保障此类低收入群体人权和住房权,使他们住有所居,从而以补贴的方式向此类弱势群体提供住房。与此相反,市场中的商品房销售价格和租赁价格完全取决于市场的供给和需求关系。收入较高的社会群体,往往选择购买商品房。同时,他们也不属于可负担性住房体系的保障对象。

布拉姆雷(Bramley, 1990)认为可负担性住房是一处居所,该居所满足正常住房的所有标准,并且居住者在支出相应费用后,仍然还有足够的钱来维持生活,而不至于变得贫穷。布拉姆雷认为的可负担性住房应该就是廉租房。麦克伦南、威廉姆斯和方德胜(Maclennan, Williams, and Foundation，1990）指出可负担性住房和房价与租金密切相关，房子既可以达到一定的居住标准，支出的费用也不会为住户增加额外的负担。他们同时认为可负担性住房包含两种类型的法律关系：所有权关系和租赁关系。这就意味着可负担性住房或者是为首次购房者或房屋租赁者建造，其价格属于该类住户可接受的程度或范围。汉考克（Hancock，1993）认为可负担性指的是租金的可负担性。在承租人支付租金后，仍然还有足够的收入来维持其他的基本消费。菲尔德（Field，1997）对可负担性住房的定义中显示可负担性住房是物理意义上客观存在的住房。该住房仅向那些无法在市场中购买或租赁商品房的人提供。[①] 费力曼、查普林和怀特海德（Freeman，Chaplin，and Whitehead，1997）界定的住房的可负担性是一种住房支出和家庭收入的比例。

澳大利亚政府国家住房战略报告（Australian Government's National Housing Strategy，ANHS）中对可负担性住房也做出了定义。该报告认为可负担性住房要强调住房成本和收入的关系。在支出住房成本之后，家庭应该还有足够的收入来购买食物、衣服、教育和其他基本需要。在英国，1998年6月的政府公告（Circular）中对可负担性住房进行了界定：认为可负担性住房是低成本的市场房和补贴性住房。新西兰的住房战略讨论文件（Housing Strategy Discussion Document）中关于可负担性住房的定义是家庭可以以一个合理的价格来购买或租赁一套住房，之后还有足够的收入来支付其他基本消费，例如教育和医疗。

所以，鉴于不同的历史和背景，可负担性住房概念的内容也有不同。加布瑞、加考博斯、亚瑟森、博科和耶茨（Gabriel，Jacobs，Arthurson，Burke，and Yates，2005）认为可负担性住房的成本低于商品房，其目的是满足低收入群体的最低可负担性的要求。而米立干、费布思、法甘和古兰（Milligan，Phibbs，Fagan，and Gurran，2004）强调可负担性住房应该为穷人或低收入社会阶层建造，建造主体可以是非政府和非营利组织，并且可负担性住房的融资渠道可以多元化。

从可负担性的角度，世界各国一般将住房分为商品房和保障性住房。

---

① Charles G. Field, "Building consensus for affordable housing", *Housing Policy Debate*, Vol. 8, No. 4, 1995, pp. 801-832.

保障性住房是由政府补贴修建，提供给社会中低收入且有住房困难的弱势群体，具有可负担性和保障性。而商品房则是市场行为的产物，依据市场规则由开发商建设的具有居住性质的房屋。尽管世界上很多国家对保障性住房的概念和内容规定不同，但保障性住房的建设现在已经被世界上很多国家的普遍实践，并且保障性住房无论在概念、特性、功能和法律制度方面有着诸多相似之处。在中国，学界对保障性住房的定义是政府在对中低收入家庭实行分类保障过程中所提供的限定供应对象、建设标准、销售价格或租金标准，具有社会保障性质的住房。在英国，保障性住房（Social Housing）是由当地政府（Local Authority，或者称为 Councils 或 Local Government）或住房供给协会（Registered Social Landlord，或称为 Registered Housing Provider）提供给住房非常困难的群体，无论是购买还是租住，其核心特征是这类房屋具有可负担性（affordablity），这也是为什么英国的保障性住房又被称为可负担性住房，其目的是为其提供家庭住所。在美国保障性住房被称为公共住房（Public Housing），但实际上为联邦政府为低收入家庭提供的住房分为三大类，包括公共住房（Public Housing），政府补贴的私人住房（Federally Subsidized Housing）和房屋补助金券项目（Section 8 Housing Choice Voucher Program）。以上三类房屋都是以政府补贴的形式降低房屋租金，来保障低收入者的住房需求。现在，美国已经停止大量修建公共住房，房屋补助金券项目已经成为保障性住房的核心。同时，美国各州还颁布了《包容性分区规划条例》《Inclusionary Zoning Ordinances》，要求开发商以低于市场价出售部分房屋给低收入群体，房屋补助金券项目中的补助金可以用来购买这部分可负担性住房。总之可以看出美国保障性住房的特征也是确保房屋租金和价格的可负担性。

  可负担性是保障性住房的核心要素，其含义是家庭或潜在家庭在没有补贴的情况下购买或租赁房屋来满足居住需要的能力。这种能力的评估是基于家庭收入和在公开市场上购买或租赁价格的比例做出的。而保障性住房的供给是要满足那些收入无法在公开市场上购买或租赁适宜房屋的人的住房需要。所以说，保障性住房的存在是在保障机制下来确保那些在公开市场上租不起或买不起商品房的人的住房权利。

  纽曼和纳尔指出在 1949 年的《住房法案》（Housing Act）中明确规

定住房政策的目标是创建舒适的居住环境，这可以被解读为一种双目标：体面的住房和舒适的社区，这样的目标在今天仍然被追求。卡茨（Katz）认为保障性住房主要指的是为低收入家庭提供的出租性房屋或购买的住房。按照他的观点认为一个有效的可负担的住房政策的目标应该是要支持和促进健康的家庭和社区。这一目标又包含了以下7个具体的政策目标：

1. 保护和扩大高质量住房的供给；
2. 确保住房更具有可负担性和购买的容易性；
3. 促进居住社区种族经济多样性；
4. 帮助家庭创造财富；
5. 强化家庭关系；
6. 把住房和基本服务连接起来；
7. 促进城市平衡发展。

虽然以上学者的描述有所不同，但含义相同。总结起来就是保障性住房的目标具有双重性，首先其支持健康的家庭和体面的居住空间，其次是其支持健康的社区。

第 三 章

保障性住房法学理论基础

　　住房这一术语具有多面性。在英语中,住房既是一个名词,也是一个动词。从名词的角度来讲,住房是客观存在的物,可以被建造、被拆毁、被产出、被消费、被理解、被体验、被买卖等,这都体现了住房的物理属性。从动词角度来讲,住房表明可以居住,即获得容身之处。社会中人们通过参与不同的活动可以供给物理意义上的住房。随着城市工业化的发展出现的住房问题,尤其是低收入弱势群体的住房问题就是他们无处容身。正是由于住房含义的复杂性,学者们在研究住房理论时需要对所研究的住房相关问题进行范畴归类。首先,和住房相关联的问题很多,例如住房质量、无家可归、居住隔离、保障房、住房政策、社区,等等。这进一步证明了住房问题跨越多学科领域,涉及社会学、心理学、经济学、人类学、历史、建筑、哲学等。所以在研究具体的住房问题时,要选择适合的理论作为研究支撑。这是因为住房问题具有多面性和复杂性,完全不可能存在一个纯粹的住房理论,一个可以高度概括所有住房问题的理论作为所有住房问题的理论基础。所有社会科学研究的问题根植于社会,住房问题同样根植于社会,是社会的一部分(Hannu Ruonavaara,2017)。凯摩尼(Kemeny,1992)也曾阐释相同的观点:住房研究需要更广泛地汲取社会科学的理论,只有这样才能对住房研究做出贡献。

　　本章分为三部分内容,第一部分依托分配正义理论探讨了保障性住房及其制度存在的必要性,并设计出保障性住房的法理理论框架。第二部分依托功利主义的法哲学观点,探讨保障性住房及其法律制度存在的意义。第三部分依托经济法中的政府干预理论,探讨保障性住房需要政府供给的合理依据,并表明政府需要制定相应的保障性住房法律制度来确保保障性住房的建设、分配和管理。本章通过对不同的法学理论的探讨，得出以下结论：虽然三个理论的背景各自不同，但都可以合理地解释保障性住房存在的必要性，其法律制度的制定和完善也是确保其发展的重要保障。

第一节 分配正义理论

许多学者，如亚里士多德、博登海默、哈维和罗尔斯，都为分配正义编写过著名的理论。然而，他们各自的理论还是有着很大的不同之处。在本研究中，作者逐一分析和评论他们的分配正义理论，并阐释了本研究最终选择罗尔斯的正义论作为本研究的理论指导和理论框架的理由。

阐释正义的内涵从来就不是一个容易的任务，许多学者都对正义概念进行过深入的探析，并试图对正义构建一个理论框架。博登海默（1981）曾把正义描述成为普罗米修斯的脸，其具有神奇变幻无常的能力，随时可以呈现不同的脸的形状，当人们试图查看其隐藏在外表后的秘密时，结果还是不知所以。[①] 博登海默（1981）认为正义应该被看作一种对人们信仰的态度，一个特定追求公平的意愿和一个特定对他人的诉求和关心赋予的认知；如果没有这样的态度和意愿，正义不可能得到发展，也并不能在社会中被广泛认知；然而，值得注意的是仅仅意识到要忠诚于公平和他人的关切并不能确保正义所主张的成功；对正义的信仰必须通过可行的方法来实现，例如通过制定政策，法律来实现正义社会的目标。《查士丁尼民法典》曾为正义下过一个定义：正义是给予每个人他所应得的部分的这种坚定而恒久的愿望。甚至在罗马文明的早期，西塞罗（Cicero，1956）认为正义是一种赋予每个人应得份额的气质。以上两个定义的内容显示了对正义主观性的认定。功利主义认为正义就是要为个体或社会中最大多数获取最大利益，功利主义者致力于对大众利益的最大化，而不是去获得平等的权利和自由。

---

① ［美］埃德加·博登海默：《法理学：法律哲学与法律方法》，邓正来译，中国政法大学出版社2004年版，第231页。

一 亚里士多德关于分配正义的理论

亚里士多德（2003）提出了一个解释正义概念的方法。在苏格拉底之后，他是最为杰出的阐释分配正义的学者，他为后来的分配正义的讨论奠定了基础。他相信正义应该在公平的基础上来实现，在他的分配正义的理论中，他把正义分为分配正义和矫正正义。

（一）分配正义

根据亚里士多德（2003）的观点，分配正义主要是依据比例平等来平等分配财富。他还主张分配正义的含义由社会中的个体的权利，义务和负担的分配构成。他强调平等事项应该被分配给平等的人，反之也一样。甚至针对这样的认知，他提倡了一个衡量平等的措施，那就是个人的美德和公民品行。如果一个人应该得到更多，他的份额就应该更多。[①] 哈维（1973）也引入了一套广义上具有概括性的标准来评估分配正义。他主张天生的公平可以被认为是每个个体的权利，无须考虑个体需求或对社会的贡献。例如：按照供需关系来评估服务是否公平正义，应该依据个人能力所能作出的贡献来评判，比如采取一致的标准来执行业务。

然而，塔伦（Talen, 1998）在一个更严格的范围内，就公平分配提出了类似的观点：首先是个体平等帮助每个人实现了平等的利益分配，并无须考虑其在社会中的需求或社会地位；其次，需求的指标是影响利益公平分配的因素；再次，对服务的需求可以得出一个经济服从政治的理性认知；最后，市场主导的原则可以为解决提供服务成本问题或为收税再分配给出合理依据。

（二）矫正正义

关于矫正正义，亚里士多德（Aristotle, 2003）曾对其与分配正义予以区分。他指出当分配正义的标准不被遵守时，矫正正义应该发挥作用。这意味着如果市民社会的成员的权利被其他人侵犯了，可以依据矫正正义返还其曾拥有的财产或对其损失进行弥补。亚里士多德对正义概念的阐释得非常深入，他不仅认为平等是分配正义的核心价值，而且还指出

---

① ［古希腊］亚里士多德：《尼各马可伦理学》，廖申白译，商务印书馆2003年版，第135页。

矫正正义是对违反分配正义时的救济方式。后来，科曼（Coleman，1992）总结出了矫正正义的三个因素：人类的能动性、纠正和相关性。

1. 人类的能动性

矫正正义要求过错或非正义的得失应该被纠正或没有效力。然而，有些损失不是由于人类的活动，而是因为其他不幸，例如自然灾害导致的。但只有人类活动造成的损失的诉求才可以通过矫正正义来救济。可以这样理解，一个人由于他人过错而遭受损失，其有权力通过矫正正义主张救济。遭受的损失既可以是由于故意，也可以是由于过失所致。

2. 纠正

过错或损失是修复或纠正存在的前提。尽管对纠正有着不同的表述，但他们都共同的观点就是纠正是矫正正义不可分离的组成部分。

3. 相关性

要得到矫正正义的救济需要一定的前提条件，这意味着只有当事人才具有提出救济请求的权力。也可以认为由于矫正正义中的正常关系使得纠正的请求权在当事人之间产生。[①]

总体上来讲，分配正义是矫正正义的前提。亚里士多德的分配正义理论介绍了正义的含义。同时，他也指出矫正正义分配正义的标准在受到侵害时提供救济。而科曼（Coleman，1992）阐释了矫正正义适用的条件，包括人类活动，纠正和相关性。相比较，亚里士多德的分配正义理论过于宽泛，其并没有提出一个系统性的方式来解释什么是分配正义，也没有为如何有效实现分配正义给出答案。[②]

二 罗尔斯的正义论

（一）罗尔斯正义论的阐释

罗尔斯的《正义论》是研究正义的理论。他认为理性并合理地确定和规范社会整体的正义观是社会发展的基石，所以正义观念在人类的思

[①] Jules L. Coleman, "Tort Law and the Demands of Corrective Justice", *Indiana Law Journal*, Vol. 67, No. 2, 1992, pp. 349–379.

[②] Jules L. Coleman 对矫正正义的观点还可以参见：Coleman, Mental Abnormality, Personal Responsibility, and Tort Liability, B. A. Brody and H. Tristram Engelhardt, Jr., Mental Illness: Law and Public Policy, Evanston IL. us. D. Reidel Publishing Company, p. 107。

想和社会的演进进程中扮演着重要的角色。正如罗尔斯所说：正义是社会体制的第一美德，正如真实是思想体系的第一美德一样。《正义论》总体上分为三部分，第一部分正义的理论阐释，界定了正义的内涵以及原始状态等观点；第二部分正义的制度实践，基于第一部分的正义原则剖析了社会制度和市民行为，体现了罗尔斯正义理论在社会实践中的意义，以及解决社会问题的策略；第三部分从道德领域探讨善、自尊、美德、正义感、道德感情、自律等一系列课题。这部分充分证明了罗尔斯对道德基础地位的倚重，他认为正义和公平的稳定性来源于对道德和正义感的接受，当理论和制度符合大众的道德观和正义观时，人们才会接受它们。当人们没有正义的心理氛围，这样的正义原则也不具有持久性。

罗尔斯以社会契约为出发点来构建他的正义原则。他曾明确表示要汲取传统的以洛克、卢梭和康德为代表的社会契约论的观点，并创建新的社会契约理论。罗尔斯为设计新的社会契约论，首先提出了一个假设和逻辑，即契约制定的前提条件，这一假设被称为"原始状态"，它是一种纯粹的理性假设和状态。① 设计这样一个原始状态的目的是过滤所有影响契约参与者选择契约内容的因素，创造出一个纯粹真空状态，最终产生正义原则。在这个假设状态中，所有参与者都附有道德品质和地位平等，他们选择的正义原则是确定的，不是偶然的，也不是迫于压力做出的。但仅原始状态不能支撑正义的首要原则，还需要具备其他条件。罗尔斯进一步指出其他四个条件：（1）正义的环境。这是一个确定的地理空间。虽然由于人们的宗教信仰和哲学理念等背景不同会产生冲突，但人们认可合作，在既有合作又有冲突的环境下，需要一些原则来调整利益的分配；（2）正当观念的形式限制。选择的首要原则必须具有普遍性，保障整个社会的秩序井然，并在适用中对任何人都有约束力。这些限制对参与者具有公开性，一旦选择了原始状态下提出的原则，就确定了该原则的最高标准地位；（3）无知之幕。和原始状态相比较，无知之幕是一个更大的假设。它要求参与选择的人们摈弃现有的感觉和知识，用一道大幕把人们和现实社会隔开，让人们完全在空白的状态下思考正义的原则。无知之幕假定各方不知道他在社会中的地位、阶级出身、天生资

---

① ［美］约翰·罗尔斯：《正义论》，何怀宏等译，中国社会科学出版社1998年版，第131页。

质、自然能力、理智和力量等情形，也没人知道他的关于善的观念、合理生活计划和心理特征，各方也不知道这一社会的经济或政治状况。因为这些因素会影响参与者对正义原则的选择，所以必须用无知之幕将之隔离，这样才能保证原始状态的存在。（4）推理的合理性。这是原始状态的方法成功的一个至关重要的条件。这些假的条件下的人是有理性的，在选择原则时，一方面力图保护自身利益，另一方面有能力建立正义感，而不计对方的得失如何。当然，理性的人是理论上假定的人，不是现实的人。真实生活中的人受多重因素影响，是不可能按照罗尔斯理论上的假设行为。上述条件阐明了原始状态的内涵，最终产生了罗尔斯的正义原则。

依据原始状态和四个条件，罗尔斯给出了正义原则的概括性阐述：除非不平等分配对每一个人都有利，否则自由、机会、财富和其他权力的价值都应公平和平等分配。这一正义观可分解为两个正义原则：第一，每个人都应享有与人人享有的一种类似的自由权相一致的最广泛的、全面的、平等的基本自由权的平等权利。第二，对社会和经济不平等的安排应能符合地位最不利的人的最大利益；而且与向所有人开放的地位和职务联系在一起。第一个原则阐述了每个人的自由平等权，第二个原则确立了收入和财富分配不平等的救济途径。第一个原则优先于第二个原则，罗尔斯认为按照"词汇式序列"排列，只有第一个原则被满足后才能满足第二个原则。[①]

在把正义原则转化为制度时，罗尔斯提出了"四个阶段的顺序"的策略，通过四个阶段罗尔斯基于自己提出正义原则阐明了社会政治生活的内涵。以下是罗尔斯四个阶段的具体阐释：第一阶段是正义原则的选择阶段。政党首先需要选择罗尔斯主张的两个正义原则，同时也要同意为后代储蓄和保留。然后政党利用新信息来逐渐决定和完善适用这些原则的制度，最终组织好正义需要的所有条件；第二阶段是宪法制定阶段。要求向各个政党提供更多关于社会政治文化和经济发展的信息，从而召开制宪会议，确定正义的政治机构来起草并制定一部宪法，依据宪法实现罗尔斯自己主张的两项原则。这个阶段主要是确定平等的公民权和各

---

① ［美］约翰·罗尔斯：《正义论》，何怀宏等译，中国社会科学出版社1998年版，第168页。

种自由权；第三阶段为立法阶段。政党们仍然要了解社会，并通过立法制定具体的法律来实现第二阶段宪法制定框架下的两项原则；第四阶段是具体运用规范的阶段。政党掌握了社会的全部信息，法官和行政官员把制定的规范用于具体的事务，公民则普遍遵循规范。①

最后，罗尔斯从道德的角度阐释了正义原则，为正义原则奠定了道德基础。罗尔斯通过个体的正义观来阐释社会价值，论证体制、组织和交往活动中的内在的善，把正义的基础放在个人的道德价值与正义原则一致性上面。他认为对正义原则的选择使人们产生了正义感和道德感情，而正义感和道德感情又是正义原则得以持续的条件，这成为一种互为因果的道德论证。所以，当契约的参与者具有正义感和道德情感时，所选择的正义原则必然符合众人的道德观；当正义原则被实现时，必将形成为社会大众所接受的正义感和道德感情，从而为正义原则的存在提供循环的可持续的内生动力和条件。

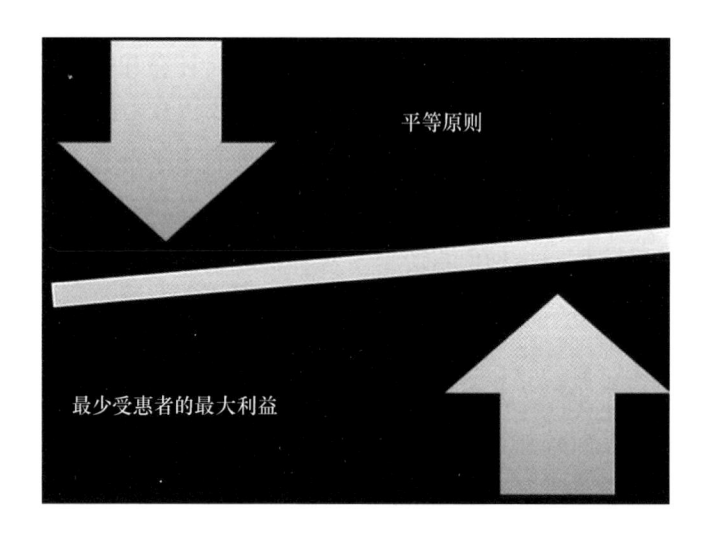

图 3.1　正义论的理论框架

在罗尔斯的正义论中，其创设了"四个阶段的顺序"的方法，认为该方法是实现两个原则的一个制度工具。实际上，"四个阶段的顺序"所体现的核心价值是要强调法律工具在实现两大原则中起到的决定作用。

---

① ［美］约翰·罗尔斯：《正义论》，何怀宏等译，中国社会科学出版社 1998 年版，第 185 页。

```
                    ┌─────────┐
                    │ 法的运行 │
                    └────┬────┘
        ┌────────┬───────┼───────┬────────┐
     ┌──┴──┐  ┌──┴──┐  ┌──┴──┐  ┌──┴──┐
     │ 立法 │  │ 执法 │  │ 司法 │  │ 惩罚 │
     └─────┘  └─────┘  └─────┘  └─────┘
```

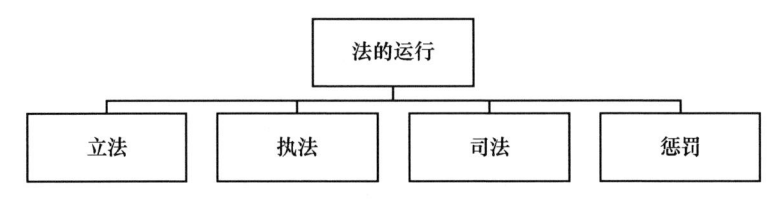

图 3.2　法的运行制度

约翰·罗尔斯（1921—2002）是当代关于分配正义的理论大师。[①] 他的分配正义的理论观点吸引了大量来自哲学、社会科学和法学领域学者的关注。其非常有影响的著作《正义论》揭示了一个核心的正义价值：社会中的每个个体都应该被分配给公平的份额。在该著作中，罗尔斯也采用了分配正义的术语。他相信该核心价值是评估社会制度的效率和效力的基础。在罗尔斯的分配正义理论中，他强调不仅经济物品和服务需要被公平分配，非物质物品也应该被公平分配，例如机会、权利和自尊。尤其是当分配低于最低水准时，就可以认定是被剥夺了分配。他建议应该建立相应制度来减少剥夺，并帮助被剥夺者获得至少是最低水平的分配。总之，罗尔斯正义论更为系统，该理论系统地阐释了对分配正义的认知。尤其是罗尔斯创设了两大正义原则：平等权利和机会以及使最弱势群体受益。同时，为了实现两大原则，罗尔斯还提出了"四个阶段顺序"制度途径，并为正义原则阐明了道德基础。

（二）罗尔斯的正义论扩展适用于保障性住房领域

罗尔斯的正义论解决的是社会财富公平分配的问题。尽管罗尔斯没有在他的理论中讨论住房权，但他试图延展正义论调整的范围，涵盖一切社会财富和权利。罗尔斯正义论的首要目标就是通过建立一个社会财富公平分配的制度来塑造具有良好秩序和管理的社会。罗尔斯建议每个人都可以追求他们的财富和权利并实现他们的理性生活规划。他认为的社会财富和权利是对立性欲望的满足，社会有责任把基本的需求分配给每个人来帮助他们实现各自的理性生活规划。罗尔斯基于公平的基础来

[①]　关于罗尔斯（Rawls）的介绍可以参见 Brian Duignan 在大英百科全书撰写的约翰·罗尔斯人物介绍，其网络版为：https://www.britannica.com/biography/John-Rawls。

实现正义，并提出当每个人都可以获得他需要的服务时公平就可以实现。

个体需要一些基本的资源来实现自己的生活规划，这些基本的资源就是基础产品。从来源上讲，基础产品具有社会性，它们包括：权利、自由、收入和福利，作为平等的社会成员，每一位公民平等需要。罗尔斯还指出尊严也是一种基础产品。尊严是个人对自身价值的认知，这样的认知产生了构建和实现个人生活规划的动力。罗尔斯甚至认为自尊是最为重要的社会资源，因为自尊是公平、责任、义务、友谊和忠诚的前提。因此，他认为自由的思想和善也属于基础的社会产品。

由于在无知之幕的原始状态下每个人对他们的能力、年龄、性别、社会地位等品质一无所知，这样的表述也表明他们对自己的住房状况也不知情。然而，罗尔斯明确指出在原始状态下，人们具有足够的智慧和生活水平来制定和履行他们理性的生活规划。依据正义论，需要两个步骤实现公平社会，第一步要在原始状态考量正义原则，第二步是通过立法构建制度。在第一步中罗尔斯认为要确定人们平等的自由权。每个人都有平等的基本权利，例如政治自由、言论自由、自尊、人格完整权和财产权，等等。罗尔斯认为在原始状态的个体会接受这样一个原则，即每个人都享有绝对平等的基本权利是公平的。在理性社会，这些权利和自由是通过宪法来保障的。罗尔斯倡导这些权利应当是社会的基本价值，应当受到保护并被平等地分配给每个人，所以这些权利和自由是第二原则的基础。罗尔斯的第二正义原则是社会不平等原则即差别原则。当资源分配超出了第一原则的范围，就要通过第二原则来向社会中最没有受惠的群体倾斜分配社会资源。差别原则要求每个人都有权利和机会来申请政府机构的职位，利用这些机构向社会中的最少受惠人群提供社会资源。

住房是否属于人类生存的基础产品？这就需要证明住房是否和其他的社会基础产品具有同样的属性。在原始状态下，无知之幕后理性的人处于一无所知的状态，他们必然同意住房属于基本的社会资源。和吃穿住行一样，他们都是人们赖以生存的基本物质资料。在一定程度上，住房的地位更为重要，居无定所必将影响人们的吃穿住行。所以，每个人拥有一处遮风挡雨的居所，通过宪法的形式保护人们的住房权是平等自由权利的体现，是分配正义的实现。罗尔斯强调当人们在选择正义原则时，无知之幕是个人客观性的保障。由于个人的利益完全隐藏在幕后，正义原则才能不偏不倚，才能被接受成为基本的正义原则。社会机构和制度的建立也必须符合正义原则。由于这些机构的行政任务和正义原则相融合，他们的属性才是公正的、不偏袒的和客观的。由于住房领域需要涉及广泛的知识，因此，住房问题的解决需要由专家来处理，住房立法应当在正义原则的框架下由专家制定。

1. 住房权

住房需要权利庇护。德沃金（Dworkin，1978）和克曼（Coleman，1988）都曾对权利和自由的关系做过论述，他们认为权利和自由之间的紧张关系就是一个伪命题。克曼主张权利和自由的关系是积极的，而非消极的。权利的创制就是为了提高自由和福祉，同时权利也为自由划定了范围。通常的情况就是权利保护自由，而不是威胁自由。社会为低收入和弱势群体提供公共住房，是对社会财富的重新分配，这是基于对住房是社会成员的一项基本权利而做出的分配。

然而，对住房进行了权利的判定将会产生两个影响，第一，权利可以带来权威性和合法性，尤其是对少数群体而言。与目标、政策、承诺和非权利因素相比较，权利更具有权威性。和目标不同，如果对房屋进行了权利判定，他就可以提供一定水平的专一性来激励公共住房供给的持续性。而且，如果持续性没有得到维持，权利可以为诉讼提供基础。进一步来讲，权利可以为一些事物创建合法性基础来促进其实现。如果把住房判定为人权，与普通权利相比较，这是对住房意义的更高提升。教育和医疗早已被认可为人的基本权利，有些学者认为住房比教育和医疗更为重要，理应被认定为一种人权（Marais & Wessels，2005）。人权的认定意味着住房权可以适用所有的人，而不用考量他们的财产和出生地。最后，权利的权威性和合法性在保护少数人的利益时发挥重要的作用，这是因为权利的权威性和合法性是对抗由多数人主导的要求获得利益的合理抗辩。第二，权利对界定人格，市民身份和群体价值起到重要的作用。理解什么是一个人的权利，需要对这项权利的个人和社会成员的意义进行解释。首先，社会给予的人格和市民资格的价值是人与人之间的关系建立一个重要方面。诺基克（Nozick，1981）在他的"尊重原则"中认为：没有对权利的尊重，对人的尊重就不会存在。黑格尔（Hegel，

1896）认为权利为人际间的义务确定了具体的内容，并且帮助人与人之间的最为基本的联系。其次，认可某事物是一项权利同样对群体社会有重要意义，因为这可以反映出该群体的价值观取向和基本的道德特质。

住房权是每个人应当享有的一项基本权利。首先，住房权是人权。美国天主教的主教在1975年宣称衣、食、住、教育和医疗权利无疑是保护人的尊严的基本要素。这些权利和书写在美国宪法权利宣言上的自由一样对人的尊严的保护至关重要（U.S. Catholic Conference, 1975）。

同样，哈特曼（1998）认为居住在一个可以负担得起的、满意的房屋里从来就不是过分的要求。事实上，它是一个人的基本需要，该需要的满足甚至可以帮助居住者满足其他需要，例如安全、健康、隐私和家庭。同时，住房还和人的礼仪与价值紧密联系，不考虑收入和社会阶层，住房为社会个体成员提供享受社会和家庭福祉的机会。总之，如果足够的和负担得起的住房的供给受到了收入水平的限制，这就会产生正义的问题。

关于住房权的发展，一个评论指出充足住房法律权利的提出在不止10个国际人权的文件中被提出并予以倡导，无数的国际声明和政策也多次强调充足住房权存在的重要性，超过50个国家的宪法制定了大量的关于住房权和与住房有关的政府责任的规范。另外，几乎所有国家的内国法对住房权的产生发挥了积极影响。按照国际法律协议，所有的缔约政府都明确地表明获取充足的住房是人的一项权利。根据联合国大会的倡议，每一个人和其家庭都应享有基本充足的健康和福利的权利，包括衣、食、住和医疗（UNGA, 1948）。

充足住房人权的主要内容（UNGA, 1996）包括：

（1）使用权的保障

居住者应该被赋予使用权的保障，避免其被强行驱逐、骚扰和其他威胁，包括掠夺性重新开发和搬迁。

（2）可获得性

所有市民都可以平等地获得住房。社会资源，包括住房，必须对贫困阶层和弱势群体进行分配。

（3）可负担性

在扣除住房费用后，居民还应该留有足够的收入继续生活，而无须减少其他必要的支出，例如食品、衣物，教育和医疗。例如，一个人不必在付房租和买食物之间进行选择。

（4）可居性、体面和安全的家

住房必须有足够的空间，以确保居民免于遭受生活的不便和对健康的威胁，例如结构性危险。

（5）服务、生活资料和基础设施的适用性

住房内部必须配备基本设施，例如饮用水、暖气、照明和卫生，所有这些住房设施对健康、安全和舒适来讲是必不可少的。另外，一些基础设施，例如道路、桥梁和公园，也是应该具备的。

（6）位置

住房要避免建筑在污染的地方或靠近污染源，这会对居民的健康造成威胁，并且人身安全也要予以考虑。另外，住房的建筑位置应当便于居民的就业选择、医疗服务、上学、幼托和其他便利条件。

（7）充足的文化

住房和住房政策必须体现文化理念和多样性，包括文化遗迹和制度的保留。对原有项目的重新开发和现代化必须保证住房和社区的文化底蕴不被牺牲。

其次，住房权是一项物权。然而，要对住房权有一个全面的理解，深入地讨论一下权利的概念非常有必要。遗憾的是直到现在，学者们还没有对权利的概念达成一致。科曼（J. L. Coleman, 1998a）把权利定义为一种合法的主张。但另外一些学者对权利的定义更注重强调把权利和权力联系在一起（Hart, 1961; Kenna, 2005）。根据朱克特（Zuckert, 2002）对权利的解释，权利是判决的最终衡量标准。庞德（Pound, 1924）在解释权利的概念时，集中阐释了权利与法律的关系，他强调是法律创制了权利。首先，法律承认利益，并赋予其权利来保护利益，之后法律创制了责任来保护权利。因此，权利是基本的标准，它和权力紧密联系来保护个人的利益和主张。

所以，住房权不仅是人权，也是一项财产权。财产权也被赋予了保护和救济。财产权是权利人以最为绝对的方式享有该物的权利和处分该物的权利，法律和规定都不得禁止权利人对物的使用（Bello, 1952）。菲吕博顿和佩约维奇（Furubotn 和 Pejovich, 1974）把财产权定义为一种制裁的关系，建议每个人都要承担违反财产权的代价。从以上几位学者对财产权给出的定义来看，他们认可民事主体应被赋予自由的财产使用权、处分权和获取受益权。总体上，财产权包含四类子权利：使用权、收益权、转让权和处分权（Eggertsson & Eggertsson，1990）。另外，大多数法律制度都把财产分为动产和不动产，住房是一种结合了土地利益和财产本身利益的不动产。因此，住房权是一项财产权，但住房作为不动产和其他不动产，例如办公场所和工厂，有所不同。

总之，权利和自由的关系是积极的，而非消极的。权利创设的目的就是要强化自由，同时权利界定了自由的边际（Coleman，1998a）。自由和权利的冲突本身就是一个假命题（Coleman，1998a；Dworkin，1978）。事实上，权利保护自由是一个普遍的共识，住房权在很大程度上可以增加低收入人群的政治自由。所以，住房权是一项基本的社会资源和社会产品。

2. 使最少受惠者受益

在接受对房屋和住房权重要性阐述的前提下，可以得出结论：住房权是一项基本的权利，在社会资源分配中应得到保护。然而，如何对资源进行分配需要一个标准。罗尔斯（Rawls）是在洛克（Lock）、卢梭（Rousseu）和霍布斯（Hobbes）之后的另一位传统的契约理论家。他们都认为一个国家对其公民的义务扎根于一个假设的社会契约中。这个社会契约对社会制度的性质和社会利益的分配都进行了约定。而罗尔斯（1998）理论的不同之处在于他把契约理论和康德（Kant）的传统道德中的一些元素相融合：认为道德原则的渊源存在于理性之中，因此每一位理性社人都是平等的，并因此受到尊重。只有在理性的人们一致同意被确定的规则适用包括规则制定者的社会中每一个成员的前提下，对社会利益进行分配时才会公平。①

然而，如何认同适用每个成员的规则是一项很困难的任务。罗尔斯（1998）提出社会契约的方式来解决这个难题。他并没有直接推理理性的人们应该选择什么样的正义体系，而是提出了一个假设的议事程序。理性的人们和利益相关者通过协商的方式来确定他们追求的社会构架，尤其是对通过协商产生的主要利益和弊端的分配的确定。罗尔斯把该协商

---

① ［美］约翰·罗尔斯：《正义论》，何怀宏等译，中国社会科学出版社1998年版，第492页。

的条件称为最初的状态（Original Position）。这种状态是一种公平的环境，因为所有的参与者都有公平的身份，并且每一位成员都有对某一提案的否决权。罗尔斯认为理性的人们只有在公平的条件下协商出的社会构架才是正确的正义原则，所谓的公平条件是指自由和理性的人们接受最初的公平的情形，并把它确定为大家需要遵守的基本准则。为了避免参与者在协商的过程中偏袒自己的利益，罗尔斯（1998）提出一种假设的前提——无知之幕（Veil of Ignorance）：没有人知道自己在社会中的位置、阶层和身份，也不知道他的能力、智力、社会财富分配的运气等，甚至假设协商者也不知道利益的概念和他们自己的心理脾性。当每一位社会成员不知道自己将会得到什么样的对待时，他就不会偏袒任何一个社会阶层的人，他宁愿选择制定对所有人都公平的正义方案。① 罗尔斯（1998）认为在这样的最初的状态，人们只有选择遵守两个原则，社会正义才能得以实现。

（1）每一人和其他人一样都有着最为广泛的自由的权利。

（2）在最大程度上为最贫困的社会成员增进福祉（区别原则）；在同等的机会的条件下，所有职位都必须对每一位社会成员公开。

罗尔斯所主张的这两项原则就是要指导权利和义务的分配，规范整个社会中的社会利益和经济利益的分配。他认为只有在增进最不富裕的群体的福祉时，不平等的情形才可以被接受。为了达到分配正义，哪些福利需要得到公平分配呢？罗尔斯指出了五大类：自由、机会、收入、财富和尊严。

罗尔斯（Rawls，1998）相信社会中的每位成员应该获得平等的对待和尊重。他强烈反对功利主义的观点：一个公正的国家应倾向于最大化大多数人的幸福。这种观点使得罗尔斯担心国家就此获得了损害、侵犯或忽视个体需求的合理依据。罗尔斯主张任何个体都有不被他人凌驾其上的平等的权利，个体和群体一样有分享物质产品和非物质产品的平等机会。为了获得社会正义，罗尔斯建议使最少受惠者在社会财富分配中受益。

保障性住房项目的目标是消除城市贫民的住房困境。这是因为这些城市贫民被迫住在污秽和狭小的房屋里，但他们是社会的成员，他们应

---

① ［美］约翰·罗尔斯：《正义论》，何怀宏等译，中国社会科学出版社1998年版，第131页。

可拥有一个体面的生活和适宜居住的房屋。尽管罗尔斯没有指出谁是最最穷困的人,但给出了一个辨认的标准:最低水平。他强调当低于物品或服务的最低水平,包括财富、收入、机会和权利,这类人就被认为低于贫困线。根据这个标准,城市贫民就是最少受惠者。他们没有住所或负担不起租房费用,被迫居住在环境糟糕的地方,没有干净的饮用水、照明和卫生设施。这对他们的生活造成了一系列的困难,例如,教育、就业和婚育。

另外,保障性住房被定性为一种公共资助。政府通过限定住房价格和税收减免来对低收入的城市贫民进行社会财富的再分配。这就为城市贫民提供了获得住房的机会,这种机会往往是他们在市场中难以获得的。因此,保障性住房的公平供给就是正义的体现和执行。

基于以上的讨论,可以得出结论:住房是人生活中的至关重要的一个核心要素,因此需要通过住房权的创设来保护居民的利益。总体上,低收入群体更容易受到高房价的影响。这是因为市场有时不能有效地发挥功能,存在失灵的情形,无法把住房资源分配到最为需要的人群手中。科曼(Coleman,1998)认为固有的市场失灵为权利的创设提供了空间和依据,因为权利的存在可以矫正市场失灵。

总之,住房作为稀缺资源,市场可以对其进行有效配置。然而,由于社会成员彼此之间存在能力、机遇、智力等的差异,导致了尤其是低收入和弱势群体无法从市场上获得住房。由于市场的缺陷,需要政府进行干预提供公共住房弥补来市场不足。克曼(Coleman,1988)认为市场的先天缺陷,为权利的运行提供了空间。根据他的观点,权利可以矫正市场失灵,当市场无法正确地分配资源时,权利必须被直接分配。因为市场作为唯一的供给者有可能不是很有效力,也就是说市场有可能不是一个为低收入群体提供稀缺的房屋资源可靠方式。但是要实现社会正义,必须考虑低收入群体的利益。根据罗尔斯(1998)的正义论,产权属于社会财富和机会,需要进行二次分配。[①] 这是因为正义要求每一个独立个

[①] 罗尔斯借鉴了米德的产权民主思想,但在《正义论》中并未专门阐释产权民主思想,罗尔斯只是主张以差别原则对效率原则进行补充。差别原则是对收入和财富进行分配的原则,住房是产权,也适用于差别原则。

体都应获得自己应有的份额,这样对他们追求有尊严的生活是有帮助的,尤其是在市场分配中失去机会的和被剥夺享受社会财富的低收入群体。只有他们在社会财富分配中受益,社会正义才能得以实现。

住房对每一位社会个体都有着重要的意义。它不仅和"家"的概念紧密联系,而且是对社会弱势群体利益进行保护的有效途径。基于对罗尔斯正义论的分析,本著可以得出住房需要权利的庇护,认为住房是一项人权;同时,关于住房分配的原则,要倾向保障社会中的低收入者和弱势群体的利益。这将是实现住房分配正义的有效方式,是追求整体社会正义的重要组成部分。

3. 法律制度是正义实现的方式

通过把罗尔斯正义论的原则适用到保障性住房领域,作者在上述内容中论证了住房是一项权利,基于对此种权利的认可和尊重,在住房分配的过程中应当倾向于保护社会中的弱势群体,从而实现社会的分配正义。罗尔斯指出正义的首要课题是社会的基本结构。他主张分配基本社会资源的社会制度在分配基本权利和责任时要和正义原则保持一致。因此,第一步是通过管理完善的社会来确立正义的原则。第二步就要在实现第一步后制定社会制度来分配这些基本的资源,从而塑造一个正义的社会。罗尔斯正义论的目标是制定法律制度来确保基本资源的公平分配。

抛开对正义理论的分析,本部分主要集中阐释法律是获得社会正义的有效方法。罗尔斯(1998)在他的正义论中指出权利要通过法律予以保护。他认为法官和行政官员不能适当地和正确地解释和适用法律,这本身就是一种不公正的行为。法律制度的目的就是要规范每一位社会成员的行为,并依靠其强制性的本质来建立一个社会合作的框架。

正义是法律的一项核心价值这一观点得到了世界普遍认可。尽管作为核心价值的正义在其他形式的社会规范中也能得以体现,例如习惯、道德和宗教,但法律作为规范人类行为的社会规范具有自身不同的特征,往往其他社会规范是法律达到社会目的补充或部分替代。法学家们用不同的方式对法的本质、特征和属性进行了界定,抽象概括起来大体有6个典型的和基本的方面,这也意味着法律具有了这些因素,才能实现法治的目的。

(1）至上性

法律是规范、标准或原则的体现，其必须通过制定才能产生。法律的至上性是其权威最显著的一个特征，法律与人治或躲藏在法律后的政策是截然不同的。个人与政府都是法律管辖的对象，当法律在约束政府时，一定要避免恣意和胁迫（Berkman，1996；Fallon，1997；Walker，1988）。

（2）确定性

所有的法律必须明晰、准确、可预见、不矛盾和稳定。法律在向公众公布后才具有法律效力，这样可以使公众关于法律的内容获得足够的信息，从而使其可以遵守法律。法律必须指导人们遵守准则，从而获得合法的和可以预见的保护。这意味着人们的行为要遵守善良诚信原则，否则要承担相应责任。相同的案件要以同样的方式审理，法律应该具有理性的稳定性，为了保持其权威性，不能朝令夕改。

（3）执行性

法律执行时，绝不能因为执行的对象是市民或国家而有所不同，有效的程序和制度是执行法律对抗违法犯罪的前提。法律确保国家行为也要符合法律。除此之外，独立的司法制度也应被适用，但要避免成本过高（Fallon，1997；Walker，1988）。

（4）普遍性

法律的普遍性非常重要。个体案件可以由普遍性的法律予以指导，普通法可以被用来处理个体案件。法学界普遍认可法律应该对其所允许和禁止的行为给予明确的规定，但法律绝不可以特别规定具体的案件要适用哪个法律（Radin，1989；Walker，1988）。

（5）一致性

法律的一致性意味着法律应该和社会价值与标准保持一致，否则法治将不能很好地发挥功能。明确规定的法律必须和法院、国家和警察解释的规则保持一致（Berkman，1996；Radin，1989；Walker，1988）。

（6）独立的法律职业

应当制定法律委托和辩护制度，目的是确保法律的其他特性得以实现（Walker，1988）。

另外，此处还很有必要把法律和公共政策区分开来，因为公共政策也规定了一些原则和方法来达到政府期望的某些目标。什么是公共政策？关于其准确的和统一的定义莫衷一是。一些学者在对公共政策的定义中指出公共政策的制定应当公开，公共政策涉及的目标和方式是其定义中的重要内容（Plano, Riggs, & Robin, 1982）。公共政策影响着大众的利益，这就是为什么政府制定的政策有时充满争议和抗议（Birkland, 2005）。

另外一些学者（Cochran, Mayer, Carr, Cayer and Mckenzie, 2011）对公共政策下定义时指出公共政策是政府行为和决心，是政府对社会利益再分配妥协的结果。戴耶（Dye, 1992）认为公共政策是政府随意制定的决定，用以实现其自身的利益。柯世拉和马龙（Cochran and Malone, 1995）强调公共政策由政治决定组成，是以获取社会利益为目的，从而实施的一系列命令。彼得斯（Peters, 1999）主张公共政策是政府采取的一系列对社会成员生活具有某些影响的行为。

尽管从不同的角度给公共政策所下的定义不尽相同，但对其通常的认知是政府是政策目的和计划的制定者和执行者。事实上，从社会科学和法律的角度可以对政府制定的政策有效性做出充分的评估。古普塔（Gupta, 2001）建议公共政策的制定和执行必须在一个国家的法律框架内完成。他以美国为例，指出所谓的法律框架包括宪法、立法机构制定的法律、行政命令、司法机构的法律解释、部门法规和公民投票。但在美国的政治制度中，立法机构制定的法律、行政命令、公民公投和部门规章可以被法院认定为无效。

同时陈杰（1992）主张不能仅仅依据政策缺少之前讨论的法律特征就认定法律和政策是不同的，二者在一些情况下是有交集的，例如立法通常是在特定的程序管理下完成的。政府有责任制定政策、设立立法制度、批准政策、通过法律和使政策生效。和法律相比较，政策制定的过程灵活多变。相应地，法律比政策更稳定和更有持续性。另外，法律通常比政策更严格和更具体，这都促使法律具有更大的确定性，并能约束官员自由裁量权的恣意行使。最后，法律通常是以法典化的形式颁布或制定成为案例汇编，而政策则作为政府内部文件进行收集。由于对外公布范围窄，政策很难对公民行为进行调整，政府政策往往不能有效执行。

另外，法律和社会准则也不相同。当法律和社会准则相一致时，法律就会运行得更有效力和效率。但辨认出社会准则往往比对其下具体的定义更容易（Basu，1998）。社会准则具有偶然性和抽象性。违反社会准则是即时的，违反者往往仅受到愧疚感、羞耻感、非议、躲避、被排斥和偶尔的暴力。诺斯（North，1990）认为是社会成员人为地设定了约束，即游戏的规则，来规范人与人之间的关系与互动。而制度包括正式的约束，例如人类制定的规范，和非正式的约束，例如习俗（North，1990）。作为正式规范的法律当然也可能矫正或取代社会准则。

关于法律与社会准则之间的关系，诺斯（North，1990）认为法律可以对社会准则进行补充或者改善非正式约束的社会准则。尽管社会准则被诺斯定义为信息约束或非正式约束在很多时候是重叠的，但其与法律仍然是不同的。

保障性住房的目的是追求社会正义，保障性住房政策的目的是制定相应目标和框架。保证性住房的社会正义准则是和保障性住房的政策和法律相重叠的。这就意味着政策和法律体现了社会准则的价值，保证性住房的政策和法律体现了社会公平正义的准则价值。法律作为一个有效的策略和方法在保障性住房的规划、建设和分配中起到了关键的作用。所以，一个公正有效的法律制度可以帮助实现与政策和社会准则相一致的社会目标。

制定一部有效的法律制度一直是各方面努力的方向。然而在中国，保障性住房中存在了大量的不易落实的政策性规定，他们往往不能充分理解政策背景里的社会和文化特性以及所要设计的政策和制度的复杂性。这就导致了地方性的背景和正义的价值在保证性住房政策和法规的运行中被很大程度地忽视了。

4. 保障性住房法律制度的框架

基于文献综述和本研究的理论框架，得出的结论是法律是实现保障性住房的公平正义的有效工具。为了达到这一目的，保障性住房法律制度中的每项子制度都必须有效运行，包括保障性住房的立法、执法、司法和惩罚。

（1）保障性住房立法

保障性住房的法律制度应该是一个完整的制度框架，立法的内容应该调整所涉及的所有法律关系，这就要求保障性法律制度包括一系列的子制度。按照保障性住房项目的开发顺序，这些子制度有：保障性住房的规划制度、融资制度、开发制度、分配制度、管理制度和审计制度。保障性住房的根本目的是消除低收入群体的住房和其他困境，例如就业、教育和就医。这就要求保障性住房的规划涉及选址、配套基础设施、住房设计、数量价格等基本要素。总体上，保障性住房的规划制度包括土地规划、选址规划、配套设施规划、设计规划、数量和价格规划和包容性规划。融资制度涉及保障性住房的建设融资问题，包括国家融资和私人融资，例如土地信托、债券、慈善银行、税收、借贷和开发商资助。开发制度涉及保障性住房的开发，包括公共开发、私人开发和公私合伙开发。保障性住房的分配制度涉及申请人的资格、申请程序和批准。保障性住房的管理制度调整买卖登记、产权明晰和回购。最后，保证性住房的审计制度涉及骗购等违法手段获得保障性住房的监督。

无论是大陆法系还是英美法系，法律通常分为实体法和程序法两大类。实体法源于成文立法，而不是先例，其指的是一套法律制度，往往包括公法和私法，例如行政法、刑法、民法、侵权法等。实体法总是依据财产的所有权形式和个人身份来界定个人和组织的权利和义务。而程序法由法院根据实体法的规定来最终确定诉讼主体的具体权利和义务。

实体法中规定了法律关系主体的权利和义务，一旦权利被侵犯，通过程序法的适用将予以相应国家公权力的救济。根据保障性住房法律制度中涉及的法律关系的性质，实体法可以提供的救济包括行政救济和刑事救济。通常当保障性住房的申请人的权利被侵犯，往往可以通过提起行政诉讼的方式来获得救济；当保障性住房的分配中涉及欺诈，渎职等行为时，往往通过提起刑事诉讼的方式来提供救济。

另外一个问题是，法律从本质上来讲，应包含效力和效率，保障性住房法律制度也是一样。保障性住房法律制度的效力涉及的是立法内容和目的正义性，换句话说保障性住房应该被分配给适格的低收入群体。这也是保障性住房立法的遵旨和目标。因此，立法时设立有效的申请标准对实现保障性住房的立法目标能起到重要的保障作用。当然，仅仅只靠保障性住房立法遵旨和目标来确保实现保障性住房的正义分配是远远不够的。所以，具体的保障性住房法律规范的有效运行将确保保障性住房的最终公平分配，这就是法律制度的效率意义。效率不仅包含完整和详细的法律规定，还包含一个针对申请人和执行官员的合理和可行的运行程序。

（2）保障性住房法律制度的执行

保障性住房法律制度的执行涉及众多方面，包括规划、融资、申请、审核和监管。其中，分配是保障性住房法律制度执行的核心。保障性住房的分配执行涉及一系列的过程：

第一，申请受理。保障性住房的申请人应当向保障性住房管理部门提交所有的申请资料，包括申请表、家庭收入证明、现有的住房状况、家庭成员、长期居住地和其他要求的证明材料。

第二，核查。核查主要包括三个步骤：初审、复审和批准。在收到申请材料后，居委会和街道办事处承担初审职责，主要审核提交的申请材料的真实性。在初审结束后，民政部门进行复审。最后，把申请材料转交给住房保障部门进行批准。

第三，监督。监督包括官方监督和公众监督。官方监督的方式主要是在保障性住房分配后，通过入户回访的方式来确保占有保障性住房的住户的适格性。公众监督的方式是通过举报信或举报电话的方式向保障性住房管理部门揭露现有占有使用保障性住房的住户的违法获得保障性住房的行为。当然，被监督的对象包括保障性住房的申请人、占有使用人、所有人和相关管理人员。

第四，管理。当保障性住房的申请被批准后，申请人搬入保障性住房，并对其享有占有使用的权利。保障性住房的管理部门监督占有使用人生活条件的变化。如果占有使用人或所有人要出售保障性住房，管理部门享有回购的权利，并把回购的住房分配给其他适格的申请人。

第二节　功利主义理论

一　功利主义理论阐释

（一）功利主义的理论原则

功利主义，又被称为效益主义，该理论支持个人和社会追求"最大幸福"。该学派的代表人有约翰·斯图亚特·穆勒（John Stuart Mill）和杰里米·边沁（Jeremy Bentham），他们倡导人做出的行为是为了能"达到最大善"。关于最大善的计算方式，功利主义认为是把每个个体的苦乐感觉进行集合，其中每个个体的痛苦和快乐是相同的，且是能够换算的，痛苦仅是"负的快乐"。利己主义主张对自己利益的最大化，而功利主义不强调把自己的幸福置于他人之上。

每个个体的行为动机和手段不是功利主义考量的范围，功利主义仅强调行为的结果是否对最大快乐价值具有影响。如果能增加快乐值就是善的行为，否则即为恶的行为。功利主义的代表人杰里米·边沁和约翰·斯图亚特·穆勒都认为：人类的行为完全以快乐和痛苦为动机。穆勒认为：人类行为的唯一目的是求得幸福，所以对幸福的促进就成为判断人一切行为的标准。其基本原则是：有助于增进幸福的行为就是正确的行为；产生痛苦的行为就是错误的行为。穆勒进一步认为为了其他个体的幸福，人类可以牺牲自己的最大福利，并且人类具有这样的能力。他还强调功利主义幸福观是一切人的幸福，而不是行为者个体一人的幸福。[①]

（二）功利的含义

功利主义也是一个标准的道德理论。该理论利用功利来辨别好坏，利用对功利的最大化来辨别对错。因此根据功利主义，功利就是一种价值，它可以指导行为、程序和政策。功利主义的道德义务就是对功利最大化。[②]

对功利主义一直有不同的界定。自19世纪开始，出现了许多关于功利的定义，从而产生了不同的观点界定功利主义，主要有四种。第一种认为功利是没有痛苦快乐。在功利主义理论的初期，功利或者善往往和快乐相联系，没有痛苦和邪恶，恶往往和痛苦与贫困相联系（Bentham, 1961; Mill, 1998; Sidgwick, 1907）。第二种观点认为功利对偏好的满足。一些学者用个人偏爱满足的术语来代替功利（Hare, 1981; Harsanyi, 1977; Singer, 1993）。戈丁（Goodin, 1993）认为偏好的满足是当今最有影响的成本和收益的经济分析方式，他充分利用支付意愿的方法来发现个人的偏好（Roberts & Reich, 2002）。第三种观点认为功利是知情或理

[①] [英] 约翰·斯图亚特·穆勒：《功利主义》，叶建新译，中国社会科学出版社2009年版，第29页。

[②] [英] 休谟：《人性论》，关文运译，商务印书馆1980年版，第632页。

性偏好的满足。如果他们获得了所有的信息,并具备做出知情选择的认知能力,就会存在个人的偏好(Brand,1979)。当他们处在饮酒或吸毒的影响下,或者在缺乏所有相关信息的情况下,这样的功利就偏离了个人的偏好。第四种观点认为功利是对利益的满足。和个人的偏好相比较,第四种观点进一步认为功利是所有人共享的基本利益的满足,例如健康和住房,在追求任何具体的偏好前,所有人必须拥有这些基本利益(Goodin,1993)。

(三)功利主义的标准

功利主义认为对的标准是可以最大化的善。标准道德理论另外一个基本的组成是关于正确的确定。功利主义是结果主义,通常依据结果来判断行为、政策或制度安排的道德价值(Honderich,1995),而不是依据行为的内在特性或道德判断人的目的。换句话说,对结果主义和功利主义而言,行为本身没有对错或善恶,行为仅被设想成为工具而已,他们在行善上有可能或多或少的有效力或效率。根据功利主义,行为、政策或规则的道德价值取决于功利数量的效果(Honderich,1995)。[①]

在决定不同选择的价值时,功利主义适用功利计算公式:净功利(行为产出的快乐)减去功利损失(失去的快乐)来判断是否对错。功利主义是公正的,因为每个单位的功利(例如满足的偏好)在以上计算公式里的量是相同的。换句话说,每个人的快乐、偏爱或利益都被考量进来,并具有同等的价值,而不关乎他们是谁(Honderich,1995)。因为功利主义要求功利的最大化,正确的不是哪种行为产生了功利,而是哪种行为产生了最大功利。

但是人们在如何实施功利计算公式并决定应该做什么方面出现了两种计算功利的方式,即两种类型的功利主义:行为功利主义和规则功利主义。行为功利主义也被称为行动功利主义,它主张直接以行为效果来确定行为正当与否,与规则功利主义相对。大多数功利理论要求每个行为或政策必须要通过最大化功利来判断是否好坏。所以,能够产生最大化功利的行为或政策就是道德上必须遵守的。行为功利主义不接受道德

[①] Honderich T., *The Oxford Companion to Philosophy*, Oxford: Oxford University Press, 1995, p. 189.

规则，他认为由于人及其处境不相同，故制定统一的道德规则是不切合实际的。人做出行为选择时，要评估处境，选择一种不仅为自己，而且能为所有与此相关的人带来最大程度的好结果，并能把坏结果减少到最低限度的行为。

规则功利主义则主张：若大家都永远遵守相同的道德规范，就可以产生最大快乐值。当在最大化功利时，规则主义不是遵循行为和政策的效果，而是是否遵守了规则。该理论强调规则在道德中的重要性，倡导根据规则来断定在特殊情况中应该如何选择行事，而不是根据在特殊情况中，什么样的特殊行为会产生最好的结果。人们应当根据哪些会为每一个人增进最大程度的普遍善来决定我们所采取的规则，而不是哪一个行为具有最大的效用。

（四）功利主义的优点

1. 简单直观

功利主义的简单性体现在它道德理论原则的单一性，即功利原则。功利主义并不要求一个程序来裁决不同原则之间的冲突问题，从而功利主义不存在程序裁决的武断或程序本身的复杂性（Beauchamp & Childress，1994）。功利主义采用定量方法来计算幸福和快乐，这种道德方式在解决问题时会给出更清晰、简单和准确的答案。功利主义还具有直观性。在行动之前考量利弊，以及做出提供最大利益的选择都是功利主义直观性的体现。

2. 平等对待

功利主义是公平的道德理论。因此，在计算快乐时，对涉及的每个人的快乐痛苦、偏爱和利益要严格的平等对待。其目的就是要实现大众的最大功利或快乐，而不仅仅是或主要是代理人或某一社会群体偏好的快乐（Beauchamp & Childress，1994）。功利主义，尤其是当被适用到社会或政治决策时，其主张道德和伦理，要求考虑到每个人的快乐并严格地平等对待每个个体。

3. 有力武器

功利主义暗示任何资源和权利集中到少数人手里，从道德上来讲都是不正义的，除非这样允许功利的最大化。通过计算的方式或量化功利，功利主义事实上为拥有这些权利和资源的人设计了一个责任测试。因此，功利主义者主张对最富裕的人群的资源进行再分配，分给最穷的人，从而这些人也可以获得到较多的功利。该主张起源于19世纪，当时社会资源集中在少数人手中，功利主义就批评这样的社会，认为通过社会改革可以来让大多数人受益（Kymlicka, 2002）。

4. 大众利益优于个人

在追求功利最大化的过程中，功利主义一直试图证明为促进和保护共有或集体利益而侵犯特定个人偏好或道德权利是必要的。例如从道德上功利主义认为在疫情期间对拒绝接受疫苗的人进行隔离或强制接种疫苗是合理的（Beauchamp & Childress, 1994）。

（五）功利主义的缺点

1. 要求太高

根据功利主义，每个人都负有道德义务，要从公正的立场行动或者遵守规则从而产生最大的功利。但对许多人来讲，这是一个要求非常高的主张。功利主义强调大众要像没有个人利益和目标的圣人一样行事，因为对于功利主义者来说，这些利益和目标没有特别的道德地位（Beauchamp & Childress, 1994）。换句话说，功利主义认为在实现他人的目标或帮助陌生人上，要比追求自身的目标或帮助朋友、孩子、病人或社区更具有合理性。当功利主义被用来指导个人的决定和行动时要比被用来评估公共政策和制度安排受到更多的批评。在第一种情况下，功利主义主张对个人关系和追求目标的放弃似乎非常奇怪且明显要求太高。第二种情况下，功利主义要求我们的公共政策必须公正且可以功利最大化。此种要求显得没有那么奇怪，甚至被认为是功利主义的优势。当功利主义被限定在公共政策和制度安排上时，被称为政治功利主义（Kymlicka, 2002）。

2. 快乐的计算并不简单

按照功利主义的方式，一个人必须测量出由各种选择产生的功利或快乐，并选择一个可以产生最大功利的方式。尽管该原则简单，但实施起来非常困难。事实上为了计算功利，一个人必须发现、测量和比较不同行为或规则的效力。当在比较和评估政策选择时，功利计算困难就十分明显。这是因为政策影响很多人，并涉及他们生活的方方面面。如果不同选择的功利由于复杂性、数据短缺或其他原因而无法计算和比较，功利主义就会在特定决策的制定上失去吸引力。甚至还有学者批评功利主义对道德代理人要求太高，从而导致了决策的瘫痪（Friedman，1989）。①

3. 不注重人们之间的不同

功利主义具有主观的特性。这是因为它主张理性的人要接受少量的痛苦来获得更大的快乐。罗尔斯（Rawls，1971）认为功利主义过于强调个体对原则的选择，没有认可大众一致赞同和接受是正义的前提。这就致使选择的原则缺乏普遍性，不能成为普遍性原则。个人的选择和大众的选择存在很大的不同。当个体为了获得更大的快乐而选择接受小的痛苦时，结果就是该个体快乐的增加。当一项产生较小痛苦但能带来更大快乐的政策被采纳时，净功利也是增加的，但一些人在受益，还有一些人却在遭受痛苦。所以罗尔斯认为功利主义不注重人们之间的不同。马基（Mackie，1984）认为按照功利主义的观点，只要总的快乐的数量不变，把一个人的满意让渡给他人在道德上没有太大的不同。换句话说，功利主义认为净功利很重要，个体或群体间的功利分配并不重要。最大化的选择总是公正的，因为功利主义并不包含独立于功利原则的正义原则。对罗尔斯来说，如果特定的决定影响了大众，指导该决定的道德必须包含一个独立的正义原则，从而来平衡功利原则。否则就等于认同道德可以依附功利原则。②

4. 多数人的专政

功利主义反对资源和权利集中到少数人手中，这是功利主义的一个优势。功利主义认为多数人的专政是合理的，并以此为依据来镇压少数人，以此获得和增加大多数人的功利。从另一方面来讲，这也就变成了它的劣势。尤其当这一观点被用以比较多数人的小利益和少数人的大利益时，这一劣势就很明显，例如在徒步过马路时不愿意被碰到和快速驾驶车辆之间的选择时，如果有足够的人偏爱快速驾车，功利主义就会优先选择和主张该倾向，而不是注重少数行人的安全。因此，功利主义允许多数人的功利或利益的获得可以以少数人的痛苦为代价（Hann & Peck-

---

① Friedman, M., "The impracticality of impartiality", *Journal of Philosophy*, 1986, pp. 645 – 656.
② Mackie, J. L., "Rights, utility, and universalization", in R. G. Frey Ed. *Utility and Rights*, Minneapolis: University of Minnesota Press, pp. 86 – 105.

ham, 2010)。①

5. 结果不可能证明所有的方式合理

作为结果论的功利主义在评估行为或政策的合理性时是以功利数量的结果为基础。这样的方式被用来获得特定量的功利，但该方式不具有特定的道德身份。所以，结果证明所有的方式的合理性是存疑的。事实上，只要可以最大化功利，功利主义主张说谎、造成损害、限制民众、歧视、边缘化或羞辱他人。在需要最大化功利的很多情况下，某些方式的使用并不能证明其是合理的，因为这些方式违反了其他的道德原则，例如自治、身体权等。

6. 并不是所有的快乐或偏好都是平等的

只根据功利原则，把歧视性或种族主义等偏好排除在功利计算中是很难证明其合理性的。同样，功利主义很难避免为了满足大多数人的偏好满足而放弃更重要的道德。例如，当一些社会群体遭受歧视或是处于弱势地位的群体，他们只能放弃最求更高教育或获得好工作的希望。所以，一些学者认为必须为功利增加道德原则，例如分配正义原则或社会正义（Beauchamp & Childress, 1994；Rawls, 1971）。

二 功利主义和罗尔斯正义论

（一）相同点

通过利用无知之幕，罗尔斯试图用不同于功利主义的方式来证明他的正义原则。两大理论最明显的不同是：功利主义通过提问什么是最大多数人的最大福利来证明自己的理论原则；而罗尔斯理论通过提问什么是一个理性公民想要的来证明正义论的两大原则。由于人们在无知之幕后，所以每个理性的人都会选择对最大多数理性人福利最优的选项。

首先，无知之幕后的人都是理性的。罗尔斯指出：无知之幕后的当事人不知道他们的能力、天赋、身份和地位，这将确保在做出选择时没有人处于优势或劣势。其目的是把无知之幕作为一个工具，从而获得一

---

① Hann, A. & Peckham, S., "Politics, ethics and evidence: Immunisation and public health policy", in S. Peckham & A. Hann Eds. *Public Health Ethics and Practice*, Bristol: The Policy Press, pp. 137-154.

个纯粹的和没有偏见的推理。无知之幕是一个假设的思想实验，可以允许理性人在纯粹和无偏见的情况下进行推理。这也能够看出此种推理和功利主义的推理没有区别。当大家都接受所有在无知之幕后的人是相同的理性个体时，他们必然会做出自己最好的决定，实际上这样的决定对所有人也都是最佳的选择。罗尔斯总是试图回答：什么是对每个人都有最大的益处的？这和功利主义很相似，因为功利主义总是在问：什么可以给最大多数的人带来最大数量的幸福？功利主义试图找到对整个社会最大的益处。实际上，从来没有任何正义制度曾经满足社会中每个人的利益。因此，功利主义认为最好的正义制度是能为整个社会带来最大数量幸福。现实中并不是每个人都会遵守法律或尊重他人权利，但这并不意味着我们的正义概念为了罪犯的利益而发生改变。我们所能做的就是创建一个权利制度和原则来实现社会最大数量的幸福。罗尔斯的观点和以上功利主义的观点是一致的。这是因为罗尔斯利用无知之幕遮蔽了个人利益，消除了带有偏见的利益。当人们处在无知之幕后，他们不会基于自身利益作出决定，而是会选择基于每个人的利益作出决定。罗尔斯主张无知之幕后的每位公民都由自身利益驱动，但当幕后的每个人都是无差别理性的人时，结论必将是每个人都会选择对所有人都有利的决定。

其次，罗尔斯提出的两大正义基本原则和间接的功利主义正义制度是兼容的。以罗尔斯第一正义原则为例，他主张创建一个对所有人都平等的制度。功利主义所主张的最大多数人的最大幸福这一正义诉求没有理由和罗尔斯的所有人的平等是冲突的。反而，功利主义赞同政府通过立法介入的方式来实现整个社会的整体幸福。尽管采取平等权利的制度可能不会在任何情况下都可以实现最大幸福，但它对社会的益处远大于损害。在特定情况下，侵犯个人基本权利会产生比损害更多的益处，但规则下的功利主义仍然主张维护个人的权利，这是因为在总体上尊重个人权利可以达到最大量的幸福。关于罗尔斯正义论的第二原则——差别原则，该原则提倡只有所有社会成员都受益，尤其是最没受惠的群体，社会和经济的不平等才是合理的。事实上，功利主义也支持这一原则。因为采取这样一个原则会带来更多的幸福，在区别原则下，社会资源将被分配给应当收益的那类人。总之，少量的资源带给穷人的幸福比富人的多，接受区别原则可以增加社会的总体幸福。

(二) 不同点

罗尔斯的正义论和功利主义的观点不同。在正义论中，罗尔斯声称他的理论和功利主义主要的不同在于功利主义为了最大数量的幸福不禁止平等分配社会资源，而罗尔斯却禁止这样的行为。罗尔斯讲到功利主义允许用一些人的较大痛苦来弥补其他人的较少损失，而罗尔斯的正义却持有不同意见，这是因为罗尔斯没有考虑规则功利主义。功利主义主张为最大多数人获取最大幸福。功利主义的出发点是社会总体的幸福值由个人的幸福累积，个人可以最大化自己的福祉来满足私欲，而社会是要最大化群体的福祉，满足全体成员的欲望。

罗尔斯不赞同功利主义的正义原则。首先，他认为功利主义没有确定正义属于第一位的原则，并且没有把自由和权利的要求与社会福利增长区别开来。这样就否认了正义，并导致政治交易和社会利益妨碍了人们的基本权利，剥夺了其他人的自由。其次，罗尔斯认为功利主义过于强调个体对原则的选择，没有认可大众一致赞同和接受是正义的前提。这就致使选择的原则缺乏普遍性，不能成为普遍性原则。再次，罗尔斯认为真正合理的正义原则必须预先设计和制定，行为的结果不是评判正义与否的标准。而功利主义持有的观点正好相反，其认为最大可能和最大量地增加善和幸福值是最终的目标，所以罗尔斯认为功利主义是一种目的论。最后，罗尔斯批判功利主义只认可欲望的价值，而不区别这些欲望的善恶、来源以及对幸福的真实影响。从而造成了西方社会中存在的许多非正义现象，例如欲望至上、不公平分配、种族歧视、贫穷等问题。

三 功利主义理论扩展到保障性住房领域

功利主义既是政治理论也是法律理论。该理论主张通过立法来调整人们的关系，目的就是促成和确保最大多数人的最大幸福。功利主义主张检验国家对错和好坏的标准是幸福，所有的政治制度和官员必须由结果来评判而不是他们的理想，即他们使人们获得幸福的效果，而不是遵守自然权利理论或绝对正义。功利主义理论是基于享乐主义心理学说假设人是感知生物，最大多数的最大幸福原则是评估政府政策和立法的标尺，国家必须促进这一原则的实现。所以立法者在执行特定法律时必须审视它们是否提升了幸福所要求的安全、丰富、平等等要素。穆勒总体上接受边沁的学说。他也认为功利主义的幸福学说是利他的而不是自我的，幸福应当关乎所有人。但在对正义的概念上，穆勒有着不同的观点。尽管他也认同正义的标准要以幸福为基础，但他相信正义感的来源必须在两种情绪——自卫的冲动和同情心中来寻找，而不是幸福。因为他们反对伤害并促使人对错误的行为进行报复。穆勒指出：正义感包含所有的道德要求，他们往往是人类社会最重要的、神圣的和义务性的要素。住房作为人类生存的基本条件，是幸福的源泉，保障每个公民，尤其是城市中的低收入群体的住有所居，是任何国家和政府的义务。这既体现了功利主义原则的最大多数的最大幸福，也是功利主义的正义和道德观的展现。

（一）住房和功利

功利是一个抽象和循环的概念。如前所述，功利的含义很丰富，但无论是行为功利主义还是规则功利主义都认为所有的道德的目标必须通过最大化社会的功利来服务大众利益，是对利益的满足。功利是所有人共享的基本利益的满足，在追求任何具体的偏好前，所有人必须拥有这些基本利益（Goodin，1993）。同时，功利主义支持个人和社会追求"最大幸福"。功利主义幸福观是一切人的幸福，而不是行为者个体一人的幸福。而住房不仅是所有人必须拥有的基本利益，而且是个人和社会都追求的幸福。

首先，住房是人类生存的基本利益。住房基于其家的特性有着自身的特点，这些特点都揭示了住房是个人和社会得以维系的基本利益。

1. 住房提供安全感和归属感

大多数人相信住房是他们生活的核心部分。雷恩沃特（1974）认为住房的主要功能是提供庇护所，使人免受人类和非人类的威胁。甚至雷布琴斯基（Rybczynski，1986）相信一个家的入户门就是一个界限、控制和归属的象征。因此所有人都应该有一定程度的安全保障，免受驱逐、骚扰和其他威胁。而且，住房还为人提供归属感。巴洛斯（Barros，2006）认为家有根的感觉和归属感。

2. 住房给予尊严和个人身份

衣、食和住是人生活的基本需求。满足这些基本需求的权利对保护人的尊严和保护人的政治和民事自由一样重要。同时，拥有一个家是建立个人身份的方式。波顿（Botton，2003）把家描述成一个有生命的机体，其为居住者提供物理意义和心理意义上的身份，并提醒居住者是谁。

其次，住房是个人和社会追求的幸福。

1. 住房作为家的庇护给予幸福

住是人类生存的基本要素。房屋保护人们免受侵害，提供持续的安全保障。同时，房屋使自己避开与他人和社会的纷争，拥有独处的空间，在这样的空间下才能是真实和完整的自己。这都是幸福的体现，也是追求更大幸福的基础。另外，住房和家紧密相连，住房是家的庇护所，它给人归属感和"根"的感觉。家就意味着庇护，人们可以在其中休息、放松和欢度时光，等等。家是心灵的安放之所。人们使用家这一词语来标识我们来自哪里，来描绘舒适的程度，来联系自己的国家。当人们在购买一个家的时候，其实是在寻找一个舒适的、安全的、可以投资希望和梦想的地方。所以从某种意义上讲住房就是家园，是幸福的来源。

2. 住房作为财富给予幸福

通常，住房是一个家庭拥有的最大资产。许多研究表明家庭财富与幸福感息息相关。当家庭获得住房产权后，就会获得满足感和安全感，进而促进整个社会的稳定。这主要是因为居住在社区后，社区具有共同利益，住户会更加关心和参与社区事务，这有利于社区的健康发展。子女在好的环境中成长和接受教育，从而促进社区成员幸福感的提升，真正实现安居乐业。所以，住房是个人也是社会追求的幸福。

（二）功利主义原则和保障性住房

功利主义原则主张在任何情况下要为最大多数人产出最大化的利益和幸福的结果。在保障性住房领域，低收入且有住房困难的群体的利益应该被最大化，其成本和风险应当被最小化。当资源不能满足所有个体的住房困境时，正确和理性的做法是最大化社会整体的利益。把功利主义的方式适用到保障性住房领域就是要分析和决定保障性住房项目和制度是否可以最大化个人和社会的最大幸福。在保障性住房领域，功利主义指向的结果就是城市低收入群体住有所居，该结果可以通过以下几个方面来理解：首先，保障性住房等同于住房，可以满足个人的需要；其次，根据是否最大化幸福，保障性住房可以被测量和评估出来；最后，住有所居的结果在一定程度上可以缩小住房的差距以及和住房相关联的其他差距，例如，财富、受教育、就业和便利性等。第一个方面是基础性理解，这是因为保障性住房为城市低收入弱势群体提供住房救济，使他们有一个安身立命的庇护所，确保他们基本的生存条件和权利，增加个人的持久的幸福和快乐，最终增加整个社会的幸福。所以，这项决策行为的目的就是通过满足个人的基本需要来改善他们的居住，其效果可以通过统计他们获得住房后的生活发生积极变化来展现。严格意义来讲，行为功利主义应该同时计算提供保障性住房或不提供保障性住房给每一位低收入个人的损害和收益。因为只有这样才能确保保障性住房项目是否可以实现最大功效。但这显然耗时耗力，效率低下。在很多情况下，由于缺少数据和信息，也不可能做出准确的计算。所以，要成功的适用功利主义需要收集数据的不可能性和不可预测性。但从结果论上看，保障性住房确实增加了社会低收入人群的福祉和幸福。

规则功利主义并不期待预测和计算的结果。它主张要遵守相同或类似的道德规则，并反对例外的情形。行为功利主义宣传：只有行为符合最佳的道德准则才是道德正确的行为。最佳的道德准则是当社会成员都遵守该准则就会产生最大预期的社会福利和效果。它还认为遵守道德将提高人们的预测和合作的能力。规则功利主义的逻辑性在于要求人们无条件和自动地遵守规则，规则要受到人们审视。同时，规则功利主义认同道德标准要促进个人和社会的利益。总之，规则功利主义检测的是规则，而不是个人的行为，并相信如果遵守该道德规则就可以产生整体幸福，这样的道德规则就是正确的。可以看出，规则功利主义倡导的道德准则是无差别的适用并摒弃偏见，通过法律改革保护平等主体的权利。保障性住房项目的决策符合这样的道德准则。因为保障性住房本就是要帮助贫困弱势群体，接受保障性住房所产生的幸福远超项目的成本和风险。保障性住房项目和制度本身就是功利主义追求的结果最大化和道德规则正确的融合。

（三）功利主义和分配正义

穆勒认为正义和分配正义最高的抽象标准是：在没有更高的义务禁

止时，应当善待那些本就应该得到善待的人们。他主张所有社会制度和具有美德的公民的努力应该都尽可能趋向这一标准。功利主义暗示一个人的财富如果可以使他人受益的程度大于所有人失去该财富受损的程度，那就应该牺牲该财富所有人的利益，该所有人在道德上也负有道德义务让渡这些财富或资源。① 功利主义的财富再分配理念是把富人的财富分给穷人。但由于时间和地点的不同，人们应得平等对待的标准也不同。穆勒认为即使在同一社会的同一时期，人类生活的各个领域的分配正义原则也不同。所以最高抽象的分配正义原则之下还包含一些次级和更具体的分配原则，但在形式上都是平等对待人，都是促进社会共同利益或社会功利。基于这样的观点，功利主义主张社会财富的再分配应当是所有个体共享平等财富和收入。通过使用税收，国家可以帮助重新分配财富，通过征收一定比例的税获得必要的资金来改善穷人的福利，但不至于导致富人变穷。

保障性住房是为了解决中低收入群体的住房困难。住房作为人类赖以生存的基本条件，当没有住房或缺乏基本居住条件时，这些弱势人群的基本人权就无法保障，他们的生活将是痛苦的。为了人类社会每个个体的幸福，增加幸福总量，就应该为每位社会成员提供基本的住房。所以保障性住房的存在与功利主义的理念非常契合。当城市中的低收入家庭都有房可居，社会的幸福总量显然得到增加。国家通过向富人征税，然后通过二次分配来向低收入阶层提供保障性住房，这虽然在一定程度上牺牲了高收入阶层的利益，但保障了整个社会的并与富裕阶层有关系的一切人的幸福。

（四）功利主义和保障性住房立法

从法理学角度来讲，功利主义相信法律的制定需要符合最大的社会实用目的，即法律的功利和实效就是增加幸福、财富或正义。功利主义运动起源于英国，是英国立法者的一项重要的信条。边沁建议立法者应当规范个人追求自我幸福的方式。边沁曾试图对所有的英国法律进行重新编纂删减，让幸福和痛苦成为法律的两大基本因素。他相信只有这样才能让所有

---

① ［英］约翰·斯图亚特·穆勒：《功利主义》，叶建新译，中国社会科学出版社2009年版，第117页。

的法律和立法者的信条保持一致，并通过法律的命令和禁止使其具有惩罚的威慑性。边沁在他的宪法典中创制了功利主义民主一词。他主张在这样的民主里，立法者和个人追求的幸福必须契合。功利主义认为社会正义以一定的自由为基础提升社会生产力，通过平等的人平等对待和不同人不同对待的原则来维持社会的秩序。功利主义做出的决策就是为了产出巨大的利益。边沁相信法律最终应当为社会带来利益。他主张任何法律的最终目标应该是促进最大多数人的最大幸福。[①] 功利主义者鼓励产出更多幸福的行为，而禁止导致痛苦的行为。功利主义分为行为功利主义和规则功利主义，他们都认为在某种意义上道德的目标必须要通过最大化社会的幸福来服务大众利益。行为功利主义的观点是：一个道德正确的行为仅仅是在现有的情况下最大化预期社会功利的行为。而规则功利主义的观点是：一个道德正确的行为必须通过两个步骤来界定。首先，我们必须界定正确的道德规则是接受在类似的情况下最大化预期社会功利的道德规则；其次，我们必须界定一个道德正确的行为是符合道德规则的。

保障性住房立法涉及保障性住房的规划、土地、融资、管理、监督等制度。确定了住房救济的对象，即城市低收入无房居民，这体现了功利主义主张的社会正义和分配正义的最高标准，就是要善待城市中每个平等公民。因为他们是具有平等社会地位的成员，应当得到善待，应当得到团体普遍利益的分享，更应当保障他们基本的生存条件，包括居住条件。住房本身作为一种基本的生活必需品，它在很大程度上增加了居住者的幸福感。另外，保障性住房的规划制度要求保障性住房地理位置具有便利性，需要相关配套基础设施的建设，包含学校、医院和其他公共设施。这种规划无疑可以增加这类人群的利益和幸福，体现了保障性住房立法的立法遵旨。保障性住房的救济方式包括实物救济和补贴救济。无论通过降低住房的土地价格，还是通过较低成本的融资，其目的就是确保保障性住房的可负担性。确保城市低收入群体还留有收入满足其他需求，间接地提升了他们的幸福。总之，功利主义原则在很大程度上可以指导保障性住房的立法目的和宗旨，通过法律的手段最大化个人和社会整体的幸福。

---

① ［英］杰里米·边沁：《道德与立法原理导论》，时殷弘译，商务印书馆2000年版，第94页。

第三节 政府干预论

一 政府干预论的阐释

政府干预理论属于经济学领域，但也被广泛适用于法学学科，尤其在经济法中。

（一）亚当·斯密的政府干预理论

在1776年，亚当·斯密（Adam Smith）出版了人类历史上的第一部政治经济学著作《国民财富的性质和原因的研究》。在著作中首次指出市场是一只"看不见的手"的理论机制，该理论主张：在市场中，商事主体通过竞争，就可以最大化利润和效用价值，使得市场中的经济主体的活动和状态达到最优。基于对以上观点的理解，可以推断出当时的亚当·斯密主张通过市场竞争，发挥市场本身的机制来调整市场中的资源配置，反对政府随意干预市场经济活动。同时他也承认：市场经济制度本性自由，需要执政者去履行三个基本的职责和功能，即：

1. 保护社会不受别国社会的破坏和侵犯的职责；
2. 尽可能地保护每个社会成员不受其他成员的侵害或压迫的职责；
3. 维修某些公共工程和公共设施的职责。

亚当·斯密认为社会中需要建设和维护公共事业和公共设施，这些公共设施的建设和维护只能由代表大众利益的机构来运行。这是因为这些项目的投入产出的利润很低，甚至不产生利润，市场主体没有参与的意愿。这些论断证明亚当·斯密当时就已经认识到市场不是全能的，无法把有效资源配置到所有领域，即市场无法有效提供公共产品。这就是市场失灵的表现。[①]

（二）凯恩斯的政府干预理论

国家干预理论的提出者是英国经济学家凯恩斯（John Maynard Keynes）。他认为市场中还存在一只看得见的手，也就是政府干预的手。这只手可以把私人利益转化为社会利益。国家干预论主张增加政府支出，

---

① ［英］亚当·斯密：《国民财富的性质和原因的研究》下卷，郭大力等译，商务印书馆1974年版，第252—253页。

让国家和政府对公共产品进行投资,从而来填充和弥补私人投资的不足。最终实现经济的稳定增长,并解决就业问题。为此,凯恩斯主张政府可以制定收入分配制度和政策来刺激社会对公共产品的需求,扩大公共项目开支,一方面解决了公共产品的供给和维护不足,另一方面还可以达到充分就业。同时他还指出:市场里应该发挥私人主动性,其优势仍然存在,有利之处会仍然保持着。①

(三) 庇古的政府干预理论

庇古(Arthur Cecil Pigou)是另外一位英国经济学家。他在他的《福利经济学》中指出:亚当·斯密主张市场"看不见的手"对资源配置具有重大价值和效果,前提是只有当外部性的问题不存在的情况下,市场才能使社会资源得到最优配置。然而在实际情况中,外部性问题一直普遍存在。只有当外部性问题被国家和政府解决后,也就是在国家对市场进行了有效干预后,资源配置才能达到最有效率的状态。同时,庇古对收入分配问题也做过阐释。他认为当一个人的收入增加越多,在总收入中,其消费的比例反而越小。所以,如果把相对富有阶层的财富部分转移给穷人,必会使穷人增加的满足程度大于富人减少满足的损失,这最终有益于增加社会总福利。根据此理论,他主张政府和国家应该干预收入分配来增加社会经济福利。所以,国家的干预只有在市场失灵的地方才发挥作用,如公共产品的提供、涉及国家安全和存在外部性影响的领域。当然,法律是国家干预最有效的手段之一。②

二 财富再分配

(一) 功利主义财富再分配观

功利主义的财富再分配理念是把富人的财富分给穷人。功利主义认为财富再分配要基于三个假设。第一个假设是每个人的幸福取决于他的收入;第二个假设是社会的总收入是固定的值;第三个假设是每个人具

---

① [英]约翰·梅纳德·凯恩斯:《就业、利息和货币通论》,陆梦龙译,中国社会科学出版社2009年版,第302—303页。

② [英]亚琴·赛斯尔·庇古:《福利经济学》,何玉长等译,上海财经大学出版社2009年版,第172—173页。

有相同的幸福能力，即平等的收入创造同等的幸福。基于这样的观点，功利主义主张社会财富的再分配应当是所有个体共享平等财富和收入。通过使用税收，国家可以帮助重新分配财富，获得必要的资金来改善穷人的福利，也不至于导致富人变穷。相应地，功利主义理论期望政府大力介入经济，重新安排和分配社会财富。事实上，这不是一种期望，而是一项义务。如果政府不介入重新分配财富，富人自愿转移财富给穷人的机会就会很小，也将必然不会产生平等的幸福。

功利主义经济学家约翰·斯图亚特穆勒主张的财富再分配就是给予弱势群体机会，从而使其在平等的条件下变成受惠群体。利用调控市场和规范社会福利的税收与政策两大手段，穆勒相信通过一个公平的财富再分配可以创造平等。穆勒强调要实现社会财富的再分配需要把税收分为三类：第一类是收入所得税，它可以激励人们工作并提高生产率，尤其低收入人群还免缴所得税。而富人温和缴税，所交赋税被用于社会福利项目，缓解社会贫困；第二类是遗产税，由于遗产不是挣得收入，穆勒认为应当对遗产征收较高税赋；最后一类是奢侈税，原因是间接向富人征税来进行收入再分配。穆勒认为这将为那些没法负担此类奢侈的穷人创造更多的平等机会。

（二）凯恩斯主义财富再分配观

而凯恩斯理论则从价格与就业的角度来探讨财富的再分配。凯恩斯相信在任何特定社会，消费不足都是由于财富没有平等分配所导致的，财富的再分配取决于工资和工资的管理方式。因此，凯恩斯主张制定充分就业的政策，但忽视了产品的价值。换句话讲，凯恩斯并不认为福利经济是对财富再分配的一个正确方式。反而相信财富再分配的最好方式是人们的支出和消费能力，充分就业机制可以保障实现该目标。凯恩斯指出政府应当增加和鼓励投资，因为这可以增加劳动力需求，并提高就业率，这才是社会财富再分配实现的最终方式。

（三）契约主义财富再分配观

契约理论也从经济学的角度认为需要对社会财富进行重新分配。约翰·罗尔斯认为社会中所有的人都愿意对财富进行重新分配，其目的是消除穷人身上不平等的负担。罗尔斯相信政府在对社会财富进行重新分配中起着至关重要的作用。然而，根据契约主义者的观点来进行财富再分配是无法做到的。这是因为契约主义的观点过于理论化，他们认为人们应当把自己一个置于原始状态再来做出选择。这就往往使得契约理论在探讨分配类型、制度和水平上缺乏客观性。

（四）传统经济理论财富再分配观

和凯恩斯主义、功利主义以及契约主义相反，传统经济学理论对政府干预财富再分配没有热情，甚至他们否认政府通过印钞介入福利项目或战争的权力。传统经济学理论偏执的相信经济自由原则，认为政府只是看守的角色，不应该干预经济。他们认为通过减少或废除税收，让政府不干预经济，经济就可以自动调整，并为所有人创造机会。但是随着国家影响的增大，传统经济学理论的缺陷也逐渐显现，即市场在一些时候存在失灵的状况。

综上所述，国家在财富分配中起到重要的作用。首先，社会的总收入是持续增长的。由于新的技术发现、生产率的提高以及其他资源质量的提高都使得收入持续增长。其次，富人不会自愿向穷人无偿转移财富。这就意味着减少社会贫穷的责任只能由政府来承担，同时政府也有资源和能力来肩负这样的责任。

三 政府干预论扩展适用于保障性住房项目

（一）政府对住房产业发挥着重要作用

无论是中国的改革开放前，还是改革开放后，政府对住房产业的发展都发挥了重要的指导作用。从19世纪早期，西方国家政府也对其住房市场的发展起到了基础性的引领作用。只是随着时间的推移，政府干预的性质和程度变得有所不同，有些国家的政府选择强调市场的作用，有些国家的政府扩大了政府的权力，但这些政府都在一定程度上干预了住房产业。其目的都是通过制定制度与政策影响房地产的开发、消费、融资和分配。政府干预住房产业有着不同的原因，其中一项被广泛认可的理由是住所是人类基本的需要，它对个人的福祉和社会的稳定至关重要，仅仅依靠政府来满足这些需求是无法实现的。同时，住房通常被定性为私人消费产品，在市场里没法被充分供给时，政府就可以进行干预进行供给，供给的手段包括调控、补贴、税收和直接供给。

(二) 保障性住房是准公共产品①

关于公共产品的概念,美国经济学家萨缪尔森曾这样界定:其效益涉及一个人以上的、不可分割的外部消费效果。公共物品具有不同于私人物品的两个特点,即非竞争性和非排他性。竞争性指一个人占有和享用了一件物品,其他人则就不能占有和享用该件物品。非竞争性含义是在生产水平既定的情况下,个体消费既不影响也不减少其他人的消费,包括次数和数量。② 换句话说,多数人可以同时消费同一种物品。排他性指的是专有,其他人都有义务不侵犯专有人对物品的占有、使用、收益和处分的权力。而非排他性是指物品和服务产生的利益不被某个个体所专有,任何人都是权利主体,被允许享有该物产生的利益。随着公共产品理论逐渐演进,衍生出兼有以上两大特征的纯公共物品和只具有一部分特征的广义的公共物品,即准公共物品概念,如国防、法律制度等为纯公共物品,学校、公园、公路等为准公共物品。③

保障性住房是与商品房相对应的概念,它由政府主导,统一建设、统一分配、统一管理、统一运作,提供给中低收入住房困难家庭使用,并且对该类住房的建造标准和销售价格或租金标准给予限定,起社会保障作用的住房。对照公共物品的两个特性,保障性住房是"具有公共福利形式的措施",是保障社会中低收入阶层基本居住权的集中体现,也是政府提供公共服务职能的重要形式,在消费上具有相对竞争性,对保障对象来说又具有非排他性,因而应是广义的公共产品。当低收入家庭和个人无法在市场里购买或租赁住房来满足住房需求时,政府必须干预来确保这些人的住房需求得到满足。通常当住房需求没法满足时,消极的外部效应就会出现,例如疾病、无家可归、较低的受教育等。在此种情况下,政府倾向于对住房市场进行干预供给,从而来矫正不平等的收入和财富分配。

---

① 李利纳:《基于公共产品理论的保障性住房制度建设探析》,《人民论坛》2013 年第 20 期,第 141—143 页。
② Samuelson, Paul A., "The Pure Theory of Public Expenditure", *Review of Economics and Statistics*, Vol. 36, No. 4, 1954, pp. 387–389.
③ 按照萨缪尔森的观点,商品分为私人消费商品、集体消费商品和介于二者之间的准公共产品。他并未阐述保障性住房属于准公共产权。

（三）住房市场中的市场失灵

住房也属于商品，具有一般商品的属性，但有别于一般的商品，其具有自己特殊的属性。首先，住房具有社会属性，获得适宜居住的住房是保障人权的基本体现，这和其他一般商品的属性是不同的。住房的社会属性追求公平、正义和秩序，政府干预是实现以上价值的途径；其次，住房还有商品的消费属性，住房具有高价格、耐用性和空间位置固定的属性，市场在追求高利润时往往容易形成垄断，企业通常会形成垄断集团，提高住房价格，占据优势地理位置。这都会形成不公平，不公正的现象，只有通过政府干预才能破除垄断；再次，住房具有产品异质性，住房的生产周期长，基金的投入大，其生产的复杂性突出，涉及多个行业。最后，住房具有交易复杂性，买卖或供求双方信息不对称，交易成本过高。具体来讲，住房市场的失灵体现在以下几个方面：

1. 住房市场中存在信息不对称

信息不对称是指交易双方对交易信息的准确性、及时性、全面性和连贯性等方面存在差异，房地产作为特殊的商品在此方面表现得更为明显。房地产交易是房地产开发商和购房者之间的一种价格博弈。由于开发商对自己开发的商品的信息了如指掌，例如开发楼盘的品质、环境、资金投入和规划等，所以在这样的交易博弈中，住房开发商属于强势一方，而消费者属于弱势一方。消费者对住房开发信息掌握不足，二者之间存在着严重的信息不对称。这必将导致住房市场交易的不规范，损害消费者的权益，导致市场资源浪费，引发道德风险和触发逆向选择。社会中的无房低收入群体由于自身的弱势性，更难以获取相关的住房信息。最终的结果是使得对低收入群体难以负担起高房价，只能租住在环境差，位置偏僻的住房中。政府只有通过干预来建立统一的，具有规范性的市场信息披露制度，才能有助于建立良序的住房市场。同时，通过建设保障性住房，建立统一的保障性住房制度，才能破除住房信息不对称的情况，从而保障低收入群体的住房权。

2. 住房市场的分配不公平导致市场失灵

市场分配不公是市场的天性所致。在市场机制的作用下，市场往往根据边际收益来配置资源，例如中高档住房的收益显著高于低价位的住房。作为社会资源的住房，其配置更倾向于高收入阶层。由于低收入群体购买力处于弱势，未来支付的风险也较大。所以开发商和银行为了获得最大收益，也往往选择服务高收入群体，对开发低价位的商品没有意愿，忽视低收入群体的需要，致使低价位商品的供给不足，低收入群体的住房权利得不到保障。仅仅靠市场机制来解决低收入群体的住房困难，市场显然要发生失灵，这时住房分配就会不公平。两个收入不均的阶层在住房消费市场就体现为住房消费的不公平。由于住房是人类的生存的必需品，关系到社会的和谐与稳定，但并非每个家庭都有能力购买住房。在此种状况下，政府就有责任参与住房市场的开发，主动供给中低价位保障性住房，来帮助低收入家底获得与社会发展水平相当的住房条件，从而矫正市场的分配不公平和非正义。

3. 住房市场存在垄断性

住房市场具有高度的垄断性。首先，住房依附于土地，二者都属于不动产。不同于其他消费品，住房在空间上不具有流动性，位置持久固定，具有空间上的天然垄断性。每一套住房所处位置的自然、社会和价值差异，以及建筑物的设计、朝向、规模和装饰等的不同，也被称为住房的异质性。往往异质性越突出，产生垄断可能性越大，开发商为了垄断利益就会加强对房价的操控，这必然会导致市场机制作用失灵，使得资源配置不合理。其次，住房市场资金垄断性明显。住房市场的资金门槛要求高，其开发和销售都需要资金支持，属于资金密集型产业，从而使得住房变成了奢侈品。这必然把一般的投资者和消费者排除在市场之外，致使市场缺乏竞争，资源配置失效。最后，土地具有稀缺性。住房市场叠加土地市场的垄断，这都会导致房地产开发商获得垄断地位，赚取垄断利益。所以，只有政府提供土地和保障性住房，破除垄断，矫正市场失灵，保障低收入群体才能实现有房可居。

4. 住房市场的外部性问题

外部性又称为溢出效应或外部影响，指一个人或一群人的行动和决策使另一个人或一群人受损或受益的情况。受损被称为负的外部性，收益被称为正的外部性。总之，外部性造成私人成本和收益与社会成本和收益的不对等，并且是住房市场中市场调控失灵的一个重要原因。住房的建设和消费中都存在外部性问题。例如，政府鼓励投资建设房地产，不仅能美化城市，提高地价，还能改善人民居住环境，这就是市场的正的外部性。再例如，高层建筑遮挡低层建筑的采光，房屋建造过程中产生的噪音污染和垃圾，这都是负的外部性。从宏观层面上理解，如果社会中的多数人居住在条件较差的住房里或者是居无定所，从而无法安居乐业，这就会为社会带来许多问题，例如各种犯罪或流浪乞讨等。所以，只有政府的介入才能解决市场的负的外部性问题，为住房市场提供住房供给，改善居住条件和环境，解决社会中的不安定和不和谐。

（四）政府干预的方式

基于以上原因，政府通过制定一系列的法律和政策对住房市场进行干预，其目的就是促进住房市场的公平和效率。政府制定的法律和政策主要可以分为两类：需求侧干预和供给侧干预的立法和政策。

1. 供给侧干预

供给侧干预的方式是对融资方和开发商建设住房进行补贴，其目的是减少政府供给的成本。这些供给侧性质的补贴分为直接补贴和间接补贴。直接补贴包括政府向供给方的现金转移支付，这样可以减少住房建设的成本。间接供给侧补贴不包括现金转移支付，取而代之的是使用调控或控制，例如通过设定利率上限来降低建设成本。政府供给包括融资和提供住房服务。

2. 需求侧干预

此种干预的典型做法是向租户或购房者提供补助，从而促使房屋达到可以负担得起的程度，使他们可以获得满意的住房。需求侧干预的目的是降低住房的成本，使得住房具有可负担性，或者降低住房的高门槛，让消费者都具有获得住房的机会。补助包括住房补贴、住房券、租金控制、税收优惠和低利率按揭。采取的措施主要是通过立法和政策规定歧视违法，并调控住房标准。

（五）西方新自由主义对政府干预的批评

新自由主义对政府干预住房市场的批评开始于1970年代。新自由主义观点对西方政府关于住房政策的影响很大，其观点是反对政府对住房产业的干预。理由如下：首先，政府在住房市场的存在会弱化竞争，并扼杀创新；其次，对租金、利率、土地使用和建设标准的管控将扭曲价格信号，并导致资源错配和市场的低效率；最后，保障性住房的消费者可能会变得愈加依靠福利。

新自由主义对政府住房干预批评的依据是其认为个人权利,尤其个人对购买和消费的选择权应当得到维护,包括居住位置和住房服务的选择。市场被认为是保障这些权利的最佳途径。西方国家近几十年房地产发生的变化是越来越强调依据市场的解决方案。此种变化出现的原因主要有:第一,市场赋予家庭在住房市场行使更大程度的选择,即获得行使自治和做决定的能力。自治是一种基于价格和收入来选择偏爱商品和服务的权利。做决定意味着个人对自己的选择承担后果;第二,新自由主义的方式是利用住房补助和政府对住房市场的其他干预形式来达到不同的功能。住房立法和政策使得住房市场中的选择更便利;第三,以市场为基础的解决方法更有效。法律与政策应当帮助低收入家庭来解决住房能力问题,而市场应当来供给和满足各种住房偏好的人群。这也就意味着政府应该避免干预市场的供给侧。

(六)新自由主义倡导的住房立法与政策

以市场为基础的方式上,只有在帮助市场自由运行和帮助穷人和无法自足的弱势群体时政府的干预才被认为是积极的。以下是市场为主的解决住房问题的三个方向:第一,使用住房券或住房津贴项目。这都可以帮助贫穷的家庭搬入满意的居所和适宜的位置。第二,强调市场的措施。这些措施设计的目的就是让政府回归到住房的管理中。第三,放松规制。解除对房租、利率、建设标准、土地使用和其他的方面的控制。

1. 住房津贴和住房券(Housing Vouchers)

住房津贴是收入相关性补贴,其目的是向低收入群体提供收入性扶持,帮助该人群购买具有一定质量的居所,不仅仅局限于可负担性的住房。津贴的支付方式有两种:第一种是直接支付给符合保障条件的家庭,其具有申请保障性住房的适格性;第二种是替代家庭间接支付给房主或信贷方。当然,适格性也适用于低收入的承租人。由于住房津贴改善了家庭的购买力,所以住房津贴被定性为需求侧补助。向符合条件的家庭给予的住房津贴可以是现金,也可以是发放住房券。在美国,住房券由行政主管机构向低收入的租房人发放,租房人在租房时可以替代现金来使用。在一些发达国家,例如澳大利亚、加拿大和冰岛,住房津贴项目可以通过和收入相关的机制来发放,所以该项目也被称为"租金收入匹配项目"或"区别性租金项目"。这种住房津贴由保障性住房房东预先设定，通常租金是承租人收入的一定比例。

与此同时，保障性住房的政策和法规都为住房设定了最低的标准，质量得到越来越多的关注。政策和法规更加注重住房的可负担性和选择的便利性，包括收入和住房费用的比例。从收入补贴的角度，立法者和政策制定者利用津贴方式向低收入群体提供收入性帮助，其目的是要确保低收入家庭没有把收入过多地使用在住房上。因此，通过降低租金和收入比例，住房津贴和住房券可以允许家庭把更大部分的收入消费在和住房无关的商品上。

近些年，美国保障性住房法律和政策的焦点已经转移到了促进住房券持有人有更大的空间流动性上了。例如美国制定了"流动机会项目"和"住房选择券项目"。这些项目的一个中心特征就是券随人动，而不是券随房动。所以，住房券的获得者不是依附于特定的住所，而是可以在美国任何地方使用该住房券赋予的权利。从自由主义的观点来看，住房券的这一特征尤其重要。这是因为该项目允许低收入家庭行使选择权，他们可以选择居住的位置和居所的类型。在供给侧补贴制度中，低收入家庭经常要放弃选择权，而由保障性住房房东来决定被保障住房的类型和位置。正是因为住房券的持有人可以行使选择权，需求侧的补贴效率被认为要高于供给侧。

2. 私有化和消费者权益

新自由主义（Neoliberal）倡导的另外一项以市场为依托的解决低收入群体的住房困境的方式是私有化，这一方式在过去的 20 年被越来越多的国家所采用。该趋势和战后传统住房法案和政策形成鲜明对比。因为传统的住房立法和政策倾向于国家福利、计划发展和政府主导的经济增长。

从广义上讲，当国家把政府之前所有或控制的财产交给私人来运行时，私有化就会发生。在住房领域，私有化一直和公租房与廉租房的出售，以及它们管理的外包服务相伴随。住房私有化在英国一直都是一个重要的议题，其开始于 1979 年，由撒切尔政府引入。在英国，"购买权"的引入赋予居住在政府保障性住房的住户和住房协会（Housing Associations）以一定的折扣率购买这些住房，折扣幅度取决于租住期限的长短。保障住房的居住者有权利购买自己居住的保障性住房，同时也有权利以英国财政部设定的利率对自己居住的保障性住房进行全额按揭。

对政府持有的保障性住房进行私有化的支持者认为市场可以向住房消费者提供更大范围的选择余地，作为公租房管理者的政府部门对消费者偏好的反应较为迟钝。并且，私有化被认为可以通过产权制度增加消费者的福利，业主个人可以对住宅充分利用，甚至可以通过投资来修缮住宅，可以使得住宅保值增值。同时，英国政府坚信通过降低购买政府保障房税费也是增加低收入住房消费者财富的一项重要手段。

保障性住房的私有化随后也被其他一些国家引入，包括荷兰、法国和澳大利亚等，其目的是促进不动产所有权的持有。然而在美国，保障性住房的私有化路径和其他西方国家有所不同，尤其是在里根政府时期。虽然美国也主张市场优先的观点，但美国倡导通过解除管制和自由化来增强市场的影响，而不是通过出售公租房。这也反映了美国传统上的公租房租赁规模相对较小。

3. 解除管制

新自由主义倡导的第三种方式是解除住房市场的管制，即广义上的消除或放松政府对住房市场的管控，目的是强化市场的角色和影响。在住房产业中，需要放松管制的领域主要有两个：住房融资服务和租赁住房。

首先关于住房融资服务，解除或放松住房融资常常意味着要消除政府对住房融资机构放贷方式的限制，提高利率上限和放宽银行储备金的要求。消除放贷限制的重要意义在于允许行业之间的充分竞争，同时政府也逐渐允许国际金融和非银行类金融机构的住房放贷行为，这导致了住房按揭市场的国际竞争和融资渠道的多元化。解除或放松管制可以广泛地改善住房消费者的借贷途径，这尤其利好于低收入和中等收入家庭。

其次关于租赁住房，解除房屋租赁调控的典型特征是消除或放松对住房租赁市场的控制。对租金的控制限制了租赁的增长和租赁期限。在第二次世界大战结束的早期，西方国家政府的普遍做法是努力满足住房短缺，并抑制房租的上涨。然而当政府对房租进行调控，房东无法依据市场价格收取房租利益时，住房租赁市场的投资就会陷入低迷。

最终的结论是在20世纪的早期，西方政府在住房产业中发挥重要作用。其有两个理由：其一，住房是人类的基本需要，所以政府应该确保向每个人提供住房。贫穷人群尤其弱势，所以早期的政府干预形式是通过供给侧路径来满足最贫穷阶层的住房需求；其二，住房容易受到市场失灵的影响，例如外部性和信息不对称。这些失灵成了贫民窟和社区歧视出现的重要原因。于是，政府制定了各种补贴项目和法律制度来矫正这些失灵。

随着住房短缺被解决，住房选择开始成为新的住房问题。新自由主义关于住房社会性和经济性的观点逐渐成为主流。新自由主义认为政府干预扭曲价格信号，从而导致资源错配，并且钝化激励。他们还批评政府干预会弱化竞争，并阻止创新和选择，主张制定法律和政策来维护个人在市场中的选择权。根据新自由主义，这是基于市场方式可以得到的最佳结果。在住房产业中，这意味着应当强调住房津贴、住房券、公租房的出售和解除或放松调控，例如租金和利率。

近些年，西方国家还引入了很多改革来供给住房。这些改革包括非中央化，即政府化的保障性住房供给；向非营利的保障性住房供给者转让政府保障房和更多住户参与保障性住房的管理。

（七）收入相关性房补的理论内涵

许多经济学家不认同供给侧的住房补贴制度。他们主张如果政府干预住房市场是必要的，收入性补助优于供给侧补贴。主张住房需求侧观点的经济学家相信应当把是否接受政府资助和如何消费留给个人来选择。同时他们主张尽可能地减少扭曲市场。根据福利经济学理论家的观点，住房需求侧模式可以实现住房扶持的最大效果。

在美国，公租房（Public Housing）有着类似的情况。保障性住房局（PHA）在美国管理着数量庞大的公租房。经济学家为此提供了两种非现金的住房帮助模式：负所得税和住房券。负所得税的合理性在于其确保了低收入家庭的基本生活条件，例如教育、住房、医疗和营养。尽管在技术上还存在很多困难，但美国和英国已经在这个方向上做出了一些表率，例如美国出台了所得税减免（Earned Income Tax Credit），英国出台了工作所得税减免（British Working Tax Credit）和儿童税负减免（Child Tax Credit），其目的都是通过减免中低收入群体的税负，帮助他们解决住房困难问题。

住房券（Voucher）被定义为一种限制性补贴。该券向个人或家庭转让了一定的购买力,同时券的持有人获得了券利益处分的自由。这种自由意味着可以在供给方中或不同货物和服务中进行选择。一方面,券也对货物类型和服务进行限制,例如住房券不能用以支付食物,医疗券不能被用来支付学费;另一方面,通过使用券而节省的收入可以支付其他物品和服务。正是因为这种可替代性,作为资金资助的住房券没有想象中那么严格。和负所得税相比,券具有指定性。首先,券会影响供给。券通过刺激需求来影响供给,并且可以剔除或阻止市场失灵带来的缺陷;其次,券也使得低收入家庭和个人拥有了更多的自由和选择。西方许多经济学家都认同券和负所得税都是有效的政策,它们都可以让低收入家庭和个人在可负担的范围内获得基础性服务。

第四章

保障性住房法律制度演进比较

第一节 中国保障性住房制度演进

我国从1995年开始实施安居房工程,这是我国保障性住房项目的开端。截至目前,我国形成了以经济适用房和公共租赁住房为主的住房保障框架。经济适用房是指由国家进行招投标的方式,划拨供给土地,组织房地产开发商建设的住房。经济适用房确保房地产开发商微利价,并最终出售给城镇中低收入家庭,具有保障性和可负担性的特点。公共租赁住房包括廉租房和公租住房。廉租房是指政府以租金补贴或实物配租的方式,向符合城镇居民最低生活保障标准且住房困难的家庭提供社会保障性质的住房。而公租房是由政府持有一部分房源,并将这些房屋以低于市场价的方式租给特定人群,主要解决那些既不符合保障性住房供应条件又无力购买普通商品住房的"夹心层"群体的住房问题。2007年,廉租房和公租房实施并轨,统称为公共租赁住房。随后中国又逐渐开始出现两限房和棚户区改造项目,中国政府针对不同类型的保障性住房制定了不同的制度。概括来讲,中国保障性住房体系主要包括:经济适用房、共有产权房、公共租赁住房、拆迁安置房、两限商品房和农村保障房。

一 背景

中国保障性住房是指政府为中低收入住房困难家庭提供的限定供应对象、建设标准、销售价格或租金标准,具有社会保障性质的住房。迄今为止,中国保障性住房体系主要包括:经济适用房、共有产权房、公共租赁住房、拆迁安置房、两限商品房和农村保障房。已经初步形成了以住房公积金制度、公共租赁住房制度、经济适用房制度为框架的住房保障制度。

保障性住房快速发展的主要因素是城市中的房价居高不下，这就阻止了城市中低收入群体在市场中购买商品房。然而，导致住房价格高涨的因素很多，例如市场中的住房供给和需求的失衡，当供给无法满足需求时，必将导致房价的上涨。首先土地是有限资源，尤其是城市用地。对住房的需求意味着需要更多的土地来建造住房，持续增长的土地需求伴随着住房的优先供给同样也可以引发房价的上涨。其次，快速的城镇化和工业化致使城市变成了人口稠密的聚居区这一点也激发了城市住房的巨大需求。

同时，房价的上涨也导致了大量。通过破坏市场中的住房供给和需求关系的炒房投机。这进一步恶化住房市场，扭曲了住房的价格。商品价格疯狂上涨，远远超出了其本质的价值，这通常被认为是经济泡沫。住房泡沫是炒房投机的体现，这导致了住房市场的过度火热，最终造成了住房市场价格的上涨。

中国是否存在房地产泡沫，此处不进行论证。但至少可以得出结论，中国的住房价格长期以来保持着高水平，并且上涨速度非常快。尽管中国城市居民的收入有所上涨，但收入的增长和住房价格的上涨速度和程度不相匹配，所以住房并不具有可负担性。另外，在一些城市，例如北京、深圳和上海，住房价格的上涨远远超过了收入的增长。这是因为人们偏爱居住在这些城市。所以，不断增长的人口和有限的土地资源导致了住房价格的高企，最终造成了住房不具有可负担性，损害了城市居民的住房权，尤其是城市中的低收入群体。

因此，不仅对于城市中的最低收入人群，还是对于城市中的低收入和中等收入人群，拥有一处可以居住的房屋比以往任何时候都艰难。贫穷的城市居民被迫居住在潮湿和拥挤的环境当中，这些地方往往是流行病和犯罪的高发地区。影响着经济的发展和社会的稳定。美国两党任务报告曾指出：一个体面的地方可以为家庭成员提供尊严和自信，也可以变成希望和生活改善的基础。一个体面的地方可以帮助人们获得教育、健康和就业的机会，从而在社会中获得进步。另外，一个体面的家是进入美国主流生活的起跑线。这些事实不仅适用于美国人们,对其他国家也是同样有效。

目前,中国城市中的住房供给主要有两个来源:市场供给和政府供给,即通过住房保障系统供给。市场主导的住房供给遵守供求关系定律,政府在最大程度上不干预住房产业和市场的运行。因此为了获得利益,住房开发商建造不同类型的住房来满足市场的需求。市场在平衡供给和需求关系中起到基础作用。

然而,市场并不总是完美的,在资源分配中有时并不是非常有效。根据主流经济学的观点,市场失灵的三大原因是:不充分竞争、外部性和公共产品。亚当·斯密(Adam,1937)在《国富论》中指出国家干预市场的三大义务:第一个义务是主权国家要去保护自己的国家和社会免受极端势力和他国侵略;第二个义务是主权国家要去保护社会成员免受不公平对待或迫害,或者说国家有义务构建一个合理公正的执法制度和机构;第三个义务是主权国家要建立和维持公共机构和职业,这些机构和职业从来就不会为小部分的利益运行,而是为了整个社会的最大益处。

另外,此处需要对两个重要的概念进行讨论,一个是公共产品,另一个是准公共产品。从经济学的角度上来讲,公共产品是非竞争性产品也是非排他类产品。非竞争意味着个人的消费不减少其他人的消费。非排他性意味着没有人会被有效地排除在产品的使用外。准公共产品指的是,尽管这些产品和服务可以通过市场来获得和消费,例如教育、医疗和住房产品或服务由政府提供。所以保障性住房作为准公共产品,在一定程度上需要政府来提供。一方面市场无法为每一个人提供住房,另一方面在为低收入群体提供保障性住房时,政府是最重要的有形的手。

中国的住房供给也依托以上理论。亚当·斯密(Adam,1937)指出市场是无形的手。通过市场,住房可以被建造、买卖和租赁,所有这些市场活动都由市场来调整。然而市场不可能向社会中的每位成员提供基本的需要,这就需要政府干预来矫正市场失灵。政府通过制定政策、立法和税收等方式来提供保障性住房。

在中国,保障性住房体系主要由经济适用房和廉租房构成。它们是政府干预住房市场的结果,其目的是向城市中的低收入弱势群体提供社会福利。经济适用房锁定的目标群体是城市中的中低收入人群。政府干预主要体现在土地规划和使用权的低价转让。当适格的低收入群体购买了经济适用房,他就有条件的获得了房屋的产权。这意味着当所有人在出售经济适用房时,政府有优先购买权,而且只有当所有人在占有住房5年期限之后才可以转移所有权。这是为了确保购买人真实需要保障房,而不是为了投机。廉租房,则是政府向城市中的最低收入人群提供廉租房,承租人仅仅在租赁期间占有和使用廉租房。廉租房项目是要订立一份租赁合同,建立合法的租赁关系。

二 保障性住房的发展

中国保障性住房开始于1995年的安居房项目,这也是政府干预住房市场的开端。其目的就是缓解城市贫困居民的住房压力。总体上,中国保障性住房的发展经历了五个阶段:孕育期、新生期、形成期、规范期和快速发展期。[①] 整个过程当中,政府主要通过制定和执行保障性住房政策和法规来进行干预。

(一) 孕育期(1991—1993)

经济适用住房的概念首次被正式提出是在1991年6月,国务院在《关于继续积极稳妥地进行城镇住房制度改革的通知》文件[②]中提出,"大力发展经济适用的商品住房,优先解决无房户和住房困难户的住房问题"。当时政府的重心在逐渐实现住房的商业化,同时缓解人民的住房困难并改善住房条件,对经济适用住房的概念并没有做出清晰的界定。关于经济适用房的规划、融资和分配都没有制定相应具体的政策和制度。

(二) 新生期(1994—1997)

1994年国务院在《关于深化城镇住房制度改革的决定》文件中提出了实施国家安居工程的方案,开始了以安居工程为主要形式的经济适用住房的建设。财政部于1994年12月15日发布《城镇经济适用住房建设管理办法》。该办法是关于经济适用房的首部规章制度。其第三条明确规定经济适用住房是指以中低收入家庭住房困难户为供应对象,并按国家

---

① 作者把中国保障性住房发展分为五个阶段,划分的依据是时间顺序和颁布的制度。
② 1991年6月,国务院出台了《关于继续积极稳妥地进行城镇住房制度改革的通知》,该文件属于政策性质,文中提到了"经济性适用商品住房"的概念,但并未对概念进行界定。

住宅建设标准（不含别墅、高级公寓和外销住宅）建设的普通住宅。① 第四条规定了中低收入家庭住房困难户认定的标准由地方人民政府确定。对离退休职工、教师家庭住房困难户应优先安排经济适用住房。第五条规定经济适用住房建设要体现经济、适用和美观的原则，使用功能要满足居民的基本生活需要。第六条规定地方人民政府要在计划、规划、拆迁和税费等方面对经济适用住房的建设制定政策措施，予以扶持。第七条规定地方人民政府根据经济适用住房建设计划，优先安排建设用地。经济适用住房建设用地的供应原则上实行划拨方式。第八条规定经济适用住房建设资金通过地方政府用于住宅建设的资金、政策性贷款和其他资金来进行建设。所以，这一时期经济适用房的建设属于初期阶段。事实上，此时中国已经把经济适用房定性为保障性住房，目的就是对社会财富进行重新分配，让城市中最弱势群体受益。因为法规明确指出经济适用房就是向低收入和中等收入人群供给。当时关于廉租房和制度的出台还在酝酿阶段。

（三）形成期（1998—2002）

从1998年到2002年这段时期，经济适用房制度初步形成，也促进了经济适用房在中国正式开始大规模建造。在1998年7月，国务院出台了《关于进一步深化城镇住房制度改革，加快住房建设的通知》，通知中明确提出"建立和完善以经济适用住房为主的住房供应体系"。从此在国家层面上确定了要大力发展经济适用房领域，把其培育成新的经济增长点，同时也可以解决城镇住房问题。此阶段建设部颁发的《城镇经济适用住房建设管理办法》是第一部关于经济适用房建设和管理的法律文件，在经济适用房制度史上具有重要的意义。

在1998年，中国正式开始进行住房改革，这标志着福利分房制度的结束，进而开启了保障性住房制度的时代，通过建立和完善经济适用住房为主的住房供应取代了过去的福利分房。国务院下发的《关于进一步深化城镇住房制度改革　加快住房建设的通知》最初的目的是要为城市中的大部分家庭提供经济适用住房，然后让房地产开发商建造商品房，

---

① 1994年12月财政部出台的《城镇经济适用住房建设管理办法》首次提出了"经济适用房"的概念，并对其进行了解释。

他们占供应总量的 10%—20%。这一方面体现了当时中国政府的思路是要强调房屋的公共产品特性，让每个人住有所居。另一方面也体现了政府确保公民住房权力的责任。这时推动经济适用住房产业，不仅可以解决城镇中低收入家庭的住房问题，而且以房地产业为主导产业可带动国家经济增长。

当时的制度目的是通过市场倡导对房地产产业进行商业化，同时建立多层次的住房供给体系。让高收入人群购买商品房，中等收入和中低收入人群来购买经济适用房，而低收入人群来租赁廉租房。随后中国政府制定了一系列的经济适用房法规，涉及土地、贷款、税收和价格。显然经济适用房明确和正式的成为中国保障性住房的重要组成部分。

在这段时期，地方对《关于进一步深化城镇住房制度改革，加快住房建设的通知》的贯彻落实促进了经济适用房的发展。图 4.1 表明当时新建的经济适用房和出售的经济适用房面积有了巨大的增长，所以这段时期可以被总结为经济适用房政策和制度的完善时期。

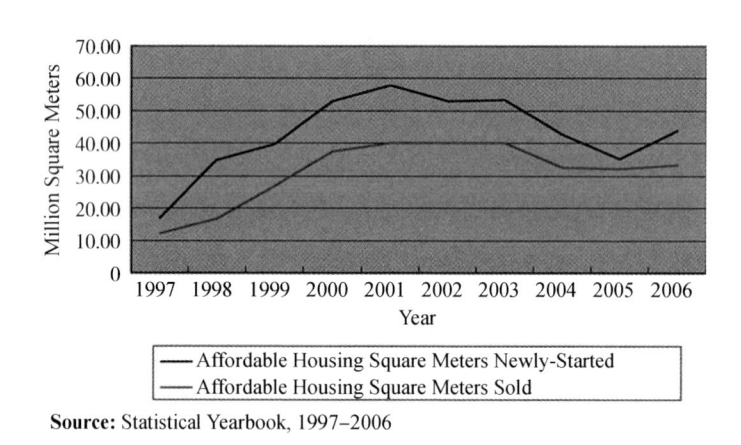

Source: Statistical Yearbook, 1997–2006

图 4.1　中国经济房建设和销售面积（1997—2006）

关于廉租房，《城镇廉租住房管理办法》于 1999 年 4 月 19 日经建设部第 11 次部常务会议通过，自 1999 年 5 月 1 日起施行。办法第一条指出了该立法的目的和宗旨，即为建立和完善多层次的住房供应体系，解决城镇最低收入家庭的住房问题。第二条规定了廉租房保障的对象是具有城镇常住居民户口的最低收入家庭，对其收取相对低廉的租金。与经济适用房一样，办法第七条规定了廉租住房必须严格控制面积标准和装修标准，每户最低收入家庭只能租住一处与居住人口相当的廉租住房。

（四）规范期（2003—2010）

中国保障性住房的规范和调整期开始于 2003 年。在经过一段快速发展后，保障性住房领域出现了很多问题，比如转售、转租和空置等问题。为了解决这些问题，政府出台了一系列的法律法规。在 2003 年 8 月 15 日，国务院颁布了《促进房地产平稳发展》的文件，文件强调了房地产商业化的重要性，大规模建设经济适用房的速度被放缓了。在 2007 年 11 月 19 日，根据《国务院关于解决城市低收入家庭住房困难的若干意见》，建设部、发改委、财政部等七部门经国务院同意联合出台了《经济适用住房管理办法》，[①] 在中国保障性住房制度建设中属于里程碑式的法规。

《经济适用住房管理办法》（以下简称：办法）对经济适用房进行了重新定义。办法第二条规定经济适用住房是指政府提供政策优惠，限定套型面积和销售价格，按照合理标准建设，面向城市低收入住房困难家庭供应，具有保障性质的政策性住房。第三条规定经济适用住房制度是解决城市低收入家庭住房困难政策体系的组成部分。经济适用住房供应对象要与廉租住房保障对象相衔接。在政府优惠和支持政策方面，办法第七条规定了经济适用住房建设用地以划拨方式供应。经济适用住房建设用地应纳入当地年度土地供应计划，在申报年度用地指标时单独列出，确保优先供应。为了降低经济适用房的成本，确保住房具有可负担性，办法第八条规定经济适用住房建设项目免收城市基础设施配套费等各种行政事业性收费和政府性基金。经济适用住房项目的基础设施建设费用，由政府负担。经济适用住房建设单位可以以在建项目作抵押向商业银行申请住房开发贷款。在融资方面，办法第九条规定购买经济适用住房的个人向商业银行申请贷款，除符合《个人住房贷款管理办法》规定外，还应当出具市、县人民政府经济适用住房主管部门准予购房的核准通知。购买经济适用住房可提取个人住房公积金和优先办理住房公积金贷款。同时为了保证土地以开发经济适用房和廉租房使用，办法第十二条规定

---

① 2007 年国务院出台的《经济适用房管理办法》是中国真正意义上的保障性住房制度的重要性文件。

严禁以经济适用住房名义取得划拨土地后,以补交土地出让金等方式,变相进行商品房开发。

在建设管理方面,办法第十四条规定在商品住房小区中配套建设经济适用住房的,应当在项目出让条件中,明确配套建设的经济适用住房的建设总面积、单套建筑面积、套数、套型比例、建设标准以及建成后移交或者回购等事项,并以合同方式约定。这体现了经济适用房的包容性制度,认可不同收入阶层进行混居。第十五条规定经济适用住房单套的建筑面积控制在60平方米左右。第十六条规定经济适用住房建设按照政府组织协调、市场运作的原则,可以采取项目法人招标的方式,选择具有相应资质和良好社会责任的房地产开发企业实施。关于经济适用住房的规划设计和建设,必须符合发展节能省地环保型住宅的要求。第十七条规定经济适用住房要严格执行《住宅建筑规范》等国家有关住房建设的强制性标准,采取竞标方式优选规划设计方案,做到在较小的套型内实现基本的使用功能。积极推广应用先进、成熟、适用、安全的新技术、新工艺、新材料和新设备。

在价格方面,办法第二十条规定,确定经济适用住房的价格应当以保本微利为原则。其销售基准价格及浮动幅度,由有定价权的价格主管部门同经济适用住房主管部门,依据经济适用住房价格管理的有关规定,在综合考虑建设、管理成本和利润的基础上确定并向社会公布。房地产开发企业实施的经济适用住房项目利润率按不高于3%核定;市、县人民政府直接组织建设的经济适用住房项目只能按成本价销售,不得有利润。第二十一条规定经济适用住房销售应当实行明码标价,销售价格不得高于基准价格及上浮幅度,不得在标价之外收取任何未予标明的费用。经济适用住房价格确定后应当向社会公布,价格主管部门应依法进行监督管理。

在准入和退出制度方面,办法第二十四条规定经济适用住房管理应建立严格的准入和退出机制。经济适用住房由市、县人民政府按限定的价格,统一组织向符合购房条件的低收入家庭出售。经济适用住房供应实行申请、审核、公示和轮候制度。市、县人民政府应当制定经济适用住房申请、审核、公示和轮候的具体办法,并向社会公布。办法第二十五条规定城市低收入家庭申请购买经济适用住房应同时符合下列条件:

第一，具有当地城镇户口；第二，家庭收入符合市、县人民政府划定的低收入家庭收入标准；第三，无房或现住房面积低于市、县人民政府规定的住房困难标准。经济适用住房供应对象的家庭收入标准和住房困难标准，由市、县人民政府根据当地商品住房价格、居民家庭可支配收入、居住水平和家庭人口结构等因素确定，实行动态管理，每年向社会公布一次。第二十六条规定经济适用住房资格申请采取街道办事处（镇人民政府）、市（区）、县人民政府逐级审核并公示的方式认定。审核单位应当通过入户调查、邻里访问以及信函索证等方式对申请人的家庭收入和住房状况等情况进行核实。申请人及有关单位、组织或者个人应当予以配合，如实提供有关情况。

办法第三十条规定了经济适用住房购房人拥有有限产权。购买经济适用住房不满 5 年，不得直接上市交易，购房人因特殊原因确需转让经济适用住房的，由政府按照原价格并考虑折旧和物价水平等因素进行回购。购买经济适用住房满 5 年，购房人上市转让经济适用住房的，应按照届时同地段普通商品住房与经济适用住房差价的一定比例向政府交纳土地收益等相关价款，具体交纳比例由市、县人民政府确定，政府可优先回购；购房人也可以按照政府所定的标准向政府交纳土地收益等相关价款后，取得完全产权。第三十一条规定已经购买经济适用住房的家庭又购买其他住房的，原经济适用住房由政府按规定及合同约定回购。政府回购的经济适用住房，仍应用于解决低收入家庭的住房困难。

关于廉租房，经 2003 年 11 月 15 日建设部第 22 次国务院常务会议审议通过，于 2003 年 12 月 31 日由建设部、财政部、民政部、国土资源部和国家税务总局发布的第 120 号令颁布了《城镇最低收入家庭廉租住房管理办法》，同时废止了《城镇廉租住房管理办法》。《城镇最低收入家庭廉租住房管理办法》是对《城镇廉租住房管理办法》的完善。该办法中的第三条明确了廉租房的面积：城镇最低收入家庭人均廉租住房保障面积标准原则上不超过当地人均住房面积的 60%。第五条规定廉租房补贴的多元化，即以住房租赁补贴为主，同时可以实物配租和租金核减。租赁住房补贴，是指市、县人民政府向符合条件的申请对象发放补贴，由其到市场上租赁住房。实物配租，是指市、县人民政府向符合条件的申请对象直接提供住房，并按照廉租住房租金标准收取租金。租金核减，是指产权单位按照当地市、县人民政府的规定，在一定时期内对现已承租公有住房的城镇最低收入家庭给予租金减免。办法第十二条和十三条规定了廉租房申请的程序，即市、县人民政府房地产行政主管部门收到申请后，应在 15 日内完成审核。经审核符合条件的，应当予以公示，公示期限为 15 日。经公示无异议或者异议不成立的，予以登记，并将登记结果予以公示。经公示有异议的，房地产行政主管部门应在 10 日内完成核实，经核实异议成立的，不予登记。对不予登记的，应当书面通知申请人，说明不予登记的理由。有关部门可以通过入户调查、邻里访问以及信函索证等方式对申请人的家庭收入和住房状况进行核实。申请人及有关单位、组织或者个人应当接受调查，如实提供有关情况。

2007 年 9 月 26 日，《廉租住房保障办法》经建设部第 139 次常务会议讨论通过。该办法强调了廉租住房补贴主要有货币补贴和实物配租。同时办法第九条明确规定了廉租住房的资金来源，其保障资金采取多种渠道筹措。廉租住房保障资金来源包括：

1. 年度财政预算安排的廉租住房保障资金；
2. 提取贷款风险准备金和管理费用后的住房公积金增值收益余额；
3. 土地出让净收益中安排的廉租住房保障资金；
4. 政府的廉租住房租金收入；
5. 以社会捐赠及其他方式筹集的资金。

办法第十二条规定实物配租的廉租住房来源主要包括：

1. 政府新建、收购的住房；
2. 腾退的公有住房；
3. 社会捐赠的住房；
4. 其他渠道筹集的住房。

在申请廉租住房的申请审核方面，办法第十六条规定了提交的材料：

1. 家庭收入情况的证明材料；
2. 家庭住房状况的证明材料；
3. 家庭成员身份证和户口簿；
4. 市、县人民政府规定的其他证明材料。

办法第十七条规定了申请的程序：

1. 申请廉租住房保障的家庭，应当由户主向户口所在地街道办事处或者镇人民政府提出书面申请；
2. 街道办事处或者镇人民政府应当自受理申请之日起30日内，就申请人的家庭收入和家庭住房状况是否符合规定条件进行审核，提出初审意见并张榜公布，并将初审意见和申请材料一并报送市（区）、县人民政府建设（住房保障）主管部门；
3. 建设（住房保障）主管部门应当自收到申请材料之日起15日内，就申请人的家庭住房状况是否符合规定条件提出审核意见，并将符合条件的申请人的申请材料转送同级民政部门；
4. 民政部门应当自收到申请材料之日起15日内，就申请人的家庭收入是否符合规定条件提出审核意见，并反馈至同级建设（住房保障）主管部门；
5. 经审核，家庭收入和家庭住房状况符合规定条件的，由建设（住房保障）主管部门予以公示，公示期限为15日。对经公示无异议或者异议不成立的，作为廉租住房保障对象予以登记，书面通知申请人，并向社会公开登记结果。经审核不符合规定条件的，建设（住房保障）主管部门应当书面通知申请人，说明理由。申请人对审核结果有异议的，可以向建设（住房保障）主管部门申诉。

（五）快速发展期（2011—2018）

根据"十二五"规划，中国政府计划建造3600万套保障性住房。2011年是"十二五"规划的第一年，政府规划建造1000万套保障性住房，这和2010年建设的580万套相比较，多出了42%，其中廉租房占了很大的比重。所以保障性住房在这一时期保持了稳定快速的发展。其中的制度考量是要真正的建立商品房和保障房的二元供给体系，不再弱化保障性住房的地位。

关于经济适用房这一时期中央政府没有出台新的法规。但各地方政府根据2007年的《经济适用房管理办法》和《廉租住房保障办法》都相应的出台了各地的《保障性住房管理办法》。在2012年5月28日住房和城乡建设部发布了《公共租赁住房管理办法》。该《办法》分总则、申请与审核、轮候与配租、使用与退出、法律责任、附则共6章39条，自2012年7月15日起施行。根据2013年住房和城乡建设部、财政部、国家发展和改革委员会联合印发的《关于公共租赁住房和廉租住房并轨运行的通知》规定从2014年起，各地公共租赁住房和廉租住房并轨运行，并轨后统称为公共租赁住房。

中国在2008年开始实施棚户区改造项目，国务院将棚户区改造纳入城镇保障性安居工程，并大规模推进实施。从2008年到2012年，全中国改造各类棚户区1260万户，住房城乡建设部等七部门在2012年联合发布《关于加快推进棚户区（危旧房）改造通知》。通知中明确界定了城市棚户区的概念，棚户区是指城市范围内年久失修的高密度的平房或危房，其质量差、面积小、设施不齐全，同时位于交通不便利、卫生差的区域。棚户区改造项目是中国为了改造城镇危旧住房、改善困难家庭住房条件而推出的一个工程项目，其目的是改善棚户区内住户的住房条件，把棚户区变成保障性安居工程。2013年国务院印发了《关于加快棚户区改造工作的意见》，要求从2013年到2017年改造各类棚户区1000万户，使居民住房条件明显改善，基础设施和公共服务设施建设水平不断提高。关于棚户区改造补偿有两类：现金补偿和房屋置换。房屋置换的补偿含三种，一是按照一定比例进行面积置换；二是房屋重置成新价格，就是把房屋折算成价格，这个和房屋的新旧、装修和结构都有关系；三是其他的搬迁奖励。所以，棚户区改造事实上是一种拆迁安置房。

2008年后，中国各大城市开始出台《限价商品房管理办法》，限价商品房开始大量建设。限价房是一种商品房，由中国政府主导建设，建成后主要销售给城市中低收入住房困难家庭。该商品房的限价主要通过限定地价和限定面积来实现，所以又被称为"两限房"。限价房是一种政策住房，是为保障城市中低收入群体的住房权益而设计的。

另外在 2016 年，中国住房城乡建设部和财政部根据《国务院办公厅关于对真抓实干成效明显地方加大激励支持力度的通知》制定了《农村危房改造激励措施实施办法（试行）》，加大对农村危房改造。在国家扶贫政策下，农村的危房得到改造，农民的住房问题有了很大改善，切实保障了农民的住房权益。农村危房改造主要针对四类人：农村建档立卡的贫困户、低保户、农村分散供养特困人员和贫困残疾人家庭。中国政府对这四类人的危房的鉴定评级，分为 ABCD 四个等级。根据危房的等级进行补贴。

经过 20 多年的发展，中国也建立了一套住房保障体系，该体系不仅保障了城市中的低收入有住房困难的群体，同时还保障了农村中住在危房群体的住房权益。在城市中，中国保障住房体系涵盖经济适用、公共租赁房和限价房。经济适用房和公共租赁房保障的是低收入群体的利益，限价房保障的是中等收入群体的利益。总体上，中国保障性住房体系已经初步构建，并针对各个子系统制定了相应的制度。

三　中国保障性住房法规演进

在中国，中央政府和地方政府制定了一系列的法规来保障城市低收入人群的权利和利益。根据 2007 年出台的《经济适用房管理办法》和《廉租住房保障办法》的规定：经济适用房是一种社会保障性住房，政府出台相关政策和制度予以扶持。而廉租房是指政府以租金补贴或实物配租的方式，向符合城镇居民最低生活保障标准且住房困难的家庭提供社会保障性质的住房。简而言之，廉租房是解决低收入家庭住房问题的一种制度。受惠的主体分别是城市中具有住房困难的中低收入群体和最低收入群体，但住房的面积和价格受到严格限制。在 2012 年，政府出台了《公共租赁住房管理办法》，廉租房和公租房并轨统称为公共租赁住房，同时要求保障房的建设标准要符合普通商品房居住标准。尽管中国房地产改革开始较晚，但政府制定了很多法规来确保保障性住房的建设，例如融资、规划、土地和税收，等等。住房城乡建设部等七个部门在 2012 年联合发布的《关于加快推进棚户区（危旧房）改造通知》和国务院在 2013 年出台的《关于加快棚户区改造工作的意见》使得中国特色的棚户区改造有了制度依据。

从而 1994 年到 2016 年国务院出台了一系列的法规（见表 4.1）：

表 4.1　国务院出台的保障性住房法规和政策（1994—2016）

时间	法规
1994	《城镇经济适用房管理办法》
1998	《国务院关于进一步深化城镇住房制度改革加快住房建设的通知》
1999	《已购公房和经济适用房上市出售管理暂行办法》
1999	《城镇廉租住房管理办法》
2003	《城镇最低收入家庭廉租住房管理办法》
2007	《经济适用房管理办法》
2007	《廉租住房保障办法》
2011	《国务院办公厅关于保障性安居工程建设和管理的指导意见》
2012	《公共租赁住房管理办法》
2014	《国务院关于加快棚户区改造工作的意见》
2016	《国务院办公厅关于对真抓实干成效明显地方加大激励支持力度的通知》

第二节　新加坡保障性住房制度演进

一　新加坡保障性住房历史

在 1927 年，随着新加坡改善基金会的成立（Singapore Improvement Trust，SIT），[①] 新加坡的公租房才开始修建。当时的殖民政府建立该机构的目的是提供低成本的住房和改善工作状况。在 1960 年，新加坡的住房和开发局（Housing and Development Board）代替了新加坡改善基金会，并成为国家住房管理的官方机构，是新加坡唯一的公租房供给主体。

事实上，早在 1918 年，殖民政府就成立了住房委员会并对新加坡中心区域进行了居住条件的评估。在住房委员会的推荐下，新加坡改善基金会随着《新加坡改善条例》（Singapore Improvement Ordinance）的通过在 1927 年成立了。最初，新加坡改善基金会并没有被赋予权力为大众建

---

① 新加坡改善基金会成立最初的目的是改善新加坡的基础设施。从 1930 年代开始直接参与建设保障性住房。该基金在 1960 年解散，基金会的规划功能被规划局替代，保障性住房项目由新加坡住房和开发局接管。

造房屋，只是允许通过改善计划为无家可归的人建设住房。直到1932年，新加坡改善基金会才被赋予更多的权力来向迅速增加的人口提供住房。其中最早建立的一个项目是中峇鲁（Tiong Baru）①项目，该项目被认为是新加坡第一个公租房项目。

新加坡在1959年获得自治后，住房短缺和其他相关问题凸显，例如过分拥挤和贫民窟现象。新加坡住房和开发局成立并取代了改善基金会，开始建设和供给公租房。保障房的建设优先解决低收入群体的住房问题。与商铺住房和贫民窟相比，住房和开发局提供的保障房条件堪称奢侈，它们空间开阔，还有基础设施，例如电、冲水厕所和自来水。截至2008年，82%新加坡人住在公租房内。新加坡的保障房通常是高层建筑，居住密度高，主要位于郊区地段。大多数的保障房是自给自足的社区，社区中有基本的设施、学校和娱乐来满足居民的生活需求。

二 新加坡公租房的制度演进

（一）《家庭住房所有制度》（Home Ownership Scheme）

在1964年，新加坡政府引入了《家庭住房所有制度》，其目的是要让公民拥有有形财产，并享有国家建设的利益。该制度也推动了新加坡整体经济发展，社会和政治稳定。在1968年，新加坡政府为了帮助更多的人获得家庭住房的所有权，允许个人使用住房公积金（Central Provident Fund，CPF）储蓄来支付购买公租房的首付，之后来分期按月偿还贷款。住房公积金制度使得住房变成了可以负担并具有吸引力的物品。大多数的公租房可以是出售的住房，截至2008年3月，新加坡95%的公租房都出售给了个人和家庭。住房和开发局新建的保障房是以补贴价格出售。为了鼓励购买和转售保障房，政府提供必要的贷款和补助，并允许使用公积金。当然，只有符合住房和开发局的适格条件才可以被允许购买保障房。

（二）分配和定价制度

为了维护保障房的公平分配，随着时间和情况的变化，新加坡政府对制度进行了不断的完善。政府出台了轮候等待制度（Waiting List Sys-

---

① 中峇鲁是住宅区，位于新加坡中心区。该住房区在1920年代建造，是新加坡最早的住宅区。

tem)、预定制度（Booking System）、公寓登记制度（Registration for Flats System）和预订建造制度（Build-To-Order System）。在向家庭提供住房中，新加坡政府还极力确保社会融合和保障房中的种族混居。所以，在1989年，政府还出台了民族融合政策。除此之外，从2010年开始，新加坡永久居民配额制度规定了非永久居民在社区中的最大比例。该配额制度确保了新加坡永久居民家庭可以融入当地社区。

在公租房的定价方面，新加坡政府的原则是确保大多数购买人都可以具有购买能力。除了中央公积金制度以外，政府在2006年出台了住房补贴制度（Housing Grant Scheme），目的是帮助较低收入家庭拥有首套住房。随后又陆续出台了其他补贴政策来帮助购买者来负担保障房。在这些制度的帮助下，购买者将只需要付出每月家庭四分之一的收入来负担他们首套保障房的按揭贷款，这一比例低于国际标准。

（三）财务规划

除了通过住房补贴确保保障性住房价格的可负担性外，新加坡政府还鼓励理财审查和预先规划。从2007年，保障房的购买人如果想获得住房和开发局的贷款，必须首先获得住房和开发局开具的合格证明信（HDB Loan Eligibility）。证明信会考量购买者的年龄、收入、贷款最大额度的资格和按月支付偿还的按揭贷款。其目的是确保购买者不致陷入过度的财务危机。

（四）《家庭保护制度》

新加坡的《家庭保护计划》在1981年开始执行，并由中央公积金局管理。该制度的目的是确保当贷款人死亡或永久失去挣钱能力时，其家属不会失去他们的家庭住房。

第三节 英国保障性住房制度演进

在英国，保障性住房（Social Housing）由地方政府管理，所以保障性住房又被称为政府房（Council Housing）。[①] 英国保障性住房的提供的对

[①] 在英国，social housing 就属于保障性住房，由于早期的保障性住房法由 council 制定政策来供给低收入有住房困难的人群，所以又被称为 council housing。

象非常广泛,包括:残疾人、老年人、单亲父母、有数个孩子的大家庭或年轻家庭、移民或难民和失业者。在英国,保障性住房由地方政府(Local Council)和住房协会(Housing Associations)(非营利性组织)提供。但二者还是有很大不同:

1. 在搬入新家前,二者要求签订的租赁协议主体不同,如果申请的是地方政府保障房,要和地方政府签订保障租赁协议(Secured Tenancy),如果申请的是住房协会的保障性住房,就要和住房协会签订保证租赁协议(Assured Tenancy)。

2. 住房协会的保障性住房的承租人没有购买权(Right to Buy),而地方政府保证性住房的承租人具有购买权,购买权可以使承租人在住满至少两年后,可以以低于市场价购买此保障性住房。

3. 如果你是政府保障性住房的承租人,你就自动获得了继承权。这意味着如果一旦承租人发生意外,住在一起的其他人将获得此房的继续承租权,条件是租户至少在此房内生活12个月,但该继承权只能适用一次。

一 英国保障性住房(SOCIAL HOUSING)的历史

(一)第一次世界大战之前

英国保障性住房开始于19世纪末期的合作住房运动(Cooperative Movement),也被称为慈善性住房,但这种情况在后来发生了很大的分化。在19世纪期间的英国,合作住房运动促进了住房和生活安置,使得居民获得了各自的家园和隐私,但居民还是可以在公共餐厅用餐,分享公共设施。尽管在1874年和1925年期间,英国只开发了少量的合作房(Pearson, 1988),[①] 但多数早期的小公寓确实得到开发。在英国,合作建设的住房使用共有的储蓄资金来资助工人阶级购置物业。到19世纪末,这些住房合作组织变成了大规模的组织,但已经没有了真正的合作性质,和工人阶级也完全脱离了关系(Harloe, 1995)。在1890年,英国国会赋予了地方政府关于为工人阶级房客开发住房的立法权(Malpass and

---

① Pearson, Lynn F., *The Architectural and Social History of Cooperative Living*, London: Macmillan, 1988, p. 189.

Murie,1999)。① 在1888年，伦敦郡政府被赋予对整个大伦敦独一的政府治理权力，要求开发和重新建设住房。围绕着中心公园，此处建立了多个砖混结构的房屋，直到现在它们还屹立在那，仍然是出租的政府房，但已经被列入拆迁计划当中。在接下来的18年，伦敦郡政府在伦敦的各地开发了高质量的保障性住房。截至"一战"爆发前，英国全境建设了大约2.4万套保障性住房（Malpass and Murie，1999）。虽然这样的建设活动只解决了小部分人的住房需要，但该经历确立了英国政府建设保障性住房的公共责任原则和供给保障性住房的实际能力。

（二）两次世界大战期间

英国和美国的住房需求和政治环境在"一战"后出现了很大的不同，这也加速了他们对保障性住房的态度，改变并与二三十年前的住房政策开始分化。彼得和阿兰（Malpass & Murie，1999）对英国的情况做了如下总结：在1914年前十年的大多数时期，住房建设的规模严重下降，并且新住房的建设在战争期间下滑得更严重。结果到1918年，尤其在短期内，住房由于私人企业无法解决的经济原因，出现了严重短缺，致使国家在政治原因下不能坐视不理。

第一次世界大战给英国在社会，经济和政治方面带来了巨大的变化，一个重要的标志就是英国政府在1915年出台了《租赁法案》（Rent Act），限制了私人房东向租户提高租金的额度。原因是政府担心抗议，从而同意干预，这也打破了传统自由经济的理念。另外，英国政府在1919年出台了《住房和城镇规划法案》（Housing and Town Planning Act），② 开始大规模供给保障性住房。该法案规定中央政府向地方政府提供资金补贴建设保障性住房，开创了中央政府干涉的先河直接向公民供给廉租住房。第一次世界大战后的严重住房短缺，加上私人出租的房屋是重要的房源和对房东利用优势涨价导致社会动乱的恐惧等原因，政府对房租进行调控和加大对保障性住房的扩充（Harloe，1995）。彼得和阿兰（Malpass &

---

① Malpass, Peter and Alan Murie, *Housing Policy and Practice*, 5th Edition, Houndsmill and New York: Palgrave, 1999, p.32.
② 1915年的《租赁法案》（Rent Act）和1919年的《住房和城镇规划法案》（Housing and Town Planning Act）（又被称为Addison Act），显示英国政府开始干预住房市场。

Murie，1999）还指出，当地政府对保障性住房的开发可以被看作对房租调控负面影响的积极回应。首先，在整个1920年代，地方政府集中减少住房短缺。当地政府建设了相对高质量的住房，而且住房密度小于1914年为工人阶级建设的私有住房的密度标准。然而，由于高成本、高质量、低密度和相对少的补贴，不可避免地导致政府建设的保障性住房的租金高于私人市场上较低端住房的房租。换句话说，在1920年代，当时住房政策关心的是减少住房短缺，保障性住房主要服务于富有的工人，并把最不富有的工人排除在保障门槛外。在1920年代期间，英国政府建设的保障性住房有大约50万（Malpass & Murie，1999），但和私有住房的建设相比，无论保障房中的购房置业还是廉租房数量规模都较少。尽管新建的拥有所有权的保障性住房和从廉租房转变成可被出售的拥有所有权的住房数量有所增加，但廉租房仍然是保障房中的主力，这种情况一直持续到1950年代（Malpass and Murie，1999）。

在1930年代，英国保证性住房制度经历了一个转变，正如两位学者（Malpass and Murie，1999）解释：在1930年代尤其是在1933年后，地方政府被迫调整了自己的角色，放弃了消灭贫民窟和重新开发来满足大众住房需求的原动力。新的政府保障性住房部门的要求被降低了，部分上是为了减少租金，使贫困家庭可以负担得起。另外一个因素是降低政府保证性住房对有能力购买商品房的人群的吸引力。到第二次世界大战开始时，英国有超过一百万套的保障性住房（Malpass and Murie，1999），占英国全部住房的10%。而美国人口是英国的5倍，保障性住房数量却仅有英国的四分之一。从人口和保障性住房的占比来看，英国是美国的20倍，并且美国建设的保障性住房的周期远长于英国。

（三）第二次世界大战后

在第二次世界大战后，就立刻再次看到了英国和美国在保障性住房制度上的巨大分歧，这主要是源于不同的自然和政治条件。虽然两个国家都由于战争期间的劳动力和物资的倾向战场导致住房短缺，但对英国来说这段时期仅有两年，而美国本土没有受到英国像被轰炸的情况，这一问题持久存在。在英国，地方政府在战后的20年里建设了超过290万的保障性住房，最初是为了应对巨大的住房短缺和作为国家福利的一部分。在1950年代中期，这些保障性住房都是高质量的。在新开发区域，住宅都是半独立式带花园。

从1950年代中期后，英国保障性住房制度再次回归到了和美国相同的目标，即集中清除贫民窟和为城市内的低收入群体重新建设住房。在1960年代，城市内的保障性住房建设继续扩大，主要还是贫民窟清除延续。此时典型的保障性住房是建设在整体区域的公寓，但质量设计和建设深受质疑。无论是在英国还是美国，低收入的非白人家庭居住在此的人口大量增加，致使两国保障性住房的停滞和边缘化不断持续。同时，英国和美国政府都为大的私营开发商参与保障性住房项目开辟路径。在英国就制定了制度来支持住房协会（Housing Associations），① 促使公共资金流入住房协会。最初，政府流入到住房协会的资金是非补贴性资助，后来随着住房协会的扩大和作用的显现，政府公共资金对住房协会投入变成了补贴性资助。住房协会成了保障性住房的主要供给方。在英国，廉租房从1945年12%的占比增加到了1979年的32%占比（Malpass and Murie，1999）。在同一时期，美国的补贴性廉租房增加了不到1%，保障性住房在总住房的比例上升到了5%。

（四）撒切尔时期

撒切尔在英国执政始于1979年。当时英国普遍存在对福利国家概念的批判，这就包含了对保障性住房的攻击。尽管如此，英国的私人开发的保障性住房还是略有增长。同时在撒切尔执政时期，英国成功地模仿美国开始供给家庭所有权（Homeownership）保障性住房，并深化了产权的理念。

在英国，不仅保障性住房在所有住房的比例高于美国，而且其保障性住房的住户无论从社会经济方面还是地理方面也比美国更为多元化。当时英国主张保障性住房的"购买权"制度，即符合申请保障性住房的申请人可以从政府获得高达市场价值7折的融资折扣来购得20年房屋的居住权。此时政府保障性住房的转售限制也是历史最为宽松时期，允许购得保障性住房者可以在5年后（后来变成了3年）转售给市场获取利

---

① 在英国，住房协会（Housing Association）又称为登记注册保障房东或保障性住房私人登记供给人（Registered Social Landlords or Private Registered Provider of Social Housing）。它是私人非营利保障房供给人，但接受公共资金资助。它目前是英国廉租住房的最大供给方。

益，而且没有价格和还款条件的限制（Forrest and Murie，1988）。① 这就意味着那些符合条件并可以负担得起保障性住房的住户可以最大程度的利用"购买权"制度购得质量最好，位置最佳的保障性住房的所有权。在1981年至1996年，通过购得保障性住房的住户从56%上升到了67%（Malpass and Murie，1999）。超过190万套的保障性住房由于"购买权"而使当地政府失去了所有权。

随着英国政府在此时期减少了对保障性住房的建设综合补贴，地方政府在1970年代每年保障性住房的建设数量从10万套减少到了1980年代的每年不到3万套，到1993年基本停建保障性住房。尽管保障性住房在全部住房中的比例从1981年的三分之一下降到了1996年的不足四分之一，但保障性住房在英国仍然是总住房量的重要组成部分。

（五）21世纪至今

英国保障房在这一时期处于维持状态。这是由于英国国力衰退，尤其是脱欧公投致使情况更糟糕，使得英国对保障性住房的建设持消极态度，保障性住房的供给严重不足。英国政府主要还是通过有限的财力对现有的保障房进行维护，并通过法律来管理保障性住房的分配和使用。这段时期也是英国保障性制度的完善时期。

在英国，保障性住房（Social Housing）是由当地政府（Local Authority，或者称为Councils或Local Government）或住房供给协会（Registered Social Landlord，或称为Registered Housing Provider）提供给住房非常困难的群体，其目的是为其提供家庭住所。根据最近的2005年来自副首相办公室（Office of the Deputy Prime Minister）的统计数据，在英国总计有2050万套的住房，其中360万套为社会性住房（17%），其主要功能就是向低收入群体提供可以负担得起的住房，出租和出售价格的上涨由法律来调整。这就意味着可以通过法律来使社会性住房的价格保持在一个可以负担的水平。

与市场上承租和购买的商品房不同，市场中房主和中介机构可以选择自己的交易对象，而保障性住房分配的依据是政府制定的。自从2011

---

① Ray Forrest and Alan Murie, *Selling the Welfare State: The Privatisation of Public Housing*, London and New York: Routledge, 1988, p.56.

年《当地主义法案》（*Localism Act*）通过后，当地政府可以自主决定谁符合申请的条件，但法案也要求对特定群体予以合理的考量。社会性住房由住房供给协会（Registered Provider, known as Social Landlord）所有和管理。该类协会是独立的，并且是非营利性组织，他们通过其他方式盈利来维持现有社会性住房并为新的申请者提供资金帮助。虽然商业性机构可以涉足建设和管理社会性住房，但这还不是普遍的模式。

供房协会由政府通过家庭和社区局（Homes and Communities Agency）进行财政规范和资助。家庭和社区局负责建设新的社会性住房。当前负责监管社会性住房的机构是社区和当地政府部（Department for Communities and Local Government, CLG）。

社会性住房是提供给处在住房危机底端的人群，为他们提供家庭住所。虽然英国当前社会性住房占总住房的17%，但由于社会性住房的数量短缺，越来越多的人不得不通过市场来解决住房问题。近10年，在市场中租房的人数首次超过了住在社会性住房的人数。通常影响社会性住房分配的因素主要有两个：申请者的适格性和社会性住房的充足性。在英国，不同地区的社会性住房的数量是不同的，例如伦敦和东南各城市的需求要高出其他城市和地区很多，因此这就限制了在人口多的地方的社会性住房的分配。有些时候，即使申请者符合申请条件，也需要等待很长时间来获得入住机会。另外，个人申请者还必须满足申请条件，例如，申请人须在当地居住足够长的时间；或没有不可接受的犯罪行为；或违反过之前的住房协议（如有过支付延期的现象）。

所有的当地政府都有权利制定自己的分配政策。依据法律，当地政府必须为社会性住房的分配明确制定出相关程序和优先条件，并且要把相关政策的信息对公众进行公布。同时还要求当地政府要对下列人群予以合理倾斜：

1. 通过法定程序认定的无家可归的人；
2. 居住在卫生条件差、拥挤的住房里的人；
3. 需要就医或其他福利原因的人；
4. 需要搬迁到特定地点的人，如无法上班或看病的人。

大多数的当地政府都制定了用以评估申请人需求房屋的紧急程度的体系（Points-based or Band-based System）。该体系涵盖了申请人等待分配的时间、房屋需求的水平和其他一些优先条件。当然，住房供给协会也有着自己的分配政策，但这都受到政府和法律的约束。

英国需要有更多的社会性住房，这是因为居住在社会性住房的人数在下降，等待分配社会性住房的人数在增长，越来越多的人被迫在市场中购买或租赁住房。这就使得成千上万的家庭和弱势群体没法选择到适宜居住的家园。有超过180万家庭的住户在等待社会性住房，与1997年相比较，人数上涨了81%；有三分之二的符合条件的人等待时间超过了一年（Shelter analysis of English Housing Survey 2010/11（Latest Available Data））。截至2012年年底，接近4.1万户有小孩的家庭居住在临时性住房。因此，在英国社会性住房的问题主要来源于社会性住房的供给不足，但需求高涨。

二　英国保障性住房的类型

可负担性住房（Affordable Housing）是一个普遍的使用词语，其用来形容低收入或中等收入的住户可以购买得起的住房，其性质是保障性的，国家规划政策框架（National Planning Policy Framework）中解释政府有必要干预市场来提供可负担性住房。在英国，保障性住房被称为社会性住房（Social Housing），其目标就是向没有能力在市场上购买商品性住房的人群提供可负担得起的住房（Affordable Housing），所以通常意义上社会性住房就是可负担性住房。要获得可负担得起的住房的核心要求是低收入。但该类房屋的使用面积一般不超过100平方米，包括车库和其他一些附属房。

需要提醒的是，英国还制定了一些相应的金融制度去帮助购房者获得资金支持以购买可负担性住房，这些金融制度包括住房福利制度（Housing Benefit）、分担性按揭（Shared Equity Mortgages）和市场家庭自住按揭制度（Open Market HomeBuy Mortgage Schemes）。总体上，英国的保障性住房包括以下三类：

（一）政府廉租房（Social Rented Housing）

由政府（the Authority 或 Local Council）和住房协会（Registered Provider 或 Housing Association，之前的名称为：Registered Social Landlords，Independent，Not-for-profit Organisations）购买和承租房屋，之后以低于市

场的价格，或可负担的价格出租给住房困难的群体。供房协会的活动由家庭社区局（Homes and Communities Agency）规范，其主要目标任务就是供给可负担性住房。因此，英国各地的政府（the Council）认为，除了申请者的资格（当地性），没有必要就成本、分配和将来的入住制定相应的法律予以限制，这些可以完全授权给供方住房协会来制定和操作。

（二）私人廉租房（Private Affordable Rented Housing）

私人廉租房在2011年被引入。这类房屋是由住房协会和私人家庭提供的、低于租赁市场价格或可负担的价格的房屋，其管理和维护制度和政府廉租房相同。此类型的可负担房屋的出租成本、分配和将来的入住都须经政府批准。政府允许的最高租金只能达到市场价格的80%。正是由于租金高于政府廉租房，住房协会才可以有收益来建造更多的私人廉租房。

（三）中间收入住房（Intermediate Housing）

中间收入住房迎合的住房困难群体是处于既不能负担得起在公开市场上购买或承租房屋的和收入条件又不符社会廉租房的人群。中间收入的市场租赁房又包含四类：

1. 政府和私人共有产权房（Social Shared Ownership Housing 或 Homebuy）

政府共有产权房是允许购房者占有25%—80%的产权，剩余部分由购房者支付租金给供房协会并由供房协会来管理。此类住房是为了帮助那些难以购买全部产权的人群。往往此类人群的住房困难程度相对较低，因此它在整个社会保障房的供给数额要求不超过总供给量的33%。申请此类住房的人员往往要求是当地人，并且产权转让受到限制，不能以100%产权在市场上转让。

私人共有产权房（Private Shared Ownership Housing）和社会共有产权房的内容很相近，只是共有产权人变化成了开发商或公司。其和供房协会对社会共有产权房的规范和保障方式相同，只是在成本、分配和入住方面须由政府设定和监管。此类人群的住房困难程度也相对较低，它在整个社会保障房的供给数额要求也不超过总供给量的33%。当地居民是申请人要求具备的条件，并且产权转让受到限制，也不能以100%产权在市场上转让。

2. 初次置业房（Firstbuy）

这一政府方案允许购买人在公开的市场上购买物业，并可以获得贷款来减少对资金的需要。初次置业房只有特定的私营开发商在特定的地域来建造，其房价只需要支付市场价的80%，剩余20%通过5年免息贷款来支付。这一购房选择主要的目标是为剩余房价提供贷款，而不是减少总房价。

3. 限价房（Low Cost Housing for Sale）

限价房由私营开发商建造，并以低于市场价出售。价格是市场价的40%—70%。购房人以折扣价购买住房，并永久拥有产权。和共有产权房相比，限价房购房人不需要就剩余份额支付租金，因为不存在剩余产权的问题。当限价房的业主要出售物业，需要签订法律协议来确保该物业仍然以相同的折扣价出售，使得该物业保持可负担性质。例如，如果以8万英镑购买了价值10万英镑价值的物业，当在出售时，该物业升值为11万英镑，仍然要给予20%折扣，即出售价是8.8万英镑。

4. 中间收入租赁房（Intermediate rented housing）

此类住房由私营公司或个人开发、拥有和管理。政府通过与他们签订法律协议，在开发规划许可中约定他们必须把开发的房屋以市场价的80%进行出租，包括相应的服务费。这是一种典型针对短期房客制定的标准。

三 当前英国保障性住房制度中存在的问题

（一）房屋质量监管制度

英国保障性住房存在的客观问题主要有：第一，政府保障房的条件差；第二，住房协会新建的住房质量不佳；第三，需要更多的保障房。

几乎所有的当地政府保障房都是在1980年前建设的。由于年代久、管理资金和资本输入有限，这些房屋实际上很陈旧或品质在降低。在1960年前建造的保障性住房在结构上和外表上仍然具有吸引力，其中一些在三四十年前进行过翻修，但这些房屋的屋顶，窗户和砖瓦仍然需要更新或更换。1960年至1970年代建造的保障房设计和建筑都很差，维修费用很高，而且经费有时不够。

在1980年代后期和整个1990年代，英国政府开始对保障房的客观问题做出回应，并制定了一系列"改造项目"（Malpass and Murie, 1999）。①集中对大规模的和破旧的城市保障房进行翻修和拆除。2003 年至 2005 年，英国政府支出了 28 亿英镑来更新保障房（UK Office of the Deputy Prime Minister, 2003），②大约三分之一的所需经费可以通过政府划拨得到解决。为了减少开支，到 2015 年为止，有一大部分保障房被政府出售给了私人住户，剩下的保障房仍然面对维护和管理资金短缺问题，而同期住房协会的盈余达 30 亿英镑，但 170 万人还在申请保障房（Paul, 2016）。

（二）所有权问题

在英国有将近几百万套的保障性住房。其中三分之二属于当地政府的廉租房，剩余三分之一属于住房协会所有。因此，英国保障性住房的所有权问题大致可以分为三类：

1. 政府廉租房将来的不确定性

地方政府所有的保障性住房继续面临严厉的限制，只是由于：

第一，在"购买权"制度的安排下，保障性住房进一步在遭受损失；

第二，继续建设保障性住房缺乏资金；

第三，受到住房协会大规模转让所有权和重新建设的压力；

第四，面临把没有转让所有权的保障性住房的管理移交给私人实体；

第五，还没有转让所有权的保障性住房按揭还贷的压力。

因此，在对抗以上压力的时候，英国社会中一直在进行"保卫地方政府保障性住房的运动"，并呼吁正式制定程序让民众参与到决策过程中来，包括是否应该转让保障性住房的所有权问题。

"购买权"制度已经导致保证性住房的所有权大量的让渡给了他人，使得保障性住房的数量逐年减少，所以"购买权"制度引起了巨大的争议。购买了保障性住房的居民获得了物业的永久所有权（土地权和地上权），地方政府和物业再没有任何联系，更为复杂的情况是在多单元的住宅楼里的公寓和小公寓中与政府享有共有产权的房间的出售。这导致了

---

① Peter Malpass and Alan Murie, *Housing Policy and Practice*, 5th Edition, Houndsmill and New York: Palgrave, 1999, p. 92.

② UK Office of the Deputy Prime Minister, *Sustainable Communities: Building for the Future*, 2003, February.

所有权、利益和责任的错综复杂。如果购买人仍然住在单元里，维护和改善他们家园，并仍主张政府对公共部分负责，居民的环境则可以被改善。如果购买者由于房屋质量恶化或收益减少，而搬出了公寓，把房间出租作为投资或出售进行投资。这些情况都可以证明纳税人的钱建设的社会资产变成了小部分人的个人利益，并加速导致保障性住房的减少。请求停止"购买权"的滥用的呼声不时在英国社会响起，但很少能得到政府的回应。

除了"购买权"导致保障性住房的减少，政府大规模地出售部分或整栋保障性物业给私人实体也是一大原因。1980年代后期，政府才停止了这种广泛的政策，在出售保障物业时，逐一议价。一些地方政府希望大规模出售保障物业的理由是减轻管理的负担，而反对保障性住房进行大规模出售是基于要维护低收入群体的利益和国家的公共财产。

最后，英国保障性住房的维护和修理的资金来自对保障性住房的抵押制度。抵押致使放贷人获得保障性住房上的私人财产利益，如果在政府违约不能返还贷款，债权人有权力占有物业。在此种意义上，私人融资冲淡了保障性住房的所有权，并控制了保障性住房，从而创制了一种混合公私所有权。

2. 住房协会的快速发展

关于住房协会在保障性住房中的角色的问题主要是：

第一，通过库存转移和改造正在替代地方政府；

第二，作为保障性住房的建设中坚正在取代地方政府；

第三，管理和责任；

第四，出租中，承租人权力和申请获得的权力。

大规模的政府保障房的转让对保障性廉租住房的所有权和控制以及出租水平和租户的权力产生了很大的影响。通常情况下，在政府转让保障房时租户不会受到太大影响，但租户的下一代没有了承租的权力，并将面对支付高额的租金。住房协会显然窥探到了自己的金融优势和收取较高租金的一个机会（Malpass and Murie，1999）。

政府保障房的租户在政府把保障性住房出售给住房协会时保留了购买的权力，这就让租户失去了反对政府大规模出售保障房的理由。但另一方面，在住房协会拥有保障性住房的情形下，随后的租户将不再具有相同的购买权,其目的是要保护住房协会的财务稳定、融资能力以及购买和翻修购得保障房的所需私人贷款的偿付能力(Weaver,2002g)。住房协会保障房的承租人对保障房具有有限的购买权,这是为了确保在出售时可以获得房屋的全部价值。

尽管在1960年代、1970年代和1980年代兴起的非营利住房协会在那个时期是为了翻修老旧的城市内的住房,并向特殊需要的人群提供住房,发挥的作用是对官僚政府不能很好完成或根本不可能完成的任务。但在1980年代后期,英国中央政府的政策变得很明确,目标是扩大住房协会的参与度,使其能够大规模购买现有的政府保障房,并变成新保障性住房的主要供给方(Malpass and Murie,1999)。[1]

这样的第一个结果就是住房协会所拥有的和管理的保障房的数量急剧上升。以至于到2015年,住房协会在英国和威尔士所拥有的保障房占总比的三分之一。第二个结果就是住房协会的数量爆炸式增长。在2003年,英国本岛就有2000多家住房协会,苏格兰有200多家,到2015年,英国和苏格兰的住房协会的数量都有增长(UK Housing Corporation,2015)。第三个结果是按照住房协会的大小,其拥有的保障性住房的数量也不尽相同。根据住房机构(Housing Corporation,2003)的统计数据,在英国本土,大多数的住房协会都比较小,只拥有不到250家的保障房,然而,最大的7%的住房协会,每家拥有的保障房超过2500家,占到了住房协会所有保障性住房的78%(Walker,2001)。

政府保障住房和住房协会的内部都存在着管理问题。大部分的住房协会的董事会都是自我选举和长存不废的体制,尽管住房协会鼓励租户参与管理,但没有任何制度规定董事成员由居民或社区选举。事实上,许多大型住房协会的董事会主要由高级成员组成,这就缺乏民主责任并造成大量的治理结构中的专断问题。而政府保障性住房管理机构有可能对申请人怠于回应和态度专横,但这些问题可以通过机构自身的民主程序来制约和改变。

另外,私人融资和住房机构(Housing Corporation)不断地向住房协

---

[1] Peter Malpass and Alan Murie, *Housing Policy and Practice*, 5th Edition, Houndsmill and New York: Palgrave, 1999, p. 147.

会，尤其是大型的住房协会施压，要求住房协会采取公司的内部组织和管理模式。这些压力使得住房协会发生了一些改变，开始发展商业氛围和技巧。过去的住房协会和新成立的住房协会采用了一系列的私人企业的管理办法，即以顾客为核心的策略和财务管理策略（Walker, 2001）。[①] 这一方式似乎和逐利企业一样，正在最大化组织的外部效力，即把更大的成本转嫁给工人，住户和公众。更大的工资差异加剧了经济中更大的不平等，弱化了社会的稳定和秩序。伴随着私人融资，租金自然会有所增加，将有可能导致较高收入的居民离开，并且更高比例的受益住户将是无业人员，这会减少居民的多元性，并增加其他公共成本。

同时许多小住房协会在招聘董事成员方面也存在困难。事实上，在招聘和再培训合格的专业人员也有困难，这是因为他们更倾向于招聘低工资但肩负多项职责的人员（Palmer, 2003）。尽管英国各个地方都存在住房协会联合会，但联合会在向小的住房协会提供深入和持续的支持的能力是有限的。联合会也更倾向于政策问题和较大住房协会成员的政策议题，而不是针对个体和较小住房协会的组织和运行问题。住房机构（Housing Corporation）是一个准非政府组织，其主要目的是向登记类社会保障房房主（Registered Social Landlord）提供融资和规范。英国没有像美国存在独立的居间人来向地方非营利的住房开发商提供技术支持，因此英国小住房协会的可行性存在很大问题。

3. 私人非营利开发商崛起

考虑到需要大量的低于市场价格的额外住房，尤其是在伦敦和英格兰的东南地区，美国式的"萝卜加大棒"方式就被应用到了英国，即通过利益的驱动促使私人开发商来提供所谓的"可负担的住房（affordable housing）"。这一政策，要求开发商开发和商品房质量相同的住房时，不论开发的目的是销售还是出租，新建的物业中必须拿出一个最低比例的住房，以低于市场价格进行出售或出租，这在美国被称为包容式（inclusionary）开发。私人开发商以低于市场价格销售或出租的可负担性住房是通过内部交叉补贴的形式被实现的，即政府对开发商或住户进行补贴或

[①] Walker, Richard M., "How to Abolish Public Housing: Implications and Lessons from Public Management Reform", *Housing Studies*, Vol. 16, No. 5, 2001, pp. 675 – 696.

由保障性组织购得。这种方式也引起了争议,在火热的住房市场,此种方式在培育社会经济多元化和融合的时候,也会建设大量高质量的"可负担性住房"。但其潜在的缺点是成本高,低于市场价的住房有可能被隔离或被标注。并且低收入住户可能被边缘化,遭受社会准则的区别对待和被切断了社区的支持。还有人质疑此类住房是否是真正的保障房,或是某种形式的准保障性,因为其不一定确保长期保障性住房属性和可负担性。

私人开发商介入保障性住房建设还有另外一种方式,此种方式在美国被称为"相关性"。此种方式本身还有两种类型。第一种是让开发商出资参与住房信托资金,作为为低于市场价格的住房开发给予融资的回报。此种类型主要被用来作为对大型非居住型物业的开发产生的环境影响费用。第二种方式有时被称为"相连土地",其要求高端地产开发商在其他地段开发低于市场价的住房。支持"相关性"开发模式的人认为其可以建设低于市场价的保障房,并对潜在住户的需要的满足是合适的。而反对者认为建设此类保障房的地区已经存在大量的保障房,所以会增加隔离和贫民窟化,或使低成本土地边缘化,造成社会孤立。

包容性和相关性的方式在当前的英国受到争议,尤其在伦敦,这里的住房可负担性是最大的问题,并且大量的营利性高端开发商持续扩张。甚至伦敦市长曾推行让伦敦新开发的住房50%是可负担性住房。然而英国保障性住房包括,廉租房、对教师,消防员等主要工作人员的廉租房和所有权房以及各种形式的低于市场价格的所有权房,其复杂程度远不能"一刀切"地做出要求。

(三)融资问题

保障性住房在英国的融资非常复杂,尤其在英格兰和威尔士当前的融资问题主要涉及两个不同的政策领域。一个是出租环境和住房利益,另一个是私人资本融资。

1988年的《住房法案》不仅有效地结束了新建政府保障房的融资,还改变了对现有保障性住房的补贴制度,迫使许多地方政府大量提高租金。住房协会提供的保障房通常情况下收取的租金高于地方政府的保障房,而且两方都倾向于进一步增加保障房的租金。对低收入的住户,尤其没有固定劳动收入的住户,租金的增长超过了住房补贴(housing benefits），这样住房补贴的成本就会非常高（Durden，2001）。高房租也会迫使更多没有享受到住房补贴的较高收入者利用购买权去购买住房。

在美国，住户的购房补贴和租房补贴来自政府住房的预算。而在英国，租房补贴来源于政府不同部门的公共预算。这意味着英国中央政府对住房预算的减少或限制并不考虑住房补贴支出增长的抵销（Malpass and Murie，1999；Gibb，2002）。另外，由于住房补贴只能是适格的承租人享受（无论是私人非营利企业还是政府提供的保证性住房），政府对住房补贴的划拨不是预先确定的，而是依据租金水平和适格住户的领受率来确定的。然而，主张大规模出售保障性住房和为保障性住房引入私人资本的政客和学者似乎并没要去考虑潜在的住房补贴增加的公共成本。

自1980年代起，英国历届政府都支持对公共借贷实行财政紧缩，这就包括了限制通过政府举债来对保障性住房进行修缮和建设（Durden，2001）。然而，作为私营实体的登记类社会保障房房主（Registered Social Landlord）可以通过抵押物业在商业融资市场融资。地方政府把保障性住房出售给登记类社会保障房房主，从总面上看为较旧的保障房的升级或翻修提供了一条不需要进行公共借贷而获得资金的现实路径（Gibb，2002）。[1] 而登记类社会保障房房主通过向市场融资来建设新的保障房成了一个符合逻辑的主张。因此，少量的公共开支就可以撬动大量的市场商业资本投入到保障房的修缮和扩建。甚至，当政府发现此方式的好处后，即使保障房承租人拒绝把保障房转让，中央政府仍然允许一些地方政府对保障房进行抵押来为保障的翻修向市场融资（UK Office of the Deputy Prime Minister，2003；Defend Council Housing，2003）。

然而，这种向市场融资的成本非常高，这些成本最终将来会转嫁到住户、纳税人和政府身上，并且会产生很多问题和影响。

首先，债务终究是要偿还的。和政府举债不同的是私人债务不可能通过再融资无限期地延后。而且即使本金可以通过再融资来解决，但利息还是要偿还的。在抵押廉租房获得资金中，利息必须通过租金来偿还，而且违约后的索赔也是依靠租金来支付的。借得越多，利率越高，

---

[1] Gibb, Kenneth, "Trends and Change in Social Housing Finance and Provision with the European Union", *Housing Studies*, Vol. 17, No. 2, 2002, p. 333.

利息越多，导致租金就越高。对接受住房补贴的住户来说，这些成本并不直接由他们承担，但他们导致了公共开支逐年上涨。没有享受或部分享受住房补贴的人是成本的承担者。高租金就会使保障房的承租人考虑是否待在保障房里，一些人就会考虑在符合自身的情况下考虑购买保障房。其他人则被迫涌向高价的商品房市场，这会造成大量的按揭违约风险。

其次，市场融资的高利率造成了其成本高于政府融资，这是因为市场融资的风险更高。新建物业的贷款是有风险的，这是因为开发有可能难以完成，因此高利息会计入总的开发成本。以现有物业作为抵押来借贷的风险没有以新建物业的高，但仍然取决于借贷方的还贷能力和抵押物业将来的价值。通过比较可以发现，政府的公共借贷是通过政府的税收能力来保障的，而不是通过租金和保障房的市场价值（Hencke，2003）。[①]

最后，市场融资会产生社会影响。还债是债务人的首要任务，以保障房的维护来确保抵押贷款的实现，事实上受益的是住户，但也有可能限制住户的自治和参与（Gibb，2002）。

（四）社会问题

社会问题也会被较大的经济变化、人口变迁、社会紧张和政治利益所驱使。此处仅就和保障性住房相关的政策所引起的社会问题进行阐释，其中包括以下主要问题：第一，保障房承租人的权力；第二，可负担性；第三，人口变化和社会排斥；第四，反社会行为。

《1980年住房法案》[②]（The Housing Act of 1980）通过法典的形式规定了政府保障房中承租人的权力，但没有扩充这些权力或减少政府收回住房的权力和对保障房的私有化。从此时起，一些温和的改革赋予了承租人更大的权力。在变革的过程中，承租住房协会的住户的权力相对更

[①] Hencke, David, "Council homes transfers will cost extra £1.3 billion", *The Guardian*, Wednesday March 19, 2003.

[②] 英国的《1980年住房法案》（The Housing Act of 1980）赋予了英格兰和威尔士500万廉租房的租户对其承租的住房的购买权（the Right to Buy），该法案被定性为撒切尔主义。苏格兰的购买权规定在《1980年的承租人权利法案》（the Tenants' Rights, Etc. Act 1980）中，北爱尔兰的购买权规定在《住房执行法令中》（the Housing Executive）。

弱（Malpass and Murie，1999）。在苏格兰，只要是保障房的承租人，其权力没有区别。但英格兰和威尔士截至 2003 年，此种倡议还一直处于提议阶段（Chartered Institute for Housing，2003）。这里体现的一个基本原则是，只要是保障房的承租人就应当享有居住安全，即在没有正当理由和经过正当程序的情况下，不应当被逐出保障房（UK Law Commission，2002）。如何制定法典和平等地执行该原则是一个问题。

可负担性一直是保障性住房的一个重点问题。这在很大程度上是因为英国政府一直没有对可负担性制定一个准确和合理的标准，并把这样一个标准贯彻在政策制定里。保障房的租赁环境一直就面临着在承租人可负担性、保障房供给人获得足够的收入和政府政策对保障房所有人补贴与承租人住房补贴之间持续未解决的紧张关系。没有享受住房补贴的商品房承租人也面临着恶化的可负担性情形，享受到住房补贴的承租人躲过了可负担性问题，但在就业和节省住房开支上受到了遏制。

英国人口的变化在过去的几十年一直和住房政策交织在一起，为很高比例的低收入人群建造了许多保障房。曾经一度存在于保障房准入中的歧视性做法在 1980 年代后逐步被抛弃，致使曾经被歧视的人是现在保障房的主要居住者。然而，有证据证实即使保障房应该根据需要而不是支付能力来进行分配，但黑人往往被分配到了最差的保障房并挤住在更为破烂和难以出租的政府保障房里（Smith，1989）。

第三个社会问题是社区的排斥现象。曾经有一段时间，多数处理社区排斥的制度和政策把此种现象定性为病态，而不是排斥。正如泰勒（Marilyn Taylor，1998）所言："根据社区和成员的病态所订立的聚焦于物业和居住者的失败的制度只会恶化排斥的循环。"这就导致一些住在社区里的保障性住房的低收入群体受到排斥，无法参与社区活动。①

最后一个社会问题是反社会的行为，这也是一个英国普遍关心的问题。遗憾的是，在社会保障房居住区域，这类行为较为集中。通常由保障房的供给方和住房制度来解决这些问题。因此当前的观点是法律救济和收回犯罪者的保障房是非常有必要的，但这不是主要手段。主要方式

---

① Taylor, Marilyn, "Combatting Social Exclusion of Housing Estates", *Housing Studies*, Vol. 13, No. 6, 1998, pp. 819 – 833.

是利用住房机构和制度来改变社会准则,授权居民对社区的自治,并重新设计物业的特性(Flint, 2002)。①

(五)居民的积极行动主义和"参与"

自19世纪起,在英国和美国,住房仅次于工作成了积极行动主义盛行的领域。在美国,住房领域中的积极行动主义一直主要发生在商品房的出租市场,这是由于美国当时的保障房的数量很少(Stone, 1993)。在英国,19世纪和20世纪初积极行动主义也围绕着商品房的出租市场。随着保障性住房和家庭所有权住房的出现,围绕着商品房出租市场的积极行动主义并没有结束。但从1940年代起,保障性住房组织取代积极行动主义占据主导地位(West Yorkshire, 2003)。

住房积极行动主义尽管和"参与"的内容有重叠之处,但两者绝不相同。积极行动主义发源于底层,来自居民的不满意和居民与居住环境的社会条件的紧密联系,其显著的特点是关于权力和使用权力带来变化。而"参与"只是积极行动主义的一个目标,且不是必需的。积极行动主义的目标还可以是促使机构更积极回应,可以履行法律或道德上的义务,可以是撤销或消灭一些组织机构,可以是授权委托其他机构,还可以是从现有机构中退出。在这些情形下,谈判可以是达到目的的一个工具,但"参与"自身不是目标。住房参与则来自上层,其目的是要得到制定住房政策和运行住房管理的官方机构的批准。参与的形式很多,正如雪莉(Sherry Arnstein, 1969)在公民参与阶梯理论中所指出,参与范围从控制到公民权利。其目的是帮助加强社区民主或居民权利,参与的性质和程度决定了居民居住环境的质量。②

在美国,社区和居民的参与来自1960年代的官方辞令。在1969年,美国的保障性住房(Public Housing)居民参与到了由国家租户组织(National Tenants Organization)领导的民权斗争和贫困计划,要求制度改革,包括正式的租户参与,并最终取得成功(Marcuse, 1971)。在英国,则是通过保障性住房管理组织和住房积极行动主义围绕政府开展

---

① Flint, John, "Social Housing Agencies and the Governance of Anti-social Behaviour", *Housing Studies*, Vol. 17, No. 4, 2002, pp. 619 – 637.
② Arnstein, Sherry R., "A Ladder of Citizen Participation", *AIP Journal*. July, 1969.

活动来不断争取，最终在 1990 年代才取得突破，英国政府发布了物业改造制度，规定了居民正式参与的要求（Anastacio, et al., 2000）。① 到 2000 年，英国政府制定了租户参与协议（Tenant Participation Compacts），其中规定了更为普遍的参与要求，要求地方政府与租户组织进行协商（UK Office of the Deputy Prime Minister, 2000）。一些积极行动主义者认为如果通过有效组织，协议的要求可以作为加强租户权力的一个方式（Whitely, 2000）。② 同时英国政府制定的手册中阐明了政府希望居民参与住房协会的态度（UK Housing Corporation, 2000）。有效的组织可以更大地促使租户对地方政府和住房协会施加影响。同时也只有足够的租户参与才可以打开现有的参与制度，并促使实际的谈判得以开启，最终对实体制度产生影响。

在英国，保卫政府保障房组织（Defend Council Housing）一直渴望有这样的影响力，但该组织一直游离在正式的参与结构之外。作为一个全国性组织，其在 1998 年成立，它把租户、贸易工会会员和进步的积极行动主义者团结到了一起，来反对政府保障性住房的私有化、保障性住房的预算削减和大规模向住房协会转让保障房（Defend Council Housing, 2003）。但该组织和居民参与运动联系很少，对话也很有限。

四　英国国内保障性住房立法

在英国，地方政府和住房协会是在不同大的法律和融资框架下运作的，它们各自独立并在不同的立法路径下发展。尽管如此，两者在保障性廉租房住房部分有一些重要的相同之处。首先，保障性住房的供给通过公共补贴，并受到法律规范，例如《住房法案》《住房协会法案》和《房主与承租人法案》。其次，租金低于市场水平。与荷兰一样，地方政府和住房协会在面对压力时，都选择采用商业化形式对保障性住房进行管理。从 2001 年 2 月开始，英国的地方政府在新的融资框架下来运作保

---

① Jean Anastacio, Ben Gidley, Lorraine Hart, Michael Keith, Marjorie Mayo and Ute Kowarzik, *Reflecting Realities: Participants' Perspectives on Integrated Communities and Sustainable Development*, Bristol: The Policy Press, 2000, pp. 2 - 3.

② Whiteley, Cliff, "Tenant Compact, Best Value and Democracy", *Open Letter to Leicester Tenants Federation*, June, 2000.

障性住房。而住房协会引入了商业策划，从而来激发地方政府更好地利用住房协会名下的住房。地方政府和住房协会对各自的投资和维护负责。和住房协会相比较，地方政府还可以受到中央政府投资支持。

住房协会受到《住房组织调控法》（*Housing Corporation's Regulatory Code*）规范，该法要求进行了登记的保障性住房房主要满足当前和将来的商业和融资承诺来向住户提供充分的条件。所有的商业规划都必须由住房组织检查其是否满足了法律要求的条件，检查涉及住房协会的 6 项责任，包括维护和投资。登记在册的提供保障性住房的房主必须自行为住房的维护和投资负责。

第四节 荷兰保障性住房制度演进

在欧洲，荷兰是唯一一个保障房占据住房市场的国家，有三分之一的住户租住保障性住房。截至 2017 年，荷兰保障性住房大约有 288 万套。荷兰所有的保障性住房几乎都属于住房协会（Housing Associations），并基于商业化模式运作，但被要求将获得的利润用来满足大众住房需求，即满足那些没法自己得到体面住房人群的需要。住房协会的运作方式非常灵活。

一 保障性住房的地位

在 1901 年，荷兰通过了《住房法案》[①]（*Housing Act*），开启了荷兰保障性住房的建设。同时荷兰《宪法》第 22 条规定：建设足够的住房是政府的一项核心关切。[②] 直到 1920 年代，市政府或住房协会才大规模建设保障性住房。大多数的保障性住房都是在 1945 年至 1990 年建设的，第二次世界大战后的一段时间，住房短缺致使政府主导规划和建设新房。荷兰的建房高峰期是在 1970 年代。从 1990 年代起，总量开始下降，尤其保障房。荷兰是一个独门独户式住房占住房主导的国家，这不仅体现在

---

① 1901 年荷兰《住房法案》荷兰语是：Woningwet. 该法案开启了荷兰保障性住房的建设。
② 1988 年荷兰《宪法》荷兰语是：Dutch Grondwet. 第 22 条规定，第 2 款规定：It shall be the concern of the authorities to provide sufficient living accommodation.

农村，在中等大小的城市也是如此。几乎一半的保障性住房是连排的独门独户式，剩下的是复式（42%）或高层（11%）。荷兰保障性住房通常建设在不同的物业中，社区中由不同的房屋类型构成。

2017年，荷兰住房约800万，保障性住房约280万。荷兰的住房协会几乎拥有了所有的保障房，市政府只拥有很小的一部分。荷兰的保障房的数量在法国和英国之后，在欧洲位列第三。住房协会所有的保障房占全国总住房的35%，而其中11%由私人机构拥有。在荷兰，保障性住房在城市更普遍，例如在阿姆斯特丹和鹿特丹，大约55%的住房都是保障性住房，在人口较少的省，例如德伦特和泽兰，这个数字大约是25%。不同于其他欧洲国家，荷兰的住房协会可以自由买卖保障性住房。他们可以因为不同原因而从私人手中买卖住房，例如为了改善住房协会的财政状况或为了刺激城市翻新。住房协会可以在市场中出售空置的保障房，但已被出租的物业，如果租户选择继续承租的，买方没有权力购买。

二 保障性住房的供给制度

在法律方面，荷兰1901年颁布的《住房法案》是保障性住房的法律依据。该法案规定了住房协会的义务与责任。《保障房部门管理条例》（*The Social Rented Sector Management Order*）在2001年生效，规定被批准的住房协会有6项义务：

1. 为不能独立解决适当住房的人提供住房；
2. 提供普通质量的住房；
3. 和租户保持协商；
4. 负责任地管理财务；
5. 创造宜居社区（1997年补充）；
6. 为老年人和残疾人提供住房（2001年补充）。

在履行了这些义务后，住房协会免缴公司税，并可以在保障房担保基金（Guarantee Fund for Social Housing）的担保下获得贷款，还可以以折扣价购买政府土地来建设保障性住房。保障房担保基金在1980年成立，一开始是为改善住房的贷款进行担保，后来为所有的保障性住房的贷款进行担保。该基金由住房协会资金设立，且有"三

A"评级。基金为非营利，为房贷担保，从而来保证其进入资金市场，并获得低利率。

在资金方面，经过对保障住房组织的多年宽松监管后，荷兰的住房协会在1995年通过总收益与收支平衡实施办法获得了财政独立。政府把协会的所有主要贷款都给勾销了，并且同时取消了补贴。住房协会不再享有政府补贴，其通过收取租金和出售物业和细致的财务管理来支持运作。尽管住房协会在财务上从1995年以来就独立核算了，但他们仍然必须遵守《住房法案》的规定要获得批准。同时，政府对租金实行宽松规范，允许非营利的住房协会在政府设定的上限范围内收取不同数额的租金。自2001年起，非营利和营利房主被区分对待。

关于住房协会，当前荷兰总共有500多家。这一数字和之前相比有所下降，主要原因是许多住房协会为了效率和经济规模而选择合并。在1980年代，荷兰有大约860家住房协会，在1990年大约有1000家。以上数据包括政府性质的住房协会。在1990年，政府性质的住房协会有213个，但到了2000年，只有23个，并都在较小的城镇里，现在就更少了。随着住房协会数量的减少，每家住房协会所有的住房数量都在增加。现在，平均每家住房协会拥有4500套保障性住房，最大的住房协会拥有5万到8万套住房，分布在多个城市和地区。住房协会由住房部（Ministry of Housing）监管。住房协会必须和地方政府签订履行协议，内容涵盖保障性住房的开发、社区宜居性和保障性住房的分配规则。

三　保障主体

在荷兰，保障性住房的住户包括：老年人、小家庭、收入较低、就业可能性低，并更可能依靠富力救济、是移民和之前住房过小的居民。

在荷兰，虽然有一些社区中有很多保障性住房，中下阶层占多数，但多数社区是混居的。和其他一些西方国家相比较，在荷兰住在保障性住房里并不代表是一种耻辱。所以，许多荷兰人生活在保障性住房中。

大约有34%的保障性廉租房的租户是非荷兰人（非荷兰人是指在国外出生，或父母一方或双方在国外出生。大约一半的非荷兰人是西方人，另一半是非西方人），占据了总住房的25%。尤其是那些来自非西方国家的非荷兰人更可能居住在保障性住房中。大多数住在保障性住房的住户和住在其他性质的住房住户一样对当前的住房和环境持满意态度，并且没有要搬离的计划。只有12%的住在保障性住房的住户对周围环境不满意，对安全和公共财产的损坏进行抱怨。

四 变化的住房状况和需求

自"二战"后，购买自住房在荷兰逐渐盛行，并从1997年起，居住在自住房占多数。由于房价在过去30年迅速增长，这就导致了可负担性问题，尤其对初次购房者来讲。在2006年，荷兰住房部长宣布了一项"住房市场前景"提议，要向初次购房者进行房贷补贴（Dekker, 2006）。

五 公私保障性住房房租比较

从1995年开始，荷兰的保障性住房供给方不再享受政府补贴。保障性住房的房租比商品房的房租低，但由于两者都是被政府调控的，很难来度量两者租金的差距。自"二战"开始，荷兰的租金是被控制的。由于在1975年荷兰引入了住房补贴，政府才开始允许房租逐渐趋向市场价值水平，但95%的房屋租赁市场是被规制的。政府对现有租赁合同和新合同中的每年最高租金的增加设定了比例。在2015年，保障性住房的房租是每月大约400欧元，而商品房的租金每月大约是500欧元。

六 国内保障性住房立法

荷兰的住房协会是非营利组织，其运作必须符合住房的利益，所以其宗旨就是要向低收入群体提供体面和可负担的住房。荷兰《住房法案》和《廉租房组织管理条例》（BBSH）都明确地规定了荷兰住房协会的权利和义务。在1990年代，荷兰中央政府赋予了私人住房组织巨大的制定保障性住房政策的自由，而且减少了对他们的财政支持。另外，居民对保障性住房的需求也在下降，部分原因是经济繁荣，人们偏好购买家庭住房。所以，荷兰的保障性住房协会开始在住房管理中采取市场化模式，其运营更趋向于以市场和顾客为导向。

第五节　美国保障性住房制度演进

一　美国保障性住房的历史

(一) 第一次世界大战前

保障性住房在美国起源的时间和英国非常相近，也是在19世纪后期。在19世纪期间，合作建设拥有工作场所和居住场所所有权的项目是当时美国和欧洲乌托邦革命对资本主义的批判产物的一部分。早在1869年，美国人梅露西娜·费依·皮尔斯（Melusina Fay Pierce）就倡议合作建设居住社区。但真正到20世纪，第一个完全互利的、非投机的、社会性的合作住房才在美国被开发，大多数的此类小公寓都被建设在纽约。在20世纪的早期，数个工人住房合作组织被设立（Abrams，1946；Siegler and Levy，1987），但多数没有生存太久（Stone，1993）。[①] 在1930年前的美国，政府仅局限于对战时涉及与战争相关工业的平民工人进行保障性住房建设。

(二) 两次世界大战期间

美国和英国自从"一战"就由于不同的住房需求和政治环境，对保障性住房的态度和制度加剧了分歧。麦克斯通（Stone，1993）对美国在此时期保障性住房发展的总结是：在1905年，新建的不带农场的住房比1892年最高峰增加了50%。即使在经济动荡时期，一直到1916年，住房的建设在历史上也是高位，这种现象一直持续到美国卷入第一次世界大战。从1905年到1916年，自有住房的数量翻倍，这是由于增长的中产阶级和收入较高的技术工人通过贷款购买的家庭型住房。

美国在1920年代的情况就大为不同，住房市场非常繁荣，远超"一战"前的繁荣景象。大约60%的新住房是独门独户的住房，使得不带农场的自有住房在1930年增加到了46%（Stone，1993）。由于保障性住房在数量上很少，为了保持平衡，新建的住房中增加了私有廉租房的供给。

---

① Stone, Michael E., *Shelter Poverty: New Ideas on Housing Affordability*, Philadelphia: Temple University Press, 1993, pp. 77-78.

尽管如此，美国在1920年代对保障性住房的兴趣也没有完全消失。与欧洲大陆类似，但和英国正好相反（Harloe, 1995），美国对合作住房保持了继续的关注。在1920年代的后期，纽约州通过了《有限分红住房法》（Limited-dividend Housing law）又被称为《米歇尔拉玛法》（Mitchell-Lama），其中规定了要为中低收入人群建设合作公寓提供便利（Siegler and Levy, 1987）。[1] 其中的一个早期合作公寓是位于布隆克斯区的由联合制衣工人合作协会（Amalgamated Clothing Workers）建设的工人合作聚居公寓（Workers Cooperative Colony）。该公寓在1928年被建设完成，共有1400套公寓，直到现在仍然保持着合作公寓的身份。然而，尽管合作公寓被州免于税收，但合作公寓是被纽约州的劳工集团开发，所以也只有高收入的工人能负担得起。另外，转租和营利也违背了保障性的原则。

1930年代的大萧条时期，美国才出现了永久性的保障性住房项目。此时的美国出现了和英国相像的保障性住房政策和制度。在该时期，美国政府主要开展大规模的住房建设，项目包括按揭、家庭住房和自有住房（Stone, 1993）。但保障性住房（Public Housing）的建设是个例外。它和商品房在融资、开发、所有权和居住等方面有很多不同。

到罗斯福在1933年就任美国总统时，政府面临的一个很大的政治压力是要求扩大公共工程项目来提供建筑工作，并利用工程来提升美国经济。在1933年夏天，美国通过了联邦立法授权允许使用公共工程资金来为低成本住房建设和消除贫民窟提供资金。这为美国保障性住房项目的开启提供了法律基础。按照《1937年的美国住房法案》（US Housing Act of 1937）的规定，在联邦政府融资和监管的情况下，地方政府完全有责任来开发、拥有和管理保障性住房项目（US Congress, 1975）。[2] 到1939年，保障性住房项目完全开始运行。并且在"二战"导致这些项目停建的状态下，美国建设了27万套保障性住房，也就是在过去4年中每建设的8套房子中就有1套保障性住房（Stone, 1993）。

---

[1] Siegler, Richard, and Herbert J. Levy, "Brief History of Cooperative Housing", *1986 Cooperative Housing Journal*, Washington, D. C. National Association of Housing Cooperatives, 1987, p. 14.

[2] US Congress, House Committee on Banking, Currency and Housing, Subcommittee on Housing and Community Development. Evolution of [the] Role of the Federal Government in Housing and Community Development. 95th Congress, 1st Session [October], 1975, p. 9.

尽管美国联邦政府要求当地住房管理部门为穷人提供住房,但地方机构在建设地点和申请人资格上有很大的自由裁量权。事实上,最贫困的家庭是负担不起保障性住房的,这是由于租金要涵盖所有的运营费用(房屋成本由联邦政府政府)。社会工作者也调查了一些保障性住房的家庭,来确定居住条件的改善是否对他们的健康和自我提高有促进作用。另外,为了拓宽保障性的目的,美国政府强调要对贫民窟进行重新开发,而不是在新区域进行开发。

(三) 第二次世界大战后

"二战"后,美国的住房政策的主要目标是保障城市居民家庭拥有住房。1949 年的《住房法案》和 1954 年的《住房法案》(Housing Acts)制订了著名的城市复兴计划。法案鼓励继续执行联邦保障性住房项目,但规定,除非为了城市再开发消除贫民窟,否则不能再建设保障性住房(Stone, 1993)[1]。另外,战后美国的合作住房建设规模只有很小的增长,仅建设了数十万套。其中大多数是为中等收入建造的合作住房,政府提供抵押保险或融资和减税,再没有其他补贴。

在 1960 年代,城市保障性住房在美国继续扩大建设,其主要还是为了消除贫民窟。这些住房的典型特征是整体性公寓楼,建设质量和设计经常受到质疑,往往是低收入和非白人家庭居住在这种保障性住房内。这致使保障性住房的建设陷入停滞和边缘化。但此时期,美国政府开放了更多的土地吸引私有企业加入保障房的建设中,并逐渐向为低收入和中低收入家庭建设拥有所有权住房的私人开发商提供了补贴。1959 年的《住房法案》制定了 202 条款计划(Section 202 Program),规定政府直接向为老年人和残疾人建设廉租房的非营利性私营开发商提供联邦贷款,期限高达 50 年,利率低于市场利率(US Congress, 1975)。在 202 条款计划(Section 202)下,作为保障性住房的私营开发商所有人不能把房屋至少在联邦贷款期限界内出售给投机市场来获利,即使是开发商无法偿还,项目也必须转让给其他非营利性开发商。另外,截止到 1990 年,202 条款计划下的保障性住房的资金也是联邦资金补助,而不是贷款。这使得

---

[1] Stone, Michael E., *Shelter Poverty: New Ideas on Housing Affordability*, Philadelphia: Temple University Press, 1993, pp. 111 - 112.

202 计划成了巨大的成功，同时也是美国私人拥有保障性住房的典范（Stone, 1993）。1960 年代，一系列的向私营开发商的直接补贴和税收激励致使美国为低收入和中低收入人群建造了大量的保障性住房。从 1969 年到 1983 年，接受补贴的住房每年达 20 万套，其中 1970 年到 1973 年每年达 30 万套，这达到历史峰值（Stone, 1993）。

（四）里根时期

里根在 1981 年执政美国政府，和英国的撒切尔执政时间相近。也许是巧合，两个国家在保障性住房方面再一次殊途同归。在美国，福利国家的理念也受到广泛抨击，这其中也有对保障性住房的抨击，但补贴性住房在美国也有略微增长。美国这一时期的保障性住房建设是针对中等收入家庭，政府提供补贴，使中等收入家庭可以购买保障性住房，从而获得保障性住房的所有权。在 1980 年代和 1990 年代，与英国宽松的政策相比，美国的保障性住房政策对新建的补贴住房做出了严格的资助限制。和英国一样，美国补贴性住房从 1960 年代到 1980 年代每年平均建造 20 万套下降到了 1980 年代后期和 1990 年代的 5000 套，其中仅有 10% 保障性住房（Stone, 1993）。这一时期的撒切尔政府和里根政府都倾向于提高中产阶级的家庭所有权住房需求，大量削减保障性住房的建设和处理保障性住房。处理意味着通过转让所有权大量减少保障性住房、由私营开发商开发少量保障性住房并拥有所有权和抛弃大多数城市中的低质量的保障性住房，致使这些住户变得更贫穷和非白人化。

二 美国保障性住房的类型

美国保障性住房可以分为 5 大类：政府廉租房（Public Housing）；私人廉租房（Privately Owned Housing）；租户补贴住房（Tenant-Based Assistance）；家庭所有权住房（Homeownership Programs）和社区住房（Housing block grants）。

（一）政府廉租房（Public Housing）

在 1937 年美国政府颁布了《美国住房法案》（*U. S. Housing Act of 1937*），其中规定了政府廉租房项目。此后，许多州政府都实施了对低收入群体的住房补贴制度。廉租房所有权属于地方政府住房局（public housing authority（PHA）），并由该部门运营。在该项目开始实施时，所有的廉租房都是新建的。直到1969年，才有了小的例外，联邦政府开始支付廉租房开发的启动资金和地方政府支付运营成本。在1968年和1972年之间，联邦政府对廉租房项目大量增加了补贴，同时限制地方政府住房部门对廉租房收取租金。在1969年，联邦政府开始向地方住房部门的廉租房改造提供补贴。这些额外的补贴和租金限制是为了确保租户不被过多地收取租金，并获得满意的住房。

同时，美国住房与城市发展部（HUD）和地方政府住房局（PHA）[①]每年签订分担合同来支付建设廉租房所发行的债券的债务。美国住房与城市发展部还根据资金执行情况向地方政府住房局提供运行补贴。所以，作为享受补贴的地方政府住房局必须遵守美国住房与城市发展部的制度管理，包括申请人的适格、承租人的选择、租金的计算、出租和收回和申诉程序。

（二）私人廉租房（Privately Owned Housing）

在1954年，联邦政府开始和私人业主签订合同，由私人业主向低收入居民出租住房，政府对业主进行补贴。这些签订合同的私人业主必须满足特定条件，合同期限也必须是一定年限。所以，大多数的物业是新建的，其他的是经过大的翻修，来满足出租条件。由于联邦政府为大多数的物业的按揭提供了担保，政府对超出违约金的支付是该项目的一个最大的间接成本。需要指出的是项目本身并不是向所有参与的物业的供给方提供补贴，补贴只有被选上的私人业主才享有。

早期的被限制的非营利业主现在也可以参与到这种营利模式中来，但在合同期间，其营利净收入是受到限制的。虽然营利是趋势，也是大多数，但非营利出租物业仍占有一定比例。

该项目早期没有收入限制。项目没有要求租户是低收入和中低收入群体，而是参与业主提供的住房条件差。早期项目的补贴是对该项目融资提供低于市场利率的贷款和租户获得的不受家庭收入决定的补贴。少量的补贴加上新建的住房导致了私人廉租房很少被最穷的租户承租。

最早对这一问题做出回应的是美国住房与城市发展部制定法规提供

[①] 美国住房与城市发展部（U. S. Department of Housing and Urban Development）是联邦政府主管住房的行政机构，而Public Housing Authority是地方住房行政机构。

更大的利息补贴，从而对不同收入租户收取相同的租金。另外一个回应是向许多最穷的家庭提供额外的利息补贴，把租金调整在占其收入的25%。

美国住房与城市发展局（Housing and Urban Development Department）在1974年出台了《新建住宅和翻修项目》，从而开启了针对廉租住房项目的大规模补助。该法规不仅规定了向私人廉租物业提供补贴，还规定向所有租户支付补助，让租金只占其收入的25%。但随着时间的推移，之前的所有补贴规定在1983年被终止。其主要原因就是巨大的成本开支甚至超过市场上的出租房。除了一小部分老年人和残疾人还可以申请此类住房外，其他一切申请都被停止。

为了激发开发商能够继续建设廉租房，美国在1986年实施了《税收改革法案》，设立了低收入住房税收抵扣（Low-income Housing Tax Credit，LIHTC）条款，刺激了对低收入租赁住房的投资热情。根据该条款，投资者可以连续10年得到税收补贴，即投资者可从所得税中减免相应于补贴的数额，条件是投资者开发的出租房必须按照规定的租金标准向低收入家庭出租15年。补贴的数额取决于工程直接成本、地理位置和项目中低收入住房的比例，通常为工程直接成本的4%—9%。该条款消除了投资者对低收入住房低利润的顾虑，激发了他们的投资热情。根据HUD 2009年的数据，截至2006年，低收入税收抵扣计划已经惠及2.9万个项目超过160万套住房，超过了公共住房项目。

低收入住房税收抵免（Low-Income Housing Tax Credit，"LIHTC"）作为1986年《税改法案》的一部分被快速实施了，来取代被废除的其他针对低收入住房的税收补贴。现在已经超过了政府廉租房成为针对低收入家庭的第二大住房补贴项目。低收入住房税收抵免（Low-Income Housing Tax Credit（LIHTC））项目是美国今天最为重要的建设可负担性住房的来源。从1987年到2015年，共有将近3百万户的物业参与到了该项目当中。该项目每年从州和地方政府获得80亿美元的拨款，用于购买、翻修或新建廉租房来出租给低收入家庭。

私人廉租房项目不是通过免税债券来融资，而是通过税收抵免支付70%的项目开发成本，但是税收抵免不适用于所有愿意承建廉租房的开发商。同时每个州的住房财务机构按照州的人口被分配一定比例的资金来选择私人物业供给人。导致近些年私人廉租房的开发商在项目中投入的钱是划拨资金的3倍,并且许多人不愿意申请,因为成功的概率很小。

大多数的低收入住房税收抵免项目从其他途径获取补贴,主要是来自州政府和地方政府的低于市场利率的开发贷款和依靠租户收入的租金援助金,这些额外的开发补贴占了总补贴的三分之一(Cummings and DiPasquale,1999)。此项目的获取资金渠道很多,其目的就是确保补贴可以到达租户手里。

在低收入住房税收抵免(Low-Income Housing Tax Credit(LIHTC))项目下,租户支付的租金的数额上限是其收入的30%。即使租户的收入发生变化,租金也不改变,除非租户从其他项目中也获得了补助,而且补助项目要求改变租金的。所以,最贫穷的住户很少居住在此项目的物业里。

(三)租户补贴住房(Tenant-based Assistance)

直到1965年,所有针对穷人的住房补助都是以项目为基础的,并且大多数的物业都是参与政府项目下的新建房。在1965年,美国国会制定了美国住房与城市发展部法规第23章(HUD Section 23),该章规定项目运行政府,廉租房管理部门可以在市场上租公寓,作为政府廉租房出租给适格的家庭。该项目的一个变化是允许租户在满足项目条件的情况下可以选择要承租公寓的地理位置。这是美国第一个以租户为基础的补助项目。到1974年,美国住房与城市发展部法规第8章(HUD Section 8)取代第23章,出现了新的租户补贴住房项目,并成了美国最大的住房补贴项目。第8章分别在1974年和1983年规定认证项目(Certificate Program)和住房选择租赁券项目(Voucher Program)。后来两个项目在1998年被合并,统称住房选择租赁券项目(Section 8 Voucher programs)。

美国住房与城市发展局(HUD)和地方政府住房局(PHA)缔结协议来执行该项目。该项目的申请人首先要向地方政府住房局申请租赁券。当申请人获得了租赁券后,被输入等候名单中,通常要等许多年后才能获得资助。申请人负责在市场上的商品房中来找房,但要满足地方政府住房局规定的住房质量标准和承租规范。地方政府住房局(PHA)和业主签订合同,向业主支付住房补助。业主和租户签订租赁合同。在租赁期限届满后,业主可以自愿解除租约。如果租户和业主解除租约后。地方政府住房局（PHA）给租户发给另外一张租赁券在别处租房。租赁券随券持有人流动,除非券持有人离开了所申请的地方政府住房局（PHA）所管辖区,券持有人必须使用券,并且第一年要生活在租赁住房所在辖区内。租户在租赁券上享有物权利益,因此,任意终止使用租赁券有可能违反宪法。

（四）家庭所有权住房（Homeownership Program）

基于美国《1937年的住房法案》,地方住房局可以被允许出售政府廉租房给低收入群体。既可以是全部产权出售,也可以是部分产权。由地方住房局提供资金资助,使廉租房租户或其他低收入家庭获得家庭住房。提供资金资助的方式包括：（1）定金或过户费资助；（2）从属抵押；（3）低于市场的融资。

在美国,地方住房局（PHA）按照美国住房与城市发展局法规第32章（Section 32）执行家庭所有权住房项目时,必须获得美国住房与城市发展局（HUD）的同意。因此,地方住房局必须提交一个项目执行计划,包括住房库存清除申请（Inventory Removals Application）和家境住房所有权目录和条款说明书（Homeownership Addendum/Term Sheet）。其目的是向美国住房与城市发展部提供所有必要信息,从而来评估项目的可行性和合法性以及地方住房局的执行能力。

（五）社区补贴住房（Housing Block Grants）

1974年,美国颁布了《住房与社区发展法案》,该法案规定了社区发展补助,其中就包括了住房补助。这些补助直接交给地方和州政府,补助资金被用来作为支付各种住房补贴,重点是较低收入的住房需求。

三 美国保障性住房制度问题

在美国,大规模的为低收入家庭建设廉租房在1973年时就停止了。保障性住房主要集中在住房租领券项目（Housing Vouchers Program（section 8））。现有保障性住房制度的改变主要是由于廉租房严重的负面影响所致,例如恶化的廉租房区域的犯罪增加和糟糕的周边环境,等等。

（一）保障性住房社区的贫苦高度集中

美国城市与发展部门在2013年做的《居住特点》报告中指出,居住在政府廉租房的住户的平均年收入是1.373万美元。其中68%的居民被定性为最低收入人群，年收入为5000—10000美元。在1970年代，当高收入和中等收入人群搬离保障性住房后，这种地理位置上的贫穷集中度进一步显现。城市振兴项目消灭了大量的贫民窟，但也导致被搬迁的人群对住房的需求。然而，政府官员，政治组织和郊区社区都抵制把政府保障性住房建造在中等和工薪阶层的附近，从而致使保障性住房被建造在了贫民区周围。美国学者（Massey and Kanaiaupuni，1993）把和保障性住房相关的高度贫穷的来源归结为三个：（1）收入水平结构性导致了该地区的贫穷；（2）保障性住房的地理位置强化了贫穷的模式；（3）穷人搬入了保障性住房。

美国学者（Holloway et al.，1998）曾在俄亥俄州的哥伦布市做过的一项调查发现，保障性住房对黑人和白人的贫穷集中度产生了不同的影响。保障性住房中的黑人贫穷集中度是白人的两倍。该调查还进一步发现保障性让最贫穷的人聚居在了一个特定区域，并进一步加剧了他们的贫穷。源于保障房的群体贫穷对周边地区的经济也产生影响，这种社会病态导致了周边物业价格下降，减少了市政税收，阻止了高收入行业的落户（Husock，2003）。当然也有不同学者针对以上观点提出质疑（Freeman and Botein，2002；Crump，2002）。

（二）种族隔离

美国住房城市与发展局（HUD）发布的《美国保障性住房的地理位置与种族构成》的报告发现单独的保障性住房社区的居民人种分布非常单一。黑人占据了少数贫穷社区，白人占据了更多的富裕社区。居住在保障性住房的居民中，超过40%的是黑人。报告指出尽管在过去20年中种族隔离有所下降，但在许多保障性住房社区仍然是个问题。黑人人口的增加往往导致该地区的种族隔离的水平越高，这暗示着保障性住房政策是政府精英要把黑人隔离在特定区域，远离高收入的商业区。

保障性住房中的种族隔离源于《1934年的住房法案》所设立的联邦住房管理局（Federal Housing Administration，FHA）的习惯做法，该局把建立单一种族社区制度化。在1948年联邦最高法院撤销这一惯例，并在1960年通过立法认定此种管理违法。然而，美国1968年的《住房法案》中第235条鼓励白人逃离市中心，把郊区物业卖给白人，把市中心物业卖给黑人，从而使各自的社区相隔离。① 而保障性住房通常被主要建在贫穷的和黑人聚居的地区，这加剧了社区间种族和经济差距（Massey and Kanaiaupuni，1993）。

（三）健康与安全

保障性住房为居民提供很少的生活便利设施。1937年的《住房法案》的规定是要提供稍好于贫民窟的便利设施。保障性住房隔热隔音、屋顶、用电和下水都比较差，建设中也尽可能地少用材料。美国学者特纳（Turner et al.，2005）在纪录片中描述的景象是房屋质量恶化、延期的修理、恶意损坏和蟑螂霉菌到处可见等的一个不安全的居住环境。波士顿的一项研究表明保障性住房中的潮湿、虫螨和霉菌所造成的哮喘病要高于国家水平（Hynes et al.，2000）。

犯罪在保障性住房中也是一个主要的问题，和毒品相关的犯罪和枪击犯罪率很高。潜在的原因包括管理不足，其导致了问题居民住在保障性住房中；和警力不够（Turner et al.，2005）。而且由于保障性住房的隔离性影响，导致了保障性住房中的杀人犯罪率高于其他社区（Griffiths and Tita，2009）。

（四）教育

在美国，对于居住在保障性住房中的孩子的教育也是社会所担心的一个问题。纽约市的一项关于学生成绩的调查发现，居住在保障性住房中的孩子在标准化考试中比同校中的其他学生差（Schwartz et al.，2010）。另外，研究发现学校的师资和设备对所有学生同等开放。当然，也有其他研究显示，居住在保障性住房不是唯一对孩子成绩产生影响的因素（Jacob 2003；Newman and Harkness 2000）。还有其他一些研究显示，保障性住房对孩子的教育产生了积极效果。其中一项调查发现住在保障性住房的家庭不会过度拥挤、面对较少的健康危害和减少无家可归者（Brennan，2011）。

（五）公众认知

由于公众对保障性住房的负面印象致使在开发新的项目时困难重重。一位美国学者关于公众对保障性住房的印象做过广泛的调研，其发现了

---

① 参见《1968 Housing Act》aritcle 235.

公众的五大担忧：缺乏维护、犯罪高发、不赞同住房作为救济物品、降低了物业的价值和质量没有吸引力（Tighe，2010）。还有学者总结了四大担忧：降低了物业价值、种族变迁、集中性贫困和高犯罪率（Freeman and Botein，2002）。

四 美国保障性住房制度经验总结

（一）政府廉租房和住房租领券项目的影响

住房租赁券项目被引入是对廉租房项目的一个替代。许多政府廉租房区域贫苦的状况给其增添了许多负面形象，一些学者甚至坚持主张拆除全国所有的政府廉租房。而住房租领券项目使低收入家庭在选择住房时具有了灵活性，这是政府廉租房所缺乏的。住房租赁券项目对社区的影响通常要比政府廉租房好。尽管政府廉租房存在以上问题，但其仍然是一个有效的住房制度，并且该制度应该被改革得更为有效，使其和住房制度目标更为融合。事实上，美国政府廉租房为低收入家庭的负担减轻和提供高质量的住房做出了积极贡献。所以，把贫苦的廉租房改变成为体面的住房要比废除廉租房更为重要。

（二）美国保障性住房面临的挑战和制度导向

美国千禧住房委员会（The Millennial Housing Commission）广泛收集建议来解决美国住房困境，其举行了公众听证会和大量的小组会议，并委托大量的组织和个人调研给出建议。以下就是得出的相关结论：

1. 体面住房的可负担性和缺乏是一个日渐增长的问题，尤其对低收入家庭而言；
2. 长期来讲，住房必须在融资和建设上具有可持续性；
3. 住房问题应该是地方政府的问题，项目必须反映出州与州、社区和社区之间的不同；
4. 住房以社区为依托，所以项目必须考虑住房对教育、商业机会和交通的影响；
5. 市场主体参与到保障房建设的规模应该扩大；
6. 不同收入水平家庭都偏爱购买可负担性住房，这些可负担性住房往往比较集中，对贫穷家庭进行孤立；
7. 一贯执行公平的住房法律对依托住房的低收入家庭获得更多上升

机会至关重要；

8. 现有保障性住房制度的一致性是基础；

9. 家庭购房咨询对低收入家庭的获得物业所有权十分有必要。

五 美国国内立法

（一）1933 年的《国家工业恢复法案》

联邦资助住房成为美国富兰克林罗斯福新政的一部分。在 1933 年 6 月 16 日通过的《国家工业恢复法案》（National Industrial Recovery Act）中的第二章第 202 条命令公共工程管理局依照公共法规或低成本住房调控和清除贫民窟项目来"建造、重建、翻修或修整"住房项目。随后便在公共工程管理局（PWA）房屋司立法的带领下政府向公私组织提供低利率贷款来资助建造低收入住房。从 1934 年到 1937 年，全美共建设了 52 个政府公租房项目。

（二）1937 年的《住房法案》

该法案明确规定：本法案的目的是通过使用资金来提高国家大众福利，改善不安全和不卫生的住房环境，并解决低收入家庭的住房短缺问题。[①] 1937 年颁布的《住房法案》规定由美国住房局（United States Housing Authority）代替了临时的公共工程管理局（PWA）房屋司来管理住房。该局核心任务是找地和建房，并对建造费用设定上限。仅在 1939 年一年时间里，美国住房局就建造了 5 万套政府公租房。在"二战"期间，由于战事，政府公租房的建设有所减少。

（三）1949 年《住房法案》

为了解决住房问题，1949 年的《住房法案》拓宽了联邦政府在公租房和私人租房中的作用，该法案主要涉及三个方面：（1）扩大了联邦住房管理部门和联邦在住房抵押中的作用；（2）按照该法案第二章的规定：授权和提供资金来消除贫民窟，并振兴城市；（3）开始大规模建设公租房项目。该法案第二章明确规定要为每一位美国人在优美的环境中建设一所体面的住房。法案授权划拨了 130 亿美元用来进行抵押担保，15 亿美元用于贫民窟再开发，并设定目标要建造 81 万套公租房。该法案一经

---

① 参见 42 U. S. Code § 1437 – Declaration of policy and public housing agency organization。

通过，杜鲁门总统就对美国媒体说："该法案为住在肮脏的贫民窟的居民开启了在健康环境中获得体面住房的前景。也是首次让美国政府具备了有效的方法来清除贫民窟并重建破烂不堪的地区。该法案允许我们在增加美国民众的福祉上取得了长足的进步。我们要毫不延迟地实现这一目标。"

（四）1961年的《住房法案》

1961年的《住房法案》的第23条规定允许地方住房部门通过住房选择租赁券项目向保障性住房的申请人提供市场租赁房，来补贴申请人支付能力与市场租赁价格间的差额。随后的立法对住房选择租赁券项目多次进行了扩充。

（五）1965年的《住房与城市开发法案》

1965年的《住房与城市开发法案》（Housing and Urban Development Act）设立了住房与城市开发局（Department of Housing and Urban Development，HUD），该局是一个主管住房的内阁一级的行政机构。该法案也首次引入了租房补贴，来鼓励私人开发商建设低收入保障房。同时，以该法案为依据，联邦住房部（FHA）为这些建设低收入保障房的开发商提供无偿担保。住房与城市开发局提供补贴来弥补成本。

（六）1968年的《住房法案》

1968年的《住房法案》的出台是为了回应对新开发保障性住房的担忧。该法案试图改变保障性住房的开发模式，禁止向有孩子的家庭开发多层建筑。多层保障性住房的角色一直具有争议，随着对破坏、空置率和贫困的担心，多层开发被宣布不适合成为保障性开发项目。

（七）1974年的《住房和社区开发法案》

1974年的《住房和社区开发法案》的第八条制定了住房项目，来鼓励私人开发商建设可负担性住房。该项目是政府通过每月向房东支付一定的补贴来资助贫困租户。资助项目可以以项目为依托，即可以适用于特定物业，也可以以租户为依托，向租户发放租赁券，租赁券持有人可以在任何接受券的地方使用，租赁券可以用来折抵租户收入和市场租赁价格差的25%。事实上，自1983年开始，以租户为依托的租赁券成了现在美国主要的住房补贴项目。

1974年的《住房与开发法案》的另外一个主要特点是创设了社区住

房开发补贴（Community Development Block Grant，CDBG）。虽然该项目和政府公租房不直接联系，但该项目有大量的补贴资金。资金的数额和地区人口相关，会被分发给各州和地方政府来从事住房和社区开发工作。补贴资金如何使用由地方决定，法律也要求地方调研需要的住房数量和最需要资助的人口数目。

最后，为了应公众对政府公租房的日益不满，政府市政部门开始寻找对可负担性低收入住房的替代模式。这种模式被称为分散性住房项目（Scattered-Site Housing），其做法是把小规模的和较好的公租房投放在不同的社区。该项目在1980年代开始就普遍推行，在美国各个城市取得了不同程度上的成功。

（八）1979年的《住房法案》

经过长期的调查选择住房租赁券项目对房地产市场的影响后，1979年的《住房法案》制定了实验性住房补贴项目（Experimental Housing Allowance Program，EHAP）。租赁券项目首次在1965年被引入，其目的是试图补贴住房需求一方，而不是供给方，向住房困难人群提供住房补贴，直到他们可以负担得起市场租赁价格。该项目用来检测租赁券影响的三个方面：

1. 需求：调查用户的活跃度，包括流动、参与度、租金率和住房的标准；

2. 供给：监测市场对补贴的反应，即补贴是否改变市场商品房的建造率和市场上的租金；

3. 管理：检查构建和管理住房项目的不同方式。

最终，新的关于房屋租赁券的立法都通过了，也还没等到实验结果的完成。10年后完结的实验结果表明房屋租赁券项目对周围的物业的市场租赁价格影响很小。

（九）1990年的《国家可负担性住房法案》和1998年的《质量住房与工作责任法案》

在1990年，美国总统乔治·布什签署通过了《国家可负担性住房法案》（*Cranston-Gonzalez National Affordable Housing Act*，NAHA），来向低收入群体提供租金补贴。布什说："尽管联邦政府为目前430万低收入家庭提供住房补贴，但另外还有大约其他400万低收入家庭的住房需求没有得到满足，我们不该忽视这些最需要帮助的人们。"

在1992年，美国政府出台希望六项目（Hope Ⅵ program），开启了政府公租房的新时代。该项目的资金用来拆除低质量的公租房，取而代之的是低密度的开发和不同收入阶层混住。资金使用包括建设费、拆除费、租户安置费和新建单元补贴。希望六项目已经变成了联邦对新建补贴性住房的主要方式，但在2004年，项目资金被大量削减。

在1998年，美国总统克林顿签署通过了《质量住房与工作责任法案》（Quality Housing and Work Responsibility Act，QHWRA）。法案制定了针对非公租房过渡家庭新项目，同时法案第八条设定了一个家庭所有的模式，并扩大了希望六项目来取代传统的政府公租房。

第六节 英国、荷兰、美国、新加坡和中国保障性住房制度演进比较

以收入为标准的住房保障已经变成了美国、欧洲和中国制定保障性住房制度的重要基础。现阶段，美国保障性住房制度以住房券（vouchers）项目为核心，欧洲以住房补贴项目为核心，以需求方模式取代了供给方模式提供保障性住房，而新加坡和中国仍然以政府为主导来提供经济适用房的供给模式为核心。他们的相同点都是为了解决中低收入群体的住房问题。

一 供给方模式

"二战"后，西欧经历了严重的住房短缺。战争的负面影响非常广泛，住房建设工业颓废多年，导致了人们对住房的需求剧增。政府采取一系列措施刺激建设住房，通常做法是严控租金、发放物业补贴和提供公共贷款。由于当时私有资本市场已经坍塌，政府也不愿意完全依靠价格机制。尽管高房租和房价会增加建筑公司的利润，并会吸引大量资金进入不动产领域，但高租金也将导致更高的薪水要求，并会减少国际竞争力（Van der Schaar，1991）。

美国国会在1937年通过了《公共住房法案》，规定地方的公共住房局主导开发住房。其采取的制度也是供给公共贷款、房租调控和住房补

贴。当时的欧洲和美国在保障性住房发展上采取了相同的路径，只是欧洲保障性住房的市场份额比美国更大。公共贷款和住房补贴的增加对欧洲政府和美国政府产生了严重的负担。在1960年代和1970年代，美国和欧洲的政客对当时的住房供给制度表达担忧，主要有以下批评（Balchin，1996；Donnison，1967；Hills，1991）：

1. 由于房屋租金过低，导致了住房市场的扭曲，从而减少了房主的利润，并增加了维修费用。住房补贴制度阻碍了居民和就业的流动性。

2. 住房补贴并没有总是让低收入家庭受益。住房补贴使新出租房和新业主受益，因为这些住房也只有中等收入和较高收入的群体负担得起，而不是穷人。所以中等收入和较高收入的人群享受了住房补贴。

3. 预算的影响对政府来讲越来越不可接受。因为补贴住房单位不断增加，且提高租金又非常困难时，每年增加的住房补贴费用占据了公共财政预算很大的一部分。

事实上，以上这些国家包括新加坡，在建设保障性住房的初期的目的都是类似的，主要都是由于城市低收入群体无家可归或者住房条件非常恶劣，政府为了社会和政治目的开始供给保障性住房。所以政府承担了供给的责任，是保障性住房的供给方。而中国在住房改革前，城市居民的住房由政府和单位统一供给，包括土地和其他生产资料都没有市场化，也是完全典型的供给方模式。

二　从供给方模式转变为需求方模式

在1960年代末和整个1970年代，和收入挂钩的保障性住房供给模式出现了，也被称为住房福利制度模式。在1972年，美国住房和城市开发局（HUD）发起美国政府历史上最大的一次调研，被称为住房福利项目调研。学者的研究发现住房福利补贴对房价几乎没有影响（Winnick，1995）。还发现住房福利补贴水平对居民流动或居住位置没有影响。亲属、邻居、工作位置和学校在选择居住区域时有更重要的影响。最终研究建议住房福利补贴项目对低收入群体来讲应该是主要的住房资助模式。

在欧洲，德国在高租金住房中引入了对低收入群体的补贴，英国引入了住房福利补贴制度，而荷兰引入了以需求为导向的住房补贴。一般的以供给房为模式的住房补贴制度可能逐步退出，而以需求为模式对自有住房的支持将会是新的趋势。许多专家和政客都认为当住房短缺的问题被解决后，这种模式会是可行的制度，一般的供给方模式的补贴将不再适合。一个更具有目标性的保障支持模式将会为低收入家庭提供高质量、可负担的住房。英国和新加坡还制定了轮候制度，有住房需求的申请人先进行申请，政府按照需求的紧急程度把这些申请人划分为不同等级申请人，之后按照需求进行规划并开始建设。

而在中国，随着城镇化的深入推进，户籍制度的改革，大量农村人口定居在城市，各个收入阶层对住房需求都在增大。但对低收入群体的住房保障还是以收入为准入条件，采取政府主导供给的分配模式。只是保证低收入群体的基本住房需要，远远谈不上需求方模式的支持。

三 收入相关性住房资助的理论

许多经济学家对供给方模式并不赞同。如果政府干预住房市场是必要的，在供给方模式的收入上资助被认为才是优选。而支持需求方模式的经济学家相信接受公共资助并如何支出是个人的选择。同时还主张制度的运行要尽可能少地扭曲市场。根据福利经济学家的理论，这种模式将最大化资助的效果。但是，甚至在美国，高度补贴的商品和服务也是不存在的。经济学家对此种内部性资助提出了两种主要选择：负所得税和消费券（Vouchers）。提出负所得税背后的理由是它保证了低收入家庭在教育、住房、医疗和营养等便利设施上的一个基本水平，但这在技术上还有很多困难。

考虑到负所得税的出台还没有成熟，当前对住房较好的资助选择是住房消费券。它是一种受到限制的补贴方式。此种方式把一部分购买力让渡给了个人或家庭，券的持有人同时获得一定程度上的消费选择自由。此种自由涵盖选择供给方或在不同的商品和服务中进行选择，供给方需要在平等的基础上相互竞争。消费券是以需求方为导向的权力，或者说它是有金额上限的模式。消费券是附条件的，同时也为持有人提供一定程度的选择，即持有人可以在不同的商品和服务的供给方中进行选择，例如住房、教育和医疗。一方面，消费券限制了持有人选择的商品和服务，住房消费券不可以被用来支付食物，医疗消费券不可以用来支付学费。另一方面，在获得消费券补贴后，收入可以得到解放，有了支付其他商品和服务的能力。因此，住房消费券的资金支持比想象中受到的约束少很多。

和负所得税相比较，消费券在某种程度上有些像"家长式作风"，因为其由特定部门管理。然而，家长式管理模式并不总是很糟。首先，消费券也影响供给。这是因为消费券通过刺激需求而影响供给，并且可以矫正市场失灵中的缺陷。其次，消费券也解决了政客和纳税人对持有人随意消费的疑虑。因为如果持有人把福利资助用于非必需品，社会主要问题，例如住房、贫穷、教育或健康等将无法解决。纳税人将很快对由自己买单的不合理性失去希望和动力，因为他们的纳税义务被践踏了。

许多政策分析家和经济学家认为在向低收入家庭和个人提供可负担的基本服务上，消费券是仅次于负所得税的最佳选择。尽管如此，政策和制度分析家还需紧盯两个方面：第一，各种消费券（住房、教育、健康、育儿、就业和培训、环境保护、交通和食品）是否重叠或留有空隙；第二，消费券的发放程序和管理，包括提供的咨询类型。因此，消费券的真正形式决定了其吸引力或存在的问题。

总体上，保障性住房的补贴分为住房实物供给和货币补贴两种方式，美国当前是典型的货币补贴，政府已经停止建设保障性住房。而英国是建设保障性住房的实物供给和货币补贴并存，但建设的规模存在逐渐下降趋势。与中国相同，新加坡是完全的政府主导，政府建设保障性住房，并实现大多数人对住房的所有权。中国建设了大量的经济适用房，购买人可以获得其所有权。而公租房方面，政府收取较低租金，申请人可以居住和使用。同时，当前中国还设置了棚改房，主要进行货币化补贴，让棚改区的无房户到市场上购买商品房。

四 美国、英国、荷兰和中国以收入为门槛的住房资助

（一）美国的住房消费券项目

按照美国住房和城市开发局（HUD）制定的住房选择消费券项目的规定，消费券发放给低收入的家庭。该项目由地方公共住房管理局（PHA）按照年总收入和家庭的大小来决定哪些家庭具有获得消费券的资格。通常，申请者的收入不超过国家或大城市中等收入的80%。四分之三的住房消费券被留给最低收入的家庭，其家庭收入低于该地区中等收

入的30%。

消费券的持有人被要求支付其月收入的30%来缴纳租金和其他开支，对不足部分政府按照当地确定的最高标准进行补贴。地方公共住房管理局按照公平市价租金额度来制定补贴数额，但最终要得到住房和城市开发局的委托批准。公平市价租金通常是地方市场租金额度的40%。

在获得住房消费券后，该低收入家庭通常有60—120天来寻找租住的房子。一旦找到合适的住房，公共住房管理局要进行查验，以确保该住房满足住房的基本要求，核查租赁合同之后批准该租房的租赁，并检查租金是否合理。消费券的持有人也可以选择一个高于或低于补贴标准的租住房。如果超出了补贴数额，由其支付差额，最高达其收入的40%。公共住房管理局代替消费券持有人直接向房东支付租房补贴。消费券持有家庭支付实际租金和补贴数额间的差价。

自1970年起，住房和城市开发局的住房消费券项目使大量的低收入家庭获得住房。同时美国政府也为此支付了大量的资金。新实施的灵活消费券项目向国家和地方住房机构提供了一揽子拨款，允许这些机构在选择消费券的申请人时更为谨慎。住房和城市开发局为削减资金给出的理由是：第一，住房消费券项目的成本剧增，有失控的危险；第二，住房消费券占据了住房和城市开发局很大一部分的预算；第三，住房和城市开发局被迫以不准确的公平市价租金来支持住房消费券的资金；第四，消费券持有家庭支付的租金和市场价格不一致；第五，消费券项目关闭了穷人的获得资助的机会。

（二）英国福利住房制度

在英国，住房福利制度适用于全国范围，并由地方政府进行管理。关于如何执行该制度的指导性意见由就业与养老金局（DWP）来制定。多数的福利支出和地方政府的管理费用由就业与养老金局补偿。只有房屋租赁者是申请住房福利的适格人选，但自有住户想购买住房的可以获得社会福利资助，这些资助由就业与养老金局的地方部门进行管理，自有住户不仅可以获得社会福利资助还可以获得按揭利率优惠。当地的租赁户以退款的形式获得住房福利资助，由地方政府直接将退款打入租赁账户。如果有适格的租赁者从私人房主和非营利住房协会租住房屋的，他们获得的住房津贴资助可以交给租赁者，或者在租赁者的委托指定下交给房东。许多房东都要求这样的委托支付。

住房福利是一种财富再分配,申请人必须要填写很长且很复杂的表格,并要求上交给地方管理部门,同时一并提交的材料还包括收入证明、租金和其他材料。近些年,英国引入了普查制度来检查申请人的具体情况,从而进一步阻止欺诈。虽然地方住房部门被要求在14天内完成申请程序,但在实践中多数情况是超过此期限的。

当前,住房福利制度要求保证获得福利资助的人要有收入,收入不能少于资助的比例。获得社会资助的租赁者或其收入没有超过社会福利资助额度的可以获得100%的全额资助。收入超过社会福利比例的租赁者可以获得65%到100%的收入与社会资助差额的租金资助。因此,对收入少于社会福利资助额度的,住房福利的计算公式是 HB = R。如果收入高于社会福利资助额度的,住房福利的计算公式是 HB = R – 0.65 × (Y – SA)。HB 等于住房福利,R 代表全额租金,Y 代表经评估的收入,SA 代表社会资助的福利额度。

根据申请户的家庭规模和类型,社会资助福利也不同。因此,本质上住房保障制度并不区分一个人的申请者和多人家庭的申请者。例如,一个人的申请人获得的社会资助额度因为年龄、非独立的孩子和残疾等因素而不同。多数的高校学生不具有申请住房福利的资格。

住房福利制度有着非常复杂的限制。如果租金过高、房价高于市场价值或房子超过了面积标准,住房福利的额度会以合理的方式计算。如果房租增加过快或过多,为了计算福利资助,也要对房租的增加进行限制。自1996年,英国地方住房部门就对租赁住房的房租上限进行了设定。一个被称为租赁服务部(the Rent Service)的政府机构对租金上限进行设定,并对合理性进行认定。

在2003年的时候,英国就把其 GDP 的1.2%支付在了住房福利上,共计126亿英镑,约合236亿美元。但英国的住房福利制度遇到了很多结构性和管理方面的问题。申请人时常抱怨管理部门在处理申请的过程很拖延,而且还存在很高程度的欺诈和弄虚作假。糟糕的管理使得很多人不愿意申请保障性住房。因此,就业与养老金局认为:处理申请程序和支付住房福利金拖延的一个最坏的影响是阻止了这些住房福利的领取人投入工作。因为申请的条件和工资收入挂钩,只有低收入才能申请。所以这段拖延的时间导致了他们不能工作增加收入。另外，从事临时性的工作非常困难，起薪也很低。所以，拖延的申请管理程序致使申请的住户负债累累，也影响了他们的就业。另外，当申请人的收入增加到净收入的65%，住房福利的税收也会相应增加，这也会阻止申请人去参加工作。因为规则非常复杂和模糊，很少有申请人可以明白是如何计算住房福利的。

（三）荷兰住房补贴制度

荷兰以收入为门槛的住房补贴制度是在1970年被引入的。在最开始，该制度并不十分重要，对荷兰住房开发并没有产生重大的影响。在1975年后，保障性住房补贴制度才大规模被执行和推广，并变成了一项普遍的权利。一直到1984年，荷兰的保障性住房补贴制度被编纂成了法典，被称为《住房补贴法案》。荷兰的住房补贴制度几经评估，一步一步地得到了完善。在经济形势困难时期，荷兰政府削减了预算，导致在住房补贴支出方面没有得以提升。

在荷兰，租户承担的租金和收入相比要是过高的话，在满足基本情况的条件下，就可以申请享受住房补贴。申请的基本条件是：

1. 租住的住房单元类型：必须是住房部门指定的独立单元住房，有一个或多个房间，或满足法律规定的移动住房。

2. 租赁期限：不能是短期租赁。

3. 单元房的资金稳定：当租金的上限不超过每月466欧元时，这样的只有一到两人的家庭才被认为是适合的申请主体，更大的家庭每月租金需要在499欧元。

4. 租金：当租户年龄在23岁以上，或租户家中有未成年人，或该房被指定租住给残疾人的，房租不能超过住房部门的设定的最高额度，也就是每月597欧元。当租金超过上限，不会向申请人提供住房补贴。荷兰每个地区只有不到10%的出租房的房租会超过上限。

5. 住所：租住的单元房必须是获得补贴者主要的永久居所。

6. 占有：只有登记在租赁房地址下的租住人才享有住房补贴的权利，这样也便于计算补贴。

7. 承租人的年龄和婚姻状况：申请人必须是至少年满18岁或必须已婚。

8. 家庭成员的住所状况：申请人和所有的家庭成员必须持有荷兰国籍，或按照荷兰的《外国人法案》，合法离开来源国，并在荷兰有住所。

9. 申请日期：住房补贴不补发，只发放没有的剩余期间。

10. 申请者的家庭收入：一人的住户每年的收入不能超过1.87万欧元，多人的家庭不超过2.5万欧元。只有一人的住户大于65岁，其年收入最多为1.66万欧元。多人住户的主要经济来源者的年龄大于65岁，该户每年的收入最多不超过2.1万欧元。

11. 个人资产：只有一人的65岁以下的住户的个人资产不可以超过2万欧元。多个家庭成员（都不到65岁）的家庭资产最多是3.7万欧元。只有一人的65岁以上的家庭资产最多是3.5万欧元，多人住户的主要经济来源者的年龄大于65岁的个人资产最多4.8万欧元。

租金计算来源如下：（1）基础租金；（2）使用商业物业的额外费用；（3）车库使用费；（4）服务费。因此，基础租金就是需要减去使用经营场所的费用，再减去车库使用的费用，加上一些服务性的费用：电梯费、通风换气费、抽水费、报警装置费用、公共区域的照明用电费、电梯和公共区域的清洁费用、看门费和公共区域和杂物室的维护费用。一个租户中有一个或多个分租户，租金就减少25%。

（四）中国

中国当前的保障性住房制度由保有住房所有权的经济适用房和公共廉租住房构成。以有无住房和低收入为条件，对城市中的有住房需求的低收入者提供保障性住房。经济适用房主要针对有一定收入且能负担其按揭首付款额的中低收入群体。而公租房由政府出租给城市低收入群体。所以，总体上无论是经济适用房还是公租房的申请人都必须提供收入证明，收入也是申请保障性住房的一项基本条件。

五　美国、英国、荷兰和中国保障性住房制度问题的不同

（一）预算方案还是权利

第一个显著区别是英国，荷兰和中国采取了一个完整的权利方式：任何人只要家庭收入低于特定门槛，支付了过高的租金并满足保障条件的，都有权利申请住房支持，获得住房福利或住房津贴，无须考虑住房福利的预算成本。中国虽然把申请资格限定在城市，但在城市务工的流

动人口也正在被纳入被保障的范围之内。在美国，住房福利券制度是一个预算制度项目，符合条件的住户通常被加入申请人名单中。由于申请的人数众多，而发放的券又有限，有时都不可能获得申请的机会。所以，等候申请批准的时间会很久，有些情形会等 8 年之久。当前的制度只满足了一小部分适格的申请人，但讽刺的是，住房福利券的持有人的满意度很高。

（二）住房资助和资金水平之间的关系

第二个不同是涉及租金水平的不同。在美国，住房券资助的数额的计算有两套公式，最终采用较低数额。（1）总租金减去自己缴纳的；（2）支付标准减去自己缴纳的。

租房代金券支付的数额与公平的市场租金水平和实际的租金相关。住房租赁券制度在 1998 年开始实施，激励了家庭去选择租住住房，但租金不能超过一定的支付标准。在此种情形下，政府将支付家庭收入和支付标准间的差额。如果家庭租住了一个更贵租金的住房（拿出超过家庭40%的收入），就必须承担超过支付标准的租金。在实践中，老年人可能需要租住更贵的住房，从而来满足其身体和健康的需要。

如果低收入家庭从城市搬到郊区，且郊区更安全，有更好的教育和就业计划时，美国住房租赁券制度对这些家庭来讲将是很有益处的。住房城市开发局（HUD）允许地方提供更高支付额度的券，目的是使一些家庭从城市中搬离到更富裕的和租金更高的郊区。而且，住房城市开发局允许获得住房租赁代金券的持有人在不同的辖区内使用该券。从微观的层面上考虑，租赁券有着明显的利益。一个希望削减住房成本的家庭，而且没有其他住房服务费用开支，显然可以通过使用代金券节省一部分开支。

当前的英国保障性住房制度中，租金的波动完全和住房福利的变化相匹配。曾有学者争论到，全额补贴会鼓励租户去租住更贵的房子，这就有可能破坏人们对此制度的信心。然而自 2008 年开始，英国政府正在测试一项新的地方住房津贴制度（LHA）。按照这个新计划，地方住房津贴的数额不和特定租户的租金挂钩，而是和地方平均租金联动。这意味着类似的租户获得的住房补贴是相同的，不需要考量他们各自的房租价格。

在荷兰，租户想搬入更贵的租房里，通常要支付额外租金的四分之一，剩下的四分之三可以申请高额度的住房补贴。荷兰的保障性住房制度没有太多的激励让家庭限制住房开销，荷兰的房东在涨租金时很少会遇到市场的抵制。在中国，廉租房是政府提供给城市中的最低收入人群，只是保障了这群人的基本住房需要。除了基本的物业水电费外，没有其他服务费用。因此，租金非常低。尽管在大城市租金相对较高，但其收入也足以支付廉租房的房租。

六　英国、美国和荷兰保障性住房制度对工作和住房消费的抑制

和收入挂钩的住房补贴，包括住房租赁券，造成了两个障碍。第一个是失业困境。获得住房资助的人不愿意去就业。这是因为就业对他们的购买力没有显著增加。第二是贫穷困境。一些工作的人害怕挣到更多的钱（例如，通过额外工作、培训和升职等改善他们的地位），这是因为高的边际扣除率将很难使他们富有。据2004年统计，在英国住房补贴的获取人中的65%是无业且贫穷的，在荷兰的个人获取补贴的低收入人群是56%（Van Steen，2004）。

贫困和失业困境是紧密相连的。失业困境可以被认为是贫困困境的一个方面，其影响着失业的贫困人群。通常的制度是收入增加也将面临额外税收或福利的削减或收回，这就会因为增加收入而导致福利的减少。贫困困境可以通过设定低收入门槛而减少所得税来解决。减少住房补贴的税率也会减少申请者的数量。从而在贫困困境的深度和概率中存在一个平衡。失业困境可以通过向已就业人员发放社会福利，例如住房补贴，或给予奖励来解决。所有的这些方式都意味着购买力的变化。

低收入免税是通过向低收入工人发放额外收入来解决失业困境。尽管低收入免税，例如英国的工作所得税减免，确实通过增加资金刺激让人们进入劳动力市场，但弱点是在免税减少期间，低收入就业人员不愿意工作更多时间或谋求升职。

七　道德风险

保障性住房中存在的道德风险是申请者有可能通过利用制度缺陷来获得或索取更多的福利补贴。在美国，这也是以供给为主的项目中的问题，也就是说，住房监管部门有时也批准一些不适格的破旧房屋获得补

贴性贷款。

住房申请者和房东都有着不同的机会来不适当或非法地利用住房保障项目。正如之前所提到的，一些美国房东向住房租领券的持有人收取比市场还高的租金。类似的还有在荷兰，租户和房东有时合谋抬高房租。在美国，供过于求的住房市场情况下，这种合谋的发生更常见（在供不应求的市场情况下，房东可以选择是否愿意接受任何住房租赁券的持有人）。阻止共谋的最佳方式是创造一个透明的住房市场，让租赁信息便于获得。自从住房租赁券项目开始实施后，住房与城市开发局一直鼓励地方公租房部门制定方法来设定合理反映市场价值的租金额度。事实上，道德风险在各个国家的保障性住房领域中皆有存在。

第 五 章

保障性住房规划制度比较

如何规划、建设和分配保障性住房给低收入群体,需要一套完整和有效的法律制度作为保障。尽管各个国家的具体国情和法律传统有所不同,但保障性住房法律制度的目的是相同的,其制度构成也具有相似性。通常保障性住房法律制度包括如下子制度:保障性住房的规划制度、融资制度、申请审核制度和监管制度。

保障性住房项目规划由政府制定。通常是中央政府制定一个框架,地方政府结合当地具体情况,再依据中央政府的规划框架来制定更为详细的地方规划。保障性住房项目规划是保障性住房建设和供给的前提,它为保障性住房项目的实施提供了总体的指导和程序。政府主要的住房政策目标是:1. 确保每个人都居住在一个可以负担得起的和体面的家里的机会;2. 为高品质的家园提供更广的选择,既有市场商品房,也有保障性住房;3. 为无法在市场上负担起购买商品房的人,尤其是低收入群体或弱势群体,提供了购买高质量的居家住房的机会;4. 在全国范围内,为城市居民和乡村居民创建一个可持续发展的,混合和包容性的社区。保障性住房项目规划通常包括:保障性住房建设的土地规划、保障性住房需求评估规划、地点规划、房屋类型规划、房屋设计规划、房屋质量规划、建设人融资规划、规划条件和义务、可行性和法律协议和规划监督和回评。

第一节 保障性住房的土地规划制度比较

一 中国

在中国,保障性住房的土地供给主要依据《土地管理法》。保障性住房的土地由政府划拨规划，基本上都是无偿使用。城市土地所有权属于国家，即使是保证性住房的土地也是一样，保障性住房中的经济适用房的购买者只享有土地的70年使用权。同时，对划拨建设廉租房和经济适用房的用地减免相关费用，但对配套的商业用地必须实行有偿供给，并以招投标方式拍卖出让。通过签订《国有建设用地划拨决定书》和《国有建设用地使用权出让合同》来规范和加强保障性住房用地规划实施。保障性住房的建设用地供应计划需要经过市、县人民政府批准，之后向社会公布。廉租房和经济适用房的建设要符合城市规划，并且要考虑被保障人的生活和工作的便利性。合理确定划拨土地的位置和面积，为住户的就业、就医和就学创造好的条件。

（一）经济适用房土地规划制度

2007年颁布的《经济适用房管理办法》中，第二章优惠和支持政策的第七条对经济适用房的土地使用规划做出了规定：经济适用住房建设用地以划拨方式供应。经济适用住房建设用地应纳入当地年度土地供应计划，在申报年度用地指标时单独列出，确保优先供应。[①] 所以建造经济适用房所用的土地是国家以划拨方式无偿给开发商使用的，这就是经济适用房价格低的主要原因。同时第八条规定：经济适用住房建设项目免收城市基础设施配套费等各种行政事业性收费和政府性基金。经济适用住房项目外基础设施建设费用，由政府负担。[②]

根据《北京市经济适用房管理办法》的规定：符合经济适用房购买条件的个人在购买经济适用房时，经济适用房的产权属于个人，在办理产权登记后并获得房产证书后，可以进入二手房交易市场进行买卖交易，其收益全部归个人所有。这体现了经济适用房和商品房具有同样的物权内容，不同的是经济适用房在出售时，交易者要缴纳所在地标定地价的10%土地出让金。如果地价没有进行标定，缴纳的土地出让金是房屋售价的3%，再次进行交易时，就无须交纳土地出让金了。所以市场中的商品房和具有保障属性的经济适用房在土地性质上存在很多不同方面。

---

① 参见2007年《经济适用房管理办法》第二章第七条。
② 参见2007年《经济适用房管理办法》第二章第八条。

1. 建设目的不同

开发商建造商品房的目的是赚取利益,开发商通过购买土地来进行开发建设房屋,然后进行上市出售。但是经济适用房却并非如此。经济适用房的建设目的是给一些经济困难的家庭提供保障,是根据国家建设计划安排建设的。《经济适用房管理办法》第二条规定:经济适用住房,是指政府提供政策优惠,限定套型面积和销售价格,按照合理标准建设,面向城市低收入住房困难家庭供应,具有保障性质的政策性住房。①

2. 销售价格不同

商品房依托市场建设,价格也由市场决定。而经济适用房属于可负担性住房,其目的是解决城市中低收入群体的住房困难。所以价格比市场中的商品房的价格要低。《经济适用房管理办法》对经济适用房的价格作了明确表述。其第二十条规定:确定经济适用住房的价格应当以保本微利为原则。其销售基准价格及浮动幅度,由有定价权的价格主管部门会同经济适用住房主管部门,依据经济适用住房价格管理的有关规定,在综合考虑建设、管理成本和利润的基础上确定并向社会公布。房地产开发企业实施的经济适用住房项目利润率按不高于3%核定;市、县人民政府直接组织建设的经济适用住房只能按成本价销售,不得有利润。其第二十一条规定:经济适用住房销售应当实行明码标价,销售价格不得高于基准价格及上浮幅度,不得在标价之外收取任何未予标明的费用。经济适用住房价格确定后应当向社会公布。价格主管部门应依法进行监督管理。其第二十三条规定:价格主管部门要加强成本监审,全面掌握经济适用住房成本及利润变动情况,确保经济适用住房做到质价相符。

3. 土地性质不同

经济适用房的土地是由政府划拨的,通常被称为行政划拨用地,而且可以享受很多政府制定的优惠政策,这是经济适用房的优势所在,商品房基本上是不可以享受优惠的,因为它的用地都是通过出让的方式获得的。《经济适用房管理办法》第二十九条规定:居民个人购买经济适用住房后,应当按照规定办理权属登记。房屋、土地登记部门在办理权属

---

① 参见2007年《经济适用房管理办法》第一章第二条。

登记时,应当分别注明经济适用住房、划拨土地。①

4. 购买对象不同

购买经济适用房必须是常住城镇的中低收入家庭,并且要符合经济适用房购买的条件。而商品房的购买对象就没有这样的限制,基本上只要是已达到年龄的完全民事行为能力人,并且有足够的钱款就可以了。

5. 房屋面积不同

由于经济适用房是以保障性为主,并且主要出售给收入较低的家庭,因此在房屋面积以及结构上都有一定的规定和限制,房屋面积必须达到建设标准,满足购买方的基本需求。而商品房则是出于对利益的追求,更加重视如何才能让房屋建设做到利益最大化,在房屋面积和结构上没有具体的规定,全由企业和市场决定。

6. 产权限制不同

经济适用房的土地是由政府划拨的,所以购买者拥有的是不完全产权,即使买了房也就只能拿到产权证,无法拿到土地证。如果想要出让,只有在满足购买时间达到5年,并缴纳10%的土地出让金的条件时才可以进行,商品房则没有这样的限制。《经济适用房管理办法》第三十条规定:经济适用住房购房人拥有有限产权。购买经济适用住房不满5年,不得直接上市交易,购房人因特殊原因确需转让经济适用住房的,由政府按照原价格并考虑折旧和物价水平等因素进行回购。购买经济适用住房满5年,购房人上市转让经济适用住房的,应按照届时同地段普通商品住房与经济适用住房差价的一定比例向政府交纳土地收益等相关价款,具体交纳比例由市、县人民政府确定,政府可优先回购;购房人也可以在按照政府所定的标准向政府交纳土地收益等相关价款后,取得完全产权。这充分体现了经济适用房是有限产权,与商品房完全不同。

(二)公共租赁房的土地规划制度

2007年颁布的《廉租住房保障办法》的第13条规定:廉租住房建设用地,应当在土地供应计划中优先安排,并在申报年度用地指标时单独列出,采取划拨方式,保证供应。廉租住房建设用地的规划布局,应当

---

① 参见2007年《经济适用房管理办法》第五章第二九条。

考虑城市低收入且住房困难家庭居住和就业的便利。同时廉租房的租户，通过与政府签订的租赁合同，对房屋享有约定的使用权。关于保障性住房的建设选址，都由政府统一规划。政府确定保障性住房的建设数量，依据该数量来规划政府需要投入的土地供应量。

虽然中国保障性住房用地主要由政府划拨，但土地属于稀缺资源，如何高效合理使用土地和完善保障性住房土地规划是中国在保障性住房领域面临的难题。关于保障性住房土地规划制度中存在的问题主要有：第一，空间选择欠佳导致的保障效果差；第二，相关配套规划滞后，如公共设施等；第三，增量空间紧缺下的土地供给难。一些学者提出了通过供给融资制度、建设模式和机制建设等方式来解决土地上述问题。一些学者则提出了构建中国保障性住房土地储备制度的观点，即通过提前储备，优先保障和按需供给的方式在长效、最优及可实施的原则下实现住房保障效益的最大化。[①]

二 英国

住房在英国政府的战略规划中处于首要地位，其目的就是增加人们住房需求的选择，为无家可归的人提供栖身之所。政府通过制定住房战略和设定计划来改善住房供给和房屋质量，同时基于调控增长和便利选择的目的，来帮助人们搬入不同类型的居所。另外，许多英国的地方政府还通过制定可持续发展的社区战略，来协调各个部门共同努力去改善本地区的社会、经济和环境的福祉。这些战略的一个重要远景是要使当地居民有一个更好的居住地。具体讲，就是为当地居民提供可负担的和体面的住房，提供便利的交通、公共服务和就业；同时保护环境使本地区成为一个受欢迎的居住地。

一个合理的计划体系可以为社区的可持续发展和可负担性住房的建设发挥重要的贡献。涉及可负担性住房的《补充计划书》(Supplementary Planning Document)的目的就是要针对政府关于可负担性住房的供给方式向开发商和住房供给协会提出意见。由于英国当前的可负担性住房极其

[①] 林太志、朱秋诗：《土地视角下的保障性住房规划机制》，《规划师》2014年第12期，第27页。

短缺，这就导致大量住户被迫长期居住在临时性的和拥挤的住房里。这项可负担性住房的补充性计划包含以下特点：

1. 可负担性住房的分配制度和融资制度。该计划同时融入一些单元发展计划（Unitary Development Plan, 2006）中的政策去寻求阐释和澄清政府关于可负担性住房政策是如何运行的。因此，补充计划书不涉及新政策，仅规定相关政策的指导性意见。总体上，该计划是依托于《国家政策指导》（*National Policy Guidance*）、《市长伦敦计划》（*the Mayor's London Plan*）、当地住房需求（Local Housing Needs）和政府战略住房目标（the Council's Strategic Housing Objectives）来进行的。

2. 虽然补充计划不是单元发展计划（Unitary Development Plan）正式的一部分，但它是政府部门在开发商提出开发申请时，对开发商的开发计划进行考量的重要依据。

3. 通过计划，政府极力确保住户在住房选择上的更大灵活性，这些选择包括社会公租房、中介房和产权房。

补充性计划中关于可负担性住房的几个重要目标包括：

1. 建设高质量的新家

确保高质量的设计是提供新家的基础。这样的家能够经得起时间的考验，能满足当代人的住房需要，也能满足将来一代人的需要。所有的可负担性住房的开发都应该是高水准的设计和高品质的材质。新近开发的还应该遵守政府关于综合环境质量保证的和当地特色的目标。所有的可负担性住房必须满足住房开发公司（Housing Corporations）的住房设计标准（Scheme Development Standards）或任何随后的标准，满足此类标准是获得公共补贴和高质量指标的必要条件。有效且长期的管理与高水准的设计是确保一个人们愿意生活和高质量人居环境的前提。

2. 创建一个混合居住和可持续性发展的社区

为了确保住户在住房选择上的更大灵活性，政府提供的选择包括：社会公租房、中介房和产权房，扩大住房选择是至关重要的。基于住宅面积的大小、户型和可负担性的考虑，一个好的可供选择的住房范围是通过提供住房选择来为居住者创造更好的居住场所。所有住房开发计划都要求混合建设（A Dwelling Mix）①、设计完善和具有可负担性，并且包含私人娱乐空间。为了促进混合社区和可持续性社区的开发，可负担性住房应该被建筑在可以提供步行和骑车的安全地段，并且该地段要靠近当地基本设施和公共交通。

3. 创建一个持续性的社区

关于创建一个持续性社区，混合居住的设计要避免把可负担性住房与当地性的背景分开。不同种类的住房应该被融合在一个新的发展蓝图中，每一类住房都不能很容易被区别开来。可负担性住房和在市场上出售的商品房应该被融合在混合住房的规划开发中。政府将努力确保每一个开发项目中的一部分应该把面积较大的居所和相对较小的面积的住房混合建造，以避免社区规划发展中的某一部分的儿童居住的密度过大。

4. 创建环境敏感家园

政府将努力确保所有的新开发的项目满足最低限度的生态家园的标准（Eco-Homes Standard）以期望达到优秀评级。作为一个最低限度，政府期望所有的可负担性住房公司（the Housing Corporation）②都遵守同一时期相同的生态家园的标准。对住房供给协会来说，环境终身维护的费用也应该是可负担的。在开发商的预申请会议上，住房供给协会必须是参与方，其目的是确保有效的管理和可行的长期维护。

5. 解决住房需求

政府要确保提供的可负担性住房能满足当地申请者的需要，同时为申请者提供多个选择，大的范围或混合住房，包括：中间房（Intermediate：Shared Ownership, Shared Equity, Key Worker Discounted Market Sale）和社会公租房。其中社会公租房作为优先开发和供给项目。

英国保障性住房的规划有其相应的制度环境，分为国家制度环境和地方制度环境。首先从国家制度环境上来讲，《2006年英国规划政策3》中提出了关于住房的规划（Planning Policy Statement 3 – Housing（Novem-

---

① Dwelling mix 等于 income mix，它和美国的 inclusionary zoning 是相同的性质，都是指"混居住宅"。
② The housing corporation（住房公司）是政府机构，它管理英格兰的住房协会（housing association），该机构在2008年被撤销，其职能被家庭和社区机构（Homes and Communities Agency）和租赁服务管理局（the Tenant Services Authority）分别取代。

ber，2006）），其中的一项主要目标就是支持政府为当地的住房供给和土地供给提供支持。其中第十款明确规定了规划制度应该达到的预期结果：

1. 建设高质量的住房，包括：完善的设计和建设的高标准；

2. 建设混合式住房，包括市场中的商品房和可负担性住房。其目的就是支持本地区的城市和乡村住户的住房需求；

3. 建设足够数量的住房。考量供给和需求的关系，为住户扩大选择范围；

4. 住房开发的选址要适当，该地理位置可以提供好的社区设施、便利、工作、服务和其他基础设施；

5. 一个灵活的土地供给。充分和有效地利用土地，包括重新使用之前已经开发的土地。

其中第27款至第30款和可负担性住房关系密切，它们规定了政府要承诺向无法在市场中购买住房的人群提供高质量的住房。此类人群包括：弱势群体、核心工作者（Key Workers）和想从社会公租房中搬出，购买自住房的人群。政府对负担性住房的定义中，把可负担性住房主要分为两类：社会公租房（Social Rented Housing）和中间房（Intermediate Housing）。同时，《2006年英国规划政策3》[①]中对当地政府也做出了规划要求：

1. 地方政府要规划可负担性住房的建设数量。

可负担性的定义要和国家规划中的保持一致。同时，要对当地建设可负担性住房的土地开发进行经济性和可行性评估，充分考量建设风险，并利用该评估来选择可以利用的融资水平，包括：可以获得的政府补贴（Public Subsidy）和开发商的资助（Developer Contributions）。地方规划部门（Local Planning Authorities）的目标就是确保可负担性住房的供给可以满足目前的和将来的住户的需求。

2. 为社会公租房（Social Rented Affordable Housing）和中间房（Intermediate Affordable Housing）分别制定建设数量目标

充足的中介房的供给可以帮助解决核心工作者的初步的住房需求和减少一部分人对社会公租房的需要而转向中介房的申请。这也为住户提

---

① Department for Communities and Local Government, *Planning Policy Statement 3 – Housing* (November 2006), TSO, 2011, pp. 10–12.

供了更广的住房选择,并确保了混合住房(Mixing of Tenure)的建设。

3. 对可负担性住房的大小和类型做出规定

地方政府要对可负担性住房的大小和类型做出相应规定。同时建设选址要适当,这就要包括娱乐设施的提供、家庭的娱乐空间和更宽广的周围环境。

4. 规划出可负担性住房建设的条件范围

英国国家的门槛是最低要求为15套,即开发商在建设住房时,为了达到混合建设的目的,至少要求开发商建设15套住房。然而地方政府可以依据建设的可行性,降低该门槛,即降低可负担性住房的建设比例。地方政府被要求对可负担性住房进行经济性可行性评估,包括可负担性住房的建设门槛或比例。尤其是政府对可负担性住房的定义中排除了低价市场房(Low Cost Market Housing),这就决定了低价市场房不能作为可负担性住房被考虑到建设比例中来。但地方政府可以把低价市场房的建设作为混合式住房建设的一部分来规划。

5. 制定相应办法寻求开发商资助来提供可负担性住房

寻求开发商资助的前提是开发商在申请建设的土地上要建设一定比例的可负担性住房,以达到混合建设的目的。但开发商能够充分证明在其他土地进行建设可负担性住房的合理性或者提供财政支持以替代在开发土地上建设可负担性住房,都可以被接受,只要能达到混合社区建设的目的。

与2006年"英国规划政策3"同时颁布的另一项文件是《可负担性住房供给》(*Delivering Affordable Housing*),其目的是利用一切工具支持地方政府和其他主要参与方在一个混合和可持续的社区环境下去提供更高质量和可负担的住房。该文件概括了可负担性住房建设中的挑战,并为现行的运行机制的执行提供信息。

其他的关于可负担性住房的规划指导:

1. 2005年的"英国规划政策1"(PPS1)。该政策提出了一个具体的规划,即创建可持续社区(Creating Sustainable Communities, 2005),其表明开发计划应该在创建社会包容性社区发挥作用。

2. 2005年的"将来保障计划"(Securing the Future, 2005),提出了政府的可持续发展战略,并制定了人人有家的目标(Homes For All),以及对可负担性住房的供给方案和基础设施进行投资的规划。

其次是地方制度环境,在开发可负担性住房,不仅要有国家层面的制度规划,地方政府的配套规划也起着至关重要的作用。在英国,每个地方政府都制订了自己的开发计划。例如,伦敦就制订了伦敦计划,该计划规定了伦敦的空间开发框架,并概括出了每个区域可负担性住房的政策纲要。伦敦规划(The London Plan)包含以下相关政策:

1. 可负担性住房的定义

可负担性住房指的是被设计用来满足那些在本居住区域内,由于收入偏低而无法购买体面和合适住房的低收入群体住房需求的房屋。可负担性住房包括社会性住房(Social Housing)和中介房(Intermediate Housing)。其目的就是确保新的可负担性住房的供给可以满足不同阶层的住房需求。

2. 可负担性住房的目标

地方政府的可负担性住房的建设应设定一个某一时段计划和某一地段的建设总体数量目标,该数量目标的制定是基于对本社区所有住房需求的评估和对实际供给的评估得出的。同时,在制定目标时,要考量地区和当地的需求评估。伦敦市长的战略目标是50%的供给应该是可负担性住房。在这50%当中,又有70%是社会性廉租住房,30%是中介房。这可以推进混合式和平衡式住房的建设。地方政府应当充分考虑现有可以利用的住房和潜在的供给来源,例如:当地政府的开发,包括土地重新利用、注册的社会供给协会的开发、低价房(Low Cost Market Housing)的开发、通过协议有私人开发的住宅、空置房产的重新使用和非自住房的供给。

3. 在开发商品房和混合社区计划中,要加入对可负担性住房建设的谈判和磋商

当和开发商磋商私人住宅开发项目和混合社区开发项目时,当地政府应基于本地区可负担性住房的建设目标,去寻求最大程度的和合理的可负担性住房的开发。当然该目标应该灵活适用,要充分考量私人土地的开发成本、可以利用的公共补贴和其他制度要求。

总体上,英国依据《规划法》来建设和供给保障性住房用地。英国的保障性住房的土地供给理论基础是政府干预市场理论。政府在财政资

助的情况下，通过增加额外的土地和辅助性补贴从而来保证保障性住房的土地供给，而不是依靠市场。通过行政分配制度，保障低收入群体的住房分配。

英国通过《规划法案》把规划中的保障性住房的开发权和土地的所有权分开了。无论土地的所有权属于哪个人，政府都有土地开发权。新的立法规定：要开发新建住宅小区，在小区内供给保障性住房是开发的前提条件。政府有改变土地使用的开发权。这个权力来源于《英国城镇与乡村规划法案1947》(*UK Town and Country Planning Act 1947*)，[1] 法案赋予了中央政府和地方政府权力来管理土地使用权的变化，即享有开发权。[2] 1998年的《政府第六通告》(*Government Circular 6/98*) 进一步地强化了英国政府的开发权。其规定如果开发商没有在开发建议中规划建设和供给要求数量的保障性住房，政府可以拒绝开发商的开发建议，使得保障性住房的供给要求最终成为规划立法的必要条件。并且，英国的社区部门和当地政府还为开发商增加供给的每套保障性住房都提供了奖金。

有效利用土地既包括对商品房建设规划的土地，也包含保障性住房建设用地的规划。地方政府在土地规划时的一个主要目标是通过重新利用之前已经被开发过的土地达到持续有效利用土地的目的。英国全国每年的目标是每年新建的房屋至少60%是重新利用之前被开发的土地。这包括空置的或被废弃的土地和建筑物，还有正在使用但仍然还有被重新开发潜力的土地或建筑物。同时，在区级管辖层面，还要考虑土地的可利用和持续性开发的评估。地方政府应该考虑一系列的激励机制或介入措施来保障已经被开发的土地可以被再利用进行开发，这些措施包括：

1. 规划解决空置和被废弃的土地和房屋，例如利用强制购买的权力来解决土地所有权问题；

2. 考虑已经被规划分配作为工业或商业的用地是否更适合住房用地的开发；

3. 鼓励创新住房制度来有效利用之前公共部门占用的土地。

---

[1] 《1947年城镇和乡村规划法案》于1948年7月1日生效，该法案是英国现代城市和乡村规范的基础。

[2] 《*UK Town and Country Planning Act 1947*》, Part I, 4.

高效率地利用土地是住房建设规划首要考量的因素。所以英国的地区空间战略为地区的住房密度设定了政策目标。地方政府要考量以下方面：

1. 本区域住房开发的空间视觉和战略，包括本区域的住房需求水平和适宜建设的土地的可利用水平；

2. 当前和将来的基础设施，服务和设备的水平和能力，例如公共和私人的娱乐空间，尤其是绿色和开阔的空间；

3. 高效使用土地，减少和适应气候变化影响；

4. 当前和将来的便利水平，尤其是公共交通的便利性；

5. 区域特色，包括当前和建议建设的商业性和保障性住房混合规划建设的社区。

考虑到以上情形，英国地方政府在规划的区域内设定了一系列的住房建设密度目标，而不是只设定一个宽泛的密度标准。此处的密度是指某一区域容纳的住房数量的一个测量。如果对密度规划得当，再加上新开发的社区的创意设计和布置可以更高效地利用土地，还不用破坏当地的环境品质。

一个好的设计是高效利用土地的基础，地方政府通过结合当地的特色之处，从而顺利完成好的设计。当对现有的城市结构进行强化或集约化的时候，仔细的设计就显得更为重要了。当然，这种城市的集约化发展并不总是正确的选择。但是，好的设计和建设是在正确的位置完成时，这会为当地的特色和品质增色不少。成功的城市集约化规划建设并不代表是摩天大楼或不合适的空间建设的低品质住宅。同样，在保护区域和其他当地特色区域时，如果可以对好的设计给予足够的关注，就会获得新的开发机遇，还不会对区域特色产生负面影响。最后，和开发商和社区一样，英国地方政府在制定住宅停车政策时，还充分考量了本区域的汽车保有的水平，从而促进了良好设计和土地高效使用的需要。

另外，英国政府出台了《公共用地建房项目（2015—2020）》(*Public Land for Housing Programme 2015 - 2020*)，① 其目的就是释放中央政府剩余公共土地，到2020年在这些土地上建设160万套住房。英国认为公共

---

① Ministry of Housing, Communities and Local Government, *Public Land for Housing Programme 2015 - 2020*, 2020, p. 6.

用地是公共部门所有并使用的土地或者公司及其他组织通过租用的方式取得的使用权的公共用地。这些土地优先开发公用事业,包括住房开发。所以,总体上英国保障性住房的土地供给主要通过政府使用公共用地和通过政策鼓励私人土地建设保障性住房。

英国政府的目的是确保规划立法实现一个灵活和相应的土地供给。在反复酌量了"规划、监督和管理"的原则后,当地政府和地区规划部门制定了开发政策和执行策略来确保充足和适宜的土地得以供给,最终实现了住房建设和已被开发土地再利用的目标。在地方政府层面,地方规划部门着手制定政策和策略来实现住房供给,包括确定大体位置和具体地点,要实现至少15年的可持续开发。通过利用战略房屋土地可利用评估(Strategic Housing Land Availability Assessment)和其他相关证据,当地规划部门将确定在首个5年时间里有足够的、具体的和可实施的地点来建设房屋。认定可以实施的具体地点的条件包括:第一,可利用性,选址的地点当前就可以利用;第二,适宜性,选择的地址是一个适宜开发的地点,并为建立一个可持续的混合社区提供支持;第三,可实现性,合理地期待5年内在该地点上住房的完成交工。

地方政府还要履行好以下工作:第一,进一步确定随后6—10年要开发的具体地点的土地供给,如果有可能,在一些地点可以供给11—15年的土地;第二,和第一个任务相联系,确定那些对住房建设供给至关重要的战略要地;第三,释明不同阶段的预期住房交工率。当确定的地点被认为适宜开发后,土地供给的管理方式必须确保5年持续供给,并对下一个5年开发也有可持续和操作性规划。

概括地讲,在英国每个物业的开发必须得到规划许可,是否在物业中建设供给保障房,是当地政府考量批准开发项目的关键要素。在英国,开发商可以在商业物业中建设和供给保障性住房,被称为混合社区。这和美国不同,美国政府的开发权是通过分区规划或其他规范来实现的。这就是为什么在美国有些商业住宅没有保障性住房。

三 新加坡

新加坡国土资源稀缺,为了合理和高效地利用土地,新加坡政府专门设了两个部门:土地管理局和国家发展部,前者负责土地出售,后者负责土地利用规划。更重要的是新加坡政府还出台了一系列的法律来确保保障性住房的土地供给和建设规划。早在1920年，当时还是英国殖民地的新加坡就出台了《土地征用条例》（The Land Acquisition Act），其目的是使政府获得土地征用权力。在1966年，新加坡获得独立后，政府颁布了《土地征用法》。① 根据该法，政府有权力征用私人所有的土地并建设保障性住房。土地价格完全由政府主动定价，破除了随意涨价和市场涨价的行为。所以，政府可以以低于市场价的价格获得土地，从而确保该土地上建设的保障性住房价格的可负担性和项目的规模性。在1973年，新加坡政府修订了《土地征用法》，规范了土地征用补偿标准，细化了土地征用的执行。新《土地征用法》使政府掌握了国家四分之三的土地所有权，为新加坡保障性住房的发展提供了条件。

新加坡住房开发局（The Housing & Development Board）成立于1960年。它是保障性住房的管理部门，其职能是规划和开发保障性住房。而城市开发局（Urban Redevelopment Authority）是国家土地使用规划的职能部门，其主要负责执行规划法案（Planning Act），并制定城市条例来规范城市规划的程序和开发控制制度。另外，城市开发局还协同其他相关部门制定了概念规划（Concept Plan）和主人规划（Master Plan）来指导新加坡的城市开发。

概念规划涉及土地使用和交通规划。它为今后40—50年新加坡的开发提供了一个蓝图。该规划的目的是确保新加坡有足够的土地可以支撑长期的人口和经济增长，并可以维持良好的居住环境。概念规划每10年进行一次回审。在回审期间，城市开发局协同其他部门考量主要的土地需求。公众可以通过多种途径来表达他们的关切。新加坡首个概念规划在1971年出台。主人规划是法定的土地使用规划。它指导新加坡今后10—15年的开发。事实上，主人规划是对概念规划的细化，它进一步规定了土地使用的许可和开发密度。与概念规划回审相同，主人规划也汲取公众意见。2011年的概念规划中设计的高质量的居住环境包括：

---

① 新加坡独立后，在1966颁布了《土地征用法》（The Land Acquisition Act）。最近一次对法案的修订是在2014年，被称为《2014年土地征用法修订案》（Land Acquisition Amendment ACT 2014）。

提供好的可负担的住房、融入绿化、提供更便捷的交通连接、维持经济活力、确保将来的增长空间和好的居住环境。而2014年的主人规划包含：(1) 住房方面：继续增加宜居性，并供给多种住房选择；(2) 经济方面：强化城市经济，创建新商业中心；(3) 娱乐方面：确保自热生态用地，增加体育用地；(4) 身份方面：保护古迹，培育新身份认同方式；(5) 交通方面：扩大交通网，鼓励绿色和可持续交通方式；(6) 公共空间方面：设计好的共享空间。

新加坡住房开发局基于这样的城市土地整体规划也制定了保障性住房建设规划：提供可负担和高质量的保障房。住房开发局规划和开发保障性住房城镇，向新加坡公民提供高质量的住房和居住环境。为了达到这一目的，住房开发局不断改善成本效益和质量标准。基于这样的土地规划，新加坡在24个城镇和3个区域已建成100万套保障性住房，超过80%的居民住在其中，90%的居民享有保障性住房的所有权。

四　美国

尽管美国的保障性住房趋向于货币化补贴，但联邦政府和地方政府也一直致力于保障性住房政策的多元化，例如积极建设可负担性住房。美国保障性住房项目包括公租房（Public Housing）、补贴（Vouchers）和多户家庭补贴住房项目（Multifamily Subsidized Housing）。美国公租房在1990年代中期就停建了，大量的公租房被出售给住户或被拆迁，现在在美国还有110万到120万套公租房出租给城市低收入群体。当前美国主要是通过货币化补贴形式来解决城市低收入住房困难问题，补贴对象包括个人和项目开发商。但保障性住房建设土地规划制度主要针对的是补贴开发商的多户家庭住房建设项目。通过补贴促使开发商开发混居社区，使社区中一定比例的住房成为可负担性住房。利用公用土地建设保障性住房来降低房价是美国保障性住房中的一项重要措施。

通过利用公共土地开发保障性住房可以使美国城市、城镇和县建设和供给充分的低价房。地方政府可以使用的公共土地包括空置的、未充分使用的和改变用途的土地。事实上，美国大多数州都制定了法律，通过法律创设了相应机构来管理使用公共用地建设保障性住房。同时，各个市和县依据各州的法律也制定条例来确保在公共土地①上建设保障性住房。所以，美国在利用公共土地规划保障性住房时采用三级立法模式。

（一）州立法

在州一级的立法中，每个州都制定了自己的关于利用公共土地规划保障性住房的法律。例如加利福尼亚州的《2135 号法案》（Assembly Bill No. 2135）规定任何房地产开发商在使用公共剩余土地为低收入和中等收入人群开发保障性住房时须同意新房中 25% 的是保障性住房，并且保障的性质要达到 55 年。另外，该法律规定在使用公共剩余土地方面优先考虑同意以上条件的开发商。所以，在签订出售或使用公共剩余土地时，需要把该条内容编写在合同约定中，如有违反，要承担违约责任。再例如 2014 年哥伦比亚特区颁布了《哥伦比亚特区保障性住房土地修正案》。该法案也规定了混居开发项目中保障性住房的比例要求，并且要求其中的保障性住房要终身保持保障属性。还有华盛顿州 2018 年颁布的《华盛顿剩余州土地处理第三替代住房法案 2382》第 217 章（Washington Surplus State Lands Disposal Third Substitute House Bill 2382, Chapter 217, Laws of 2018）规定：相关机构必须选择最佳的土地开发商来开发州未开发的土地来为最低收入、低收入和中等收入的群体建设保障性住房。

（二）县条例

美国各县也制定相应的条例来促进利用公共土地规划和开发保障性住房。甚至一些州出台法律要求其所有的县制定土地清单，来确定哪些公共土地适宜保障性住房开发，哪些不适宜。例如库克县（Cook County）《土地储备局法令》规定：（1）再开发和再使用空置的和闲置的土地；（2）持续维护稳定社区发展；（3）鼓励住宅、商业和工业开发。优先保障性住房项目，包括维护、新建和翻修，保障此类土地的长期可负担性。再例如金县（King）的《18540 条例》（Ordinance 18540）要求政府相关部门每年向县议会汇报公共土地的清单，从而确定哪些土地适宜建设保障性住房。即使土地被出售给其他地方政府，也需要优先保障公共利益，

---

① Enterprise Community Partners in "Public Benefit from Publicly Owned Parcels" （June 2017）对公共土地（public land）的定义是政府所有或租用的土地，包括政府部门办公和住宅、学校区、高级研究公共机构。

例如建设保障性住房。

(三) 市条例和程序

在利用城市剩余公共土地规划开发保障房中，美国各个城市也存在不同之处。例如亚特兰大市的条例规定：制定城市剩余公共土地清单，通过公告或广告的方式来邀请开发商参与建设和改造保障性住房。并鼓励使用创新方式降低建设成本或建设针对家庭收入是中等人均收入30%的低收入人群小面积的住房。再例如杰克逊维尔市（Jacksonville）2015年出台的《以保障性住房为目的的土地捐赠和出售条例》（*Donation and Sale of Real Property for Affordable Housing Purposes Ordiance*）规定：每年12月制定适宜建设保护房土地清单。并把其中一部分捐赠给非营利机构。还有纽约市的《市政法》和《城市章程》规定：开发商为了建设可负担廉租住房而购买城市公共土地或者私人土地或者开发空闲土地并建设混居住宅，所建的可负担性住房中至少50%的住房必须针对中等收入的60%的低收入者。其他可负担性住房针对的是其他低收入人群。市政府在出售此类公共用地时只收取一美元的象征性费用，其目的就是鼓励建设可负担性住房和社区设施等。另外，纽约市出台的《2015年分配规划中关于纽约住房与保护开发》（*New York City Housing and Preservation Development's 2015 Qualified Allocation Plan*）规定：把城市所有土地或难以开发的建筑物建设成为私人所有的性质的住房，项目将享受9%的税收免缴额度。还有旧金山市出台了《剩余土地法令》（*Surplus Lands Ordinance*）。该法令的目的是：（1）优先利用剩余和为未分开发的公开土地在全市建设可负担性住房；（2）制定制度为最低收入、低收入和中等收入者最大程度建设可负担性住房；（3）制定规划制度来处理和开发公共土地；（4）制定制度优先利用城市剩余公共土地向无家可归者建设住房和其他服务。

五　各国保障性住房土地规划制度比较结果

(一) 土地所有权制度方面

在保障性住房建设土地所有权制度方面，中国与其他国家存在很大的区别。中国的《宪法》和《民法典》对土地所有权进行了明确规定。中国《宪法》规定：（1）城市的土地属于国家所有。（2）农村和城市郊区的土地，除由法律规定属于国家所有的以外，属于集体所有；宅基地和自留地、自留山，也属于集体所有。(3) 国家为了公共利益的需要，可以依照法律规定对土地实行征收或者征用并给予补偿。(4) 任何组织或者个人不得侵占、买卖或者以其他形式非法转让土地。土地的使用权可以依照法律的规定转让。中国《民法典》规定：城市的土地，属于国家所有。法律规定农村和城市郊区的土地，属于国家所有。因此，在建设保障性住房过程中，关于土地的使用规划实行行政权方式供应。土地的所有权属于国家和集体所有，土地使用权是国家向组织、机构及个人出让的一项使用权，根据土地规划用途的不同，土地的最高使用年限又分为 40 年、50 年和 70 年不等。保障性住房属于住宅性质，其土地使用年限是 70 年。所以，在保障性住房建设用地供给上，中国相对效率高，成本低。在土地所有制度方面，新加坡和中国非常类似。新加坡属于岛屿型国家，未来主要通过填海造地的方式扩大国土面积。总体上，新加坡四分之三的土地属于国家所有，并且新加坡制定了《土地征用法》，这就确保了新加坡在建设保障性住房时，也属于政府主导的土地供给制度。美国和英国在土地所有权制度方面类似。他们的土地是双轨制。私人可以拥有土地所有权，政府也可以拥有土地，被称为公共用地或政府所有的土地。英国和美国建设保障性住房所使用的土地属于公共用地。随着保障性住房的货币化补贴的流行，英国和美国鼓励私人企业参与到保障性住房的建设中。政府向私人企业供给政府土地，鼓励开发商建设混居的可负担性住房。

（二）供给规划制度方面

在保障性土地供给规划方面，中国、新加坡、英国和美国体现出了高度的一致性，都是通过政府主导向私人开发商提供政府公用土地。他们都在理论上意识到了房子的准公共物品属性，完全由市场来供给住房，往往会出现市场失灵，所以政府必须干预。由政府主导供给保障性住房建设用地充分体现了政府有形的手的作用。在制度方面，中国各个地方政府在制订年度土地供应计划时，要根据当地住房建设规划和解决城市低收入家庭住房困难的发展规划以及年度计划，明确住宅用地的供应规模、布局和供应时序，并落实到具体地块。市、县国土资源管理部门要优先安排公租住房、经济适用住房和中低价位、中小套型普通商品房建设用地,其年度供应总量不得低于住宅用地供应总量的70%。每年1月15日前,市、县国土资源管理部门应将上一年度土地供应计划的实施情况和年度土地供应计划的编制情况报省国土资源管理部门备案,直辖市、计划单列市和省会城市同时报国土资源部备案。

依法报国务院和省级人民政府批准的城市建设用地中涉及的住宅用地,必须单独列出,其中公租房、经济适用房以及中低价位,中小套型普通商品房用地不能低于申报住宅用地总量的70%,不符合要求的不予批准。对列入年度土地供应计划的公租房和经济适用房建设用地,市、县国土资源管理部门要优先供应。在供地时将符合规定的套型建筑面积、竣工时间等土地使用条件在《国有土地划拨决定书》中予以明确。

新加坡在保障性住房土地供给方面完全由城市开发局和住房开发局负责。这是因为新加坡国土面积小,政府为了高效利用土地,就制定了概念规划和主人规划,对城市的住宅和交通进行了规划。新加坡住房开发局是保障性住房的管理部门,其职能是规划和开发保障性住房。而城市开发局是国家土地使用规划的职能部门,其主要负责执行规划法案并制定城市条例来规范城市规划的程序和开发控制制度。概念规划涉及土地使用和交通规划。它为今后40—50年新加坡的开发提供了一个蓝图。该规划的目的是确保新加坡有足够的土地可以支撑长期的人口和经济增长,并可以维持良好的居住环境。概念规划每10年进行一次回审,在回审期间,城市开发局协同其他部门考量主要的土地需求。公众可以通过多种途径来表达他们的关切。主人规划是法定的土地使用规划。它指导新加坡今后10—15年的开发。事实上,主人规划是对概念规划的细化,它进一步规定了土地使用的许可和开发密度。和概念规划回审相同,主人规划也汲取公众意见。概念规划中设计的高质量的居住环境包括:提供好的可负担的住房、融入绿化、提供更便捷的交通连接、维持经济活力、确保将来的增长空间和好的居住环境。主人规划细化住房规划,要求继续增加宜居性并供给多种住房选择。因此在土地供给方面,新加坡政府也是优先考虑保障供给保障性住房建设,这是因为新加坡80%的居民都住在政府保障性住房中,这也体现了新加坡政府对居民住房的重视。所以,新加坡保障性住房土地规划的前瞻性以及市民的参与都值得中国借鉴。这不仅确保保障性住房的可持续发展,还营造了和谐民主的社会氛围。

英国依据《规划法》来建设和供给保障性住房用地。政府在财政资助的情况下，通过增加额外的土地和辅助性补贴从而保证保障性住房的土地供给，而不是依靠市场。通过行政分配制度，保障低收入群体的住房分配。英国的《规划法》把规划中的保障性住房的开发权和土地的所有权分开了。无论土地的所有权属于哪个人，政府都有土地开发权。立法规定：要开发新建住宅小区，在小区内供给保障性住房是开发的前提条件。政府有改变土地使用途径的开发权。地方政府在土地规划时的一个主要目标是通过重新利用之前已经被开发过的土地以持续有效利用土地。英国全国每年的目标是每年新建的房屋至少60%是重新利用之前被开发的土地上。这包括空置的或被废弃的土地和建筑物，还有正在使用但仍然还有被重新开发潜力的土地或建筑物。同时在区级管辖层面，还要考虑土地的可利用和持续性开发的评估，并且地方政府出台一系列的激励机制或介入措施来保障已经被开发的土地可以被再利用进行开发。英国政府出台了公共用地建房项目（2015—2020），其目的就是充分利用中央政府剩余公共土地，到2020年在这些土地上建设160万套住房。英国政府认为公共用地是公共部门所有并使用的土地或者公司及其他组织通过租用的方式取得的使用权的公共用地。这些土地优先用于公益事业，包括住房开发。所以，英国保障性住房的土地供给主要通过政府使用公共用地和通过政策鼓励私人土地建设保障性住房。和新加坡一样，英国也制定相应的规划法案，确保了规划的前瞻性。另外，英国还对规划制度进行定期评估，建立土地规划评估长效机制。中国应当在土地规划制度中引入前瞻性规划，并制定评估机制。

美国在政府土地的供给方面也是优先考虑建设保障性住房，这在美国州立法，市立法和县立法方面都有体现。首先确定城市的公共剩余土地和可再开发的公共用地的数量。这些土地包括城市剩余公共土地、未被充分利用的公共土地和闲置的市政建筑等。以上土地可以市场价、折扣价或零成本出让，但必须向建设保障性住房的开发商优先转让。这就要求所有的公共部门都要参与、协助提供本部门可以利用的剩余公共土地。其次是选择好的开发商进行开发，为其提供剩余城市公共用地，确保住房的可负担性。美国各个地方在选择适格的开发商时有着不同的做法：有些地方仅限于非营利的开发机构，而有些地方向只要承诺开发可负担性住房的所有开发商供给公共土地即可。同时，有些地方政府还要求开发商提供以往成功开发和管理可负担性住房项目的项目案例。最后是为城市低收入群体建设可负担性或混居的保障性住房，在新建项目中有保障性住房的数量要求。

第二节 保障性住房的需求评估规划制度比较

一 中国

中国的各地方政府根据中央政府的规定，可以结合地方的实际情况来建设保障性住房，因此地方政府可以制定地方保障性住房法规，并由地方政府来推动保障性住房的法规制定和执行。所以，关于确定保障性住房的需求也由地方政府来统计，通常是住房保障局和房管局来合作确定，但确定的具体程序和方法没有相关法律规定。通常情况下，是由各省、市、自治区、直辖市按照国务院住房保障的要求，查明各地方的现有城镇中低收入人群的收入、住房和保障住房的需求情况。

1. 调查对象

调查的对象是符合住房保障条件的且存在住房困难的城镇低收入家庭和个人，既包括潜在的廉租房的申请人和经济适用房的申请人，也包括限价商品房的潜在申请人。不同类型的保障房的申请条件都有不同，但总体要求涉及收入、现有住房状况和面积、家庭成员人数和户籍所在地。

2. 调查方式

调查方式是自愿申请申报，各级部门逐一审核。首先，申请人向居委会填报申请表，居委会进行初审，然后街道办事处进行审查，最后由住房保障管理部门进行审批。

3. 调查步骤

第一阶段是宣传动员阶段。由街道办事处号召各居委会进行宣传，召开动员大会，公布保障房申请的政策和条件以及相关联系电话。同时，制定申请表格、汇总表和宣传材料，并对负责人员进行培训。第二阶段是申请受理阶段。申请人在规定的期限内向所辖街道办事处提交相关申请材料，包括申请表、身份证、户口本、住房证明、收入证明、婚姻状况和财产申报表。第三阶段是复核审查阶段。民政部门协同其他部门对申请人提交的相关材料进行审核。第四阶段是备案汇总阶段。房管部门对通过申请的申请人进行登记备案，并将申请人信息录入计算机，以便于建立和完善城镇住房困难低收入人群的数据库，并进行动态管理，及时更新。最终基于以上数据形成本地区保障住房的需求评估报告。

目前中国的保障性住房发展态势是建设量的快速增长，所以在规划制度中的决策和设计部分利用"用后评价"（Post-Occupancy Evaluation，POE）机制，建立居住者的需求和评价数据库，这不仅可以帮助掌握保障性住房的需求，同时可以提高保障性住房中的中低收入人群的居住质量。[①]

二 新加坡

新加坡的住房类型有三种：保障性住房（Public Housing）、公私混合住房（Public-Private Hybrid）和私人住房（Private Residential Properties）。最初新加坡政府建设保障性住房的目的是为城市低收入群体提供住所。但随着新加坡经济的高速发展，为了合理地规划和开发有限的土地资源，新加坡政府向绝大多数的居民提供保障性住房。居住在保障性住房的居民并不是传统意义上的低收入群体。目前，新加坡90%的土地掌握在政府手中。在1985年时，85%的居民就居住在保障性住房里，其中95%的人（大约300万人）对所居住的保障房享有所有权。这主要是因为新加坡认为住房问题是一个社会问题，国家需要承担主要责任来决定保障性住房的供给和消费，从而向较低收入人群提供可负担和混居社区住房。

新加坡保障性住房供给的核心就是最大化支持穷人的住房选择，避免排挤、掠夺和不卫生的居住环境。在实施方式上倡导向较低收入者提供可负担的、质量优良的和设计合理的保障性住房，并且鼓励低收入人群对保障性住房获得所有权。新加坡住房开发局肩负着向所有新加坡公民提供家庭住房的责任，这不仅体现了新加坡遵循国家是住房供给者的

[①] 朱小磊：《广州经适房老年人居住需求评估及其启示》，《建筑学报》2013年第9期，第175页。

理念，还体现了国家是协调者和规划者的角色（Sim 1993）。① 基于这样的国家治理哲学，新加坡政府制定了各种制度来干预市场，并允许穷人选择最适宜他们的住房类型，这也是基于他们的背景和需求的不同，从而让不同人群的消费和他们的收入相匹配。

总体上，新加坡的保障性住房的需求评估规划由住房开发局来制定。新加坡的国土面积是137平方公里，人口大约600万。经过几十年的发展，新加坡住房开发局在政府所有的土地上建设了大量的保障性住房，并以99年的使用权出售给个人。在政府的补贴下，住房的价格低于市场价值。从1960年开始到2018年年底，新加坡住房开发局总共建设了120万套保障性住房。根据开发局的年报，截止到2019年3月，大约有106万套保障性住房还在使用当中，13万套被拆除或私有化。根据新加坡住房开发局的2018年年报，大约320万人住在保障性住房里。这就意味着3.1个居民享有一套保障性住房，人均居住面积是30平方米。所以，新加坡保障性住房的需求评估规划完全取决人口增长的规划。新加坡每年都对其人口进行统计，并对人口的收入和税收进行统计。这统计是新加坡住房开发局建设新保障住房项目的依据，最终的目标是让住房供给和需求达到平衡。

三 英国

在英国，地方政府具有规划权，因此关于保障性住房的需求的确定也由地方政府来负责。但地方规划必须遵守《国家规划政策框架》（*National Planning Policy Framework*）。② 该框架规定：地方政府规划应该确保满足对市场和保障性住房的全面的和客观的评估，从而规划一个混合居住的和平衡的社区。《国家规划政策框架》中的第173条还规定：为了确保保障性住房的可行性，政府将对保障性住房建设中的土地所有人和开发商给予相应的利益补偿。

---

① Sim L. L., "Shelter for All: Singapore's Strategy for Full Home Ownership by the Year 2000", *Habitat International*, Vol. 17, No. 1, 1993, pp. 85–102.
② 英国《国家规划政策框架》最新修订版在2019年2月19日出台，它替代了2012年和2018年的文件。

在英国，地方政府委员会要求保障性住房在适宜建设的地点上的建设目标是35%。这一比例在英国的各地因情况不同略有不同，通常的建设比例是根据住房需求评估调查的数据而确定的。这个比例是政府与开发商磋商的基础，如果开发商提出这一比例会损害开发的可行性，他必须提供相应的证据来要求减小这一比例。根据单元开发计划（UDP），当地政府应该和开发商就最大数量的可负担性住房的供给进行磋商，每一开发住址应有十单元或更多的可负担性住房（或者是0.4英亩及更多的），并确保这些单元的住房一直保持价格的可负担性。规划的方式在英国逐渐被广泛适用，地方物业开发规划通常都要包含保障性住房的规划，往往都有一定的保障性住房的开发面积门槛和保障性住房在物业建设中的比例目标。在英国北部西部，比例是15%—20%。但在东南部包括伦敦，这一比例高达50%。这是城市物业开发的要求，在农村则没有这么高的保障性住房建设和供给门槛要求。

（一）一般的供给和数额计算

在计算保障性住房的供给时，地方政府通常对开发商的要求是50%的住宅应该是可负担性住房，按照伦敦计划（London Plan）的目标，在可负担性住房中，社会公租房和中介房的比例是70∶30。当地政府应合理磋商一个可负担性住房的混合开发，来确保一个更广泛和可持续的开发。

对所有的开发计划来说，保障性住房建设的基数计算应结合单元数、房间数（Habitable Rooms）或住宅开发的建筑面积。市长住房规划的18款第10项（Mayor's Housing SPG）规定：不同的混合社区的开发，供给不同类型的可负担性住房。因此可负担性住房的计算也不同，相比较而言，利用建筑面积或可入住的房间数（Habitable Rooms）来计算可负担性住房的比例是更为适当的。地方政府中关于可持续设计和建设（Sustainable Design and Construction）的补充规划文件（Supplementary Planning Document）中就可负担性住宅空间标准规定了更为具体的要求。因此，在一些建设方案中，开发商的住宅单元面积远远超出了政府规划的面积，一般都会超出50%。为了便于可负担性住房的计算，如果可入住的房间的面积超过了政府规定的20%，就会被算作两间可入住的房间。

（二）例外情形

可负担性住房的比例的计算应该是规划时计划的数量（Gross），而不是实际的开发数量（Net）。然而会存在一些例外情况，比如对现有的可负担性住房方案的重建和重新开发。例如在班额特（Barnet）已经着手开始一个项目去重建四个最大的房地产，把它们改变成有活力的，混合居住的社区。该项重建项目将建设 3500 个当地政府提供的保障性住房和 8000 个新的商品房。该项目针对的人群包括现有住户（Existing Tenents）、共有权住房住户（Share Ownership）、核心工作人员（Key Workers）和商品房购买者。当地政府在此种情况下，通常会适用实际开发（Net Gain）的单元数来计算可负担性住房开发比例，以期达到综合开发供给的可行性，而不损害其他人的社会利益，例如要满足每个人的体面家庭的标准（Decent Homes Standard）。在计算是否有可负担性住房的损失时，依据的是可以居住的房间，而不是住房。

（三）特殊的成本（Exceptional Costs）和对可行性的坦率方式（"Open Book" Approach to Viability）

偶尔会有一些例外情况需要说明可负担性住房供给减少的理由。开发商在与政府谈判时应着重考虑购买土地，而不是着眼于减少可负担性住房的供给。因此，应综合考量可负担性住房的供给、其他一些已知条件和局限标准的这些开发成本不应被当成特殊的成本，例如拆迁，景观美化，调查（考古或生态）或土地情况。在此种情况下，申请的开发商负有义务去说明这些成本没有被贬值的土地价值抵消或单元的销售价格弥补。

有些情况会存在真实且不可预见的开发成本（例如不可预见的污染）和其他的补偿性支出。地方政府应与开发商坦诚地磋商谈判，就开发的成本和价值来寻求独立的可行性意见。这就要求独立的财产评估机构（Independent Financial Appraisal）来协助确定开发商申请的适格性，评估费用由申请者承担，因为这是为了证明开发的合理性和减少可负担性住房供给的规划价值。当政府规划的目标存在潜在冲突时，政府应评审其义务的优先性。

以德文郡（Devon）的达特姆国家公园（Dartmoor National Park）地区为例，达特姆国家公园（Dartmoor National Park）区政府和区房管局

（Housing Authority）和德文郡社区委员会（Community Council of Devon）的乡村住房促管局（Rural Housing Enabler）三部门合作，由乡村住房促管局来具体执行住房需求评估（Housing Needs Assessments）。该部门对社区的所有住户进行调查，调查的内容是申请资格、住房需求和能否负担当地住房的市场价格，其目的是确定被调查人是否符合申请保障性住房的条件。

同时，通过和住房登记部门（Housing Register）收集的证据相比对来优化评估结果，但评估的主要依据还是住房需求评估调查（Housing Needs Assessments）。因为住房登记部门的信息不能确定登记人是否符合申请资格。但住房需求评估调查（Housing Needs Assessments）具有时效性，一般3—5年就需要更新，来确保信息更加准确。住房需求评估调查（Housing Needs Assessments）是保障性住房规划的初期任务，这样的评估调查往往在提高保障性住房的意识方面和建设选址方面也都起到很大的作用。

关于什么是适格的保障性住房的目标群体，具体指的是有明显的住房需求，不能负担商品房市场中处于市场价格下的住房，并且符合相关的当地规划的申请条件：

（一）需要住房

当前住户已被评估过，并被登记在房屋登记部门。房屋登记部门通常要对登记的住户进行住房需求评级，分为五个级别：第一级别是急需住房；第二级别是高度需求住房；第三级别是中度需求住房；第四级别是低度需求住房；第五级别是无住房需求。

（二）无法在商品房市场上负担得起购买住房

政府将在住房市场评估中考虑使用可负担性测算公式。该公式把收入和当地住房价格相挂钩，即收入要低于住房价格的四分之一。这就意味着家庭总收入在住房上的花费不得超过25%，这一比例是一般按揭的门槛，即要求可以达到家庭总收入的3.5倍。

（三）被评估的住户里至少有一位家庭成员是当地人（紧密联系）[①]

对当地人的条件要求是：在本地城市或农村居住至少5年；或已经

[①] 在英国，各地方都制定了紧密联系的条件，略有不同。

居住过5年，但过去三年搬离的；或其他和当地联系紧密，例如正在当地生活。英国当地政府没有对紧密联系做出界定，这给予了政府一定程度的灵活性。但是这对政府在认定联系程度时具有一定的帮助，以下的例子可以认定为有紧密联系：

1. 住户中的一位家庭成员（父母、岳父母、儿子、女儿、继子、继女、合伙人的孩子、兄弟、姐妹、祖父母、孙子女、舅、伯、姨、姑、外甥、侄子、外甥女、侄女）在当地连续居住至少五年；

2. 一位家庭成员成长或成长的重要阶段在本地；

3. 在当地就业（每周工作时间不少于16小时），连续工作至少两年；

4. 过去在当地度过很长时间（通常不少于5年）。

这可以允许当地社区有机会确定当地居民有分配优先权，并对确定适格的认定提供一个更加透明的程序。

四　美国

在美国，虽然各州的人口、经济和面积不同，但每个州的州政府都需要对其所在州的住房保障人口进行调研，并制定相应的财政规划和保障制度。美国通常以收入为主要依据来认定申请人是否符合申请保障性住房的条件。以美国的特拉华州为例，其把对租赁住房有需求的人群收入划分为三档，把有购买住房需求的人群的收入划分为四档。首先，需要租赁住房人的收入三档包括：低于特拉华州该地区的平均中等收入的50%；是本地区平均中等收入的50%—80%；和高于本地区中等收入的80%。此种收入分类的目的是帮助开发商和政府来确定此类收入符合哪种住房保障项目。例如低收入住房税收减免项目（Low Income Housing Tax Credit Program）的设定针对的是家庭收入在本地区中等收入的50%—60%，而住房券项目（Housing Choice Voucher Program）针对的是家庭收入低于本地区平均中等收入的50%。通过统计收入数据，住房供给方将对新建家庭住宅、公共融资的类型和抵消建设成本的融资数额有一个更清晰的掌握。其次，需要购买家庭住房的住房困难户，其家庭收入通常超过本地区平均中等收入的80%，此类人群的家庭收入被分成两类：平均收入的80%—120%和高于平均收入120%。相应地，住房保障项目是邻里稳定项目（Neighborhood Stabilization Program）或《住房法案》里的家庭住房购买项目（Section 8 Homeownership）。

当然，以收入水平的划分来确定住房的需求和以可负担性来确定住房的需求在美国不同地方是不同的。以特拉华州为例，对住房急需的家庭是低收入家庭和极度低收入家庭，他们收入通常低于当地平均中等收入的50%。而中低收入和中等收入家庭是有住房需求的最大群体。这类群体的收入可以做如下区分：

1. 收入低于当地中等平均收入50%租房者占42%，收入超过当地平均中等收入80%的占38%；

2. 收入达当地平均收入80%—120%购买住房者占33%，收入超过当地平均中等收入120%的占39%。

五　各国保障性住房需求评估制度比较结果

总体上，各个国家对保障性住房的需求评估都是由政府部门主导，这也体现了政府干预理念在住房领域的应用。各国在评估保障性住房需求时，参考的依据都是收入和现有住房状况，只是在具体操作细节上各有不同。首先，中国国土面积广大，各个地方政府根据实际情况来评估和统计需要建设的保障性住房数量。通常是住房保障局和房管局来合作确定，确定的具体程序和方法没有相关法律规定。通常情况下，各省、市、自治区、直辖市按照国务院住房保障建设要求，查明各地方的现有城镇中低收入人群的收入、住房和保障住房的需求情况。中国对保障性住房的需求评估中，核心是确定本地区的低收入人群数量，然后确定保障性住房的申请人数。在确定调查对象方面，即对存在住房困难的城镇低收入家庭和个人的调查，总体要求涉及收入、现有住房状况和面积、家庭成员人数和户籍所在地。在调查方式上，申请人向居委会填报申请表，居委会进行初审。然后街道办事处进行审查。最后由住房保障管理部门进行审批。调查步骤是由街道办事处号召居委会进行宣传并公布保障房申请的制度和条件。同时，制定申请表格、汇总表和宣传材料。随后是申请受理阶段，申请人在规定的期限内向所辖街道办事处提交相关申请材料，包括申请表、身份证、户口本、住房证明、收入证明、婚姻状况和财产申报表。再就是复核审查阶段。民政部门协同其他部门对申请人提交的相关材料进行审核。最后是备案汇总阶段，房管部门对通过申请的申请人进行登记备案,并将申请人信息录入计算机,以便于建立和完善城镇住房困难低收入人群的数据库,并进行动态管理,及时更新。最终基于以上数据形成本地区保障住房的需求评估报告。存在的难度在于无法核实申请人的真实收入,这与中国的税收申报和惩罚制度不完善有关。

新加坡的保障性住房需求评估和中国相同,都是由政府主导,所以新加坡80%的居民居住在保障性住房里。但新加坡国情与中国存在巨大差异。首先,新加坡国土面积小,人口仅600万左右,其在人口数量和收入情况的调查方面相对来说比较容易。新加坡统计局(Department of Statistics of Singapore)协同其他部门进行统计,其中就包括住房开发局。关于如何确定保障性住房的建设数量,新加坡也是依据统计数据来确定城市中收入较低的人群,并依据此类数据来规划保障性住房的建设规划和规模。

在英国,地方政府要求保障性住房在项目开发建设中占有一定比例,这一比例因各地情况不同略有不同。通常的建设比例是根据住房需求评估调查的数据而确定的,同时和住房登记部门收集的证据相比对来优化评估结果。但住房需求评估调查(Housing Needs Assessments)还是主要的依据,因为住房登记部门的信息难以准确确定登记人的申请资格。同时,住房需求评估调查(Housing Needs Assessments)具有时效性,一般3年至5年就需要更新,来确保信息更加准确。住房需求评估调查(Housing Needs Assessments)是保障性住房规划的初期任务,这样的评估调查往往在提高保障性住房的意识方面和建设选址方面也都起到很大的作用。

美国各州政府也需要对州的住房保障人口进行调研,并制定相应的财政规划和保障制度。和中国,新加坡以及英国一样,美国也是以收入为主要依据来认定申请人是否符合申请保障性住房的条件,从而来评估保障性住房的建设和补贴。

结论就是:收入和住房的调查统计数据是以上各个国家评估和建设保障性住房数量和规模的规划依据。只是在准确性方面,每个国家的国情不同,略有差异。为了确保评估的准确性,需要其他相关制度的制定来辅助,例如,完善的税收制度、社会诚信制度的建设以及相应的惩罚制度,这都是新加坡成为保障性住房典范国家的制度基础。

第三节 保障性住房质量规划制度比较

一 中国

在中国，保障性住房的建设通过招投标的方式由有设计和建筑资质的企业来实施。保障性住房的质量监管主要是内部监管。不同的项目通过所属公司制定的《保障性住房质量管理细则》来确保保障性住房的质量符合国家的质量标准，工程质量标准要求保障性住房的质量达到居住条件。

（一）项目质量管理组织机构及其职责

首先组建项目小组。总经理和书记是保障性住房质量管理小组第一负责人。他们负责起草制定与质量相关的宗旨、目标和方针，同时对重大质量议题进行决策。总工程师通常为副组长，是质量保障的主要责任人。其职责是协助组长起草制定住房质量管理制度，审批与质量管理相关的报告、决定和文件。副总经理任副组长，其职责是负责组织开展项目质量管理和监督工作，确保项目质量相关措施得以有效实施。涉及工程、技术、质量、安全、材料等的部门负责人是组员。把相关责任分配到各个部门的负责人，签订质量保障责任书并备案。责任书的主要内容就是要详细明确质量体系中的质量目标、质量责任、奖罚等条款。最终实现责任全方位覆盖，并实行质量责任终身制。其次，要成立项目经理部，制定保障性住房质量保障体系和质量策划文件，

（二）技术文件和质量保障制度

项目经理负责编制保障性住房质量保障措施，并备案。措施编制不仅需要符合国家现行有效的建筑工程法律法规、设计和施工规范，还必须符合保障性住房的有关文件。

1. 质量保障制度的编制和报审

项目经理制定其责任范围内的质量保障和管理制度，主要包括施工总体方案和技术交底制度；保障性住房的建设材料、机器设备和配件的进场检验及储存管理制度；施工试验检测管理制度；工程质量自检、申报和签认制度；工序交接检查制度；样板确认制度；隐蔽工程及关键部位质量的预检、复检和验收制度等。以上制度首先由施工单位负责人审

核,之后报送监理单位,最后由工程项目总监理工程师批准并予以执行。

同时,项目公司技术质量部门要对技术方案和质量保障制度的落实进行监督。具体措施涵盖对质量保障人员进行定期培训,提高安全意识;质量方案的更新;质量控制程序和验收的定期检查,并做出评价来作为绩效的主要依据;对存在的质量问题提出处理意见,督促项目经理部门落实整改。

2. 建设工程分包商、供应商的选用

选用社会评价高、履行约定信誉好、产品和服务质量达标、履行质量保修承诺的分包商和材料供应商。在合同中要约定质量目标、资金投入、质量控制程序和质量保修条款。在合同违约部分要明确相应的违约责任。项目经理部门应当建立分包商和供应商的信誉评价体系。真实评价他们在合同履约、质量控制、材料设备质量检验和质量保修的信誉,选择信誉高的承包商和供应商,排除信誉低的承包商和供应商,最终确保保障性住房质量目标的实现。

3. 建设工程材料设备的选用

同样,由项目经理部门来建立材料设备质量控制程序和制度。确定保障性住房建设中不同环节和不同阶段的监督检查程序和相应负责人,贯穿建设过程、竣工交付和质量保修全过程。根据地方政府制定的类似《关于在新建廉租房、经济适用房和限价商品房工程中实施建设工程材料采购备案》的法规,实行建设材料采购备案,保证建设工程材料的可追溯性。必须执行《民用建筑外保温系统及外墙装饰防火暂行规定》和《关于进一步明确民用建筑外保温材料消防监督管理有关要求的通知》,确保保障性住房使用的建筑材料必须符合国家和行业产品质量标准,符合设计、施工规范要求。所选用建筑材料应符合国家放射性和有害物质限量要求。

4. 工程检测和实验

加强保障性住房工程检测管理,承担保障性住房工程的检测单位应具备相应资质,各项试验检测数据应真实、准确,项目经理部要与检测机构保持沟通渠道的畅通,对于检测试验不合格的项目,检测单位能及时向委托单位通报。项目部在开工前根据工程的规模、工期、设计及规范标准的要求编制试验计划,并报公司技术部审批后,方可开始用于试验的临时建设及购置试验用仪器、设备,检测与试验工作方可开始进行。项目部负责配合检测单位进行产品进货、工程施工过程、竣工的有关试验和检测工作、提供试验报告;负责建立现场试验室,确保具备基本的取样、养护等条件。严格依据相关法律法规履行见证取样和送检程序,对涉及结构安全的试块、试件和材料应100%实行见证取样和送检。

5. 过程质量控制

依据《公司质量管理办法》和《工程质量创优奖罚办法》对保障性住房施工建设进行全方位和全过程控制,保证项目工程的结构安全和居住功能的实现。同时,对于项目质量实行责任实名制制度。要求项目的各个部分都有专人负责,并实行过程质量操作、验收挂牌制度。悬挂质量控制和验收标识牌,质量标识牌要写明施工部位、施工时间、分包单位名称、操作人员、技术监督人员、质量验收人员、工程实施管理人员、设计和验收标准以及验收时间等内容。项目经理部留存经各方签字确认的纸质质量控制和验收单,实现过程质量控制的可追溯性。另外,严格执行样板先行制度。对所有样板工序、样板间施工前编制专项交底或作业指导书。样板施工完成后,依据分公司《样板间检查验收管理制度》的要求进行样板验收和确认,留存样板确认记录和样板照片,并上传到质量管理信息系统备查。最后,实行周、月质量综合检查制度。对检查发现的质量问题,由项目经理部总工主持编制整改措施报告,逐一进行研究、分析和处理,形成周、月质量分析报告。

6. 工程验收

首先,强化自检、互检和交接检制度。对所有检查验收部位实行自检、互检和交接检制度,由分包单位自检、互检合格并在自检、互检记录签字认可,由项目部工程经理或施工工长对分包单位的自检结果进行确认,之后报质量检查员检查合格签字认可,再报项目部专业技术质量负责人复检合格签字后,方可报送监理单位由监理工程师进行检查、验收并签字确认。其次,落实交接检制度。每道工序完成后,必须进行检查。上道工序未经检查,不得进行下道工序。再次,执行住宅工程质量分户验收制度。实施两阶段分户验收,即进行主体结构分部工程验收前和单位工程竣工验收前,主要验收工程观感和使用功能质量。最后,强化工程质量保修制度,做好交付使用后的维修服务工作。

虽然中国对保障性住房质量有明确的制度要求，但也存在很多问题。例如保障性住房工程开发建设单位对施工质量的掌控能力差异明显、工程勘察设计中存在质量问题、保障性住房工程建设前期手续不全、参建责任主体质量责任意识不强及质量行为不规范等。针对以上问题，潘仪凯（2019）认为应当优化保障性住房工程质量监管体系，规范责任主体质量行为，并完善工程质量监督管理内容。[①]

二 新加坡

在1960年代，新加坡保障性住房的建设主要集中于解决拥挤和卫生问题。当时新加坡住房短缺，住房开发局的首要任务是短期内建设大量的保障房，注重的是数量。直到1990年代，住房开发局开始关心房屋的质量。这体现在：建设大面积的保障房、外部开阔空间、停车设施和娱乐设施等。同时，还注重把保障房建设在便利的地理位置，对建筑物外部设计的多样性和提供好的基础设施，例如交通、商店等。通过组织社会和娱乐活动，把邻里团结的氛围融入了住房质量当中。到了21世纪初期，住房开发局通过制定新城镇和新社区升级制度和政策来提高保障性住房的质量（It Koon 1976；Ching Ling, Chen 1977；Chong Yah 1978），主要体现在：使用新的设计，例如高低错落的住房代替摩天大楼；更多的使用传统住房文化特色，例如鞋面屋顶、高悬的屋檐和大窗户；创新升级，例如建设多层停车场、景观花园和儿童操场。新加坡保障性住房质量升级过程，允许居民和市政参与决策过程确保政策的灵活性、适应性。升级的费用由居民出资，政府贷款补贴的形式完成。整个升级的过程包括三个时期：实验期（Pilot Phase）、验证期（Demonstration Phase）和主要开展期（Main Phase）。实验期的基本目的就是测试材料和方法，从而最大程度减少对居民的侵扰。验证期是挑选若干旧小区进行升级，从而让大众检测升级后的效果。主要开展期是引入私人建筑师设计，对一些辖区进行整体质量升级。

而当前的新加坡通过大量建设保障性住房解决了以上两个问题，其

---

① 潘仪凯、周峰、周绪旭：《保障性住房工程质量监督管理措施研究》，《住宅与房地产》2019年第10期，第147页。

关于住房质量的标准已经转换成为物理标准和社会标准。物理标准指的是确保住房条件具有空间性、现代性和景观性，同时兼具设施和娱乐的便利性，其目的就是创建美丽和优雅的居住环境。社会标准指的是有能力开发团结的社区。在新加坡，住房开发局（HDB）肩负着向新加坡公民提供高质量的保障住房。

三 英国

在英国，保障性住房的供给必须符合法律规定①的规划要求：

（一）高质量

高质量的设计是实现地方政府目标的核心要求。是保护当地适宜居住的基础。有关设计的适宜，应该在申请前阶段被讨论，地方政府的设计指导意见（Design Guidance Notes）、补充规划指导（SPGs）和刚颁布的补充规划文件（SPDs）应该被考虑。住房开发的图纸应在规划指导中被确定。

开发商为了能够获得住房公司资金，其开发的可负担性住房必须遵守：最新的住房公司方案开发标准（Housing Corporation Scheme Development Standards，SDS）；住房质量指标（Housing Quality Indicators）；由国家住房联合会（National Housing Federation）和国家住房建筑商委员会（National House Builders Council）推荐的好的方式。即使开发商没有获得资助，这些标准也被认为是社会公租房建设的最低标准。在设计建设方案方面，开发商被建议和一个住房供给协会（Registered Social Landlord）紧密合作去满足上述标准。

在提供混合式和可持续性社区时，地方政府首推混合式社会公租房以满足适当人群的住房需要，所以会优先考虑对此类的开发方案提供资助。根据住房服务部的调查数据（Housing Service's Saffron database）显示地方政府对混合式社会公租房社区的开发有以下偏好：两人（2 Persons）居住的一卧室（1 Bedroom Homes）占25%；四人居住两卧室占25%；五到六人居住的三卧室占40%；七人以上居住的四卧室占10%。关于中介

---

① 《国家规划政策框架》（*National Planning Policy Framework*）2019年版中规定了住房质量建设依据。

房，当地政府偏好一或两卧室的家庭住房设计。

（二）以家庭为目标的住房供给

确保一个高质量设计的核心是提供可负担性家庭住房。此类住房能经得住时间的考验，既要能满足当代人的住房需求，也能满足将来数代人的住房需求。英国地方政府的其中一项工作就是帮助当地的每一位居民可以获得高质量的家庭住宅和可持续发展的，安全的和受欢迎的社区。地方政府要注重设计可负担性家庭住房，应提供三卧室，四卧室或更大的住房，让住户能拥有私人娱乐空间。因此，这就要求寻找有创新和有活力的设计方法，在最优使用土地时，也没有减少更大空间的设计和可持续性发展目标，并能提供现代的和大家喜爱的高质量的家庭住房。

（三）供给中的特殊问题

在供给现代和令人喜欢的可负担性住房时，地方政府希望所有的服务费用和维护费用都要包含在可负担的水平内。高的维护费用和服务费用可以影响可负担性，因此住房的设计应是提供维护的便利和低成本的家庭住房的所有。并且，政府期望供给停车位的资金成本由开发商承担，因此住户对此不承担额外支出。对可负担性住房的住户提供的停车位的数目和对停车位的管理都应该在申请前期阶段（Pre-application Stage）进行磋商。

另外一个特殊问题是，要求开发商对使用轮椅用户的标准设计和更大空间设计。住房（Housing Corporation）公司已经对此有过制度设计。

（四）原址供给、异址供给和支付替代

第一关于原址供给（On-site Provision），地方政府期望可负担性住房的开发位于当地，并把建造完成的可负担性住房转移给由政府提名的注册登记过的社会住房供给协会（Registered Social Landlord or Affordable Housing Provider）。在一些情形中，当地政府虽然会认为一个建筑位置适合进行住宅开发，但是会提出一些特殊设计的建议："原址供给有难度，应遵守其他规划考量，并对该建议进行考虑，以期达成可负担性住房的原址供给。"地方政府鼓励申请前期磋商（Pre-application Discussions）来解决设计之前（Pre-design Stage）的可负担性住房的问题。

在一些例外情形，地方政府会考虑把可负担性住房建设在可替代的地址，或者通过货币折算支付代替可负担性住房的供给。例如：一些建筑，通过重新设计的建筑方案而导致了较差的设计或对历史或建筑特性造成了损失。

第二关于异址供给，即改变原来规划的地址来供给可负担性住房，但前提条件是异址供给能够更适当地确定要满足的住房需求，并且该项目要比原址的市场开发要早。异址可负担性住房的供给比例往往要高于原址供给，例如，在一个建筑方案中要建设90个可居住的卧室（habitable rooms），地方政府对原址供给的正常要求是50%是可负担性住房，即 $90 \times [50/100] = 45$。45 间可负担性卧室；而变换成异址供给，该要求可负担性住房的原址供给比例加上原址比例的50%，即 $45 + 45 \times [50/100] = 67.5$ 可居住卧室（Habitable Rooms）。这就相当于要求76%的可居住卧室为可负担性。事实上，这就意味着异址供给至少占原址供给的商品房中的76%是可负担性住房，才能维持开发的商品房中50%是可负担性住房的要求。

第三关于货币折算支付代替可负担性住房的供给，根据地方的开发规划，在一些例外情况，地方政府可以接受原址供给，异址供给和货币折算支付来替代可负担性住房的供给。

通常情况下，货币折算支付来替代可负担性住房的供给是不会被允许的，因为这种方式提供的可负担性住房的数目较少。在一些有限情形中，货币折算支付是被认为合适的。支付的数额取决于住房供给协会支付购买可负担性住房的价格和在市场上销售同类住房价格差，如果开发商无法评估该数额，地方政府可就同一地段的住房进行比较。这些来自开发商折算支付的资金会被统一收集并专门用作支持住房资金项目（Housing Capital Programme）来提供可负担性住房。住房开发管理机构（The Housing Development Manager）管理基金并确定适当开发方案，例如，要求的开发项目是0.4公顷（Hectares）或更大的地上或建议建设10单元的住房或更多，如果：

1. A 表示可以建设的单元数（Number of units that could be achieved）

2. B 表示可负担性住房的供给乘以单元数（Affordable housing provision × units (A)）

3. C 表示每个单元转移给住房管理机构的成本（The cost of transfer to

an AHP per unit）

4. D 表示可以核实的单元市场价值（Verifiable Market Value of the u-nits）那么公式就是：[D－C]×B＝货币折算价（The Commuted Sum Payable）

总体上，英国认为的住房质量指的是个人家庭住房的物理条件和位置的社会环境，包括空气质量、安全和面积。同时，住房质量还受到户型设计和房龄的影响，例如易碎的玻璃、低窗台和糟糕的楼梯都会增加受伤的风险。另外，缺乏维护也会导致差的住房条件。这些差的住房质量会带来健康问题，而低收入家庭往往住在这些质量差的住房里。所以，英国制定了住房质量检测制度（Housing Quality Indicator System），该制度是基于质量，而非成本来评估住房，评估的指标包括：位置、视野和景观、外部开阔空间、线路、面积、布局、噪音和光线、宜居性、持续性和外部人居环境。英国在规划、设计和建设保障性住房时，都将依据该制度来进行建设，确保保障性住房的质量。

四 美国

在美国，现阶段住房保障主要通过货币化、抵税等形式实施。低收入群体租赁的房屋或购买的房屋都是在市场里流通的商品住房。因此，商品房的建设标准需要完全符合美国国家的住房法律规定。另外，美国地方政府还为了降低商品房的成本，向低收入人群提供了大量的可负担性住房，这些住房也是私人开发商建造。对于如何在建设成本和可负担性中找到平衡，同时还要确保住房的质量，美国政府制定了可负担性住房的质量标准认定来解决。保障性住房质量的认定程序包含三个步骤：首先，对开发商的信誉进行评估。开发商在申请项目时要达到评估机构的信誉认可。评估指标包括：建筑材料、建设选址、设计、废水处理、娱乐设施和低收入群体就业便利性等评估机构。在对开发商提交的文件和建筑计划进行评估后，给出初级评估结果。其次，当低收入群体搬入社区可负担性住房后，他们可以对住房质量进行反馈。这对开发项目的最终评估至关重要，也可以激励开发商确保住房质量。最后，在对开发商做出最终评估后，政府还将对其进行长期监督。开发商、融资机构和研究机构将分享持续评估的结果,从而确保评估的准确性和透明度。

这样的保障性住房质量评估制度对各方都有益处:对低收入群体,他们可以依据评估进行购买选择,在质量和可负担性中进行平衡,不再是欺诈、虚假广告或没有购买选择的受害者,而是变成了在正式市场中具有选择权的消费者。这既可以增加他们的收入还可以改善基础设施、健康和教育。对私人开发商,由于建设标准和评估已经设定,这样可以降低他们的项目规划和启动成本。同时,建筑工人可以在明确的工作质量指导下进行施工,从而更容易确保质量。评估高的开发商也可以在市场中赢得竞争优势。对政府来说,采取这个标准可以节省时间、金钱和人力,从而集中处理欺诈和不诚信开发商等恶劣情形。

五 各国保障性住房质量制度比较结果

各国保障性住房的质量总体上要求符合物理性的居住条件,同时也要求环境的宜居性和生活的便利性,中国、新加坡、英国和美国的保障性住房的质量门槛都有同样的理念和制度要求。一方面向低收群体提供可以居住的保障性住房,包含居住的所有基础设施,例如水、电、门窗和楼梯电梯等。另一方面,住房周围提供生活的基础设施,例如医院、交通和学校等。除此之外,新加坡的保障性住房升级制度值得借鉴。毕竟保障性住房随着时光的流失,其质量也处于下降态势,对老旧保障房的升级是提高保障性住房质量的有效途径。老旧保障性住房小区的升级需要小区居民和辖区政府的共同参与,关于升级的费用由居民公积金储蓄摊派,同时政府提供融资贷款。升级的程序通过实验期、验证期和主要开展期逐步推动,赢得居民信任。

第四节 各国保障性住房包容性规划制度比较

一 包容性规划制度概述

保障性住房的包容性(Inclusionary Housing)[①] 指的是地方政府通过

---

① 包容性住房(Inclusionary Housing)又被称为混合收入住房项目(Mixed-income Housing Program)。

制定地方性法规鼓励房地产开发商在新建住宅项目中规划和建设一定比例的保障性住房。由于保障性住房的价格低于市场价，政府以直接补贴的方式来奖励此类开发商。许多国家把包容性的保障性住房也称为混合收入性住房。因为此类项目通常由政府主导，并制定相应法规来要求和激励开发商建设一个由不同收入家庭来居住的社区，让一定比例的低收入和中等收入家庭成为新建社区的成员。

保障性住房的包容性法律制度已经在世界多个国家被长期执行。该制度的合理性主要有两个方面：一是增加保障性住房的供给；二是为了创建一个更融合和包容的社区。让不同收入群体居住在一个社区内会让低收入群体分散开来。贫民聚居往往会导致很严重的社会成本，会限制各种机会和就业，同时还会导致教育质量和健康的低下、高犯罪率和秩序混乱。住房的意义远超居住的功能，其还决定着享受其他服务和设施的机会，例如教育、医疗、工作和购物，等等。因此，住房的地理位置就决定了很多机会的存在。保障性住房的包容性制度在解决负面的社会影响中有着重要的意义和潜力，该制度通过减少住房供给与就业之间的不匹配来允许低收入家庭获取更多的经济性机会。同时，让低收入家庭获取更多的工作机会对经济也有积极的影响。住房和交通通常占据了低收入家庭收入的最大部分。向低收入家庭提供包容性的保障性住房，会缩短他们的工作距离，增加可支配性收入，可以用以购买其他物品和服务，同时这也刺激了当地的经济发展。另外，居住在混合收入的社区可以让孩子接受更好的教育和接触到积极的行为榜样。这些积极的社会和经济效果只有在包容性保障性住房项目很好实施并帮助低收入家庭享受到更好的社会服务和经济机会的前提下才能实现。

世界多国，包括欧洲的瑞典、法国、比利时、荷兰、芬兰和英国，还有北美的美国和加拿大都制定和实施了保障性住房的包容性制度，一些国家又把它称为混居制度，他们都积累了大量的制度经验。在欧洲，包容性住房项目被看作社会需要和地域融合的工具（Ponce Solé, 2006）。目前学术界认为主要存在两大包容性住房项目模式，它们被证明在提供持续的保障性住房方面是非常有效的。第一种模式是英国的"规划获得"（Planning Gain）制度模式，英国政府首次引入该制度是在1980年代。现在，英国通过制定全国性的规划法案来促进包容性住房的发展,并普及到了苏格兰和英国的其他地区;第二种模式是美国的"包容性区域"(Inclusionary Zoning)。美国在1970年代首次引入该制度,现在很多州都已经制定并实施了该制度,至少建设了300多个包容性社区。

(一) 保障性住房包容性制度的概念及其起源

包容性制度作为一项法律,其要求私人房地产开发商把新建的商品住宅中一定比例作为保障性住房分配给中低收入人群。在强劲的住房市场里的实施包容性法律制度,不仅可以增加土地的价值,也可以指导建造保障性住房。美国包容性制度可以追溯到1960年代的民权运动。当时美国采取的是种族隔离制度,通过土地规划,把人种区别对待,让不同的族裔住在不同的区域。美国最早的包容性保障性住房项目在1970年代的弗吉尼亚、加利福尼亚和马里兰州实施。到1990年代,美国其他州也广泛采取该制度。一些美国的主要城市,比如纽约、芝加哥、圣迭戈和华盛顿实行包容性制度,使之成为保障性住房策略的一部分。保障性住房的包容制度在美国兴起后,世界其他一些国家,包括加拿大、西欧、澳大利亚、印度和南非等,也随后进行了效仿。截至2017年,大约有866个地方政府都通过并实行了保障性住房包容性制度(Thaden and Wang,2017)。

美国学者认为包容性制度在全世界被采用的理由有:

1. 进一步分散和私有化了保障性住房;
2. 培养和提升了社会性包容社区的理念和关怀;
3. 可迅速增加以市场为导向的住宅建设。

同时,从1990年到2007年,包容性制度的实施不仅提高了商品房的价格,也激励了私人开发商建设保障性住房。在美国的法律规范框架下,保障性住房包容性法律制度的定性也不尽相同。一些情况下,该法律制度被定性为土地使用法,有时也被定性为价格调控法,类似于租金调控法律。美国一部分学者的研究指出,美国国家法制环境中存在促使地方政府采纳包容性保障性住房项目的两个因素:第一是地方政府对土地政策的制定具有一定程度的自治权;第二是美国各州都制定了保障性住房的法律。

尽管包容性制度在全世界已被广泛实施和执行,但该制度也存在着很大的争议。一些持不同意见的学者认为该制度是控房价制度，对住房市场起到阻碍作用，会减少供给，抬高商品房的价格。另一方面，还有一些学者认为该制度影响税收，滥用公共资金。甚至有学者质疑包容性制度对保障性住房供给的长期效果，他们认为包容性制度会抑制住房市场的涓滴效应。从短期看，包容制度只会使中等收入家庭受益，但从长期看，通过过滤后，包容制度会减少保障性住房的供给。

（二）包容性制度的特征

保障性住房的包容制度在美国和其他国家被广泛采用。威廉（Williams et al.，2016）认为该制度的显著特征表现在以下几个方面：

1. 包容性制度的强制性或选择性

美国一些地区对商品房项目中实施包容制度是法律的强制性规定，例如华盛顿特区和大湾区。而其他一些地区，该制度的执行具有选择性，例如波士顿郊区。英国和澳大利亚也具有类似的法律规定。

2. 包容性制度中保障性住房的占比

在美国，依据包容性法律制度的规定，通常商品房开发项目中的保障性住房的占比，基于不同的项目，在5%—30%。大湾区的包容性法规要求的比例是10%—15%。有些地区要求保障性住房的占比高达25%，甚至50%。在华盛顿特区，该比例通常低于5%—15%。

3. 包容性制度适用主体的收入水平

美国的大湾区，包容性制度的目标群体的收入水平包含了非常低的，低等和中等收入人群。廉租房更倾向于低收入家庭，而产权房的目标群体是中等收入人群。在华盛顿特区，包容性制度的目标群体的收入不超过平均中等收入的65%—70%。而波士顿郊区的目标群体的收入高于大湾区。

4. 包容性制度的实施和豁免

在美国，大湾区的包容性法规几乎适用于所有的新开发住宅项目，而在波士顿郊区，该制度仅适用于较少的项目。在华盛顿特区，一些小的住宅开发项目可免于执行保障性住房包容制度。

5. 对开发商的激励机制

许多包容性项目都为开发商提供抵扣的激励措施，包括税费减让、财产税的免除和补贴奖励等。

6. 开发商原址供给保障性住房供给的替代选择①

按照包容性法规的规定，如果开发商不在新建住宅区内供给保障性住房的，其必须履行其他一些义务来替代，例如缴纳替代费、在附近地址建设供给、为保障性住房的开发保留土地或保留可转让的开发积分。

7. 对开发商提供低价保障性住房的期限要求

在美国，不同地区的期限有所不同，通常是 10—99 年。波士顿郊区的包容性住房项目对保障性的期限要求要久于大湾区和华盛顿特区，其中三分之一的此类项目要求永久性、保障性或可负担性。

（三）包容性制度的立法目的

1. 分散贫困的集中度和改善社区治理效果

城市贫民的高度聚居会导致不利的社会影响，包括社会孤立、较弱的社会关系网络和低社会资本的流入等，这都会影响个体摆脱贫穷或不利境地的能力。不同种族和不同收入阶层的隔离都是一种人口的不均匀分配。有研究显示，排斥在社区之外会造成很多负面的结果，例如青少年的怀孕、较低的社会和经济地位、辍学、教育成绩落后、就业难度大、侵害行为和社会排斥，等等。包容性法律制度要解决的一项社会问题就是城市贫困以及贫困人群聚集。通过制定该法律制度，国家可以合法地干涉此类社会问题，从而让不同收入阶层的人群混合居住，融合生活，减少和杜绝排斥和隔离，最终建立和谐的人居社区。这也是包容性法律制度要实现的一个立法目的。

2. 现代社会的多样性

当今，城市建设的法律法规总是强调可持续性社区的开发。可持续社区的特性不仅包括社区住宅空间充足、多样性、可负担性和宜居性，还体现在有不同文化、背景和信仰的社区居民之间的相互忍让和尊重。多样性的作用可以不断地变化，并且其包含着商业和服务的多样性、建筑物样式的多样性和社会与文化的多样性。维持多样性的主要方式是便利的出行距离和大量不同品味与嗜好的人群，换句话说，就是要有较高

---

① 在美国，并不是所有的包容性住房项目都要求可负担性住房在原址建设。一些项目允许开发商在社区其他地方建设，一些允许开发商支付替代费，从而政府可以使用替代费来在选择的地址建设可负担住房。

的人口密度。在过去的几十年间，伴随着城市人口多元化措施和制度的出台，吸引了大量的多元化人才和工业进入当代城市居民的生活，使城市散发活力，而且还会促进城市人口的密度，让不同背景的聚居在一起，产生混合居住的社区和邻里。包容性法律制度就是要促进社区的多元性，为多元社区居民的和谐共处创造制度支持。

3. 社会融合、社交网络和社会资本

社会融合指的是一种团结，通过黏合剂把社会凝聚在一起。学者们认为社会融合包含共享的标准和价值、社会团结、社会调控、社交网络和归属某一共同身份的情感和生活地方的纽带。事实上，社会融合不能被视为一个单一的概念，而是作为一个与其他现象相互联系的范畴。社会的融合是一个由下而上的过程，社区层面的社会包容是作为更高层面的社会融合的基础。社区包容的效果往往要考虑两个方面的因素：一是社区归属感，二是邻里的数量。

社会关系指的是个体间的交际。社会关系为社会支持和信息获取提供了一个有效的源头。我们和谁相识就决定了我们有什么类型的塑造以及改变和提高生活的资源。一些关系帮助我们处理日常生活中的问题，而另外一些社会关系通过提供信息和机会帮助我们和一些机构和进行交往，从而获得更好的生活。其实这也就是表达类社会资源和工具类社会资源的区别。表达类社会资源可以证明社会地位，并比工具类社会资源要丰富，而工具类社会资源被认为是促进向社会上层流动的资源。所以，表达类社会资源一般都是由类似背景的家庭成员或朋友提供的，信息资源也具有类似性，而工具类社会资源是由不同社会背景的人或机构来提供的。通常，相类似的关系会紧密，而不类似的关系会薄弱。一个多样性的个人社交网络虽然关系不紧密，但被认为可以提供更好的工具类资源或连接社会资本。以低收入家庭为例，和具有类似社会和经济背景的家庭或个人所建立起来的社交网络往往会导致较差的工具类社会资源。总体上，社交网络描述了空间范围、密度、多样性，以及人们所建立的社会关系间传递的信息和资源的质量。所以，包容性制度可以为居住在包容性社区的低收入家庭提供更多改善生活的机会和资源。

（四）包容性制度的功能

近些年，不同族裔和阶层人混合居住的包容性制度在世界范围内被广泛认可和接受,该制度制定的前提条件是弱势群体的居住空间非常集中。这种情况在欧洲非常典型。这是因为在两次世界大战后,欧洲很多国家都在城市中为低收入群体大规模地建造了住房,这也导致了很多社会问题。所以为了解决以上问题,欧洲很多国家制定了包容性制度,让不同背景的人们,例如不同的族裔和社会阶层,混合居住在一个社区内,其目的是帮助解决出现的社会问题。

柏璐波(Berube,2005)曾在其研究成果中罗列出了包容性制度的功能。他指出一个由弱势群体聚居的社区往往体现在很多不利的方面,例如高失业率和有限的就业前景、受教育程度低、高犯罪率和混乱、不平等的医疗和健康以及低消费,等等。这种弱势群体的聚居对公共服务造成了巨大压力,并导致私营产业活动的减少。因此,包容性制度的目的就是要产生大量的积极结果,例如社会融合、社会流动的机会、更多的社会资本、更好的服务、低犯罪率和稳定的居住环境。同时,包容性制度被认为是住房平等权和社会机会的保障制度,其可以解决社会排斥和贫民窟现象。

事实上,在一些执行包容性制度的社区中,都产生了很多积极的因素,例如这些社区中的居民生活和工作环境的改善。族裔的隔离是社会经济产生的结果,社会经济的隔离是保障性住房分配的原因。所以,保障性住房制度是解决种族隔离和社会经济问题的一项有效方法。社会低收入群体可以从包容性制度中获得很多益处:不同背景居民间的交流可以形成社会流动;高收入和拥有物业的居民可以为低收入者起到积极的表率作用;包容性制度增强社会管控;富裕居民的出现可以促成集体行为,并对社区的公共服务的质量起到积极影响。其中,包容性制度的主要功能就是通过不同收入阶层和族裔背景的居民间的交际互动为低收入者提供更多的机会。同时,社区的居民可以积累更多的社会资本,为他们的流动和迁徙带来积极影响。基于以上阐释,西方学者科恩斯和梅森(Kearns and Mason,2007)提出了包容性制度的四种影响[①]:

[①] Kearns, A. and Mason, P., "Mixed tenure communities and neighbourhood quality", *Housing Studies*, Vol. 22, No. 5, pp. 661–691.

1. 改变的影响

贫穷地域的形象很难改变，这是因为这些地方有着贫穷的名声，尤其是居住在保障性住房社区中，居民往往伴有羞耻感。为了改变这些社区的命运，很有必要对其进行全面改变，而不是逐步地改善。这种改变对社区居民和外人来说，必须是真实的、有形的和可以看得见的。只有这种改变的方式才能使居民对自己和社区的未来获得改变的感觉和一定程度的乐观。保障性住房的包容制度就是一项有效的方式，它可以让居民感受到社区真实的变化，看到居住环境质量的变化和不同社会背景的居民，这对当地住房市场的发展也具有经济可行性。

2. 资源的影响

传统的保障性住房社区只会把处于最低端的社会阶层聚集在一起。而实施包容性制度可以预见到的一项后果就是扩展了居民的阶层。中等阶层的居民群体将把高收入带入社区，并可以帮助该社区获得更好的私人销售渠道和服务。另外，这些中等阶层居民也可以通过倡导和发声来提高本社区的公共服务水平。

3. 模范的影响

凭借包容性制度，可以使居民多样性。一些高收入和高素质的居民可以为低收入阶层提供行为和生活的模范。底层居民的行为变化可以表现在以下几个方面：在社会行为上，学会与他人相处，摒弃反社会行为；在个人行为上，学会管理自己的家庭成员和照看自己的住房；在期望的行为上，渴望获得成功，例如就业，教育等。这些模范表率影响可以通过相互间的压力和竞争，以及对不耻行为的谴责和制裁来影响。

4. 社区的影响

基于包容性制度，社区可以发生变化。此种居民结构上的变化可以导致文化的变化，例如更加注重就业或健康的生活方式。基于人际网络、标准和信任，包容性制度也会增强社区的社会资本。所以，包容性制度会为社区带来好的结果，例如减少反社会行为、低收入阶层的标准的变化以及增强的社会人际网络改善低收入阶层的福祉。

（五）包容性制度的法理基础

社会正义是实现住房包容制度的法理基础。住房包容性制度是要完成空间的再调整：首先是打破、消融和分散贫困；其次是规划多方收益的社交网络和恢复住房市场的功能,并解放市场向社区提供更多的资源,实现个体提升的结果。住在保障性住房社区的居民往往都是社会弱势和低收入群体,他们的权益没法得到保障,例如,公共服务难以覆盖或缺失。而包容性制度就是通过制度鼓励中等收入阶层迁入城市贫困或被忽视的区域,从而带动低收入群体的就业、就学和生活。打破低收入群体和高收入群体的空间界限与隔离,让不同收入阶层,不同受教育背景和不同族裔融合共聚,最终实现社会的正义。

(六) 保障性住房包容制度的实现机制——政府干预

在当今的欧洲和北美,很多国家的政府都积极主动的采取了空间再平衡制度(Spatial Rebalancing),通过保障性住房的包容制度或社会融合制度(Social Mix Policies)来寻求改善穷人的生活。该制度通常可采用在社区建设层面、街区建设层面和住宅区层面的保障性住房建设项目中。

建设包容社区就要求政府制定法律来介入。这表现在立法要求开发商建设混合居住的社区,既有住户也有租户,或者通过保障性住房的分配制度让不同收入的和族裔的群体混居。由于西方社会普遍存在少数族裔文化隔离现象,这就需要在国家、城市或社区层面来予以解决。政府通常采用包容制度来创建一个社会和经济混合并包容的社区来解决此类问题。

作为一项制度,包容性立法的目的就是要集中改善中低收入群体的物质和社会环境,包括住房、工作和教育,等等。该制度的首要立法目的就是要消除贫民区的负面形象。由于保障性住房社区往往存在这样的负面形象,城市的翻新就需要消除这些负面特性。为了吸引更多富裕群体来这些区域居住,还要使得该地区的房价和租金能让低收入群体负担得起,就必须对该地区的物理环境进行重大修缮,例如重新喷刷建筑、改善绿化和对老旧街道和广场进行重建,并确保社区与城市中心区的连接。政府干预是解决对社会低收入群体排斥的有效机制。通过干预,立法者和政策制定者都希望可以增加就业率和市民参与以及该地区居民的受教育水平。

综观西方社会的住房制度、城市规划制度和社区复兴制度,政府干预主要通过三种方式来建设一个包容的社区:

1. 稀释

稀释意味着要减少现有保障性住房社区的廉租房。通过出售廉租房给租户或在该社区开发住宅进行出售，允许较高收入家庭迁入保障性住房社区，即使这些人不符合居住于此的条件。后者实现的方式是通过改造项目，把保障性住房建设用地中的多余部分出售给私人开发商，由开发商建设成商品房，但以低于市场价的价格出售给较高收入的群体。

2. 多样性

多样性意味着确保所有的新建住宅小区或新社区都保有一定比例的保障性住房，这也被称为规划制度的利益。此种规划是政府与开发商谈判的结果。

3. 分散

分散是稀释的替代方式，分散的制度包含了利用不同的政策工具把生活在贫困地区的居民搬迁到非贫困地区，为低收入群体增加在其他社区寻找住房的选择和机会。

西方发达国家的地方政府见证了包容性制度带来的社会益处。该制度既能够吸引较高收入的居民，在增加当地的税收，支持当地的商业发展的同时，改善社区治理能力，并增加社区的活力，还可以吸引一些具有社会地位其他居民，例如教师、医生和护士。这是因为从事艺术、医疗、社会服务和教育的居民，虽然他们在经济资本上不占优势，但他们在文化方面更具有特点，基于他们的价值体系，此类人更珍视和愿意建立与劳动阶层的联系。

基于这个原因，政府通过包容性制度来改变低收入和弱势群体的社区和居住环境，吸引新的和较高收入的居民，而不是试图对现有住房，服务和设施进行投资。所以，城市重新构建促使了包容性制度的出台。社区居住的人文和经济环境得以改善，低收入群体不再居住于贫民聚居区，并可以获得更广泛的资源和更有益的社会关系。这也意味着所有的社区，包含新社区、现存的单一社区、富裕的社区和贫困的社区，都需要不同类型，不同居住方式和不同面积的房屋的混合模式。

为了实现包容性社区的发展，西欧发达国家也实施了一系列其他制度来确保包容性制度的效果，住房再分化制度就是其中一项制度。该制度通过拆迁消除低价的住房并出售和改造现有的廉租房，从而在低收入社区中增加更贵的住房。新住宅几乎都是具有产权的高价格商品房。这样可以为社区吸引中等收入阶层。

二 不同国家保障性住房包容制度

（一）中国

在中国，关于保障性住房的包容制度，政府没有制定相应的法规，只是在各法规中分散规定。在《廉租住房保障办法》第十四条中规定：新建廉租住房，应当采取配套建设与相对集中建设相结合的方式，主要在经济适用住房、普通商品住房项目中配套建设。在2011年出台的《国务院办公厅关于保障性安居工程建设和管理的指导意见》中提到：新建普通商品住房项目，应当规划配建一定比例的公共租赁住房，具体配建比例和管理方式由市县人民政府确定。但在执行该指导意见时，各个地方政府并没有制定相应的地方性法规和政策来实施包容性混居。从法理上我国对包容性制度没有进行深入的研究，在实践中也缺乏具体的制度。在理论界，中国学者把包容性住房称为混合居住，并认为混合居住有两种形式：一种是阶层混合，即不同收入、不同文化背景、不同职业的居民混合居住在同一区域，其混合主体是人；另一种是功能混合，指不同功能用地的混合，强调居住与商业等其他用地的混合。①

（二）新加坡保障性住房包容性制度

新加坡是个多民族国家，主要包括华人、印度人和马来西亚人，其中80%的人都居住在保障性住房里。为了促进各民族的融合和社会的和谐，新加坡制定了《少数族裔融合政策》（Ethnic Integration Policy）和《永久居民配额制度》（SPR Quota）。新加坡的保障性住房包容性混居依据的是所属民族而不是收入，这和英国和美国是不同的。

1.《少数族裔融合政策》

《少数族裔融合政策》在1989年被新加坡政府引入。根据政策规定，社区中马来西亚人居住的住宅上限比例是22%，每栋楼的上限比例是25%。对华人来讲允许的比例分别是84%和87%。印度和其他少数族裔

---

① 曹金森：《保障性住区的混合居住效应研究》，《中国城市规划学会会议论文集》，杭州，2018年11月，第1页。

允许的比例分别是10%和13%。① 该政策限制了社区或楼宇中特定族裔的人口比例。所以新加坡住房和开发局的保障房的买卖必须遵守这样的规定，对购买人的民族在购买保障性住房时进行确认。一旦住户的民族被确定，在随后出售时也不得进行改变。不同种族组合的家庭可以根据所有人和配偶的民族进行选择。新加坡《少数族裔融合政策》的目的是维护新加坡多元文化的特性并促进族裔间的融合和和谐。该政策确保了保障性住房社区的不同族裔的平衡混居。社区和楼宇的族裔限制比例是根据新加坡人口族裔的构成比例制定的。

2. 新加坡《永久居民②配额制度》

新加坡《永久居民配额制度》在2010年出台，其目的是促进非马来西亚新加坡永久居民的融入，从而阻止在保障性住房中形成居民封闭区。马来西亚新加坡永久居民被排除在该制度之外，这是因为他们和新加坡公民在文化和历史上有很多相似之处。非马来西亚新加坡永久居民申请购买保障性住房时需要满足配额制度，制度要求社区中的配额上限是5%，每栋楼的上限是8%。

（三）英国保障性住房的包容性制度

1. 背景

包容性或社会混居（Social Mix）的概念最早引入英国是在19世纪。当时在英国主张旧模式自由主义的乌托邦正在寻求颠覆资本主义城市化所建立的以阶级为基础的空间隔离。此概念过去指的是不同社会阶级的融合，遵守空间接近原则。20世纪初期，在借鉴了乌托邦的"通过多样性实现社会团结"的理念后，英国倡导的花园城市支持一个更加平等的愿景。该愿景认为社会包容的合理性就是要赋予穷人和中等收入阶层同样的住房权和高质量的城市设施便利权。

2. 包容性含义

从不同的维度和层次，英国学术界对社区"包容"或"混合"概念的理解是：它是一个空间的混合，包含建筑物、建设形式、面积、用途、

---

① 2010年，对印度裔和其他少数族裔的比例政策修改为12%和15%。
② 新加坡永久居民不具有新加坡国籍，但可以居住在新加坡，同时享受和新加坡公民同样的津贴和福利。

产权、市场价值或租金水平；同时，它也是基于社会的特性和态度所形成的人的混居。通过制度可以影响的社会混居的因素包括收入、就业、年龄、种族和家庭类型，例如面积和是否有孩子。另外影响的因素还包括性别、宗教和不同能力人们之间的空间混合。这样混居的益处就是让不同人群可以积极融合交流并分享共同居住的社区环境。

所以，当混合社区通过规划和建设被设立，其混合不仅仅是产权的。事实上，住房的混合和包容经常被看作改变一个地区经济或社会融合的方式。在英国的学者和制度制定者眼中，混合就是指不同产权房的混合、收入的混合和社区的混合。一些美国的学者一直在尝试调查不同产权房对实现混合社区的贡献，然而多数学者得出的结论是不同的产权房是促进混合包容社区的首要因素，首先是因为它是连接着规划制度和补贴制度，政府规划时往往只对保障性产权住房进行补贴；其次是不同的产权房和住户的收入息息相关；最后需要注意的是并不是所有的混居制度都依托住房，还要有其他方式和工作相配合，例如通过社会团结鼓励现有社区居民的交流，而不是改变居民或改变他们的房屋种类。

3. 包容性制度的立法意义和重要性

一些学者（Galster, G., Andersson, R. and Musterd, S., 2010）通过研究发现，实现社区的包容性有很多不同的方式，但包容性制度设计的目的总体有三个方面：第一是包容性制度可以改善社区居民的福祉和环境，并且可以减少将来的社会和经济成本。例如可以阻止或减少低收入家庭的聚居问题；可以改善居民的生活机会；可以提高公共和私人服务水平；可以减少将来重建的必要；可以减少不同阶层或族裔间的冲突。第二是包容性制度可以短期刺激新房建设。这是因为受到利益或补贴性住房的供给而刺激的。例如，开发商需要获得规划许可；保障性住房的供给方要获得补贴；可以减少公众或私人对保障性住房开发的反对。第三是包容性制度自身存在就是一项原则。例如不同阶层或族裔本就应该比邻而居；土地或房屋应该被所有人获得和享有。①总体上，包容性住房

---

① Galster, G., Andersson, R. and Musterd, S., "Who is affected by neighbourhood income mix? Gender, age, family, employment and income differences", *Urban Studies*, Vol. 47, No. 14, pp. 2915–2944.

制度的立法意义有如下几点：

(1) 分散贫穷

无论从地区或社区来讲，社会财富都没有被均衡地分配给穷人和被排斥的家庭。低收入群体在空间上的聚居会进一步恶化他们的不利处境，例如会影响他们购物和接受服务，同时还会导致与就业脱节、高犯罪率、受教育程度低，等等。这些都是低收入群体聚居相互影响的结果。

所以，分散贫穷的聚居是很有必要的，混居也就意味着不同收入群体的聚居。在英国，贫民聚居区一般都是保障性住房社区，这是由于在1980年代的保障性住房的剩余化严重所致。随着很多家庭搬入或购买了新住房，那些仍然居住在规模萎缩的保障性住房中的居民变得更加贫穷，就业机会也变得更渺茫。这都促使英国立法者和政策制定者相信混合收入和混合聚居的社区有着巨大的社会益处。英国的研究表明，私人社区与保障性住房和中等收入住房相混合，通常会减少低收入家庭和弱势群体的聚居。在具有地理位置优势的地点开发混居社区，往往也会吸引高收入阶层来定居。

(2) 改善设施和服务

如果低收入阶层聚居在一个特定区域，那么该地区在商店和商业服务的投入也可能相对很少。英国的研究发现，贫民聚居区的物价高，选择余地少，而混居社区的商店和服务可以满足居民的需要。这都是制度安排的结果，而非混居本身的结果。同时还发现混居和不同收入阶层的包容性聚居往往会改善环境管理。被用在低收入群体的福利和社区服务本身并不能得到改善，除非通过规划重建或建设新的社区。混居社区里越多，社区居民的平均收入就越多，需要的补助也就越少，这就意味着地方公共和私人服务对低收入家庭的预算投入也越少。

混居对教育服务的影响一直也是英国学者的研究重点。这是因为教育缺失是弱势和低收入群体难以发展主要瓶颈之一。个体的社会和经济状况是个体教育成就取得的主要决定因素。有研究表明，混居的增加可以改善贫困聚居地区的教育水平和成绩。当然，前提条件是混居中的富裕人群有孩子，并且需要利用当地学校。一些家庭可以搬入城市区域的混居商品房，前提条件是该开发的社区中有相应大小的家庭住房。在英国的城市内，混居的开发成本较高。因为城市住房密度较大，开发商更愿意建设供给公寓和一居室的住房，这往往就把一些家庭住房的购买者排除在外。但当家庭愿意搬入混居社区，如果他们认为当地学校的教育水平和其他学校相当或改善明显时，就会就近让子女入学。

（3）就业水平

混居社区可以改善贫穷居民的就业。失业的居民可以看到其他人工作，这些工作的人可以成为他们的榜样，并激发和点燃他们重新就业的渴望，进而促进他们就业。尤其是当把一些教师和警察吸引住在混居社区，就会产生模范效应。低收入群体不仅可以观察其他居民，还可以和他们交流。通过一定的学习改善他们的行为模式，并获得相应的就业信息。英国研究表明，混居社区的平均就业率高于单一的保障性住房社区。当然，其他因素对就业也具有很重要的影响，例如个人的技能、教育背景或当地的劳动力市场状况。

（4）犯罪与反社会行为

一些地区犯罪和反社会行为的盛行都会导致该地区的名誉和受欢迎程度下降。英国的研究表明，混居可以减少这些问题。混居社区中的私人或商品房住户，他们有职业并且收入较高，可以通过自己的社会准则来影响犯罪水平。

（5）社区的受欢迎度和名誉

在英国，研究发现之前开发的混居社区或后来变成混居社区的，他们的名誉都没有降低。研究的统计结果表明，这些社区的名誉至少保持在平均的受欢迎程度和居民满意度。相对高的受欢迎度意味着混居社区的保障性住房可以吸引更广泛的居民，包括有职业的和更高收入的。大多数的研究发现把其他人引入现有不受欢迎的保障性住房社区最终会改善这些社区的名誉，当然这样的变化需要多年时间。住房在市场的销售和租赁价值是该社区受欢迎程度的另外一个指标。一些研究注意到，有些混合社区的住房价格上涨高于城市和地区平均涨幅。而且混合社区的商品房的价格没有受到混居身份的影响。

（6）社区融合

社区融合是一个相对新的概念，它通常被界定为解决不同社会阶层隔离的替代方式。然而，社区融合超越了空间位置，且包含了不同阶层重叠的价值，积极认知和积极的互动。英国近期倡导支持和增加社区融合是由2001年发生在英国北部城镇和城市的公共骚乱引起的，原因是南亚人和白种英国人之间的空间隔离。尽管同在一个社区，族裔之间过着相互平行的生活，例如去不同学校和不同的价值观。其实更深层次的原因是资源的竞争，例如就业和住房。社区融合通常指的是不同族裔之间的关系。英国政府一直致力于建立两性、不同年龄阶段以及当地居民间的融合。英国的平等立法要求对所有族裔适用相同的住房政策和制度。

4. 混居制度的演进

在混居社区开发和入住完成后，保障性住房和商品的混居不是一直处于静止状态，社区内部的住房类型会随着时间的推移发生变化。当然，只有最初就是政府廉租房的开发项目，即使引入了资源购买制度，产权也不会发生变动。

过渡家庭尤其可能导致搬迁，原因包括孩子出生，经济、安全等状况的变化。一些过渡家庭在一定程度上是可以依据一定的信息预先判断出来的，例如孩子的是否即将达到入学年龄。同样，相关管理问题也可以在一定程度上预判出来。例如在混合社区建设完成，居民入住后，经过10年，该社区就相对成熟，居民中的中老年人口就会居多，随着他们的年龄逐年增大，然后去世，这种情况下就会出现房屋的租售，新的居民也会迁入社区。在英国的北部城市，保障性社区中此类的情况非常典型。

另外，混居也随着房屋的产权变化而演变。保障性住房的承租人可以购买他们承租的保障房，然后还可以出售或出租给其他人。保障性住房的房东，无论是政府还是私人供给组织都可以占有物业，并改变分配政策，既可以出售也可以出租保障性住房。同样，拆迁也可以影响混居的发展。在英国，指定的混居社区或区域正在转变成为以购买产权房为趋势的新模式。

当混居社区中的住房价格上涨时，这可以看成成功的迹象。另一方面，这也可以改变混居中的收入群体，即消除中间收入阶层或较低收入居民，并最终导致居民人口的变化。同样，这也可以导致投机现象，即购买不居住而不是购买去出租。这些变化对混居社区的发展既有积极的方面，也有消极的方面。

保障性住房的包容性制度或混居制度的制定和执行是当前英国政府

就社区发展的核心任务。社区的"包容""混居"和"平衡"不是一个新理念,该理念正在英国全境被迅速实施。其目的是通过改变物业产权,来实现住房保障目的,同时为建设和再修缮保障性住房的融资制度起到边际效应。不同类型的住房和不同产权的住房混居程度在很大程度上都由相关制度决定。混居社区所产生的益处是通过不同特性的人和家庭的混居实现的。

物业的产权是这些社会性的一个指标,经常引用的一个指标是收入。建设混居社区的首要原因是要解决贫困家庭聚居引起的社会问题。混居社区的规划、建设和长期的维护很复杂,但现实的目标,即高质量的设计和高效的管理仍然至关重要。混居社区并没有摒弃住房领域中的传统智慧和优良实践。混居社区是一个快速发展的领域,在许多制度方面还不够成熟,还需要长期的发展和完善。

(四) 美国保障性住房的包容制度

包容性住房项目的目的是向低收入群体提供可持续的和一致的可负担得起的住房。此类项目的鲜明特征是开发规范和减免程序,这也是实现包容性的基础。因为只有依据合理的规范和强制的税费减免批准程序才能促使私人开发商在新建项目中提供一定比例的住房作为低收入群体的可负担得起的保障性住房。包容性住房项目在提供可负担得起的住房方面和其他的保障性住房项目不同,该项目不仅在补贴方面基本依靠地方或联邦政府,而且项目必须经过严格规范程序才能得到批准。

1. 背景介绍

美国在1970年代引入了包容性制度,并在多个州制定和实施了该项目。[①] 但不是每个州的制度内容都是相同的。总体特征有如下五点:第一,激励私人开发商建设和提供低于市场价和正常租金的住房;第二,长期或永久的提供可负担得起的住房;第三,在新建的商品房住房项目中供给保障房,而不是在不同的位置;第四,为开发商减免一定的税费(例如奖励或费用减除),而不是财政补贴,来减少开发商提供保障性住房的负担;第五,依据相关制度的规定,对所有开发商要持有一贯的、

---

① 美国主要通过 Hope Ⅵ 项目建设不同收入的混居项目。该项目开始于1992年,在1998年出台了 *HOPE VI Revitalisation*,正式认可该项目。

透明的和平等的态度。

一项法律制度的建立，必须要有合理的理由。美国学者对包容性制度的研究发现，包容性制度存在的理由有如下五个方面：

（1）包容性制度在供给保障性住房方面是一项有效的制度。

（2）需要强调的是，包容性项目并不是依靠政府资金来建设保障性住房。所以该项目不和其他传统的项目争抢政府财政补贴预算。相反，它是供给保障性住房的替代或补充方式。

（3）帮助创建融合和不同收入居民的混居社区。

（4）基于包容性制度的安排，保障性住房可以在任何市场商品房的项目中建设，这意味着保障性住房可以在城市的任何位置被提供。这对低收入群体的就业和就学提供了巨大的便利。

（5）包容性制度可以提供更多类型的保障性住房。

有限的政府的资金被用来解决无家可归和最贫困的居民。所以，其他社会弱势和低收入群体对保障性住房的需求就会被忽视。例如，由于房价高企，许多中等收入阶层难以负担购买住房。但是包容性制度允许政府也考虑这部分人的住房需求。

包容性制度在美国广泛实行，其"包容性区域"模式包含以下六项制度安排的内容：第一是事实上要求所有新建商品房项目都要提供保障性住房，除非是较小的开发项目。这就要求新建项目中提供一定比例的保障性住房，通常是房屋总量的10%—20%；第二是包容性项目供给的保障性住房的价格或租金要明显低于相应的商品房价格；第三是包容性项目是法律（《密度奖励法》规定：向供给保障性住房或老年人住房并满足一定标准的开发商发放密度奖励或激励或一定的开发费用减免）强制规定对提供保障性住房的开发商减免开发成本，而不是政府向开发商提供财政补贴；第四是在同一地理位置建设商品房和保障性住房，但在一些情况下也允许在其他开发地点建设保障性住房，例如只要支付替代的费用（fees-in-lieu）；第五是开发的社区内商品房和保障性住房相互混合，外观上不具有可区分性；第六是锁定保障性住房的可负担性，使其具有永久或长期的保障的属性。即使在转让时，随后具备购买和租赁资格的人也可以以低价购买和承租该保障房。

2. 美国包容性制度

美国的包容性制度将项目分为两类：一类是强制性，另一类是自愿性。强制性包容性项目中要求开发商在项目中建设保障性住房，从而获得政府对整个开发项目的批准。并对建设保障性住房的开发商减免费用来抵扣相应的损失。而自愿性包容项目又被称为以激励为基础的项目，它主要通过使用调控性减免费用作为激励来鼓励开发商建设和供给保障性住房。二者在本质上存在根本的不同。在强制性包容性项目中，开发商没有选择的余地，只要想开发住房项目就必须建设供给保障性住房。而自愿项目中，开发商对保障性住房的建设具有选择。但在实践中，自愿性包容性项目在美国很难运行。另外，美国的包容性制度要求开发项目中的保障性住房占有一定比例。该比例是确定的，不具有协商的空间。其目的是要确保公平和透明地对待所有开发商，保证制度的可预判性。包容性制度在美国演进和完善了很多年，每项包容性项目的开发都受到包容性制度的规范，该规范涉及多项内容，以下将逐一展开阐释。

（1）保障性住房的预留

在包容项目开发中，项目要求开发商提供一定比例的住房作为保障性住房，通常预留的比例为10%—20%。有时要求会比较低，这是因为要鼓励开发商建设和提供一些特殊类型的住房，例如为较低收入人群购买或出租的住房。大多数情况下，项目不要求特定混居，也不设定最低的混居面积。所以，包容性项目中的保障性住房主要是以出售为目的，而不是租赁。

（2）保障性住房的目标人群

包容性项目中的保障性住房的价格和租金必须是可负担得起的价格，即价格必须低于规定的收入标准。申请保障性住房的收入标准以家庭人口的收入占当地中等收入的一定比例为基础。通常的收入标准是中等收入的60%—120%或更多，更贵的项目收入的门槛就越高。联邦政府每年会向各个地方提供收入信息。收入标准水平的设定是要确保保障性住房的价格要低于市场中的同等商品房的价格。这些标准主要设在可负担性的中等偏下水平，是被用于指导在提供保障性住房时，确保申请人的收入无法负担商品，也没有高于申请保障性住房的要求，从而使真正适格的申请人得到保障性住房的资助。

（3）包容性项目制度要求

所有的商品住房开发项目都必须遵守包容性制度安排，从而可以申请获得奖励。但有两个例外：第一是经过批准，开发商可以以其他方式提供同等的或更好的保障性住房；第二是在小的开发项目中，规模一般在10—50个单元。对这些小项目进行豁免不要求其建设一定比例的保障性住房的原因是对项目负面影响过大。

（4）建设保障性住房的替代选择

所有的开发项目必须在原址建设一定比例的保障性住房，这是包容性项目的基本目标。但是多数项目也允许替代选择，即支付代替费用和换址建设。替代选择通常要求政府在仔细考量作出行政批准后才具有效力。考量的因素是开发商为低收入群体提供更大的利益，例如更多的保障性住房或更大的可负担性。替代费的标准必须反映所抵消的成本价值。如果设定较高的替代费，其目的是确保换取更大的利益或促使开发商放弃此选择。尽管使用替代费和包容性制度的理念和原则有冲突，但至少该做法有两个明显的好处：既可以使政府弥补在小项目中的保障性开发不足的损失，还可以利用补给费用来资助那些不能通过包容性制度获得住房的家庭。

（5）成本抵消

事实上，所有的商品住房项目在供给保障性住房时，按照包容性制度的安排都会由政府减免建设成本从而来全部或部分抵消所带来的损失。增加住房密度是最常见和最有效的成本抵消方式，其他的方式还包括减少或免除费用、绿色批准通道和放宽开发标准，例如降低停车要求，更灵活的高度和范围的限制。这些成本抵消并不包括财政补贴。包容性项目不依靠财政补贴来提供保障性住房。

（6）开发标准

和传统的保障房项目相比，包容性项目要求满足最低保障房建设数量，并且保障房和商品住房相互混杂。两类住房必须同时建设，总体上实施相同的建设标准，包括节能。外观相同，允许内部设施不同。在大多数项目中，住房面积必须相同，一些项目中面积的减少必须在规定范围内。

(7) 可负担性的控制

保障性住房的可负担性和分配受到法律的严格控制。其目的是确保保障性住房只能由长期符合收入条件和其他适格标准的申请人获得。包容性项目中的保障住房的所有权要严格的受到契约和产权登记的规范和限制。即使当保障性住房被再出售，这些规范性条件也必须得到遵守。按照这样的方式，最初的房价减少数额即被锁定，再出售给其他适格购买人时，依旧是相同的价格（适当的通货调整）。坚持保障性住房持久的可负担性一直是包容性项制度的目标，大多数新项目和许多较旧的项目一直受到完善，使得可负担性至少在 30 年的期限范围。

三 各个国家保障性住房包容性制度比较结果

中国在保障性住房包容性规划制度上还处于起步阶段，但西方国家就该制度的发展已经有半个世纪的时间，他们积累了很多有意义的制度经验。一方面，西方国家经济发达，属于移民国家，吸引了大量的不同国籍和种族的人口去定居。另一方面，西方国家属于资本主义国家，贫富阶层多样化，一些低收入人群的住房问题突出。基于这两个方面，西方国家为了消除贫民窟和种族隔阂，制定了保障性住房的包容性规划制度。英国和美国是包容性规划制度的先行者，他们制定了完善的制度，其相应立法对中国完善保障性住房的合理规划有着许多值得借鉴的地方。

首先，英国和美国在保障性住房包容性规划制度中有明确的立法目的：（1）分散贫困的集中和改善社区治理效果。包容性法律制度就是强制不同收入阶层的人群混合居住，融合生活，减少和杜绝排斥和隔离，建立和谐的混合社区；（2）维护现代社会的多样性。通过包容性制度可以让不同文化、背景和信仰的社区居民相互忍让和尊重，促进社区的多元性，为多元社区居民的和谐共处创造制度支持；（3）社会融合方面，混居可以促进社会融合，让不同收入阶层共享标准、价值、社区归属感和社会团结。虽然中国不属于移民国家，但中国贫富差距问题也很严重，也存在不同民族和信仰的人群。建设包容性社区，让不同的收入阶层混合居住，同样可以减少贫困集中，维持社会多样性，达到社会的融合。所以，这样的立法目的对中国保障性住房的包容性规划立法具有很好的引导和借鉴意义。

其次，包容性社区体现类型多样化。英国在包容性社区建设方面有很多创新制度，从1940年代开始，英国就尝试在新开发的城镇中把新住房与服务和就业的建筑进行混合。在社区，制定制度鼓励不同产权房和社会阶层进行混合居住。在1970年代，英国设计了保障性住房制度，该制度限制弱势群体的聚居。在1980年代，英国还制定了"购买权"制度，低成本家庭住房所有权制度和恢复制度，立法目的就是要在地方保障性住房中创设混居。这些之前的制度为后来的制度的制定和完善提供了基础。当前，英国包容性社区的类型包括很多老旧的不同产权的内部城市区域和一些不同种族和不同收入阶层混居的小区域。很多农村地区也存在小规模的不同产权房，不同收入阶层和不同家庭类型的混居。另外，英国政府通过拆迁和保障性住房的销售，形成混合产权小区。这些小区的不同产权房和居民的混合程度往往取决于补贴制度和地方住房市场的情况。当前，英国很多较大的新住房开发项目从一开始就是混居模式。可以看出，包容性不仅仅是不同收入，不同种族的混居，它可以有多种类型，只要符合包容性规划制度的立法目的和功能，各种类型的社区住房融合都值得鼓励和制度创新。英国包容性制度发展了半个多世纪，也是一个逐步完善的过程。但从总体上来看，一个新开发的混居社区的类型主要考量：当地的住房市场和对住房的需求；合伙和关系；位置、面积和户型；当地规划制度和政策；补贴制度；开发流程；设计和布局；营销和租赁。这为今后中国包容性社区类型的规划提供了参考依据。

最后，保障性住房包容性规划制度的内容。美国保障性住房包容性制度将保障房项目分为强制性和自愿性。强制性包容项目中要求开发商在项目中建设保障性住房，从而获得政府对整个开发项目的批准。并对建设保障性住房的开发商减免费用来抵扣相应的损失。自愿性包容项目又被称为以激励为基础的项目，它主要通过使用调控性减免费用作为激励来鼓励开发商建设和供给保障性住房。强制性是主流，其包容性制度包括：（1）保障性住房的预留。项目要求开发商开发和提供一定比例的住房作为保障性住房；（2）保障性住房的目标人群。申请保障性住房的收入标准以家庭人口的收入占当地中等收入的一定比例为基础，通常的收入标准是中等收入的60%—120%；（3）包容性项目制度要求。所有的商品住房开发项目都必须遵守包容性制度安排，这是申请奖励的基础；

(4)建设保障性住房的替代选择。所有的开发项目必须在原址建设一定比例的保障性住房,这是包容性项目的基本目标。但是多数项目也允许替代选择,但需要支付代替费用和换址建设;(5)成本抵消。政府减免建设成本从而来全部或部分抵消所带来的损失。增加住房密度是最常见和最有效的成本抵消方式,其他的方式还包括减少或免除费用、绿色批准通道和放宽开发标准;(6)开发标准。包容性项目要求满足最低保障房建设数量,并且保障房和商品住房相互混杂。两类住房必须同时建设,总体上实施相同的建设标准,包括节能。外观相同,允许内部设施不同。在大多数项目中,住房面积必须相同,一些项目中面积的减少必须在规定范围内;(7)可负担性的控制。保障性住房的可负担性和分配受到法律严格控制。其目的是确保保障性住房只能由长期符合收入条件和其他适格标准的申请人获得。坚持保障性住房持久的可负担性一直是包容性项制度的目标。美国的保障住房包容性规划制度相对完善,它几乎涉及了所有包容性规划制度调整的范围。其制度框架合理全面,可为今后中国保障性住房包容性规划制度的立法提供框架支撑和借鉴。

第六章

保障性住房的融资制度比较

确保足够保障性住房的储备和分配是很多国家住房制度和政策的核心目标。保障性住房的开发和供给主要依靠政府的公共财政支出，这也是世界上多数国家的传统实践。但从财政和政治的现实角度来看，政府的财政支付并不是解决问题的万能药，仅依靠财政公共支出并不能解决土地供给问题，也不能最大化激励建设保障性住房。所以，其他途径的融资对保障性住房的供给也起着至关重要的作用，尤其在建设廉租房和其他保障房时，这些额外的投资可以更多地帮助低收入群体和中等收入群体。结论就是有限的财政支出和持续的住房压力使得当前各国的政府必须制定有效的制度来吸引更多的私人投资进入到保障性住房的建设当中。发达国家的经验表明，当前的趋势是政府吸引大量的机构和私人资金来建设可以出售产权的保障性住房，或被称为可负担得起的住房，而不是廉租房。例如，近些年，英国政府制定相应制度向首次购买住房的中低收入群体提供资金资助，其中的风险和融资由个人和提供资助的机构分担。

第一节 中国保障性住房的融资制度

2007年出台的《经济适用房管理办法》中第二章优惠和支持政策部分规定了政府对建设经济适用房提供的优惠融资政策。其中第八条规定：经济适用住房建设项目免收城市基础设施配套费等各种行政事业性收费和政府性基金。经济适用住房项目外基础设施建设费用，由政府负担。经济适用住房建设单位可以以在建项目作抵押向商业银行申请住房开发贷款。该条规定了政府对经济适用房项目的经济优惠支持,允许开发商以项目作为抵押向商业银行贷款融资。其第九条规定:购买经济适用住房的个人向商业银行申请贷款,除符合《个人住房贷款管理办法》规定外,还应当出具市、县人民政府经济适用住房主管部门准予购房的核准通知。购买经济适用住房可提取个人住房公积金和优先办理住房公积金贷款。该条规定了对经济适用房购买者的融资优惠制度。购买者既可以进行商业贷款,也可以提取住房公积金或用公积金进行贷款融资。经济适用住房的贷款利率按有关规定执行。

关于公共租赁房中的廉租住房的融资制度,2007 出台的《廉租住房保障办法》第三章专章规定了保障资金。其中第九条规定:廉租住房保障资金采取多种渠道筹措。廉租住房保障资金来源包括:

1. 年度财政预算安排的廉租住房保障资金;
2. 提取贷款风险准备金和管理费用后的住房公积金增值收益余额;
3. 土地出让净收益中安排的廉租住房保障资金;
4. 政府的廉租住房租金收入;
5. 社会捐赠及以其他方式筹集的资金。

其中第十条规定:提取贷款风险准备金和管理费用后的住房公积金增值收益余额,应当全部用于廉租住房建设。土地出让净收益用于廉租住房保障资金的比例,不得低于 10%。其第十一条规定:对中西部财政困难地区,按照中央预算内投资补助和中央财政廉租住房保障专项补助资金的有关规定给予支持。

在 2007 年还专门出台了《廉租住房保障资金管理办法》规定廉租住房的资金来源、资金使用、预算管理、资金拨付、决算管理、监督检查等方面共三十一条。其中在资金来源中对《廉租住房保障办法》中的资金来源进行了补充:市县财政预算安排用于廉租住房保障的资金;省级财政预算安排的廉租住房保障补助资金;中央预算内投资中安排的补助资金;中央财政安排的廉租住房保障专项补助资金。在资金使用方面,其第十一条规定:廉租住房保障资金实行专项管理、分账核算、专款专用,专项用于廉租住房保障开支,包括收购、改建和新建廉租住房开支以及向符合廉租住房保障条件的低收入家庭发放租赁补贴开支,不得用于其他开支。其第十二条至第十五条分别规定:收购廉租住房开支,指利用廉租住房保障资金收购房屋用于廉租住房保障的支出，包括支付的房屋价款等开支；改建廉租住房开支，指对已收购的旧有住房和腾空的公有住房进行维修改造后用于廉租住房保障的支出；新建廉租住房开支，指利用廉租住房保障资金新建廉租住房的开支，包括新建廉租住房需要依法支付的土地补偿费、拆迁补偿费以及支付廉租住房建设成本支出；发放租赁补贴开支，指利用廉租住房保障资金向符合廉租住房保障条件的低收入家庭发放的租赁补贴支出。

关于预算管理，其第十六条规定：廉租住房保障资金实行项目预算管理。市、县廉租住房行政主管部门应当会同有关部门于每年第三季度根据下年度廉租住房保障计划，编制下年度廉租住房保障支出项目预算，经同级财政部门审核，并报经同级人民政府提请同级人大批准后实施。市、县财政部门要商有关部门根据当地年度廉租住房保障计划，指导同级廉租住房行政主管部门科学、合理测算廉租住房保障资金需求，并根据年度廉租住房保障资金来源情况，做好年度廉租住房保障支出项目预算编制工作。

关于资金拨付方面，其第二十条规定：市、县财政部门按照批准的廉租住房保障支出项目预算，根据廉租住房保障计划和投资计划，以及实施进度拨付廉租住房保障资金，确保廉租住房保障资金切实落实到廉租住房购建项目以及符合廉租住房保障条件的低收入家庭。廉租住房保障资金原则上实行国库集中支付。涉及决算管理方面，其第二十三条规定：每年年度终结时，市、县廉租住房行政主管部门应当按照同级财政部门规定，报送年度廉租住房保障支出项目决算。年度廉租住房保障支出项目出现资金结余，经同级财政部门批准后，可以继续滚存下年安排使用。

另外在中国，对于购买保障住房的消费者来讲，融资制度包括住房公积金制度和商业贷款两种方式。有些保障性住房的消费者由于没有缴纳住房公积金，只能通过商业贷款的模式来从市场中融资购买或租住保障性住房。中国的住房公积金制度是从新加坡学习和引进的。1994年和1998年国务院分别发布《关于深化城镇住房制度改革的决定》及《关于进一步深化城镇住房制度改革加快住房建设的通知》。从此中国停止住房实物分配，逐步实行住房分配货币化，这时我国城镇已开始全面推行和不断完善住房公积金制度。到2002年，国务院出台了《住房公积金管理条例》，其目的是职工与单位分别按照职工工资的一定比例逐月强制缴存公积金，为缴纳者的住房消费提供资金保障和储蓄积累，并形成职工与单位互助性融资机制，为职工的住房保障提供住房融资作用。住房公积金的作用就是发放低息个人购房贷款，提高消费者的购房和租房能力。事实上，中国住房公积金制度主要有以下特点：

一方面，因为住房公积金是从个人工资中提取，但仍然归个人所有，并且有偿计息，当缴纳者在购房或退休等情形下，仍可提取缴纳的数额和利息。住房公积金制度具有国家强制性，国家强制雇佣单位定期归集公积金。所以，单位缴纳公积金是长期性的，公积金缴纳是固定化储蓄。其次，住房公积金制度具有保障属性。通过要求单位和职工按其工资的一定比例缴纳住房公积金可使缴纳者在购房或租房等情况下获得低息的住房抵押贷款，或直接取回部分或全部缴纳的公积金用以租房或装修房屋。另一方面，住房公积金是一种住房补贴。住房公积金制度就是为缴纳者在购房或租房时提供货币补贴。所以，当低收入群体在购买或租赁保障性住房时，可以使用缴纳的住房公积金。

总体上中国保障性住房融资制度存在很多问题，主要表现在：融资渠道狭窄，以银行信贷为主；金融工具和金融品种单一，住房信贷风险分担和转移机制不健全；政策性住房金融体系尚未建立。中国学术界针对以上问题提出了相应的融资建议。金俭主张：政府应承担保障性住房建设的任务，利用政府干涉保障性住房领域，抑制保障性住房价格，从而拉动内需和稳定社会。最终建立保障性住房投资激励措施及其责任机制。① 刘颖和马泽方认为：中国当前保障性住房建设的融资渠道主要是银行信贷，所以可以借鉴美国房地产信托投资基金（REITs）模式拓宽保障性住房的融资渠道。② 曲溪认为中国应当引入住房储蓄制度，建立住房储蓄银行。③

---

① 金俭、朱颂、李祎恒：《论保障性住房建设中的政府法律责任》，《现代城市研究》2010年第9期，第32—35页。
② 刘颖、马泽方：《破解保障性住房融资瓶颈之策：REITs模式》，《河北经贸大学学报》2011年第5期，第35—39页。
③ 曲溪：《关于构建住房储蓄制度解决保障性住房资金缺口的若干思考》，《贵州师范大学学报》（社会科学版）2017年第6期，第91—98页。

第二节 新加坡保障性住房的融资制度

新加坡80%的人居住在政府建设保障性住房里，其中90%的人对保障性住房享有所有权。所以新加坡保障性住房的融资制度主要指的是个人购买保障性住房的融资制度，主要包括使用公积金储蓄，从住房开发局（HDB）贷款融资和接受购房补贴。当购买私有产权房时，购买人只能从银行融资贷款。住房开发局所提供的融资又被称为中央公积金（CPF）贷款。当购房者购买保障性住房时，只要符合中央公积金贷款条件，住房开发局就可以向其提供贷款。同时，住房开发局还向不同收入人群发放补贴，使他们具有购买和租房的经济能力。

一 新加坡保障性住房融资制度

（一）中央公积金制度

新加坡在1953年引入了中央公积金制度①（The Central Provident Fund，CPF）。当时该制度制定的目的是建立员工的退休金蓄水池，让员工老有所依，其由雇主和雇员共同缴纳，且免缴税赋。然而由于当时的高失业率和低经济增长，中央供给的缴纳非常低，在1955年时只有900万新加坡元。新加坡政府在1968年对《中央公积金法案》（*The CPF Act*）进行了修改，法案允许公积金缴纳者利用缴纳的公积金来购买住房开发局建设的保障性住房。公积金缴纳的工资比例从之前的5%增加到6.5%，其目的是鼓励新加坡人利用公积金来购买住房。在法案修订之前，大多数的保障房都是租赁性质，出售量每年也不到2000套，这是因为房价远高于大多数低收入人群收入水平。法案修订后，申请购买的人开始增加。同时，公积金局每年收集的公积金从1965年的4690万新元增加到1971年的2.2360亿新元。如今随着新加坡政府的中央公积金住房制度出台，新加坡公民可以使用他们的中央公积金普通账户中的储蓄来购买住房开发局建设的新的或二手的保障房。

---

① 中央公积金制度（Central Provident Funding）是新加坡综合社会保障体系中的主要支柱。该制度于1953年引入，于1955年生效。

新加坡中央公积金制度是一种强制性缴纳的保障制度。该制度的目的是强制雇员和雇主缴纳一定额度，从而确保雇员的住房保障、退休后的医疗保障和退休生活需求。其中雇员缴纳工资的20%，雇主缴纳雇员工资的16%，公积金局（CPFB）负责进行收集。每一位新加坡公民都被要求登记缴纳公积金，登记成功后会获得四个账号：普通账号（Ordinary Account.）、特别账号（Special Account）、医保账号（Medisave Account）和退休账号（Retirement Account）。向普通账号缴纳的公积金是为了住房保障、保险、教育和投资目的，占缴纳额的23%。向特别账号缴纳的公积金是为了养老和投资目的，占比是6%。向医保账户缴纳的公积金是为了保障看病和住院的费用，占比是7%。向退休账号缴纳的公积金是为退休员工的一种储蓄。当缴纳人年满55岁，普通账户和特别账号的储蓄将被转移到退休账号中。

所以，当公积金的缴纳者要购买保障性住房时，申请人可以使用缴纳者的公积金储蓄。具体而言，缴纳者中央公积金中普通账户的储蓄可以被用来部分或全部支付预付款，也可以部分或全部用来支付购房款，还可以用来交付按揭费用。公积金的提取上限是可以被用来购买住房的额度，一旦到达上限，就不可以提取支付购房费用。从住房开发局贷款的购房者可以选择在普通账户保留2万新元，把剩余的公积金用于支付购房。公积金可用于购房的总额取决于保障性住房租赁期限，期限可达95年。

（二）住房开发局贷款融资制度

住房开发局（HDB）[①] 的住房贷款是优惠利率贷款。在发放时，要审核申请人的信用，以及主要的适格条件。在申请住房开发局的贷款时，申请人要首先申请获得住房开发局贷款适格介绍信，该信件将通知申请人可以获得贷款的额度。在获得住房开发局的贷款后，还可以向银行再融资。但如果申请人从银行获取住房贷款，申请人将不被允许从住房开发局再融资购房。

---

① HDB（Housing and Development Board）新加坡住房开发局在1960年代成立，其主管高层低价的保障性住房供给，当时供给的对象是住在拥挤和不卫生的城市居民和没有足够基础设施的农村居民。

具体而言，申请住房开发局贷款的情形必须满足如下相应条件：

1. 至少一名家庭成员是新加坡公民；
2. 借贷历史：没有向住房开发局借贷过两次以上；
3. 收入上限：家庭月收入不超过 1.4 万新元，单身购买 5 居室或较小二手保障房，月收入不超过 7000 新元；
4. 住房状况：在申请保障房贷款的前 30 个月没有拥有或处分过私人住房（Private Residential Property）；不拥有商品房；或者拥有商品房，但在此处就业，且无其他收入来源；
5. 贷款期限：贷款数额取决于保障房享有权利的剩余期限，最长可贷款期限是 95 年。

（三）购买保障性住房的补贴类型

为了使保障性住房具有可负担性和价格的持续性，新加坡政府向购房和租房者提供补贴，并出台购房优先制度（Priority Schemes）来保障不同阶层的住房需求。其方法是向住房急需群体提供更多的补贴，限制较高收入的购房补贴。其目的是让保障性住房惠及各个阶层的公民，包括单身、家庭、老年人、低收入者、初次或二次购房者。新加坡中央公积金对购买保障房住房补贴主要包括 9 种：

1. 家庭补贴（Family Grant）

申请条件是：至少 21 岁；首次申请，即从未获得过中央公积金住房补贴；没有家庭住所，且在过去 30 个月没有处分过住房；已婚或订婚；配偶双方平均月收入不超过 1.4 万新元。符合以上条件的，如果双方都是新加坡公民，在申请购买 2 到 4 屋的保障房时，可以获得 5 万新元补贴；在申请 5 屋或更大的保障房时，可以获得 4 万新元补贴。

2. 补充中央公积金家庭住房补贴（Enhanced CPF Housing Grant for Families）

该种补贴在 2019 年 9 月被引入，代替了之前的额外中央公积金家庭住房补贴（Additional CPF Housing Grant for Families），其目的是更好地让家庭可以负担得起来购买二手保障房。此项目的申请门槛更高，具体申请条件包括：至少申请的一方在申请前连续工作 12 个月，且在申请时，处于就业状态；家庭月平均收入不超过 9000 新元。申请获批后，根据收入范围可以获得 5000—80000 新元的补贴。收入越低获得的补贴越多。

3. 公民身份累积补贴（Citizen Top-Up）

当获得了家庭补贴后，如果申请人是新加坡公民，且双方都是永久居民，或者有一个孩子是新加坡国籍，就可以申请此补贴。申请人可以在家庭补贴的基础上再额外获得1万新元的补贴。

4. 一半的住房补贴（或非公民配偶）（Half-Housing Grant/ Non-Citizen Spouse Scheme）

该补贴是指一方配偶满足家庭补贴项目，但配偶不满足。申请条件是符合条件的一方是首次申请，而配偶是二次申请，且之前享受过补贴；或者符合条件的一方是首次申请，且是新加坡公民，但配偶不是新加坡公民或永久居民。此种情况下，可以申请非公民配偶项目，但需要满足家庭补贴的其他要求。申请批准后可以获得一般的家庭补贴。这是因为只有一方满足条件，而另一方不满足。

5. 单身补贴（Singles Grant）

单身补贴的申请条件是：35岁以上单身新加坡公民；首次申请且不拥有家庭，在过去30个月没有处分住房；平均月收入不超过7000新元。符合条件的在购买2到4居室的保障房时，可以获得2.5万新元，在购买5居室或更大的保障房时可以获得2万新元的补贴。

6. 补充单身中央公积金住房补贴（Enhanced CPF Housing Grant for Singles）

该补贴和补充中央公积金家庭住房补贴具有相同的基础和逻辑，唯一不同的是此补贴对象的身份是单身。至少申请的一方在申请前连续工作12个月，且在申请时，处于就业状态；月平均收入不超过4500新元。申请获批后，根据收入范围可以获得2.5万到4万新元的补贴。收入越低获得补贴越多。

7. 补充补贴（Top-Up Grant）

有两种情况可以申请补充补贴。第一种情况是申请人之前使用单身补贴购买过二手的保障房，之后和新加坡公民或永久居民结婚，且他们之前没有享受过中央公积金住房补贴。第二种情况是通过非公民补贴项目先购买了二手的保障房，随后配偶或孩子取得了新加坡国籍或永久居留身份。以上两种情况家庭月收入都不能超过1.4万新元。补贴数额基本上就是家庭补贴数额减去之前获得的补贴数额所得。

8. 联合单身项目补贴（Joint Singles Scheme）

如果双方都是单身，且年满 40 周岁，共同居住。如果双方都满足单身补贴，双方就可以共同使用单身补贴购买二手的保障房。但双方的共同收入上限不超过 1.4 万新元。符合该项目条件的申请人可以在购买 2 到 4 居室的保障房时获得 5 万新元补贴（25000 新元×2），或者在购买 5 居室或更大的保障房时获得 4 万新元补贴（20000 新元×2）。

9. 亲属近距离居住住房补贴（Proximity Housing Grant）

该补贴的目的是鼓励更多的家庭成员可以共同生活或近距离生活（4 公里以内）。和其他补贴条件不同，亲属近距离居住住房补贴不限于首次购房申请人。以家庭为申请人在购买二手的保障房后可以和他们的父母或孩子近距离生活时，可以获得 2 万新元，和其他近亲属共同生活而购买保障房时，可以获得 3 万新元。以单身身份申请时，可以分别获得 1 万或 1.5 万新元。

二 新加坡降低保障房价格的其他制度

由于新加坡保障性住房建设在国有土地上，所以保障性住房的价格不包括土地的价格。除此之外，新加坡政府还制定了很多措施降低保障住房的价格，从而降低购房人和租房人的融资成本。新加坡住房开发局一直致力于通过各种方法来降低保障性住房建设成本，并同时确保提高公正，效益和建设率。早期住房开发局采取的政策包括引入招投标的方式，其目的是防止垄断的形成，消除腐败和暴力；使用国营产品，例如钢铁，砂石和砖瓦，其目的是降低建筑材料的成本。由于这些标准化设计的实施，早期新加坡的保障房价格维持在较低的水平。从 1980 年后，预制和模块化的创新使得保障房异址建设和原址建设更加高效。这不仅提高了建设率，还减少了对人力的依赖，另外还提高了保障房的质量，丰富了设计和功能。

第三节 英国保障性住房的融资制度

一 背景

在英国，政府最高峰时期对开发的三分之一保障性住房进行过直接融资，方式就是发放住房补贴（Housing Benefit），① 对新建的保障性住房中的50%提供过资金支持。但自从1970年代起，英国政府减少了财政支持的力度，把很大一部分建设保障性住房的责任转交给了私人非营利性机构，并向独立的非营利住房组织（housing association）引入了私人融资制度和激励机制。同时，政府通过制定一系列的激励措施鼓励较低收入家庭购买自住保障性住房，解放商品房租赁产业，从而增加私人融资。在过去的15年（1973—1988），大约340亿英镑的私人投资进入了保障性住房产业。这些投资既被用来扩展住房组织对保障房的供给，也被用来将地方政府手中的保障性住房转移给住房组织。所以，英国的住房组织对保障性住房的保有量从1988年的2.7%增加到了2001年的6.6%。同期，地方政府保有额从24%下降到了14%。总体上，自从1998年引入私人投资后，政府持有的保障性住房下降超过130万套。

在英国，为了让政府、投资人和住房组织实现保障性住房制度的立法目标，往往存在三个机会：首先，地方政府手中现有大量的保障房随着房价上涨和通货膨胀而持续上涨，这就使得财政补贴需要和经济补贴相脱离，换句话说就是经济补贴在很多情况下可以从现有财产中进行融资而不是从公共财政中。其次，从1970年开始，英国的住房融资市场开始变得自由化。同时，全球融资市场也更为开放，共同促成了保障性住房财产的重构和补贴的减少。这些现象随着新保障房的供给和随后移交给住房组织后进一步显现。在可转移产权的保障房领域，以上现象促使购买人获得融资而行使"购买权"，开发低成本的产权保障房和引入私人保险，而不再需要公共财政的补贴。最后则是由于英国土地规划的限制，土地使用规划制度本身以及土地价格的迅速上涨，都对提供土地和保障性住房给予了潜力。所以，在此种背景下，英国近几十年的变革都集中在减少公共参与，引入私人融资和交叉补贴上，为了维持保障性住房的可负担性重构了各方主体的支付方式和份额。

---

① 住房补贴（Housing Benefit）是一种和收入相关的补贴，其目的是帮助租户支付租金。它只涵盖住房费用，且不适用于对住房具有产权的住户。住房补贴制度是国家制度，由地方政府执行。1988年，英国对住房补贴制度进行了改革，收紧了补贴。

二 私人领域投资保障性住房的制度背景

英国过去三十年（1970—2000）在保障性住房产权的三大变化是：第一，保障性住房产业引入了私人融资和独立的社会保障房组织（Social Landlords）；第二，购买并居住在保障性住房的比例从1970年代末期的57%上涨到了21世纪初的70%。这一过程使许多需要保障性住房的家庭进入到了这一产业；第三，私人投资新建廉租保障房支付方式和比例的重构使得市场中的出租房屋比例提高。

在英国，廉租房（Social Housing，政府补贴的低收入和非营利住房）由地方政府和住房组织提供（Housing Association，也被称为注册社会保障房房东 Registered Social Landlords-RSLs）。在1970年代的高峰期，当地33%的家庭住房都是由地方政府和住房组织提供的，目前的比例是大约20%。其中地方政府供给占比下降了，而住房组织的供给上升了。这一结果是一系列制度出台所导致的结果。在1980年，当时的保守政府引入了"购买权制度（Right to Buy）",① 该制度允许当时的保障性住房的承租人购买他们承租的保障房，直至现在，大约有200万家庭购买政府的廉租房。同期的政府还决定组织地方政府转售保障性住房，把建设责任转交给了住房组织。这样既可以通过获得现有财产的价值来进行将来的投资，还可以减少地方政府的权力。因此，政府欢迎这一举措，并制定了政府自愿大规模转让保障房的项目和制度，让政府的保障房或者转让给现有的住房组织，或者新创建的住房组织。

尽管一些住房组织已经存在和运行了很多年，但直到1970年代，他们开发的新保障房项目才变成百分百的政府可资助。但这需要符合相应条件，并得到政府的批准。这就导致了这一产业的快速扩张，政府因此成立了住房监管机构，称为房产公司（Housing Corporation，HC）。房产公司监督每年批准的开发项目，并对新开发的家庭住房项目和现存保障房翻修的补贴和公共财政贷款的使用进行监督。在1980年代末期，政府持续希望住房组织接替地方政府成为保障性住房的主要供给源。与此同

---

① 1980年的《住房法案》赋予地方职能部门权力来决定购买人是否符合"租户购买权"的条件来购买承租的住房。只有租户租赁时间超过2年的，才能获得60%—70%的房价折扣。

时，为了继续减轻财政压力，政府引入了混合融资制度。基于该制度，公共贷款融资被私人融资所取代，同时对住房组织的补贴也逐渐减少，不足资金被直接从融资市场借贷所取代。尽管上涨租金和需要资金储备来应对成本增加的事实被大众接受，但租赁补贴还是要支付给所有适格保障房的承租人，这仍将是对有限财政预算的损伤。在英国，大约70%的保障房的承租人全额或部分接受住房补贴。因此，政府从以资金补贴为主的制度逐渐转变成了依靠住房营利来进行补贴的模式。

住房协会（Housing Association）是非营利机构，由董事会控制（董事无薪金），并由领取薪酬的雇佣员工来运行。在英国大约有3000家住房组织，但仅有250家积极地从事保障性住房的开发。从1988年开始，住房协会完全被认为属于私人组织，但仍然获得公共资金补贴，被称为住房协会补贴（Association Housing Grant）。① 该补贴可以满足协会70%—100%的融资需要。但随着1980年《住房法案》出台，其要求协会承担更大的融资比例。

伴随着融资方式的转变和地方政府的角色由住房组织的替代，保障性行业也逐渐壮大，并且行业中的主体也必将多元化。住房组织的规模也在兼并大潮中发生了巨大的变化。

三　对廉租房的私人融资制度

（一）英国私人融资开发保障房制度的发展

自从1987年开始，英国的私人融资开发保障性住房处于积极增长态势。在英国国家住房联合会、一部分住房协会和一些金融专家发布私人融资倡议书后，私人融资保障性住房市场就形成了。一些较大的住房组织对政府开发补贴的短缺感到失望，接受了从债券和证券市场进行融资。

英国政府除了向保障性住房市场提供融资外，还通过向借贷人提供担保的方式引入私人资本。这包括：通过向低收入承租人收取租金，以这部分租金作为担保；赋予住房组织权力提高租金至市场价，从而弥补成本；在混合融资中，当开发公司破产时，私人投资人具有优先于政府

---

① 住房协会补贴（HAG）是基于预定租金而设计的政府针对住房协会的补贴。

的清偿顺序；通过监管机构（Housing Corporation）① 确保对住房组织的监督，来解决融资和治理中出现的问题。

私人放贷人愿意向购买保障性住房的承租人提供融资，这主要有三个原因：第一，私人债权优先公共债权受偿，即当住房组织违约，放贷人对出售的住房的利益优先于政府债权；第二，住房组织受到政府监管；第三，债务由租金来支付，租金是政府的住房受益，被用来担保债务的履行。

当事人订立的私人融资协议和建立行业习惯是两个不同的事务，因为融资法律关系中不可避免地存在不确定性。私人融资的获得必将减少政府的资金补贴。住房组织发现这样政府有可能通过建立法律制度完全放弃对保障房的支持。由于参与保障性住房融资的主体有限，住房公司（Housing Corporation），即住房监督机构不得不承担促销员的角色来吸引更多的放贷人进入市场。住房公司第一次委派私人融资顾问发生在1987年。住房公司联合英国中央政府设立了住房金融公司（Housing Finance Corporation），该公司主要为较小的住房组织评估金融市场。总体来看，市场在缓慢形成，现在已经建立了超过340亿英镑的借贷规模，而且没有出现损失。该规模超过了其他私人融资行业的总和。

在早期，借贷当事人都很谨慎。这也反映出该领域是个新市场，竞争也有限。因此，利润空间也较大，贷款条件也更高。不确定性主要表现在不仅最初的利率很高，而且贷款条件也很保守。随着时间的推移，借贷利率变得更为固定。住房组织也变得更有经验。他们经常对贷款进行再融资，并且努力实现更为平衡的放贷方案，例如在固定利率和可变利率之间，长期和短期债务之间。住房组织的主要任务就是提供高质量的家庭住房，对融资管理逐渐变成了第二重要的任务。放贷人发现他们必须和住房组织建立紧密联系，因为住房组织在很多方面具有确定性和明确性。

所以，规范谨慎的放贷人和保守的借贷人的制度的存在是至关重要的。债和债券融资在英国已经广泛存在。市场持续在英国国内和国外的

---

① 住房公司（Housing Corporation）是英国政府在1964年设立的政府机构，其职能是支付补贴、放贷和监管住房协会。

银行里寻求融资，并建立国家之间和专家之间的贷款媒介。在英国大约有 150 个贷款金融机构，虽然他们被少数大的贷款金融机构所掌控。他们都以英国为基地。外国银行的数量一直在波动，近些年有所下降。在 1990 年代，住房公司（HC）有特定权力去开拓市场，并鼓励大量的银行进入这些专业市场。但随着时间推移，许多银行由于缺乏专业人士和严峻的竞争而离开保障住房融资领域。随着贷款结构的不断变化，优化该领域的借贷交易在英国已经变得非常标准化了。

（二）市场信息和信号

从 20 世纪 90 年代开始，保障住房行业的融资市场逐渐成熟。英国学术界也出现了一些专业很强的期刊，例如《保障性住房》（Social Housing），《住房融资新倡议期刊》（The Journal of New Initiatives in Housing Finance）。同时，英国政府监管部门住房公司（HC）对私人融资每年进行调研，发布调研信息。威尔士和苏格兰还成立了评级机构进行评级活动，定期公布评级信息。尽管多数融资机构运行得相对保守，但该产业也逐渐建立起了很多私人融资的技术规范。保守运行的支持者主要有各个私人融资机构的董事会和政府的住房监督部门，即住房公司（Housing Corporation）。例如在没被许可前，住房公司不允许住房组织（Housing Association）进行交易，不可以进行对冲活动。

在此种新环境下，英国政府在向市场发出信号方面非常小心谨慎。政府曾经多次干预保障住房市场的融资活动，并威胁阻止私人投资。例如 1996 年的《住房法案》规定了破产情形，阻止放贷人对自己的担保进行交易；还有英国的《公司法》关于破产的规定，放贷人必须向政府汇报自己财务状况；通过债务清偿，政府完全改变了租赁制度。政府对租金设置了上限，这就引起了放贷人的巨大担心。

（三）政府向住房组织转让保障房制度

除了由政府补贴和私人投资相结合建设的保障性住房，还存在大量的保障性住房的转让项目，即地方政府把其全部或部分的保障房的所有权转让给住房组织，这使政府获得了大量的资金收入。通常情况下，住房组织为了购买政府转让的保障房需要从融资市场筹集资金，出售的价格是规定年数的租金减去修理成本。但在一些特殊情况，转让价格会低一些（考虑到房子年久失修和地方市场情况），并且在政府要求提高住标准时增加了住房组织的花费，此时就需要向政府申请补贴。基本上，英国保障房产业有两类私人融资市场：对主流住房组织的混合融资市场和保障房转让市场。因此，英国保障住房的私人投资的增长是由住房组织推动的，即通过开发新的保障房项目和获取现有地方政府保障房而实现融资扩张的。

按照英国保守党的观点，保障房的转让是实现现有资产和限制地方政府干预的有效方式。一些地方政府认为转让是确保保障房储备的一个有效方式。然而，当时的英国由工党控制地方政府，所以继续反对转让。随着工党执政，其主张实行的购买权制度逐渐取代了转让制度。

（四）政府执行转让制度

今天的英国政府对保障房有三种选择：继续持有；或通过大规模的自愿转让出售保障房；或通过指定组织来管理保障房。中央政府改变了地方政府的融资制度，并且通过新的会计制度增加了大量的管理和维修津贴。这意味着一些地方政府也可以保留和升级保障房。另外，受到很大压力后，政府宣布了一项新的指定组织管理制度（Arms Length Management Only Organisations，ALMOs）。该制度管理的是处于政府保有和转让之间状态的保障房。地方政府保有保障房，但把管理移交给指定管理组织。尽管受指定管理组织（ALMOs）不能私自筹集资金，但政府通过创建指定管理组织后，给该组织分配一定资金来履行管理职责。

尽管要成为指定管理组织需要符合相关的硬性条件，但政府发现保障房市场对该组织的巨大需求后，许多地方政府都在积极设立，这也在一定程度上减少了对私人融资的需求。而且政府现在更注重部分转让，而不是全部转让保障房，这也在一定程度上减少了对贷款的需求。英国的审计局曾对大规模自愿转让保障房做过调查，调查结果是尽管转让比保有成本更高，但转让的结果是值得的。

但令人担忧的方面是政府在管理转让中受到质疑。转让方式的评估和设立，以及首相办公室和住房公司的作用都存在问题。尽管存在着问题，总体上转让仍被认为是成功的，承租人和工作人员都获得了益处。并且，虽然外界持续对住房公司（HC）可信度提出质疑，但总体上结果是正面的。需要强调的是转让依然是个很有争议的热点问题。

(五) 引入私人融资存在的问题

引入私人融资也面临着一些问题,总结发现的问题有:第一是对该领域不熟悉和保守。这是一个新市场。放贷人和住房组织对此都很谨慎。第二是规范。住房组织受到法律规制,所以他们不能完全自由参与市场交易。第三是政治风险。保障房是个敏感的议题,其中涉及很多党派政治观点。所以一些法规和政策容易发生变化,对放贷人存在很大的政治风险。第四是竞争和利润压缩。由于更多的放贷组织进入市场和现有的放贷组织不断增加投资住房组织,对利润空间向下产生了巨大压力,这使得一些投资机构撤出了市场。持续的并购也减少了融资机构的数量。第五是有限的保障房转让融资顾问。考虑到市场专业性,融资顾问数量显然不足。尽管存在这些问题,私人融资显然还是成功的。

(六) 私人融资制度使得新的廉租房更具有可负担性

首先,保障性住房在传统上由地方政府补贴建设。住房的价格和租金由政府按照成本来确定补贴水平,从而确保租金的可负担性。同时,住房组织通过租金的上涨也在逐渐增加自筹资金来抵消政府对其的交叉补贴。其次,在土地分配制度和政策方面,融资为规划协议的达成提供基础。因为通过规划制度地方政府可以评估本地区对保障房的需求程度,进而要求开发商满足前期的融资条件。当开发商具备了融资能力,并同意在新建开发项目中建设一定比例的保障房,他们就可以根据《住房法案》第106条的规定与政府签订具有法律约束力的合同,随后政府批准开发项目的规划许可。在合同中,允许开发商和政府就保障房的建设比例进行磋商。项目完成后,住房协会拥有并管理保障房或者是由低收入群体以低于成本价格对其进行购买。

四 可负担得起的家庭所有权保障房融资制度

可负担的家庭所有权保障房是通过政府补贴,使得中低收入家庭可以购买产权的保障房。当前,英国政府逐步强调提供低成本的家庭产权的保障住房,其目的是减少公共补贴和满足中低收入人群对家庭稳定的渴望。在制度上,政府制定了四种方式来支持低成本的家庭产权保障房:通过"购买权"制度,政府提供大规模的资金补贴,让原来承租廉租房的承租人购买;通过"保障房补贴"制度(Social Housing Grant)提供共有产权房，政府和购买人共同出资，共享产权；通过《住房法案》第106条的规定，向新开发项目供给土地和补贴；通过融资制度支持贫困地区购买更低成本价的家庭保障住房。

在提供廉租房方面，"保障房补贴"制度和《住房法案》第106条在融资制度上没有区别。而英国所有的低成本家庭产权住房项目中的私人融资的影响力主要体现在两个方面：第一是住房组织保有新保障房，其部分由住房补贴资助，部分由私人放贷。在一些情况下则完全由私人放贷；第二是新的和现有保障房的购买者需要筹集按揭款来购买共有产权房。一些放贷机构拒绝双重提供融资，即既提供开发融资，又提供按揭融资。通过规划制度供给低成本家庭产权住房也表明私人融资不存在特别问题，购房者按照一般标准办理按揭。所有类型的低成本家庭产权保障房的购买人比普通借款人的年龄稍大，基于收入借贷数额也较少。购房者具有折扣、现金补贴、部分抵押贷款，这对放贷人来说都是有利因素。同时，由于存在三种复杂的合伙方式，放贷人在对共有产权房放贷中也遇到过很多困难。这是因为购买人即是承租人，也是所有人，住房组织是房东，收受租金。当购买方陷入交付租金困难或按揭支付困难时，中间的冲突和摩擦是显而易见的。所以一些放贷机构拒绝参与此类市场，而是聚焦于相对简单的项目。结论就是：简单明确是私人放贷成功的关键。

（一）购买后出租制度

购买权制度（Right to Buy）制定于1980年，即租住地方政府保障房的承租人通过该制度可以以折扣价购买保障房。该制度取得了巨大成功，有超过200万人购买了保障性住房，对英国的家庭产权房的增长做出很大贡献。获得权制度（Right to Acquire）和自愿购买补贴制度（Voluntary Purchase Grant）制定于1996年，这两项制度适用的对象是住房组织（housing association）。获得权制度指的是在1997年之后以公共补贴建设的保障房，住房组织可以出售保障房给承租人，即承租人有获得购买的权力。自愿购买补贴制度指的是1997年后建设的保障房，允许住房组织以折扣价出售给承租人。

（二）在市场中购买新房或二手商品住房

英国政府还设计了其他的制度帮助廉租房的承租人和其他低收入人

群来在市场中购买商品房。一些制度是帮助购买二手商品房,一些制度则是帮助购买新商品房。现金激励制度被设计用来帮助承租人在公开市场购买商品房,该制度是现金补贴,通常大约是1万镑。同时还设计了三个的共有产权住房制度。传统的共享产权房通过住房组织运行的"建设家庭住房出售"项目。这些家庭住房通过补贴和私人融资来建设,然后出售给当前的承租人或难以在市场中购买首套商品的适格申请人。购买人通多按揭的方式购得住房25%—75%份额的产权,对剩余部分支付租金。他们可以以上楼梯的方式逐渐购得100%的产权。第二种是传统制度的衍生制度,被称为自助共享产权制度(Do It Yourself Shared Ownership,DIYSO),该制度允许适格的申请人购买现有二手商品房,但有着严格的价值限制和其他条件。第三种制度是家庭购买制度(HomeBuy),此制度与以上两种制度截然不同。"购买制度"以房屋抵押贷款的方式来购买,所有人通过长期居住后用增值来偿还贷款。获批的申请人以按揭的方式向私人融资人借贷75%,向住房组织免利息抵押借贷25%。同样,他们也可以逐渐100%获得产权。

在2001年政府最新出台了制度,被称为"启动家庭住房倡议"制度(Starter Home Initiative)。此项制度直接针对重要工作人员(key workers),并在英国南部的有住房压力的特定地区实行。最初该制度提供大量的资金帮助这些重要的工作人员支付定金,在市场购买商品房。随后该制度演变成了新制度"重要工作人员生活项目"(the Key Workers Living programme)。这项制度提供四种资助方式,其中一种是抵押贷款,和家庭购买制度(Homebuy scheme)类似。现在这类制度针对的对象逐渐转变到了公共部门的重要工作人员身上。政府向这类人提供资助目的一方面是保障住房的可负担性,因为这样可以使利益和风险得到分享和分担。另一方面是拓宽就业制度和政策,因为通过提供资助是一项低成本的方式来确保充足的劳动力供给。

五 保障可负担性的其他制度措施

(一)财政措施

英国政府对保障性住房的供给和确保现有住房的可负担性方面使用财政工具的效率做过比较性研究,其中6项制度被认可,并进行了评估。

1. 对建设的税收减少

英国保障性住房的建设中关于税收减少（tax relief）的经验多数来源于美国的税收减少制度（tax credits）。该措施向开发商和其他建设保障房参与者提供一系列的减税，同时，减税优惠还可以转售给机构投资者。有证据表明该措施在供给保障房方面效力明显，但在交易和其他成本方面效率较低。一些英国学者还主张该制度措施应该和扩大土地供给措施以及吸纳其他相关合伙人的政策相结合。

2. 政府对高成本地区执行购买资助

该制度措施是英国当前着重实施的一项内容。事实上，它是"家庭购买制度"和"启动家庭住房制度"的延伸。该制度可以直接解决问题，因为住房价格的变化远大于收入的变化，通过增加公共部门工作人员的收入提高他们购买能力的成本更大。所以直接向此类人进行购房补贴是一种成本较低的方式。然而锁定目标群体，即补贴对象就显得非常重要，否则会适得其反，造成无谓损失。而且，任何此类制度都有可能存在资金有限的问题。其优势也是可以聚焦特定群体和地域，并且依据经济状况进行调整。但是除非供给问题可以被充分解决，否则项目越有效，对价格上涨的影响越大。

3. 针对首套房购买者的存储制度

针对首套住房购买者的存储制度是指潜在的购买者开设专门储蓄账户用来储蓄购房，政府定期向其资助一定额度的补贴并打入其账户的制度。此项制度被很多国家引入，其目的是要应对准入问题，毕竟购买住房需要一定的储蓄。但此项制度存在很大争议。由于补贴被认为是一种可纳税收入，此类制度中的补贴就会导致英国税收低效。

4. 政府部门和私人雇主参与供给

在供给方面，政府部门通常和住房组织与开发商合作合伙，来维持保障房的长期可负担性。许多政府特定部门有能力提供土地，而不是直接投资。他们也是制度的执行者。在私人市场领域，证据显示雇主在直接供给保障房方面兴趣很小，或者仅仅支付较高薪水。

5. 在非住宅用地上建设保障房

在英国，这是一个合法规划的问题。最好的修改方案是把农村和城市结合地的土地纳入城市领地，并把《住房法案》第 106 条的规定进行修改，允许在非住宅用地上建设保障性住房。要实施这一措施，必须提供额外的财政激励，例如减税，否则很难开展。相比较大规模的城市住房开发项目，建设混居社区方面的融资更为容易。

6. 减少增值税

当前，英国新建住宅免缴增值税。因为这是社会民生改善项目，旨在增加保障房的供给，但所有其他翻修的成本需要缴纳增值税。对修缮花费减少增值税仅限于住房组织，其目的是维持保障房的补贴充足。减少增值税的措施还可以延伸到政府住房保障部门长期租赁的私人物业。这都显示了英国政府对解决融资市场和补贴制度的巨大灵活性。

(二) 保险和风险分担

另外一个可以提高保障性住房的可负担性的方式使用担保或分担风险来减少成本。通常情况下，英国政府反对提供任何形式的担保。通过保险和风险分担减少或消除融资成本风险，同时还可以增加可负担性。地方政府也可以提供贷款担保，但这种情况很少发生。由于提供担保和购买保险存在很大的压力，程序也比较繁杂，放贷人也觉得不可考。最终，和公共部门共同分担抵押贷款成了偏爱的行业做法。

六 结论

改善可负担性包含很多不同的制度设计，例如承租人或购买人获得补贴；向保障房的供给机构提供补贴来减少租金和价格；增加商品房直到租金和价格都减少；在保障住房市场增加住房；增加资助的家庭数量；或者增加供给的效率可以使成本自身下降。在英国，保障住房产业中引入私人融资制度，即直接通过向住房组织的提供保障房建设融资和间接来自开发商和土地所有人对建设保障房的贡献，存在三个目的：第一个目的是拓宽公共补贴的范围，使得更多的中低收入群体获得住房，满足基本的生活需要。不可否认的是，私人融资比公共融资更为昂贵，这也意味着保障房的承租人要支付更多的租金。但是政府保障房收益足以确保补贴最低收入的且无法支付租金的群体。所以尽管租金增加了，但是更多的人获得进入保障门槛。第二个目的是通过大规模转让保障房来实现资产的保值，从而达到减少公共开支或增加扩大建设保障房的能力。第三个目的是引入私人融资可以提高竞争改善效率，减少管理和维护的成本和增加住房使用。在一些情况下，建设效率的提高，例如可以减少每套保障房的成本，可以远超抵消使用私人融资的融资成本。

英国无论是政府和学术界都对在保障房领域引入私人融资制度和通过《住房法案》第106条的协议对土地所有人和开发商对保障房供给的贡献进行过多次评估。这些评估总体上表明：尽管总的政府成本支出比传统的公共融资成本高，但保障房的供给增加了，并且随着时间的推移私人融资市场变得更有效率。

英国成功地在保障房产业中建立了公共和私人融资的制度，并且在拓宽保障房的范围和规模方面积累了大量的制度优势和专业知识。但一些地区保障房供给不足，保障房房价高企，可负担性恶化等情况依然存在。需要强调的是新保障房的供给仍依靠持续的政府补贴，仅依靠土地所有人的交叉补贴是不可能实现的。

第四节　美国保障性住房的融资制度

在美国，保障性住房在美国住房中占比很小。根据2015年的统计，美国总的住房约有1.4亿套，大约600万套属于保障性住房。其中300万套是通过低收入税收减让制度（LIHTC）[①]实现的，160万套是通过公租房实现的，剩下140万套则是政府通过依托之前的联邦项目向提供保障房的私人业主进行租赁补贴而实现的。然而，美国住房需求和缺乏可负担性住房的问题比英国更为严重。

当前美国的住房现金补贴制度（section 8 Rent Assistance）和英国的地方住房津贴制度类似（Local Housing Allowance），其目的是向低收入群体发放住房补贴，但发放数额是有限的，只有大约25%的有住房需求的群体可以获得补贴。所以美国逐渐拓宽保障性住房领域的融资渠道，创立了多项保障性住房融资制度，取得了很多成功的法律制度经验。

美国保障性住房领域的融资制度除了政府补贴外，还有三类：第一类是机构融资制度，该类融资又进一步分为商业银行的投资制度以及储

---

① 低收入住房税收减免（Low-Income Housing Tax Credit）是美国联邦政府制定的项目。其目的是通过向开发商减免10年的联邦所得税来激励开发商建设低收入保障房。

蓄和贷款协会（Savings and Loan Association）的投资制度；第二类是免税债券制度；第三类是低收入住房减税制度。下面将逐一进行阐述。

一　机构融资制度

（一）银行融资制度

商业银行通常是美国联邦储备制度的特许成员，并受到联保储蓄保险公司（FDIC）的担保。他们主要从事存储和放贷业务，也是最普遍的融资机构。所以商业银行也是房地产行业重要的融资渠道，其向房地产开发的各方当事人提供市场利率的融资。首先利用获得的低成本资金，再是保障性住房的开发商由于具有便利性和可利用性从商业银行借贷一部分资金。

更为重要的是美国设立了12家联邦家庭贷款银行（Federal Home Loan Banks），目的就是成为保障性住房建设、社区发展、改善就业等的融资渠道。美国国会在1931年制定了联邦家庭住房贷款制度。联邦家庭贷款银行受美国联邦住房金融局（Federal Housing Finance Agency，FHFA）监管，它是美国住房金融董事局（Federal Housing Finance Board）的继任者。联邦家庭贷款银行主要从事和管理两类项目：保障性住房和社区投资项目。美国联邦住房金融局是根据2008年的《住房与经济恢复法案》设立的，也监管联邦国家按揭协会（Fannie Mae）和联邦家庭住房贷款按揭公司（Freddie Mac）。

1. 保障性住房项目制度

联邦家庭贷款银行必须把往年10%的净收入投入到保障性住房项目中，12家联邦家庭贷款银行每年最少要投入1亿美元，他们与开发商以及社区组织共同为中低收入家庭建设和翻修住房。在美国，保障性住房主要由两类项目组成：竞争性申请项目（Competitive Application Program）和家庭住房储备项目（Homeowner Set-aside Program）。在竞争性申请项目中，联邦家庭住房银行系统中的金融机构成员代表项目资助者向联邦家庭贷款银行提交资助申请。根据监管制度，联邦家庭贷款银行制定了评分标准，对每一个联邦家庭住房银行系统中的金融机构申请人进行评分并奖励。该竞争项目每年评比一次，按照分数高低发放奖励给申请人。如果廉租房是利用保障性住房基金开发的，其中至少20%的廉租房必须分配给低于地区中等收入50%的家庭。而家庭自住购房利用保障资金建设的，则由收入低于本地区中等收入的80%的家庭占有。在家庭住房储备项目中，每家联邦家庭住房银行向联邦申请补贴资金，并直接把补贴发给家庭住房购买者。联邦家庭住房银行还可以保留450万美元，或每年以35%的项目投入来资助中低收入家庭购买或翻修家庭住房。至少三分之一的联邦家庭住房银行每年总的储备投入要分配给首套家庭购房者，每家最多给予1.5万美元的资助。

美国保障性住房项目设计的就是帮助金融机构和社区开发的参与者向中低收入家庭和个人提供可负担得起的保障自住房和廉租房。项目服务的主体非常广泛，主要包括：老年人、残疾人、无家可归的家庭和个人、首套房购买者和其他缺少生活资料的人。

项目投资人伙同金融机构寻求竞争性补贴或低成本贷款，联邦政府鼓励竞争补贴的金融机构利用联邦政府补贴和其他融资（包括传统贷款，政府补贴资金，减税担保和债券融资）进行杠杆融资。保障性住房是一个灵活的项目，尤其是在资金使用方面。它可以与其他项目和融资相结合，例如低收住房减税和社区开发楼宇补贴。每一家联邦家庭贷款银行都提供培训和资助申请。从1990年到2013年，联邦家庭贷款银行向保障性住房项目投入超过了42亿美元的资金。在2013年，联邦家庭贷款银行根据竞争性项目利用2.54亿美元资助了27258户家庭；根据储备项目利用700万美元资助了1万户家庭。

2. 社区投资项目（Community Investment Program）制度

每家联邦家庭贷款银行还运作着社区投资项目。该项目的目的是长期向中低收入家庭和社区提供住房和经济发展的融资，其利率往往低于市场贷款利率。社区投资项目的目标群体是家庭收入低于本地区中等收入115%的有住房需求的家庭，包括租赁住房项目、自有住房项目和保障住房社区建设。经济开发项目必须位于中低收入社区或要让中低收入家庭收益。基于社区投资项目，联邦家庭贷款银行在20多年的时间里向不同的住房保障项目共投入了740亿美元，建设了大约80万的保障性住房。

3. 联邦家庭贷款银行制度的执行

联邦家庭贷款银行是政府资助的企业，该企业向保障性住房进行全方位的市场融资支持。联邦家庭贷款银行系统中共有7500家放贷机构，代表了美国全境大约80%的有担保的放贷机构。社区银行、商业银行、信用合作社、社区开发金融机构和保险公司都是该体系的成员。12家联邦家庭贷款银行位于亚特兰大、波士顿、芝加哥、辛辛那提、达拉斯、得梅因、印第安纳波利斯、纽约、匹兹堡、旧金山、西雅图和托皮卡。

每家联邦家庭贷款银行都有自己的董事会，董事会成员都是各个方面的专家，包括金融、会计、住房和社区开发。联邦家庭贷款银行的主要目的是向体系内的各个成员提供流动性资金。事实上，联邦家庭贷款银行是唯一一个向系统各个金融机构成员提供信用担保的主体，大多数社区机构都没有能力自行进入信用市场。

联邦家庭贷款银行向其成员放贷的行为被称为"预付"。这是各个成员获得流动性资金的便捷方式。系统内的各个成员为了符合预付的条件，必须提供高要求的担保，形式可以是抵押、政府担保或政府对小企业、农业或社区开发的贷款。一旦联邦家庭贷款银行批准了成员预付申请，就把预付资金发放给系统内的金融机构，金融机构再把资金借贷给住房和经济开发项目。

12家联邦家庭贷款银行对资金自行管控和利用。在高预付金融活动期间，联邦家庭贷款银行可以自动增加资本。反之在低预付时期，联邦家庭贷款银行可以相应的减少资本投放。12家联邦家庭住房贷款银行对其总债务对外承担连带责任。这就意味着如果一家联邦家庭贷款银行无法履行对其债权人的义务时，其他11家都有可能成为连带债务人，被要求履行债务。所以，审慎放贷是制度要求的首要任务。

（二）储蓄和贷款协会

在美国，大多数的储蓄和贷款协会是联邦住房金融局的特许成员，并由联邦储蓄和贷款保险公司担保。作为一家金融机构，其业务专长是受理储蓄并向住房按揭发放贷款。在历史上，储蓄和贷款协会是家庭贷款的主要放贷方。储蓄和贷款协会主要的租金来源是储户的存款，这可以使得储蓄和贷款协会获得长期的资金，从而提供永久的和长期的贷款。在1980年代和1990年代发生过储蓄和贷款危机后，储蓄和贷款协会的数量减少了一半。这些生存下来的储蓄和贷款协会减少了贷款，且对借贷方做出更加严格的放贷审查。为了减少危机产生的影响，国会要求储蓄和贷款协会设立保障性住房项目，来帮助非营利的保障房开发商和地方经济发展。该项目包含三个子项目：社区投资资金贷款项目，保障房项目和社区投资项目。所以，储蓄和贷款协会在保障性住房的融资制度和联邦家庭贷款银行制度非常相近，只是提供的融资主体不同而已。

二 免税债券制度

除向商业银行贷款以外，保障性住房开发商还可以向联邦和地方政府申请获取低于市场利率的贷款，免税债券的发放就是其中一项重要的融资渠道。换句话说，就是联邦和地方政府通过发放债券获取资金并为保障房的开发提供贷款。首先，债券是担保债务，发债方是债券持有人的债务人，在约定的期限届满后，向持有人还本付息。此处的债券是城市或地方政府发行的债券，通过发行债券，联邦或地方政府可以获取资金，从而为保障房的开发设立贷款。此类发行的债券一般有两种：普通债债券（General Obligation Bonds）和收益债券（Revenue Bonds）。[①] 普通债债券完全由政府信誉进行担保，而收益债券的债务支付由所融资的项目收益担保偿付。为保障而发行的债券是收益债券，其由项目收入进行偿付和担保，而不是政府信誉。

为住房发行的债券通常是收益债券。从技术上来讲，收益债券分为：免税收益债券和赋税收益债券。联邦和地方政府发行的债券所获得的资金可以支付建设政府设施或政府运行的费用，此类债券属于免税债券。政府向债券持有人支付的利息征收收入税，因此债券持有人免缴税费。然而，多数为住房发行的债券的发行人不是政府，而是属于市场商事主体，因此这些商事主体发行的债券属于赋税收益债券。

利用免税收益债券为住房提供贷款在美国始于1960年代，随后就变得非常普及。免税收益债券由很多优点。对消费家庭而言它可以减少家庭购房的贷款利率，对开发商而言，免税债券融资不仅可以用来建设，还可以作为持久的贷款。同时，免税收益债券和其他住房补贴以及

---

① 普通债债券的收益一般用于公益事业，收益债券的收益用来偿付投资人。

低收入减税制度的叠加可以使住房项目更具有可负担性。事实上，在获得低于市场利率的融资方面，免税债券融资是保障房融资最大的来源。

三 低收入住房减税制度

（一）低收入住房减税制度介绍

美国1986年的《税收改革法案》（*Tax Reform Act*）确立了低收入住房减税项目（Low Income Housing Tax Credit）。该制度的目的是通过激励机制来开发廉租房，是美国解决保障性住房短缺的一项重要制度工具。低收入住房减税制度规定：公司投资保障性住房项目，可以获得10年的税收减免作为投资回报。减税的条件是投资人必须保证所建住房是保障性住房的期间至少是30年。还规定房屋标准必须符合低收入住房减税制度的要求，房屋也要出租给适格的保障房申请人。税收减免的分配权由美国国会控制，国会决定着每个州的税收减免数额以及税收减免的上限。各州每年制定计划，设计标准来决定项目的位置、可持续性和质量标准，等等，从而评估开发商的项目投标。

（二）低收入住房减税制度的运行原则

低收入住房减税制度的一项中心内容就是开发公司投资低收入住房，并以减少税收作为投资回报。依据这种方式，保障房项目的50%—60%的融资成本通常不需要利用获取的租金收益来偿付投资和利息。围绕这一简单的中心原则，形成了一项复杂的低收入住房减税制度。

低收入住房减税制度的减免是对投资人税收账单的对应减免，间期超过10年。税收的减免替代了资金和利息的回报，100万美元的减税可以获得大约1000万美元的投资。投资人通常是上市公司，尤其是银行和保险公司，他们对房地产和家庭住房融资领域非常熟悉和擅长。该制度对个人投资者不适用，原因是1990年代的税收制度发生了变化。为了达到减税的条件，低收入住房项目需要满足建设标准、租赁条件、承租人身份以及遵守保障性住房最初15年不变的性质和之后还可以延长15年期限的条件。

1. 条件基础

申请的减税必须符合支出的条件。支出包括所有的建设成本和费用，但不包括土地成本、储备金和其他融资成本。这就为符合条件的项目减税设定了上限。低收入住房减税投资的项目中通常投入50%—60%的项目成本，剩余投入是通过金融借贷获得。从市场金融机构融资而来的资金必须按期偿付本金和利息，而从国家或地方政府等机构获得的融资通常具有优厚的条款，这些贷款会在15年的遵守期（承诺保障房可负担性的期限）后偿付。

2. 低收入住房减税额度的分配

国会设定了国家减税的数额上限。每个州减税数额的依据是该州的人口数量。所以减税数额的分配是按人头进行的。

3. 住房与城市开发局（Department of Housing and Urban Development，HUD）[①]

住房与城市开发局会制定符合条件的统计宣传册（Qualifying Census Tracts，QCT）来确定该州20%最贫穷地区。其通过计算符合减税项目的投资成本，再依托计算宣传册的结果为减税的基础，最终实现减税的目的。所以，对于一个属于符合统计被确定的低收入减税项目会增加减税的额度。同时，增加的融资比例可以投入到住房与城市开发局指定的20%贫困地区项目当中。此种做法是非常有必要的，这是因为这些地区的租金很低，并且低收入减税项目的贷款水平低于其他地区。所以，贫穷地区的低收入住房减税项目需要更高水平的投资。

4. 州住房融资机构（State Housing Finance Agencies）

州住房融资机构每年发布一份符合条件的分配方案（Qualified Allocation Plan，QAP）。方案制定州的优先支出项，并设定质量标准要求。通常，州会为每个开发项目设定减税的水平。例如，马萨诸塞州设定每项低收入住房减税项目投资额度是100万美元，低收入住房减税的项目的开发商可以获得1000万美元的减税额度。这一最高水平的限制导致了马萨诸塞州多数的项目都可以获得1000万美元的减税，从而供给70套保障性住房。

州政府每年都号召开发商投标保障性住房项目并获得减税。标书要

[①] 美国住房与城市开发局（U.S. Department of Housing and Urban Development）是美国联邦政府行政机构。该机构主管住房供给和社区开发的补助资金。同时，该部门还履行职责确保公民的公平和拥有平等的住房机会。

满足分配方案的条件,然后州住房融资机构根据分配方案来分配减税额度。投标获得批准后,项目必须在12个月内动工,很多州经常缩短开工日期至6个月内。这就意味着项目在投标时就必须获得规划许可、建设许可、土壤调查许可等。所以,开发商在投标时的前期投入也是具有风险的。除投标以外,开发商也要求提供一份不具有约束力的低收入住房减税项目的书面融资要约,发出要约的是投资人和放贷机构或其他融资渠道。

5. 低收入住房减税项目的法律框架

低收入住房减税项目的法律框架包含若干个要素。每一个项目的融资通常包含一个投资人,其把资金投入大的财团,大财团把钱投给项目。大财团是一些公司的联合体,它组织和管理投入项目的资金,然后向投资人提供资产管理服务。对于资金是如何通过项目的法律框架进行运作包含两个要点:首先,财团建立一个有限责任公司,财团是管理成员,投资人是投资成员;其次,财团把资金投入到具体的项目中,从而成为项目的投资人,并获得项目99.99%的股权。开发商作为项目的管理成员,在有限责任公司中保留0.01%的股权。低收入住房减税和其他税收利益根据所有权的比例进行减扣。所以,项目资金获得99.99%的减税收益,这也就意味着投资人获得99.99%的投资利益。当今的美国,有限责任公司的形式在低收入住房减税的法律框架下更为常见,而有限合伙的形式在过去更为常见。在有限合伙的框架下,投资人被称为有限合伙人,管理人被称为普通合伙人。尽管有限责任公司在低收入住房减税项目中得到普遍采纳,但行业中仍然使用有限合伙人和普通合伙人的法律术语来确定投资人和开发商的法律责任。

6. 租金

低收入家庭属于保障的对象,其收入通常低于该地区中等收入,所以租金水平是中等收入的60%或更低。当项目规划收取的租金是中等收入的30%—50%时,州政府会考虑对项目减税分配方案加分。在一些情况下,租金被确定为中等收入的30%。例如,家庭净收入是中等收入的60%,大约为21000美元,租金就不可能超过7000美元。租金补贴会发放给符合《住房法案》第八条(Section 8)的申请人。《住房法案》第八条①仅仅能够满足大约 25% 的符合条件的人群。一些保障房项目把第八条的补贴作为收入津贴发放给申请人，用以弥补低收入住房减税项目的租金和承租人收入之间的差额。差额的计算每年都要进行重新评估，如果居民收入增加，收入津贴的支付就相应减少。

7. 租赁

对于低收入住房减税项目，不存在提名或等候制度。新建项目通常通过预先核准而被出租来确保居民符合收入条件并可以负担得起资金，符合条件的居民通过摇号被选出。如果承租人的收入增加，他们仍然可以居住在该住房内。

8. 低收入住房减税项目的融资结构

典型的低收入住房减税项目的融资结构是：政府贷款占比 30%，市场融资占比 20%，项目抵押贷款 50%。在所有融资中，只有市场融资的偿付需要从收取的租金中获得支付。项目融资的回报是投资人获得减税。而政府贷款的利息在 15 年的可负担性承诺后，通过再融资的形式来偿付。

9. 抵押投资和低收入住房减税项目

在投标低收入住房减税项目时，开发商需要提供书面材料来证明有投资人愿意投资。但该证明材料不具有法律约束力。通常在开发商被许可给予减税后，他们才进一步开展融资业务，目的也是获得更好的融资条件。减税制度赋予低收入住房减税项目的投资人减税利益，关于减税幅度在一定程度上也取决于多家投标人的竞标。项目价格越高，抵押投资就越多，购入保障房的资金就越多。在抵押投资中，投资人拥有项目资产，而开发商属于提供服务的普通合伙人。如果开发商不履行职责，投资人就介入并清退开发商。低收入住房减税项目的回报大致是税后的 7.75% 或者是税前的 10%。

---

① *1937 Housing Act*(Section 8) 通常被称为第八条，其内容被多次修订。该法规定政府直接向私人房东支付租房补贴而不是向低收入租户支付。随后，美国政府依托该法设定了八条项目（Section 8 Program）。截至 2018 年，美国有 520 万户接受住房资助，其中 120 万户接受了八条住房券（Section 8-based voucher）。美国住房与城市开发局（The U. S. Department of Housing and Urban Development）负责管理八条项目。

(三) 承诺

低收入住房减税中的法律和金融结构的性质决定了此类项目需要严格的审查。不遵守对所建住房可负担性和服务的承诺就意味着所建住房没有履行纳税义务，对此种行为的惩罚是停止所有或一部分相应的减税或令其返还已减税款。

关于承诺是如何执行和监管的，以美国北卡罗来纳州为例。州政府组建了监察组，该组由15名成员组成，他们的任务是检查低收入住房减税项目是否按照要求建成以及当住房被供给上市时确保他们符合分配规划。任何没有履行服务义务的重大过错行为或重复错误行为都会被上报给国家税务局（Internal Revenue Service，IRS）。首先监察小组给予30天的通报，限期整改。否则会导致停止减税，更为严重的是不仅投资人受到经济损失，开发商和财团也会受到损失。鉴于此类风险，财团、开发商和投资人每年分别检查物业的服务。除此之外，管理运营的公司每年也会检查4次，所以每年总共有7次检查。如果管理运营公司没有履行管理和检查职责，财团将介入处理相关问题。所以在美国，违反承诺的事件很少发生，项目中的管理水准很高。

(四) 州保障房融资运行框架

美国每个州都有自己的保障房融资框架。以马萨诸塞州为例，该州有一套非常复杂的保障房运行机构，它由很多部门组成，包括住房和社区开发局（Department of Housing and Community Development，DHCD），马萨诸塞州住房局（Mass Housing），马萨诸塞州住房合伙（Massachusetts Housing Partnership）和马萨诸塞州住房开发公司（The Mass Development Corporation）。住房和社区开发局是州的住房融资机构，负责制定减税分配方案（QAP）并管理低收入住房减税的投标。马萨诸塞州住房局是一个州资助的机构。它发行债券进行融资，把筹集的资金借贷给保障性住房。该机构发放了全州80%的免税债券，其董事由州长指定。马萨诸塞州住房合伙也是州的资助非营利组织，负责向保障房项目进行私人市场融资。

(五) 低收入住房减税的项目管理

住房和社区开发局（Department for Housing and Community Development，DHCD）管理州低收入住房减税项目。以马萨诸塞州为例，每年州向40个项目分配减税资金。州政府在每一轮的投标会收到大约80个符合条件的投标，经过最后筛选最终选择40家。马萨诸塞州住房开发局负责项目管理，确保被选定的投标人只能获得一次分配的资金。马萨诸塞州住房和社区开发局也确保其支持一些较小的非营利机构也能获得资金。小的非营利机构通常依靠低收入住房减税项目的开发费来支持机构运营，他们每三年可以获得一次资金分配。然而，较大的开发商对小开发商获得减税资金持有不同意见，他们认为较小的非营利开发商效率低，并且缺乏专业知识。

（六）保障房属性15年延期

根据低收入住房减税法律制度的规定：开发的住房必须保持15年的保障性属性。然而，联邦法律要求只有住房保持30年的保障性才能获得减税。一些低收入住房减税行业的组织在第15年的重新融资阶段来购买项目中的住房，其目的是再过15年，该住房就没有保障房属性。到时候这些经过了30年的保障性住房就可以进入商业市场被出租或出售。在一些严重的地区，经过30年的保障属性的住房的投资回报会达到3倍。所以还有一些州要求住房的保障属性必须保持50年。

（七）混合收入和所有的保障性住房项目

在混居保障性住房和以市场价格租赁的低收入住房减税项目中，如果承租人的收入增加超过中等收入上限的60%，开发商可以增加承租人的租金，但不会超过其可负担水平。然而在混居项目中，下一套住房必须以可负担的租金出租给承租人，从而满足低收入住房减税的居民数量要求。即使项目中的居民收入增加，住房仍然可能被要求以低于市场价格的可负担价格出租给适格的承租人，进而影响项目的租赁收入。所以低收入住房减税项目的投资人更愿意投资所有的保障性住房，而不是混居项目。

（八）公租房更新项目

美国有一系列的住房项目旨在通过翻修或替代的方式来更新公租房，这些项目被设计出来的目的是解决政府对公租房维修资金的需求。据估计，美国总共需要256亿美元来维修公租房，即每套公租房大约需要2.3万美元的维修资金。公租房局（Public Housing Authorities）非常欢迎这些新设计的项目，因为他们可以激活失效的公租房。然而在一些早期的项目中，公租房的更新不是一对一地由补贴住房来替换，并且那些无法负担低收入住房减税项目中住房房租的最低收入人群，通常会被发放补贴券搬迁到其他地区。例如一些地区的老旧公租房被新的包含可负担的低收入住房减税住房的混居房所替代，其中最低收入的居民通过其他项目搬出了原来的住房。而租金补助演示项目（Rental Assistance Demonstration programme，RAD）是一对一的替换项目，该项目不搬迁最低收入承租人。租金补助演示项目资助的设计可以吸引私人和公共部门的资金。通过把现有的公共住房补贴转变成以项目为基础的租赁补贴合同，用收入来偿付私人贷款。在美国，许多公租房通过租金补助演示项目——其也以低收入住房减税作为融资来源——得以更新。

（九）财团的角色

在低收入住房减税制度体系中，财团扮演着重要的角色。在美国有许多大型非营利采购团，例如企业社区投资（Enterprise Community Investment）和国家股权基金（The National Equity Fund，NEF）。这些组织通过获取开发资金和提供金融或者利用专业知识来积极支持非营利和营利开发商。国家股权基金和她的姐妹组织——地方倡议支持公司（Local Initiative Support Corporation，LISC）在纽约同一办公场所开展业务。地方倡议公司擅长通过提供专业知识和启动资金来支持地方社区组织。在低收入住房减税项目的融资市场，也存在一些营利性财团，他们通常不支持非营利性活动。作为大型的非营利性财团，他们只和有经验的且信誉良好的开发商合作。一些较大的长期的低收入住房减税项目投资人会建立和开发商更为直接的关系。以美国银行为例，它具有对低收入住房减税项目的最直接的投资模式。他们在最大程度上，不利用财团向项目投资，而是直接作为有限合伙人投资项目，并对他们的投资直接进行监督和管理。

一旦开发完成，财团确保他们的建设资产符合低收入住房减税制度的规定并获得预期的回报，财团将尽最大努力确保项目成功。因为项目的失败将会对他们的商誉产生巨大的负面效应。

（十）减税项目的投资利率

减税项目采用公开招投标的方式，在确保市场主体间竞争性的同时，使项目投入由市场决定。低收入住房减税行业的发展有很多驱动因素。

美国《社区再投资法案》(The Community Reinvestment Act, CRA)的出台意味着银行想维持高的投资利率，就要抬高低收入住房减税项目的投资。该法案暗示着：本地区的银行越多，对项目的投标竞争就越激烈。所以美国海岸线地区的低收入住房减税项目的开发成本和投资就很高，低收入住房减税项目的减税额度也因受益于美国对房地产投资而减少。

在2008年，美国国会通过了《住房和经济恢复法案》(Housing and Economic Recovery Act, HERA)。法案推出了一系列强化和完善低收入住房减税项目的措施。其中关于项目成本计算的方式的规定在2012年被删除，但该条规定对项目的发展产生过重大影响。

第五节 各国保障性住房融资制度比较结果

通过对以上各国保障性住房融资制度的梳理和剖析可以发现，保障性住房融资的目的就是确保保障性住房的可负担性。为了满足各个阶层的不同住房需求，各国在保障性住房建设融资制度上主要针对的主体是项目主体或开发商和消费主体。在建设保障住房的土地使用融资上，以上各国做法大致相同。中国和新加坡直接由政府进行土地划拨建设保障房，而英国和美国鼓励地方政府提供公共土地建设保障房，这些都在很大程度上降低了保障性住房的融资成本，开发商不需要像开发私人住宅那样购买土地或租用土地进行融资。同时，这样也可以降低保障性住房的价格，使保障性住房成为可负担性住房，这是因为保障性住房的价格不需要涵盖土地的价格和土地的融资成本。所以，为了确保保障性住房的可负担性，各国在保障房的融资制度不同主要体现在保障住房开发主体和消费主体的融资制度方面。

一 保障性住房开发商的融资制度

在中国，房地产开发商参与保障房建设的模式有三种：一种是纯代建。由政府提供土地和资金，开发商建设和管理，完工后收取一定的管理费；第二种是BOT模式。由政府直接提供土地或开发商竞价拍卖获得土地，再由开发商融资开发，保障房建成后政府回购或政府审定销售；第三种模式是开发商前期就参与土地拆迁，后期负责开发建设和销售。

无论是哪种模式，开发商的融资主要通过上市融资和开发性金融贷款，还有些地方政府在尝试发行保障房债和保障房信托基金。这些融资平台造血功能不足，资金出现告急情况普遍。和新加坡相比较，新加坡的中央公积金制度就显示出了很多优越性。虽然中国引入了新加坡住房公积金制度，但在运作方面有着很大不同。

在储蓄方面，新加坡中央公积金制度强制实施个人储蓄计划，由中央公积金局（Central Provident Fund Board，CPFB）专门负责公积金管理。新加坡中央公积金制度建立伊始就是个简单的储蓄养老保障制度，雇主和雇员共同缴纳费用，雇员在退休后可以领取最低待遇保障。经过几十年的发展，新加坡的公积金制度演变为一个包括养老、住房、医疗和家庭保护的综合性的社会保障制度。中国的住房公积金制度也是强制缴纳，由住房公积金管理中心收集并管理。同样也是雇主和雇员共同缴纳。但它不涉及理疗投资等项目，主要是为购房者提供低息融资。

在投资管理方面，新加坡中央公积金局为了使公积金保值增值设计了专门的投资计划，主要分为三类投资：第一类投资由新加坡政府投资管理公司（GSIC）管理投资于国内的住房、基础设施建设以及部分国外资产，公积金缴纳者可以从投资中获得不低于2.5%的记账利率。第二类投资是制订中央公积金投资计划（CPFIS），该计划允许公积金参与者将普通账户和特别账户中超过一定比例的公积金通过购买股票、基金、黄金和政府债券的形式投资于资本市场。第三类投资保险，涉及住房保险、家属保险和大病医疗保险等。该项投资主要委托给资产管理公司运作，他们还可用此部分公积金投资定期存款、可转让存款凭证、股票和债券等。新加坡中央公积金主要投资于政府债券以及工业、住宅和基础设施建设，安全性较高。虽然收益较低，但为新加坡经济的长期持续发展直接提供了大量的建设资金，也达到了保值增值的目的。公积金的缴纳者在获得各方面保障的同时也获得了持续稳定的收益。作为保障性住房的开发商可以向新加坡中央公积金局贷款融资建设保障性住房。一方面，开发商获得较低的融资成本。另一方面，开发商通过支付利息为公积金缴纳者创造收益。中国住房公积金的规模远大于新加坡，但缺乏增值的规划和方法。近期，中国政府也在考虑利用公积金投资相对稳定的蓝筹股，从而提高公积金的管理能力和增值效果，为公积金的主动造血提供途径。所以，新加坡的中央公积金的投资管理经验值得中国借鉴。

在英国，保障性住房开发商在开发保障性住房项目时，政府向开发商提供一部分融资，剩余部分开发商完全依据市场规则进行融资。当开发商在申请开发房地产项目时，要求项目中的保障性住房要占有一定比例。英国政府只是在土地供给上优先考虑保障性住房开发商。在最高峰时期，英国政府对开发的三分之一保障性住房进行过直接融资，对新建的保障性住房中的50%提供过资金支持。但从1970年代开始，英国政府减少了财政支持的力度，把很大一部分建设保障性住房的责任转交给私人非营利性机构，并向独立的非营利住房组织（Housing Association）引入了私人融资制度和激励机制。英国几十年转变都集中在减少公共参与、引入私人融资和交叉补贴方面，从而为维持保障性住房的可负担性重构了各方主体的支付方式和份额。英国政府除了向保障性住房市场提供融资外，还通过向借贷人提供担保的方式引入了私人资本。这包括：通过向低收入承租人收取租金，并以这部分租金作为担保；赋予住房组织权力提高租金至市场价，从而弥补成本；在混合融资中，当开发公司破产时，私人投资人具有优先于政府的清偿顺序；通过监管机构（Housing Corporation）确保对住房组织的监督，来解决融资和治理中出现的问题。

自1987年开始，私人融资保障性住房市场就形成了。一些较大的住房组织接受了从债券和证券市场进行融资的方式。英国市场持续在英国国内和国外的银行里寻求融资，并建立国家之间和专家之间的贷款媒介。在英国大约有150个贷款金融机构，虽然他们被少数大的贷款金融机构所掌控，但他们都以英国为基地。在1990年代，住房公司（HC）有特定权力去开拓市场，并鼓励大量的银行进入这些专业市场。保障性住房领域的借贷交易在英国已经变得非常标准化了。

在英国，私人融资制度使得新的廉租房更具有可负担性。首先，保障性住房传统上由地方政府补贴建设，住房的价格和租金由政府按照成本来确定补贴水平，从而确保租金的可负担性。同时，住房组织通过租金的上涨也在逐渐增加自筹资金来抵消政府对其的交叉补贴。其次，在土地分配制度和政策方面，融资为规划协议的达成提供基础。因为地方政府通过规划制度可以评估本地区对保障房需求程度，进而要求开发商满足前期的融资条件。当开发商具备了融资能力，并同意在新建开发项目中建设一定比例的保障房，他们就可以根据《住房法案》第106条的规定与政府签订具有法律约束力的合同，随后政府批准开发项目的规划许可。在合同中，允许开发商和政府就保障房的建设比例进行磋商。关于混合社区的开发制度和政策规定保障房应该在原址上建设。项目完成后，由住房协会拥有并管理保障房或者是由低收入群体以低于成本价格对其进行购买。

另外，英国政府还在财政措施上创新确保对保障性住房开发商融资上的支持。首先是对建设的税收减少。英国保障性住房的建设中关于税收减少（Tax Relief）的经验多数来源于美国的税收减少制度（Tax Credits）。该措施向开发商和其他建设保障房参与者提供一系列的减税，减税优惠可以转售给机构投资者。有证据表明该措施在供给保障房方面效力明显，但在交易和其他成本方面效率较低。其次是政府部门和私人雇主参与供给。在供给方面，政府部门通常和住房组织以及开发商合作，来维持保障房的长期可负担性。许多政府特定部门有能力提供土地，而不是直接投资，他们也是制度的执行者。在私人市场领域，证据显示雇主在直接供给保障房方面兴趣很小，或者只是支付较高薪水。再次是在非住宅用地上建设保障房。在英国，这是一个合法规划的问题。最好的修改方案是把农村和城市结合地的土地纳入城市领地，并把《住房法案》第106条的规定进行修改，允许在非住宅用地上建设保障性住房。要实施这一措施，必须提供额外的财政激励，例如减税，否则很难开展。相比较大规模的城市住房开发项目，建设混居社区方面的融资更为容易。最后是减少增值税。当前，英国新建住宅免缴增值税。因为这是社会民生改善项目，旨在增加保障房的供给。但所有其他翻修的成本需要缴纳增值税。对修缮花费减少增值税仅限于住房组织，其目的是维持保障房的补贴充足。减少增值税的措施还可以延伸到政府住房保障部门长期租赁的私人物业。这都显示了英国政府对解决融资市场和补贴制度的巨大灵活性。

如果按照英国保障性住房融资历史阶段看，中国正处在英国的第一阶段，即政府对保障性住房产业进行直接融资阶段，中国在引入私人资本进入保障性住房还处在起步阶段。在英国，廉租房由地方政府和住房组织提供。但在1980年代末期，政府持续希望住房组织接替地方政府成为保障性住房的主要供给源。与此同时，为了继续减轻财政压力，政府引入了混合融资制度。基于该制度，公共贷款融资被私人融资所取代，对住房组织的补贴也逐渐减少，不足资金被直接从融资市场借贷所取代。所以，中国需要在保障性住房的私人融资制度方面进行开拓，拓宽私人开发商的融资渠道，通过融资债券的方式激励私人开发商进入保障性住房的开发领域。这样既可以建设更多的保障性住房，也可以使保障性住房的申请人以可负担的价格获得保障性住房。另外中国还应当借鉴英国的财政措施，对开发商进行税收减免，全面激励开发商进行保障性住房建设。

美国保障性住房领域的融资制度主要有三大类：第一类是机构融资制度。该类融资又进一步分为商业银行的投资制度以及储蓄和贷款协会的投资制度；第二类是免税债券制度；第三类是低收入住房减税制度。商业银行主要从事存储和放贷业务，也是房地产行业重要的融资渠道，其向房地产开发的各方当事人提供市场利率的融资。由于具有便利性和可利用性，保障性住房的开发商首先利用获得的低成本资金，再从商业银行借贷一部分资金。更为重要的是美国设立了 12 家联邦家庭贷款银行（Federal Home Loan Banks），目的就是成为保障性住房建设、社区发展和就业等的融资渠道。

联邦家庭贷款银行主要从事和管理两类项目：保障性住房和社区投资发展项目。在保障性住房项目中，联邦家庭贷款银行必须把往年 10% 的净收入投入到保障性住房项目中，12 家联邦家庭贷款银行每年最少要投入 1 亿美元，他们与开发商以及社区组织共同为中低收入家庭建设和翻修住房。美国保障性住房项目设计的就是帮助金融机构和社区开发的参与者向中低收入家庭和个人提供可负担得起的保障自住房和廉租房。项目投资人伙同金融机构寻求竞争性补贴或低成本贷款，联邦政府鼓励竞争补贴的金融机构利用联邦政府补贴和其他融资（包括传统贷款，政府补贴资金，减税担保和债券融资）进行杠杆融资。保障性住房是一项灵活的项目，尤其是在资金使用方面。它可以与其他项目和融资相结合，例如低收住房减税和社区开发楼宇补贴。每一家联邦家庭贷款银行都提供培训和资助申请。

在社区投资项目中，每家联邦家庭贷款银行也参与运作项目。该项目的目的是长期向中低收入家庭和社区提供住房和经济发展的融资，其利率往往低于市场贷款利率。社区投资项目的目标群体是家庭收入低于本地区中等收入115%的有住房需求的家庭，包括租赁住房项目、自有住房项目和保障住房社区建设。经济开发项目必须位于中低收入社区或要让中低收入家庭受益。所以在美国，商业银行肩负着向保障性住房的开发商和申请人两者都提供住房融资的任务。

除向商业银行贷款以外，免税债券的发放也是一项重要的融资渠道。保障性住房开发商还可以向联邦和地方政府申请获取低于市场利率的贷款，其本质就是联邦和地方政府通过发放债券获取资金并未保障房的开发提供贷款。首先，债券是担保债务，发债方是债券持有人的债务人，在约定的期限届满后，向持有人还本付息。此处的债券是城市或地方政府发行的债券，通过发行债券，联邦或地方政府可以获取资金，从而为保障房的开发设立贷款。此类发行的债券一般有两种：普通债券（General Obligation Bonds）和收益债券（Revenue Bonds）。普通债券完全由政府信誉进行担保，而收益债券的债务支付由所融资的项目收益担保偿付。为保障而发行的债券是收益债券，其由项目收入进行偿付和担保，而不是政府信誉。

另外，美国还制定了低收入住房减税制度。美国1986年的《税收改革法案》（*Tax Reform Act*）确立了低收入住房减税项目（Low Income Housing Tax Credit）。该制度的目的是通过激励机制来开发廉租房，是美国解决保障性住房的短缺的一项重要制度工具。低收入住房减税制度规定：公司投资保障性住房项目，可以获得10年的税收减免作为投资回报。减税的条件是投资人必须保证所建住房是保障性住房的期间至少是30年。还规定房屋标准必须符合低收入住房减税制度的要求，房屋也要出租给适格的保障房申请人。税收减免的分配权由美国国会控制，国会决定着每个州的税收减免数额以及税收减免的上限。各州每年制订计划，设计标准来决定项目的位置。可持续性和质量标准等，从而评估开发商的项目投标。

低收入住房减税制度的一项中心内容就是开发公司投资低收入住房，并以减少税收作为投资回报。依据这种方式，保障房项目的50%—60%的融资成本通常不需要利用获取的租金收益来偿付投资和利息。围绕这一简单的中心原则，形成了一项复杂的低收入住房减税制度。

经过比较可以看出,美国对保障性住房开发商的融资制度规定具有多元化特性。银行是开发商传统的融资渠道,这与中国、英国的情况相同,但不同于把公积金作为主要融资渠道的新加坡。美国还成立专门的联邦家庭贷款银行,该机构是保障性住房建设和社区发展的专门融资渠道。它不仅参与保障性住房的开发融资,还参与项目和社区的运作和管理。银行前一年10%的净收入投入到保障性住房项目中,与开发商以及社区组织共同为中低收入家庭建设和翻修住房。该制度设计的就是吸引金融机构参与项目建设,从而向中低收入家庭和个人提供可负担得起的保障自住房和廉租房。这不同于中国,中国没有设立专门针对保障性住房开发的商业银行,而是通过行政手段促使银行优先向保障性住房项目提供融资贷款。

另外,美国和英国相同,还制定了住房减税制度,英国吸收了美国经验,目的是激励开发商来建设保障房。该制度是依托保障性住房项目,向开发商减税,在一定程度解决了美国、英国保障性住房的短缺的问题。保障住房减税制度要求开发商投资保障性住房项目,从而获得一定期限的税收减免作为投资回报。中国和新加坡没有制定专门的保障性住房建设减税制度,但中国的各个地方政府也出台了税收减免和优惠政策。尽管各个国家的制度在名称和操作上有不同,但都认可税收措施是重要的手段来调节保障性住房的开发成本,其最终的目的就是把保障性住房的价格控制在各个收入阶层的可负担范围内。

二 保障性住房申请人的融资制度

在中国无论是购买还是租住保障性住房,申请人都可以通过住房公积金贷款或在市场上进行商业贷款。和新加坡相比较,中国的融资途径显得比较单一。在新加坡,中央公积金制度不仅可以通过再投资的方式让公积金实现造血的功能,向保障性住房开发商提供融资渠道,而且可以将公积金低息持续的借贷给保障性住房的申请人。另外,中央公积金将蓄水池中的公积金进行再投资后的收益中的一部分向不同收入和家庭背景的申请人提供住房补贴,最终实现保障性住房的可负担性。为了使保障性住房具有可负担性和价格的持续性,向住房急需群体提供更多的补贴,限制较高收入的购房补贴。其目的是让保障性住房惠及各个阶层的公民，包括单身、家庭、老年人、低收入者、初次或二次购房者。新加坡中央公积金对购买保障房住房补贴主要包括 9 种：家庭补贴；补充中央公积金家庭住房补贴；公民身份累积补贴；一半的住房补贴（或非公民配偶）；单身补贴；补充单身中央公积金住房补贴；补充补贴；联合单身项目补贴；亲属近距离居住住房补贴。这些多样化的融资和补贴都得益于新加坡中央公积金的再造血功能，而不是直接以新加坡政府的财政收入进行预算补贴。这样既可以实现公积金的保值增值，同时减轻了新加坡政府的财政负担，并且让公积金缴纳者获得更多收益。中国的住房公积金制度从新加坡引入，但中国没有实现公积金的增长，即没有实现公积金的造血功能，从而无法实现公积金的补贴制度，这是中国需要向新加坡借鉴的地方。

在关于申请人的融资制度方面，英国建立了可负担得起的家庭所有权保障房融资制度。可负担的家庭所有权保障房是通过政府补贴，使得中低收入家庭可以购买拥有产权的保障房，其目的是减少公共补贴和满足对家庭稳定的渴望。从制度上，政府制定了四种方式来支持低成本的家庭产权保障房：通过"购买权"制度，政府提供大规模的资金补贴，让原来承租廉租房的承租人购买；通过"保障房补贴"制度（Social Housing Grant）提供共有产权房，政府和购买人共同出资，共享产权；通过《住房法案》第 106 条的规定，向新开发项目供给土地和补贴；通过融资制度支持贫困地区购买更低成本价的家庭保障住房。在政府财政措施上，政府对高成本地区执行购买资助。它是"家庭购买制度"（Homebuy）和"启动家庭住房制度"（Starter Home Initiative）的延伸，通过增加公共部门工作人员的收入提高他们购买能力。所以直接向此类人进行购房补贴是一种成本较低的方式。英国另一种重要的财政措施是针对首套房购买者的存储制度。针对首套住房购买者的存储制度是指潜在的购买者开设专门储蓄账户用来储蓄购房，政府定期向其资助一定额度的补贴并打入其账户的制度。此项制度被很多国家引入，其目的是要应对准入问题，毕竟购买住房需要一定的储蓄。

英国和新加坡一样，都对保障性住房的申请人提供补贴，补贴的形式虽然侧重不同，但都是为了降低购房和租房门槛，使得住房对低收入群体具有可负担性。中国国情不同，但对保障性住房的申请人也提供了不同形式的补贴，包括土地、住房公积金储蓄并提供低息贷款以及对公务员、事业单位和国有企业人员停供住房补贴。

美国的保障性住房融资制度主要有三项，其中针对个人申请人的融资包括银行提供按揭贷款，同时美国还创设了储蓄和贷款协会。它是联邦住房金融局的特许成员，作为一家金融机构，专门受理储蓄并向住房按揭发放贷款。储蓄和贷款协会主要的租金来源是储户的存款，这和新加坡的中央公积金和中国公积金的资金来源相同，这能够保证储蓄和贷款协会获得长期的资金，为保障性住房的个体申请人提供永久的和长期的贷款。所以，储蓄和贷款协会在保障性住房的融资制度和联邦家庭贷款银行制度非常相近，只是提供的融资主体不同而已。同时，美国联邦政府和地方政府还向申请人提供多种形式的补贴，资金来源于联邦政府和地方政府的拨款。

美国、英国和新加坡属于发达的高收入国家，在认同低收入人群的住房权和人权的前提下，通过商业银行、住房公积金等金融机构向这些弱势群体提供了低息和多渠道的融资途径。在此基础上，还依据各个申请人的经济状况，住房状况，身体和年龄状况设计了多元的补贴，解决了这些弱势群体的住房问题。中国保障性住房的融资虽然处于起步阶段，但进步很快。不仅引入了新加坡的中央公积金制度，也在逐步建立自己的保障性住房融资平台，只是在具体制度建立和操作方面还需要完善。

第七章

保障性住房类型、申请和审核制度比较

保障性住房在按照规划建设完成后，要公平正义地分配给适格的申请者。这就要求制定配套的分配制度，包括申请制度以及关于申请者的申请条件的审核制度。由于各个国家的经济发展水平、文化背景和法律制度不同。所以在保障性住房分配执行中关于申请条件、申请程序和审核制度都存在差异。不同国家的制度，尤其是制度完善的发达国家的经验对中国保障性住房的分配执行制度的制定和修缮具有很大的帮助。本章将通过对不同国家制度间的比较，找出各自的优劣之处，相互借鉴。

第一节 中国保障性住房类型、申请和审核制度

中国保障性住房体系主要包括：经济适用房、共有产权房、公共租赁住房、拆迁安置房、两限商品房和农村保障房。他们各自的保障对象和申请条件也不相同。经济适用房保障的对象是城市中的中等和中等偏下收入且有住房困难的群体。公共租赁房是指通过政府或政府委托的机构，按照市场租价向中低收入的住房困难家庭提供可租赁的住房，同时，政府对承租家庭按月支付相应标准的租房补贴。其目的是解决家庭收入高于廉租房申请标准而又无力购买经济适用房的低收入家庭。安置房是因城市规划土地开发以及为了建设公共设施，例如公路，铁路和重大市政工程，征用了相应的土地，对征用土地上的住

户进行拆迁,并为安置用户建设的。安置房保障的对象是城市住房拆迁户,也包括被征用土地的农户。棚户区改造对被拆迁户提供的也是安置房。两限商品房即"限套型、限房价"的商品住房,是开发商和政府约定开发限定套型比例和限定销售价格的商品房。此类项目的目的是确保商品房价格低于市场且面积较小的商品房,并向符合条件的申请人供给的保障性住房。

一 经济适用房的申请审核制度

(一) 经济适用房的保障对象

2007年的《经济适用房管理办法》第二条规定:经济适用住房,是指政府提供政策优惠,限定套型面积和销售价格,按照合理标准建设,面向城市低收入住房困难家庭供应,具有保障性质的政策性住房。本办法所称城市低收入住房困难家庭,是指城市和县人民政府所在地镇的范围内,家庭收入、住房状况等符合市、县人民政府规定条件的家庭。第三条规定:经济适用住房制度是解决城市低收入家庭住房困难政策体系的组成部分。从以上两条可以看出,经济适用房具有保障属性,解决的是城市中低收入家庭的住房困难问题,但经济适用房仅仅限定在城市中。关于低收入且有住房困难的家庭的界定权力由地方城市自行确定,主要依据是家庭收入,住房状况,等等。

(二) 申请条件

关于经济适用房的申请条件,《经济适用房管理办法》第二十五条规定:城市低收入家庭申请购买经济适用住房应同时符合下列条件:(1) 具有当地城镇户口;(2) 家庭收入符合市、县人民政府划定的低收入家庭收入标准;(3) 无房或现住房面积低于市、县人民政府规定的住房困难标准。经济适用住房供应对象的家庭收入标准和住房困难标准,由市、县人民政府根据当地商品住房价格、居民家庭可支配收入、居住水平和家庭人口结构等因素确定,实行动态管理,每年向社会公布一次。所以只有注册在户的当地城市居民才有申请地方经济适用房的资格,并且要属于城市低收入家庭。根据各自地方的经济发展水平、人口规模和商品房价格,地方政府关于低收入认定也制定了相应的标准。关于住房困难,《办法》明确指出是在城市中没有住房,或现在的住房面积低于地方人民政府确定的住房困难标准。由于家庭收入具有可变性，所以《办法》规定经济适用房的申请条件实施动态管理，并且每年向社会公布一次。

经济适用房申请人要提交的申请材料包括：

1. 按要求填写完整的《市保障性住房购买资格申请审核表》；
2. 申请人及其家庭成员身份证复印件（验原件）；
3. 申请人及其家庭成员户口簿或户籍卡复印件（验原件），持户籍卡的申请人或家庭成员应提供户口所在地派出所出具的户籍证明原件；
4. 未成年人的出生证明或独生子女证复印件（验原件）；
5. 婚姻状况证明：已婚的，提供结婚证复印件（验原件）。离异带子女的，提供离婚证复印件（验原件）、法院民事调解书、判决书复印件（验原件）或离婚协议档案及未再婚证明。丧偶带子女的，提供丧偶的死亡证明复印件（验原件）及本人未再婚证明。未婚、离异未带子女或丧偶未带子女的视为单身，提供未婚证明；
6. 申请人及其家庭成员收入证明（工作单位具备独立法人资格的由工作单位出具证明，无工作单位及工作单位无独立法人资格的由户籍所在社区出具证明）；
7. 申请人及其家庭成员住房证明（现住房证明：工作单位具备独立法人资格的由工作单位出具证明，无工作单位及工作单位无独立法人资格的由户籍所在社区出具证明。身份证及户口本地址证明：需由户籍所在社区出具证明）；
8. 特殊情况需另外提供相应的证明材料。

（三）申请程序

《经济适用房管理办法》第二十六条规定：经济适用住房资格申请采取街道办事处（镇人民政府）和市（区）、县人民政府逐级审核并公示的方式认定。审核单位应当通过入户调查、邻里访问以及信函索证等方式对申请人的家庭收入和住房状况等情况进行核实。申请人及有关单位、组织或者个人应当予以配合，如实提供有关情况。所以经济适用房的申请人首先应该提交申请书和相应的证明材料，其次就是相关部门对申请的审核。

（四）审核制度

关于申请人是否符合申请条件，由街道办事处进行审核。具体步骤包括：

1. 领表。申请人凭户口簿、身份证向户籍所在地街道办事处、镇政府领取《经济适用住房申购表》。

2. 申请。向户籍所在地街道办事处、镇政府提交申请表及相关资料。

3. 初审和公示。街道办事处、镇政府初审并在社区公示。

4. 复核。市国土房管局各区分局会同区民政局复核并评分。

5. 批准和公示。市住房保障办会同市民政局复核并在市国土房管网站公示。经公示无异议或异议不成立的，经市住房保障办向申请人发放有效期为3年的准购证明。

6. 轮候。市住房保障办应当将取得购房资格的申请人按照得分高低排列轮候顺序，分数相同的通过摇珠方式确定轮候的先后顺序。

7. 配售通知。市住房保障办根据房源情况，并按照轮候顺序向申请人发出配售通知。

8. 选房。接到配售通知的轮候人可根据配售项目房源情况选择购房或继续轮候。

居委会和街道办事处是审核主体，这是因为两个机构和当地居民联系紧密，掌握了一手资料和情况。他们要通过入户实地调查和邻里访问的方式对申请的资格进行调查核实，确保申请人提交材料的真实性，并最终将经济适用房分配给适格的城市低收入且有住房困难的低收入家庭，实现经济适用房的保障目标，达到真正的社会正义。当然，街道办事处不是唯一的审核主体。街道办事处在审查结束后，交给民政部门和住房保障部门进行审核批准程序。《经济适用房管理办法》第二十七条规定：经审核公示通过的家庭，由市、县人民政府经济适用住房主管部门发放准予购买经济适用住房的核准通知，注明可以购买的面积标准。然后按照收入水平、住房困难程度和申请顺序等因素进行轮候。第二十九条规定：居民个人购买经济适用住房后，应当按照规定办理权属登记。房屋、土地登记部门在办理权属登记时，应当分别注明经济适用住房、划拨土地。

二 共有产权房的申请审核制度

共有产权房①是地方政府让渡部分土地出让收益,然后低价配售给符合条件的保障对象所建的房屋。保障对象与地方政府签订合同,约定双方的产权份额以及保障房将来上市交易的条件和所得价款的分配份额。即中低收入住房困难家庭购房时,可按个人与政府的出资比例,共同拥有房屋产权,市民可向政府"赎回"产权。房屋产权可以按照两种比例实现共有:当个人与政府的产权比例为7∶3时,个人承担的价格相当于同期经济适用住房的价格;对仍无力购买的特殊困难家庭,可按5∶5的产权比例进行购买,个人承担的价格则相当于同期经济适用住房的70%,即共有产权经济适用住房。"共有产权房"作为经济适用房的变异形式,其显著特点在于价格形成机制。

共有产权房与经济适用房的区别有三点:第一是土地获取性质不同。共有产权房是开发商通过转让的方式获得住房用地,地方政府从土地转让收益中让渡部分以低价配售给符合条件的保障群体的房屋。经济适用住房土地由政府划拨,免收取城市基础设施配套费并享有税收优惠政策,依据政府指导价出售给城市低收入有住房困难的群体的保障性质住房。第二是保障方式不同。共有产权房中的保障对象与地方政府签订合同,约定出资比例和产权份额,共同拥有房屋产权。同时合同中还可以约定将来上市交易的条件和所得价款的分配份额,保障对象也可以向政府赎回产权从而获得完全产权。购买经济适用房的权利人对住房拥有的是有限产权,购房不满5年,不允许直接上市交易。满5年后,购房人要出售的,必须按一定比例向政府交纳土地收益等相关价款,同时政府可优先回购。第三是各自的特点不同。经济适用房的特征是经济性、保障性、实用性。共有产权房作为经济适用房的变种,其显著特点在于价格形成机制。其用地性质是出让,完全按照商品房进行开发,销售价格计算和商品房相同。所以共有产权房增加了土地成本,房价实际上是市场定价。

(一)共有产权房保障对象

共有产权保障的是城市中中低收入且有住房困难的家庭。家庭收入

---

① 共有产权房中的共有产权人包括政府和购买人。

标准和住房困难标准，由各个城市的住房保障组织结合本地经济适用住房供应量和低收入线标准、居住水平等因素确定，实行动态管理，定期向社会公布。

（二）共有产权房的申请条件

不同地方有不同的规定，归纳起来总体包括以下条件：

1. 属于辖区当地城市户口，且持有两年以上；
2. 根据相关规定被认定为中低收入家庭；
3. 符合住房困难的标准，即无房或现住房面积低于规定标准；
4. 家庭成员之间具有法定的赡养、抚养或扶养关系，且共同生活。

（三）共有产权房的申请程序和审核制度

1. 申请。向辖区街道办事处提出书面申请，填写申购共有产权房申请表，并提供申报材料。

2. 街道办事处审查。街道办事处受理后进行初审，并对申请人家庭收入、家庭住房状况、财产状况等进行核查，做出初审意见，并进行公示，期限为10日。

3. 区住房保障主管部门审核。区住房保障主管部门对申请人审核事实做出审核意见。达到审核要求的，报送上级住房保障主管部门。

4. 市住房保障主管部门审核。市住房保障主管部门可以组织抽查，并对申请的形式和程序进行审查，最终进行集中公示，如无异议，予以登记。

三 公共租赁住房申请审核制度

（一）公共租赁住房的保障对象

《公共租赁住房管理办法》第三条规定：本办法所称公共租赁住房，是指限定建设标准和租金水平，面向符合规定条件的城镇中等偏下收入住房困难家庭、新就业无房职工和在城镇稳定就业的外来务工人员出租的保障性住房。公共租赁住房是指由国家政府提供政策支持，限定户型面积、供应对象和租金水平，按照保本微利的原则专门面向中低收入住房困难家庭等群体出租的保障性住房。根据2012年《公共租赁住房管理办法》规定，公共租赁住房不归个人所有，而是由政府或公共机构所有，主要用低于市场价或者承租者承受起的价格，向新就业职工出租，还包括一些新的大学毕业生和一些从外地迁移到城市工作的群体。

（二）申请条件

申请公共廉租住房需要符合相应法律规定的条件。《公共廉租住房》第七条规定：申请公共租赁住房，应当符合以下条件：

1. 在本地无住房或者住房面积低于规定标准；

2. 收入、财产低于规定标准；

3. 申请人为外来务工人员的，在本地稳定就业达到规定年限。

同时，具体条件由直辖市和市、县级人民政府住房保障主管部门根据本地区实际情况确定，报本级人民政府批准后实施并向社会公布。

《办法》第八条规定：申请人应当根据市、县级人民政府住房保障主管部门的规定，提交申请材料，并对申请材料的真实性负责。申请需要提交要求的材料，这些材料包括家庭收入情况的证明材料、家庭住房状况的证明材料、家庭成员身份证和户口簿以及市、县人民政府规定的其他证明材料。

（三）申请程序

1. 户主向户口所在地街道办事处或者镇人民政府提出书面申请；

2. 街道办事处或者镇人民政府应当自受理申请之日起30日内，对申请人的家庭收入等事项进行审核；

3. 审核过后，提出初审意见并张榜公布，将初审意见和申请材料一并报送市区县人民政府建设住房保障主管部门；

4. 建设住房保障主管部门应当自收到申请材料之日起15日内，就申请人的家庭住房状况是否符合规定条件提出审核意见，并将符合条件的申请人的申请材料转送同级民政部门；

5. 民政部门应当自收到申请材料之日起15日内，就申请人的家庭收入是否符合规定条件提出审核意见，并反馈同级建设住房保障主管部门；

6. 经审核，家庭收入、家庭住房状况符合规定条件的，由建设（住房保障）主管部门予以公示，公示期限为15日；对经公示无异议或者异议不成立的，作为廉租住房保障对象予以登记，并书面通知申请人，同时向社会公开登记结果。

（四）审核制度

《公共廉租住房管理办法》第八条规定：申请人应当根据市、县级人民政府住房保障主管部门的规定，提交申请材料，并对申请材料的真实性负责。申请人应当书面申请，市、县级人民政府住房保障主管部门核实其申报信息。申请人提交的申请材料齐全的，市、县级人民政府住房保障主管部门应当受理，并向申请人出具书面凭证；申请材料不齐全的，应当一次性书面告知申请人需要补正的材料。其第九条规定：市、县级人民政府住房保障主管部门应当会同有关部门，对申请人提交的申请材料进行审核。经审核，对符合申请条件的申请人，应当予以公示，经公示无异议或者异议不成立的，登记为公共租赁住房轮候对象，并向社会公开；对不符合申请条件的申请人，应当书面通知并说明理由。申请人对审核结果有异议，可以向市、县级人民政府住房保障主管部门申请复核。市、县级人民政府住房保障主管部门应当会同有关部门进行复核，并在15个工作日内将复核结果书面告知申请人。

四 拆迁安置房申请审核制度

（一）拆迁安置房的保障对象

《城市房屋拆迁管理条例》第四条明确规定拆迁安置房保障的对象是动迁人和房屋使用人。可以看出该条例既保护被拆迁人的利益，也保护房屋使用人的利益。签订拆迁安置协议的当事人包括拆迁人、被拆迁人和被拆迁住房的承租人。在拆迁出租房屋时，被拆迁人和承租人应对现有租赁关系达成协议，如果不能达成协议，就要对拆迁补偿实行产权调换，现承租人有权承租产权调换房。

在2012年住房城乡建设部等七部门联合发出的《关于加快推进棚户区（危旧房）改造通知》中明确界定了城市棚户区（危旧房）的概念，它指的是城市中的简易结构、密度较大、使用年限久、房屋质量差、建筑安全隐患多、使用功能不完善和配套设施不健全的区域内住房。棚户区改造项目的目的是改善棚户区内住户的住房条件，把棚户区（危旧房）变成保障性安居工程。2014年国务院出台了《国务院关于加快棚户区改造工作的意见》，要求加速改造各类棚户区并积极推进改造城中村，对其实行住房实物安置和货币补偿。对无法负担购买安置住房的棚户区居民，要提供租赁型保障房。棚户区改造可以向动迁人员提供安置房，其保障的对象是居住在城市棚户区内的居民。

（二）申请条件

1. 申请者是辖区危房困难户和住房特困户。要符合"一户一宅"的条件，即一户只能有一处住房，没有其他房产。

2. 申请人对现居住的房屋有所有权。

3. 申请人持有辖区常住户口 5 年以上。

4. 申请人是无房户或住房困难。没有接受过福利分房且没有其他形式的住房的家庭。住房困难户是指人均住房的建筑面积低于规定的面积要求。

5. 申请人属于低收入家庭。家庭的人均可支配收入低于规定的上一年度居民家庭人均可支配收入的 75%。

6. 申请人户口在拆迁辖区所在地，且选择安置房保障的住户。

7. 不能就地改建和重建的，自愿按成本价购买规定面积安置房的住户。

（三）申请程序

1. 申请登记：安置房申请购买人到街道办事处申请并填写《拆迁安置房申请购买资格审查表》，随后按要求提交申报材料，于 7 个工作日完成登记；

2. 初审公示：初审合格，且在小区公示 15 日；

3. 复审公示：复审合格，且在小区和社会公示 15 日；

4. 发证：复审合格且公示无异议，发给《拆迁安置房准购证》。

（四）审核制度

对购买安置房的申请审核制度主要是对申请人提交的申请材料进行审核，首先，街道办事处进行摸底，对申请提交的材料真实性进行确认，并且对无房户家庭登记造册。其次，区房改办在限期内对街道办事处所报安置房购买对象的资格进行初审，对符合条件的进行公示。最后，房管局进行集中审核，并在《购买小区安置房申请审批表》上签署审批意见，最后发放《准购证》。

五 两限商品房的申请审核制度

两限商品房[①]是中低价位和中小套型商品房，属于保障性住房。政府

---

① 两限商品房是对价格和套型进行了限制，又被称为限价房。

对其价格规定了上限，同时还限制居住面积，一般要小于同地段的商品房的面积。其在申购条件、申购程序以及销售上和经济适用房很类似。两限房套型建筑面积90%控制在90平方米以下，平均套型标准为80平方米。价格低于同地段商品房的20%—25%。两限房是商品房，所以具有开发成本、利润和交易费用，但是在制度的限制下，两限房利润和成本又被限制。这样就可以在抑制和调控房价上产生效果。两限房属于阶段性的产物，其存在的意义和持久性需要论证。

虽然限价房和经济适用房有很多相同之处，但是在制度细节上还有所不同：第一是保障对象不同。经济适用房保障的是当地城镇低收入且有住房困难群体，它和廉租房保障对象相衔接。而限价商品房的保障对象是当地城镇中等收入以下住房困难群体。第二是保障对象户籍要求、人均收入标准不同。申请经济适用房要有当地户口。但限价房的申请人持当地居住证也可以。另外，人均月收入标准上也不同，申请限价房的收入标准要较高于经济适用房。第三是土地来源不同。土地划拨是经济适用房取得土地的方式，出让是限价房土地取得方式。第四是销售价格确定方式不同。经济适用房的销售价格由物价部门确定，而限价商品房的销售价格是在土地招拍文件中确定。第五是销售价格和准购面积标准不同。经济适用房由于土地成本低且开发利润被限制在一定比例，所以经济适用房销售价格低于限价商品房。第六是准购面积标准不同。购买的经济适用房面积是根据共同居住人口确定核准购房建筑面积，而限价商品房没有准购面积。第七是退出条件不同。所有保障性住房都不得出租、出售、抵押、出借、继承，或者擅自改变住房用途且拒不修改。但自获得经济适用房完全产权后并登记的允许发生前述行为。而限价商品房在5年后，按照普通商品房对待，即可以允许发生前述行为，但出售后不得再申请保障住房。

（一）两限商品房的保障对象

作为限地价和限房价的商品房，两限房主要保障两类人的住房需求：第一类是中等收入且有住房困难，无法负担购买高额的商品房的城镇居民家庭。第二类是征地拆迁涉及的农民家庭及市政府规定的其他家庭。

（二）两限商品房的申请条件

1. 本地区常住户口；

2. 中低收入家庭优先；

3. 解危排险、环境整治、文保危改、城中村整治、城市工程及其配套设施等重点项目的被征地、拆迁家庭优先；

4. 取得经济适用房购买资格且放弃的，可以购买两限房。

（三）申请程序

1. 提出申请：填写《限价商品房住房家庭资格核定表》，并向户口辖区街道办事处或乡镇人民政府提交申请材料。具体包括：户口本和家庭成员身份证；家庭成员婚姻状况证明；现住房产权证明或租赁合同；家庭成员所在单位出具的收入、住房情况证明；其他需提交的证明材料。

2. 初审公示：街道办事处和乡镇人民政府对通过审核的申请人进行初审公示。

3. 复审公示：辖区住房保障管理部门对符合条件的申请人进行公示。

4. 备案：住房保障管理部门对上报的申请家庭情况进行备案。

（四）审核制度

户口所在地的街道办事处和乡镇人民政府进行初审，初审形式包括：审核材料、入户调查、组织评议和公示。初审内容包括申请家庭的收入、住房、资产等情况，并提出初审意见。关于复审则是由区县住房保障管理部门对申请家庭情况进行。最后住房保障管理部门对上报的申请家庭情况予以备案。

六　农村保障住房

在 2015 年《中共中央　国务院关于打赢脱贫攻坚战的决定》中指出：到 2020 年要稳定实现农村贫困人口不愁吃、不愁穿，义务教育、基本医疗和住房安全有保障。农村危房改造是帮助建档立卡贫困户等重点对象解决基本住房安全的一项政策，是实现脱贫攻坚总体目标中贫困农户住房安全有保障的重要措施。所以，通过农村危房改造项目的实施，可以解决农村低收入且有住房困难家庭的住房问题。经过改造的危房具备了住房的属性，其本质也是一种保障性住房。因为危房改造体现了分配正义的原则，履行了政府干预职责，提高了农村居民的幸福，保障了他们的人权和住房权利。

（一）农村保障房保障的对象

中国农村危房改造的补助对象是居住在 C 级或 D 级危房中的建档立卡贫困户、低保户、农村分散供养特困人员和贫困残疾人家庭 4 类重点对象。要求改造后房屋具备基本居住功能，配有卫生间等基础生活设施。

（二）申请条件

申请人必须同时具备下列条件：

1. 属于当地农业户籍且居住在当地，并对危房具有产权；
2. 危房属于普查档案在册；
3. 属于农村五保户、低保户、贫困残疾人家庭、其他贫困户任意一种类型。

同时，有下列情形之一的农户不能申请农村危房改造计划：

1. 已建有安全住房的；
2. 住房困难、拥挤，需要分户的；
3. 无居住房屋的。

（三）申请程序

1. 中国农村危房改造由户主自愿向辖区村民委员会提出申请；
2. 申请人应按要求如实提供建立农户危房改造档案所需基础资料：《农村危房改造申请书》；《农户家庭基本情况登记表》，包括对家庭成员基本情况、贫困情况、住房危险程度、改造方式方法、改造总投资、已筹资金和拟申请补助金额、是否接受过其他渠道的建房补助资金等情况的说明，并须有户主签字；户口簿、居民身份证；贫困情况证明，即民政部门出具的五保户、低保户、贫困残疾人家庭和其他贫困户等相关证明材料；危房情况证明，即提供有固定参照物和房主在内的整栋和局部危险部位的现住房照片，其中整栋危险房屋或处于危险场地的房屋只提供整栋房屋照片。

（四）审核制度

1. 村委会评议

村委会收到申请后，进行入户调查和邻里走访等，对申请人房屋危险情况、家庭成员、收支情况、享受建房补助资金历史等情况进行核实。参与入户调查的人员至少包含 1 名村干部和 1 名以上本村群众，并分别在调查表上签字盖章。在调查房屋危险程度时，组织村民进行公开评议，技术人员按照国家《农村危险房屋鉴定技术导则（试行）》的标准进行复核，并出具房屋鉴定报告。核实结束后，村民委员会在村务公开栏、村民聚居地对结果进行公示，时间不得少于5天。

2. 乡镇初审。

乡（镇）危改办对上报的材料进行初审，实行每户面审和实地审查。初审后，将拟补助申请人员名单、拟改造方式和拟补助标准进行公示。时间不得少于5天。公示期间如有异议，乡（镇）危改办应及时组织复核并听取当事人陈述。

3. 县（市、区）审核

县（市、区）危改办汇总各乡（镇）情况，对相关材料进行审查，并对申请人、改造方式、补助资金提出审核意见。对审核结果进行公示，时间不得少于5天。有异议的，及时组织调查核实并听取当事人陈述。

4. 市（州）复核

市（州）危改办组织对各县（市、区）上报相关材料进行复核，并根据情况进行重点审核及实地抽查，最后对申请人、改造方式、补助资金提出复核意见，上报省危改办审批。

5. 省审批

省危改办收到各市（州）相关材料后，进行整理汇总并制定年度农村危房改造项目任务及资金补助计划方案，经省组织研究批准后，下达全省农村危房改造项目任务及资金补助计划。

第二节　新加坡保障性住房类型、申请和审核制度

一　新加坡保障性住房类型

由于新加坡保障性住房由开发局建设（HDB），所以通常又被称为住房开发局（HDB）住房。这些住房在很大程度上是政府补贴建设，其目的是让普通新加坡公民也可以负担得起住房的价格。新加坡保障性住房的类型主要有保障型廉租房和可购买产权的廉租房。由于新加坡80%的公民居住在保障性住房里，且其中90%购买了保障性住房，对其拥有所

有权，所以只有不到10%的公民是保障性住房的承租人。新加坡的廉租房主要出租给新加坡公民或永久公民，最短租期是6个月。非公民在承租廉租房时，必须持有工作签证、工作许可、学生签证、家属签证等，并且签证有效期至少6个月。所以新加坡的保障性住房的类型主要是可以获得所有权的保障性住房，包括：单间公寓、两居室公寓、三居室公寓、四居室公寓、五居室公寓、3代共居公寓（3Gen Flat）、特大公寓（Executive Flat）和定制住公寓（DBSS）。[①] 这些保障住房中除了定制公寓是由私人设计、建造和销售外，其他都是政府通过招投标的方式设计、建设和出售。特大公寓的面积最大，3代共居公寓次之，公寓中多代人共同生活。这些公寓都具有卫生间、厨房等基本设施，只在面积大小、房间数上有区别。面积大的公寓不仅卧室多，还具有储藏间等。

二　保障房申请条件[②]

（一）廉租房申请条件

新加坡公民身份（单身或家庭成员）

在新加坡申请廉租房有两种项目，即家庭廉租房项目（Family Scheme）和单身共租房项目（Joint Single Scheme）。项目界定的家庭申请条件是：申请人是新加坡公民；其他核心家庭成员至少一人是新加坡公民或新加坡永久公民；家庭成员必须有配偶（如果单身，申请人必须和父母组成核心家庭成员；如果丧偶或离异，申请人和孩子构成核心家庭成员；或者是订婚夫妻；如果是孤儿，兄弟姐妹构成核心家庭成员，并且父母至少一方是新加坡公民）。项目界定的单身身份的条件包括：

（1）家庭状况

申请人和共居人是新加坡公民；共居人都是单身（至少35岁，未婚；至少35岁，离异或法定分居；丧偶或孤儿，至少父母一方是新加坡公民或永久公民）。

---

① 参见新加坡住房开发局的网页（HDB），https：//www.hdb.gov.sg/cs/infoweb/about-us/our-role/public-housing-a-singapore-icon。
② 参见新加坡住房开发局的网页（HDB），https：//www.hdb.gov.sg/cs/infoweb/about-us/our-role/public-housing-a-singapore-icon。

(2) 年龄：申请时，年满 21 岁；

(3) 收入：通常家庭月总收入不超过 1500 新元；

(4) 住房状况：申请人、家人或共租人当前没有租住保障房；

(5) 房产状况：申请人、家人或共租人当前没有购买保障房；

(6) 禁止情形：已经被法规或政策禁止申请的，不再符合申请资格；

(7) 家庭抚养：申请人或共租人的孩子有能力提供住处，也不符合申请条件。

(二) 购买保障房的条件

新加坡住房保障局总共设计了 8 个项目制度帮助新加坡公民来购买保障性住房。每个项目制度除了具备共同的申请条件外，还必须具备各自独特具体的申请条件。共同的申请条件包括：所有的项目都没有对申请人的收入上限做出规定，收入只决定获得购房补助的数额；在住房现状中，所有的项目都要求申请人和共同居住人在购买保障性住房时，需要在 6 个月内把现居住的保障性住房出售；如果申请人或共同居住人在当地或海外拥有私人住宅，必须在购买前的 6 个月出售私人住宅。

1. 家庭购买制度（Public Scheme）

申请人必须是新加坡公民或新加坡永久公民，而且共住的核心家庭成员至少一位是新加坡公民或永久公民，且在购买前获得永久居民身份 3 年；年龄至少 21 岁；家庭核心成员除申请人外须至少包括以下一人：配偶、孩子、父母、兄弟姐妹（如果单身，且和父母共同购买，父母至少一方是新加坡公民或永久公民）或有法定监护权的孩子（丧偶或离异）；同时还要满足社区新加坡民族融合政策和配额制度。（确保混居且各民族居民在社区的数量平衡）

2. 未婚夫妻购买制度（Fiancé/Fiancée Scheme）

身份方面，未婚夫妻中的一方须是新加坡或新加坡永久居民。如果是永久居民家庭，所有的共有人和居住者至少在购买前获得该身份 3 年；在年龄方面，至少 21 岁；在家庭核心成员方面，只有一方是共同申请人或共居人；满足民族融合政策和配额制度；从购买完成之日起 3 个月内举行结婚登记，如果是海外结婚，须提交结婚证复印件。如果年龄在 18—21 岁，购买须得到其父母的同意。如果年龄低于 18 岁，须提交特殊婚姻许可证明。

3. 单身新加坡公民购买制度（Single Singapore Citizen Scheme）

在身份上，申请人必须是新加坡公民；年龄方面，未婚或离异的申请人至少35岁，丧偶或孤儿的申请人至少21岁。同时要满足民族融合政策和配额制度。如果是孤儿，去世的父母至少一方是新加坡公民或永久公民。如果申请人不到35岁，申请人的其他不满35岁的兄弟姐妹基于孤儿项目、单身项目或单身共居项目也不可以拥有或购买过保障房。

4. 单身共居购买制度（Joint Single Scheme）

在身份上，申请人和共居人必须是新加坡公民；在年龄方面，如果申请人是未婚或离异的，须年满35岁。如果申请人是丧偶，须年满21岁。同时还要满足民族融合政策和配额制度以及必须共同购买。如果是孤儿，去世的父母至少一方是新加坡公民或永久公民。如果申请人不到35岁，申请人的其他不满35岁的兄弟姐妹基于孤儿项目、单身项目或单身共居项目也不可以拥有或购买过保障房。

5. 非新加坡公民配偶购买制度（Non-citizen Spouse Scheme）

身份方面，申请人是新加坡公民，配偶非新加坡公民或永久公民；年龄方面，申请人须年满21岁，在申请购买保障性住房时，配偶必须持有效长期旅行或工作签证，有效期至少6个月；如果申请人年满35岁，配偶必须持有效长期旅行或工作签证，有效期没有6个月的要求；在家庭成员方面，非新加坡公民配偶必须在申请中被列为居住成员。同时要满足民族融合政策和配额制度。如果子女是新加坡公民或永久公民，申请人可以通过家庭购买制度来购买保障房。

6. 非新加坡公民家庭购买制度（Non-citizen Family Scheme）

在身份上，申请人必须是新加坡公民；在年龄方面，须满21岁；在家庭核心成员方面，必须和父母、兄弟姐妹或孩子（丧偶或离异）组成核心成员家庭。同时至少父母一方或孩子持有长期旅游签证或工作签证，签证有效期为6个月；以及要满足民族融合政策和配额制度。

7. 孤儿购买制度（Orphan Scheme）

身份方面，申请人必须是新加坡公民，共同居住人中至少包括一位单身的新加坡公民或永久公民的兄弟姐妹作为共同申请人或居住人（例如未婚的、离异的或丧偶的）；年龄方面，须年满21岁，同时要满足民族融合政策和配额制度。如果是孤儿，去世的父母至少一方是新加坡公民或永久公民。如果申请人不到35岁，申请人的其他不满35岁的兄弟姐妹基于孤儿项目、单身项目或单身共居项目也不可以拥有或购买过保障房。

8. 转化购买项目（Conversion Scheme）

经过批准，符合转化购买项目申请条件的申请人可以购买相连的两套保障房，或购买与现有保障房相连的另一套保障房。在身份方面，申请人必须是新加坡公民或永久公民，共居人至少包括一位新加坡公民或永久公民；年龄方面，须年满21岁；家庭核心成员方面，申请人必须和以下三类人中的一类组成核心成员家庭：配偶和孩子或父母和兄弟姐妹或孩子（丧偶或离异）；在民族融合政策和配额方面，可以选择购买相连的两套三居室或更小的保障房，且满足民族融合政策和配额制度，还可以选择购买和自己现有房屋相连的一套三居室或更小的保障房（无须满足民族融合政策和配额制度）。

三 保障性住房申请程序[①]

（一）购买登记（Intent to Buy）

从2018年1月1日开始，新加坡保障性住房的买方和卖方需要登录住房开发局的销售门户网站进行网上交易。有购买意愿的申请购买人（Intent to Buy）首先要登记，住房开发局从而审核申请购买人的条件。登记不需要任何费用，登记成功后，会收到购买资格的评估报告、符合何种补贴的建议和获得住房开发局贷款的条件。购买意愿登记的有效期为12个月。

（二）优先购买权协议（Option to Purchase）

登记后，买方就可以着手寻找自己期望购买的保障房。当和卖方就价格达成一致后，就从卖方获得到了优先购买权。如果想从住房开发局获得购房贷款，需要在卖方准许买方的优先购买权前从住房开发局处获得有效的住房开发局贷款适格介绍信。如果想从金融机构获得贷款，需要获得一份有效的贷款批准信函。买方和卖方必须使用住房开发局制定

[①] 参见新加坡住房开发局的网页（HDB），https://www.hdb.gov.sg/cs/infoweb/about-us/our-role/public-housing-a-singapore-icon。

的优先购买协议作为合同交易的形式，按照《住房开发法案》其他协议或补充协议都不具有有效性。在使用有限购买协议缔结合同时有五个步骤：磋商价格；卖方准许出售；利用 21 个协议日进行审查；履行协议，如不想购买，21 个协议日截止后协议失效；确定提交买卖申请的期限。

（三）再售申请（Resale Application）

在签订购买协议后，买方和卖方必须分别向住房开发局网站提交申请，并附有相关证明材料。收到申请后，住房开发局将核实双方信息，以确保满足交易的条件，并将通过电子邮件的方式通知买卖双方交易被受理。住房开发局通常在受理后的 8 周来处理申请。提交的材料包括：出售住房的地址、优先购买协议中的信息（编号、价格等）、卖方的信息、买方和居住人的信息和申请何种贷款等。

（四）再售完成（Resale Completion）

当完成流程后，买卖双方要求前往住房开发局参加现场质询。如果无法参加，可以委托律师代替参加再售完成面试，律师需要提交委托代理书。

四　审核制度

在审核制度方面，申请程序中提交的材料，都由住房开发局来进行审核。住房开发局是新加坡保障性住房管理的主管部门，负责下列程序：审核登记信息，而且是买卖双方登记的信息。优先购买协议由住房开发局制定，由双方签订，对符合条件的买方出具贷款信函。交易申请中规定的提交信息也由住房开发局进行审核。交易面试也由住房开发局进行主持。

第三节　英国保障性住房类型、申请和审核制度

在英国，社会性住房的分配是通过住房供给协会（Registered Providers）来执行。当地政府和住房供给协会是一种协作关系（Partnership）。每一个当地政府都制定了自己的保障性住房的分配制度，其制定的法律依据包括 1996 年住房法案的第六部分（Part VI of the Housing Act 1996）、

2002年的《流浪者法案》(Homelessness Act 2002)和2011年的《当地性法案》(Localism Act 2011)。其中当地性法案给了地方政府很大的自由度来制定本地的社会性住房的分配制度，例如申请者的适格条件。该制度的目标是：为申请者提供一个可以选择的居住场所；允许申请者在可选择的区域内寻找一个空置的住房；为急需住房的人群解决住房需求，但要求申请人与当地具有联系性（A Local Connection）；确保社会性住房的使用率；帮助人们可以负担得起住房的费用；支持人们对当地做出贡献；支持当地人可以选择自愿留在当地。

一 英国保障性住房类型

（一）政府廉租房（Social Rented Housing）

此类住房由政府（Local Council）和住房协会（Housing Association）提供。住房协会购买和承租房屋后以低于市场的价格或可负担的价格出租给住房困难的群体。除了申请者的资格（当地性）审查，关于分配的操作完全由住房协会来执行。

（二）私人廉租房（Private Affordable Rented Housing）

在2011年，此类保障住房被引入英国。供给房屋的主体是住房协会和私人家庭，他们以低于租赁市场的价格将房屋出租给适格的低收人群，其管理和维护制度和政府廉租房相同。但政府允许的最高租金只能达到市场价格的80%。

（三）中间收入住房（Intermediate Housing）

中间收入住房迎合的住房困难群体是处于不能负担得起在公开市场上购买或承租房屋的和收入条件又不符合社会廉租房的人群。中间收入的市场租赁房又包含四类：第一类是政府和私人共有产权房，此类住房是为了帮助那些难以购买全部产权的人群。政府共有产权房是允许购房者占有25%—80%的产权，剩余部分由购房者支付租金给供房协会并由供房协会来管理。私人共有产权房（Private Shared Ownership Housing）和社会共有产权房的内容很相近，只是共有产权人变成了开发商或公司。申请此类住房的人员往往要求是当地人，并且产权转让受到限制，不能以100%产权在市场上转让。第二类是初次置业房，针对的是首次购买住房的群体。他们在公开的市场上购买商品房，房价是市场价的80%，剩余20%通过5年免息贷款来支付。第三类是限价房，由私营开发商建造，并以低于市场价出售，价格是市场价的40%—70%。购房人以折扣价购买住房，并永久拥有产权。当限价房的业主要出售物业时，需要签订法律协议来确保该物业仍然以相同的折扣价出售，使得该物业保持可负担性质。第四类是中间收入租赁房，此类住房由私营公司或个人开发、拥有和管理。政府通过与他们签订法律协议，在开发规划许可中约定他们必须把开发的房屋以市场价的80%进行出租。

二 申请条件（Qualification）

为了获得社会性住房，申请者必须能够向受理机构提供所要求的材料以证明其符合申请条件。这些条件通常包括：国籍和移民（Nationality and Immigration）、当地联系性（Local Connection）、收入和存款额度（Earnings and Savings Limits）、不可接受的行为（Unacceptable Behaviour）、住房相关债务（Housing Related Debt）、住房需求程度（Significant Housing Need）、优抚对象（Reasonable Preference Categories）、上班一族住户（Working Households）、社区贡献（Community Contribution）、医疗和福利需要（Medical and Welfare Needs）以及优先等级（Priority Banding）。

（一）国籍和移民（Nationality and Lmmigration）

如果是无家可归的人要向政府登记处（Council's Housing Register）寻求住房帮助，申请人必须符合一定条件。法律根据申请人的移民身份和经常居住地来界定谁适格或谁不适格。每个国家对移民身份和经常居住地的规定也不尽相同，但通常适用本国法对此类概念予以解释。按照英国的法律，以下人群可以申请社会性住房：

1. 具有英国国籍且经常性住在英国的居民或者是具有合法权利经常性住在英国的英联邦公民；

2. 欧洲经济区国家的公民，必须在英国有合法的居留权，居留权可以通过获得工作或自主就业来获取。另外学生在一些情况下也可以申请，但需要提供经常居住地的相关证明材料。此类人的家庭成员当然是适格申请人，即使他们本人不是欧洲经济区的公民；

3. 欧洲经济区国家以外的公民，通常要受到移民控制，并只有得到允许才能进入或留在英国。但难民和受到人道保护的人在申请庇护后可以作为适格的申请者。

（二）当地联系性（A Local Connection）

由于在英国对社会性住房的需求很大，因此就要求申请者和当地具有联系，这也是申请者的适格条件之一。关于确定当地联系性的标准有以下规定：

1. 过去3年居住在当地；

2. 工作在此区域；

3. 想和一位近亲属住得近一些，该近亲属在当地居住已经超过5年；

4. 有一个特定的理由需要住在当地，例如紧急的社会或医疗需要；

5. 目前是当地的皇家服役军人，服役5年或打算永久在当地就业或者是烈属家属；

6. 如果一个孩子通常住在当地，但由于儿童服务部门登记错误，这并不影响孩子与当地的联系；

7. 如果申请者通常住在当地，但由于监禁或住院暂时离开当地（依据《精神健康法案》(*Mental Health Act*)，这也不能剥夺他的申请登记的权利。

（三）收入和存款数额限制（Earnings and Savings Limits）

当申请人的申请被受理后，申请人将要接受收入审核来确定其住房需求的紧急程度。在英国，不同地区的收入也有异同，例如在北安普顿（Northampton），个人的年收入（A Single Person Household）在3万英镑或者家庭收入在5万英镑的群体是被认为有能力在公开市场上购买或租赁房屋的，他们被排除在社会性住房的保障之外。当然，存款也是收入审核考虑的因素。在北安普顿，单一申请者（Single Applicants）年收入的最高限额被设定在1.6万英镑，联合申请者（Joint Applicants）的年收入最高限额被设定在3.2万英镑。如果申请者的收入或存款高于该要求数额，并且不是优抚对象（a Reasonable preference Category）的话，该类申请者就会被住房登记处认定为不符合条件者。

（四）不可接受的行为（Unacceptable Behaviour）

根据政府的分配制度，如果申请者或者申请者的家庭成员有过被足以认为严重的不适宜的行为的话，申请者很有可能被认定为不适格的申请者。该行为包括：

1. 对政府部门、住房协会或私人房主欠下了严重的债务。严重的债务指的是欠债有 2 周或更多的债务；

2. 申请者没有遵守偿还协议的条款；

3. 由于非法目的或非道德目的被认定过有罪；

4. 对邻居或观光者有过侵扰或滋扰行为；

5. 在自家或附近有过犯罪行为，并且仍然被认为对邻居和社区具有威胁；

6. 对同伴或家庭成员有过暴力行为；

7. 放任自己的财产状况恶化；

8. 通过欺骗行为获得社会性住房，例如提供虚假信息；

9. 通过行贿方式获得社会性住房；

10. 有过住房或福利欺诈行为；

11. 有过家庭暴力犯罪的前科；

12. 对社会性住房中的政府雇员或开发商进行或威胁使用暴力的。

（五）住房相关债务（Housing Related Debt）

如果申请者有住房需求，即使有与住房有关的债务，也不影响申请者对社会性住房的适格性，只是这会减少其在申请时的优先性，直到债务被清偿完毕。住房债务指的是对当前或之前的房主所欠下的货币债务，包括：

1. 迟延的租金；

2. 维修费；

3. 多获得的政府租房补贴；

4. 对之前社会性住房的损害赔偿；

5. 基于当前或之前的租房争议而产生的诉讼费用；

（六）住房需求程度（Significant Housing Need）

根据住房分配制度，以下人被视为急需住房者：

1. 无家可归者；

2. 有家但无法居住，主要由于火灾、水灾或其他紧急情况所致；

3. 有地方住，但很有可能变成无家可归者；

4. 有地方住，但无法和直系亲属住在一起（配偶和孩子）。

另外，关于优抚对象（Reasonable preference categories）也需要做一

下说明。在英国1996年颁布的《住房法案》(The Housing Act 1996) 中规定以下人群在分配社会性住房的过程中属于优先考虑对象:

1. 申请者必须是依据法律而界定成为无家可归的人 (Homeless),或者说当地政府因相关立法中的规定负有特定的法定义务而对申请者做出的无家可归的身份的认定。

2. 申请者的现有住房条件不具备基本的卫生条件,并过于拥挤,或者依据2004年《住房法案》(The Housing Act 2004) 而被认定是不适宜居住的住所。

3. 申请者需要搬迁到适宜就医和接受福利的位置,或者由于残疾不便而需要搬迁到便利的社会性住房中。

4. 申请者需要搬迁到城市的特定地区,以排解自身的困难或他人造成的困难。

同时,在符合优先条件的申请者中来确定谁有优势时,受理部门要考虑各种因素:包括支付必要住房费用的收入来源和对当地社区做出的贡献,例如工作或参加的志愿活动。

(七) 年龄

一般只要申请人年满16周岁就可以申请,但在实际情况中16周岁和17周岁的申请人,即使符合条件也不会被分给住房,直到其达到18周岁。同时,符合条件的16周岁和17周岁的申请人必须提供受托人的具体情况。如果申请人没有受托人,是独立申请,就必须满足以下一条或两条规定:第一,依据1996年的《住房法案》(The Housing Act 1996)、2002年的《流浪者法案》(The Homelessness Act 2002) 和2011年的《当地性法案》(Localism Act 2011),申请者的身份被确定为法定的流浪人员并急需住房;第二,申请人已超过16周岁并依据1989年的儿童法案第27章 (Section 27 of the Children's Act 1989) 的规定给予资助的。如果同时符合以上两种情形,地方政府将联合社会服务部门 (Social Services) 对申请人的住房情况、医疗和抚养情况进行评估,来确保提供足够的资助和支持。

三 申请程序

在英国,由于保障性住房的数量有限,保障性住房的申请人首先要向保障性住房的申请登记部门 (Housing Register) 申请。保障性住房申请登记部门在受理登记后，对申请人的资格进行审查，对符合条件的申请人制定排列清单，按照登记先后顺序进行分配。

第一，申请者要填写完整的保障性住房申请表并提供相应的证明材料，因为保障性住房登记部门的审核通过时间是起算优先分配的时间起点。申请人通常有21天的时间来提交必需的证明材料。不完整的申请和没有支撑材料的申请将被退回给申请人。21天后未充分提交证明材料的申请将被取消。

第二，一旦申请表格被填写完成并提供了所有信息，审核部门就可以对申请者信息进行查询，包括调查申请者的信用状况。地方管理部门通常会在向保障性住房的申请人分配住房前进行一次家访，其目的就是核实申请人的真实情况。根据英国1996年的《住房法案》第171条的规定，故意提交虚假信息或拒绝提供申请所必需的相关信息，将是一种刑事犯罪行为。因此，在申请表中或对每年的回审中故意提供虚假信息或拒不提供相关信息，申请人有可能会被认定构成违法犯罪行为。另外，如果申请人允许他人以自己的名义提供虚假信息或让他人提供虚假信息的，也将被定性为违法犯罪行为，最高予以5000英镑的罚款。另外，获得保障性住房的住户随后被发现提供虚假信息或没有提供所必需的重大信息，将面临诉讼风险，从而导致丧失对保障性住房的占有。

第三，在申请程序中要提供身份证明和支撑信息。要提供附有申请人相片的身份证明，例如有效的护照或驾照。相片必须是近期的和清晰的，并书写申请人的姓名和地址。

第四，联合申请的情形。当申请人有孩子并与其共同生活的，也要求填写申请表并写明经常居住地，从而来评估该住房的居住情况。

第五，政府保障性住房部门的成员和亲属关系需要披露。为了确保所有的申请人都可以被公平地对待，在申请表中必须明示受理申请的地方保障性住房部门的工作人员及相关人员和申请人之间的关系。这些申请的审核也是正常审核，但为了确保公众信任，任何此类成功获得保障性住房分配的申请人必须接受住房管理部门的专门审核和批准。

第六，保障性住房的申请人有义务每年更新他们的申请信息。每一位申请人每年都会获得一份申请信息更新通知的邮件，要求对发生变化的信息进行更新。在收到更新通知后，申请人需要在4周内提交更新材料，否则申请将被取消。

第七，申请人的审核一旦获得通过，将被放到优先分配的范围。申请人的重大信息发生了变化的，仍然有义务通知保障性住房的申请部门。重大信息包括：申请表中的人的地址发生了变化；家庭成员发生变化或有其他人加入了申请；申请表中的人员的健康状况，变好或变坏；收入或储蓄大的变化。

第八，搬离本地区的申请人通常会被要求填写新的保障性住房登记表，此次申请将被终止。

四 审核制度

（一）优先分配等级制度

在英国，为了确保保障性住房分配的公平，英国制定了优先分配等级制度，从而来确定分配的优先性。英国政府部门往往通过考虑申请人的住房情况、住房适住性和健康问题来评估哪类申请人群具有优先性。

经审核符合申请资格的申请人将被列入待分配名单中，该名单被分为五个等级。优先分配等级制度是英国 1996 年《住房法案》166A（3）[①]所规定的内容，其要求对五类人群在保障性住房的分配上给予合理的优先考量：第一类是无家可归的人（英国 1996 年的《住房法案》第七部分和英国 2002 年《流浪者法案》（*Homelessness Act* 2002）对无家可归者给出界定；第二类是地方政府应当提供保障性住房的群体，例如教师；第三类是住在卫生环境差、拥挤或其他糟糕条件下的人群；第四类是需要医疗救治的人群；第五类是为了避免生活困难需要搬迁的人群。

优先分配的第一等级：急需住房，这类人群必须满足以下条件。

第一个条件是紧急医疗需要或福利需要，地方政府同意并批准的需要在当地接受紧急治疗的。例如，因为住房条件会使得威胁生命的疾病更糟糕；由于需要轮椅而无法攀爬楼梯而只能待在屋内；由于没有住房，只能选择长期住院。

第二个条件是保障性住房管理的需要，保障性住房的房东要求住户

[①] 《1996 年英国住房法案》（1996 Housing Act）是英国国会制定的法律。法案的第三部分规定政府有义务向无家可归者提供临时住所。

搬离，或住户由于暴力、骚扰、恐吓、威胁、重要的工作或其他紧急管理的原因需要搬迁的。

优先分配的第二等级：很需要住房。

首先，现有住房拥挤或条件差，缺少两个或两个以上的卧室；其次，住在辅助性住房里，但辅助和支持已经取消；最后，按照英国《住房健康和安全风险评估制度》(*Housing Health and Safety Hazard Rating System*)[①] 认定存在一级危险，且此生活危险在合理期间没法解决。

优先分配的第三等级：合理的住房需求。

首先是无家可归者：根据英国1996年《住房法案》第七部分的规定，地方政府有为本地区居民重新安排住房的义务，并有权力来认定谁具有优先分配的权利或谁是无家可归者。

其次是现有居住环境不卫生、稍微拥挤或条件差：第一，居住生活在不安全的房屋内，例如没有安保措施；第二，缺少浴室或厨房；第三，缺少洗手间；第四，缺少冷热水、电、气或足够的暖气；第五，稍微拥挤——缺少一个卧室；第六，共有起居室、厨房或浴室卫生间；第七，物业需要维修，属于一级危险，但可以在合理期间修缮；第八，保障性住房的住户，只有一个卧室。

再次是基于医疗或福利的原因需要来回奔波的人群，包括残疾人。

最后是需要移动的人群。需要经常往返该地区的特定地方，这会给他们或其他人造成很大的生活困扰，例如实施或接受关爱，或就业。

优先分配的第四等级：一般性的住房需求。

第一是有住房需求的人，同时和当地有联系但无法负担购买住房；第二是住房条件恶化的；第三是符合第一、第二和第三等级，但和本地区没有联系；第四是符合第一、第二和第三等级，但能够支付按揭贷款或房租的。

优先分配的第五等级：普通的住房需求。

条件是和当地没有实质联系；有能力支付按揭贷款或房租。

---

① 英国的《住房健康和安全风险评估制度》是一项基于风险的评估工具，制度目的是帮助地方政府发现和保护住宅潜在风险以及对居民人身安全和健康的危害。该制度根据《2004年的英国住房法案》被引入，适用于英格兰和威尔士。

(二) 经济状况评估

1. 收入：在评估申请人是否有足够的收入方面，地方政府将参照 2007 年颁布的《策略性住房市场评估制度》(*Strategic Housing Market Assessments*) 来评估申请者的住房购买力："花费一个家庭中的一位有收入成员的净收入的 3.5 倍，或两位的 2.9 倍，就可以购买住房的，被认为是具有购买商品房能力的人群。租金最高达到家庭收入的 25% 的家庭就被认为是可以负担得起租金的家庭。"

2. 财产：申请人有财产，例如住房或存款，这些都将被纳入经济状况评估中来。申请家庭的财产价值至少等于 12 个月的租金，这些申请者将被放到优先分配的第四或第五等级。另外，英国政府也认同申请者存在一些特别情况。但这就要求管理部门一案一审，同时申请人提供足够的证据来证明他们不能负担起购买商品房。

(三) 申请复议制度

在英国，如果政府住房部门决定申请人不能申请保障性住房或不符合申请条件而对申请予以拒绝的，法律赋予申请人权利向政府部门要求复议。英国的 1996 年的《住房法案》第 166 条第二款规定：针对保障性住房申请的最终决定，政府住房部门有义务告知申请人有如下权利：

1. 当申请人曾有严重的不可接受的行为而导致对保障房申请不予以考虑的，申请人有权要求政府给出书面决定，并陈述不予以考虑的原因；

2. 申请人有权获知其分配决定中被考虑的事实条件；

3. 申请人有权要求对 1 和 2 中的情形进行复议，申请人有权知晓复议的结果及其理由。

第四节 美国保障性住房类型、申请和审核制度

一 美国保障性住房类型

当前美国的保障性住房项目主要有四大类：公租房项目 (Public Housing Program)、住房补助券项目 (Vouchers)、混居补贴项目 (Multi-family Subsidized Housing) 和特别保障住房项目 (Special Housing Program)。不同的保障性住房项目有不同的特点,例如住房补助券项目分为两类,一类是以租户为基础的补贴,补贴由政府发放给私人业主。既可以补贴租金,也可以为购买住房提供购买补贴。券持人在租住或购买保障性住房时,不受特定物业和地方的限制。另一类是以物业项目为基础的补贴。整栋物业的业主保留一部分或全部物业作为公租房向低收入群体出租,联邦政府向业主支付补贴作为回报,来弥补租金差额。租户离开被补贴的物业,将失去以项目为基础的补贴。但其共同的特点就是帮助低收入且有住房困难的个人和家庭可以负担得起住房费用。

(一)公租房(Public Housing)

美国的公租房[①]分为联邦公租房和州公租房,他们各自又制定了不同类型公租房。有些公租房保障对象针对的是家庭,有些针对的是老年人和残疾人;有些是由联邦政府资助,有些是州政府资助。

1. 联邦公租房

联邦公租房由美国住房和城市开发局(U. S. Department of Housing and Urban Development, HUD)资助,主要有两类:第一类是家庭公租房(Family Housing)。该项目针对的不仅是家庭,而且单身和各个年龄阶段的人,甚至残疾人都可以申请,但必须满足收入规定。公租房通常是集体大规模开发,房屋的面积和卧室数目由居住人口和性别来确定。第二类是高龄和残疾人住房(Housing for Seniors and People With Disabilities)。此类项目要求家长或配偶至少62岁或有残疾,且收入满足申请条件。这些住房大多数只有一个卧室。联邦法律允许地方住房局(Housing Authority)把一些公租房设定成为专门的老年、残疾或混居住房。

2. 州公租房

州公租房由州政府住房和社区开发局(Department of Housing and Community Development)来设置类型,通常包括四类:第一类是聚集家庭项目。该住房向所有年龄阶段的人开放,包括单身、残疾人和家庭,被保障对象共同居住在保障房内。住房面积和卧室数量由居住人口和性别

[①] 《1937年美国住房法案》确立了美国公租房项目,项目要求把公租房出租给适格的低收入群体。项目资金由联邦住房与城市开发局(HUD)运行。截至1990年代中期,美国已经停止资助修建新的公租房项目,以 HOPE Ⅵ(不同收入混居项目)取代了公租房项目。

决定。有时此项目也被称为退伍老兵住房项目（Veterans Housing），这是因为项目最初是为了"二战"退伍老兵设计的。第二类是分散家庭项目。此项目也向所有人开发，但此类公租房分散在城镇的各个地方，和商品住房混合在一起，且都是小面积住房。第三类是高龄和残疾人项目。此项针对的是家庭中至少有一位成员是60岁或有残疾，且满足收入条件，但不要求是家长，此类住房通常有一间卧室。按照州政府的法律规定，向非老年残疾人的出租比例是有限制的，通常在15%左右。第四类是为成年人提供的特殊需求住房，针对的主要是智力障碍的群体。

（二）住房补助券项目（Vouchers）

住房补助券是一种补贴，它要求申请人支付租赁商品房住房的费用。[①] 房主和申请人是租赁关系的主体，地方住房局只是管理券的机构。这意味着管理机构必须批准租赁合同，并确定补助金额。同时，该机构要检查住房安全状况，定期核查申请人的收入和住户成员构成以及监督补助券的使用。美国住房补助券项目分为联邦和州项目。

1. 联邦住房补助券项目

美国联邦住房券项目有两类：联邦第八条住房券项目（Federal Section 8 Voucher Program）和联邦家庭住房资助项目（Federal Home Program）。联邦第八条住房券项目是美国最大的补助券项目，又被称为住房选择权项目（Housing Choice Voucher Program），由美国联邦住房和城市开发局资助。该券可以在美国任何地方使用。在获得补助券后，申请人在一定时间段来寻找适合的租住房，愿意出租住房给券持有人的房东必须向地方住房局提交一份准许出租的申请表。该表须填写租金的数额，且租金必须合理。住房局必须确定家庭支付的部分租金不能超过其收入的40%，这就意味着住房局补贴的最大数额加上承租人支付的部分租金不能超过申请人家庭收入的10%。大多数州的住房局把租金的支付标准设定在市场租金的90%—110%。一旦申请被通过，房东和承租人签订租赁合同，住房局检查住房适居性和评审合同。租赁合同的期限通常为一年。承租人有义务报告家庭收入和居住成员情况，如有违反规定、合同约定或欺诈行为的，住房局可以终止资助。

[①] 住房补助券是一种住房补贴，不是贷款。

联邦家庭住房资助项目也是联邦政府资助，但不是住房选择权项目的一部分。基于该项目，联邦政府直接向州、城市和镇提供资助资金来保障低收入群体的住房权。此项目的资助期限不超过 24 个月，但如果资金充足，可以继续资助。和住房选择权项目相比，联邦家庭住房资助项目对申请人来讲是个过渡性的选择。

2. 州住房补助券项目

美国州住房券项目包括三类：租金券项目（Rental Voucher Program）、替代性住房券项目（Alternative Housing Voucher Program）和联邦第八条住房券特别项目。租金券项目又包括补助承租人项目（Tenant-based Vouchers）和补助具体住房项目（Project-based Vouchers）。租金补助券由地方住房局和地区非营利机构审核申请人的资格并发放，真正的租赁关系当事人是私有房东和申请承租人。如果申请人持有补助承租人租金券，则有 3 个月的寻房期限。找到合适的住房后，可以和房东签订租赁协议。替代性住房券项目针对的是不满 60 岁的残疾人，并且他们已经入选公租房中的高龄或残疾轮候名单。关于寻房和收入每个州也有不同的规定。

3. 联邦第八条住房券特别项目

除了住房选择券项目（Housing Choice Voucher Program），联邦政府和各州还依据联邦第八条住房券项目和资金数额制定了 7 个特别住房保障项目：第一项是残疾人主要项目（Section 8 Mainstream Program for People With Disabilities），即地方住房局在获得的额外资金中向有残疾人的家庭提供的住房补贴券。此类人等候补贴券的时间更短，只要家庭中有残疾人，且收入符合条件就可以通过此项目获得补贴券。第二项是家庭团聚项目（Section 8 Family Unification Program），该项目保障两个群体的住房困难：第一类是被虐待的妇女和没有共同生活的孩子；第二类是被收养的孩子和家庭。第三项是家庭自足项目（Section 8 Family Self-Sufficiency Program）。地方住房局和家庭缔结 5 年协议，参加协议的家庭同意完成各种工作活动来提高自足能力。由于参与家庭的收入和租金支付额会增加，住房局会建立一个托管账户，强制参与家庭进行储蓄。在完成项目后，参与家庭可以使用这些资金来购房、创业、受教育、支付贷款等。第四项是购房项目（Section 8 Homeownership Option），家庭愿意购买住房，住房局可以选择提供购房补助券。购房人首先要具有支付定金和交易费的能力，此项目资助的期限最长为十年。第五项是基于具体住房项目的补贴券项目（Section 8 Project-Based Voucher Program），即住房局对指定的保障房进行补贴。如果申请获得该项目补贴券后，需要支付的租金限定在收入的30%。第六项是老兵事务支持项目（Section 8 Veterans Affairs Supported Housing Program）。该项目针对的是无家可归的残疾人或患有严重精神疾病的老兵。第七项是住房选择项目（Section 8 Housing Options Programs）。这是美国多个部门协作制定的项目，该项目结合了联邦第八条住房券项目和其他支持，将补贴分发给无家可归的残疾人或居住在临时住房的残疾人。

保障性住房券项目（Section 8 Housing）的优点是：第一，选择自由。在传统的住房补贴项目中，租户必须搬到指定的公租房，这就意味着要住到一个远离单位、学校和家庭的地方。而保障性住房券项目中，租户有一个更广泛的选择，通常不需要远离工作和孩子上学的地方。第二，更好的生活质量。许多传统的公租房地区的犯罪率高，社区问题多。而保障性住房券项目中，租户有机会搬入更安全的社区，犯罪率低，学校更好。从某种意义上来讲，这可以有效避免孩子在成长的过程中和匪徒、毒品以及暴力的接触。第三，收入更多。低收入租户通常会把每月多数收入用来交房租，而在住房券项目的补贴下，租户可以留出更多的收入用来购买生活必需品，例如食物，衣服和药品。

同时，保障性住房券项目也有其自身的缺点：

第一，等待时间久。在城区，由于地方住房局没有足够的资金向所有的住房券持有人提供租房，所以住房局的等候名单很长。通常在批准获得住房券之前，租户有可能要等候几个月的时间；

第二，申请的事务多。申请保障性住房券要求复杂，租户需要和住房局与房东双方履行申请程序。在搬入租房后，租户要接受住房局的定期回访；

第三，羞愧感。一些租户一旦开始接受联邦资助，他们会感觉被家庭、朋友或邻居所歧视，这有可能增加租户的生活压力；

第四；满足感。一些人认为，住房券会使租户得到满足感，放弃了争取更好收入工作或更好经济习惯的努力。并会使租户依靠联邦资助，从而不去依靠自己改善自身条件。

（三）混居住房项目（Multifamily Housing Program）

混居补贴住房的所有权属于私人。如果家庭申请人申请混居住房补贴，补贴属于私人建房人。所建房屋可以是营利性的也可以是非营利性的。建房人从政府获得补贴，从而降低申请人的按揭成本，或者修缮现有住房，或者建设新住房。作为交换，建房者或开发商把一定比例的所建住房作为保障性住房，出售或出租给低收入或中低家庭。在美国，多数混居项目是不同收入阶层混居的住房，这意味着开发的项目中一部分是补贴住房，一部分是商品房。每个州都有许多不同类型的混居补贴住房，他们有着不同的规则，收入限制和可负担性限制。总体上，美国混居住房分为两类：

1. 联邦和州的混居补贴住房

在联邦和州的混居住房项目中，开发商直接和美国住房和城市开发局或地方住房局签订合同。该局提供租房补贴、低于市场利率融资、按揭担保等形式的资助。作为交换，开发商同意在合同期内维持低收入保障房的性质。如果申请人不遵守协议，就会被驱逐。主要的联邦混居住房项目有：低利率混居项目（Section 221(d)(3) and (d)(4)(BMIR) Multifamily Housing），开发局通过降低贷款率向开发商提供补贴；补贴贷款利息项目（Section 236 Multifamily Housing），开发局设定基本租金，申请人必须支付至少基本租金或收入的30%；租金补贴项目（Section 236 Rental Assistance Program），租金被设定在申请人收入的30%；开发项目为基础的混居补贴项目（Project-based Section 8 Assistance for Multifamily Housing）等。各州的混居补贴项目根据联邦的项目制定，因地区不同也各有不同。

2. 联邦和州的税收相关住房项目（Tax-related Programs）

美国联邦政府和州政府创设了多个和税收相关的项目来确保和维持住房的可负担性，这些项目涉及多个类型的保障房，包括公租房的再开发、混居住房的翻修以及维护和新保障房的开发。联邦低收入住房税收抵扣项目（Federal Low-Income Housing Tax Credit Program），是私人住房开发商通过出售抵税额度给投资人来筹集开发和运行保障性住房。作为回报，参与的开发商同意保留一定比例的保障房给低收入家庭。这部分的保障房的租金限制有两种类型：40%住房为保障房，供给那些收入是中等收入60%的群体，或者20%住房为保障房，供给那些收入是中等收入50%的群体，保障房的性质维持在30年。各州的低收入抵税项目和联邦项目类似。

（四）特殊保障住房项目（Special Housing Program）

此类项目针对的是特殊人群，包括无家可归的残疾人、艾滋病患者以及精神和智力障碍的人群。

二　申请条件（Eligibility）

美国保障性住房券（Section 8 Program）的补贴来自联邦政府，由地方住房局（Housing Authority）进行核准。不同的地方有可能会有额外的申请条件，但通常必须要满足以下基本条件。

（一）收入水平

租户必须在本地区的年收入低于中等收入。住房局将把其75%资金补贴给那些收入符合或低于中等收入30%的家庭。然而，租户收入达到中等收入的50%也可以申请住房券，但这意味着家庭收入低于50%但高于30%的家庭要比只达到中等收入30%的申请家庭要等待保障性住房券的时间更长。美国住房和城市开发局（The U. S. Department of Housing and Urban Development）在其网站中规定了不同地区的收入水平清单。

（二）满足家庭的定义

保障性住房券既可以个人申请，也可以家庭来申请。以家庭来申请要有血缘关系，婚姻关系或其他法定关系，例如收养。一个家庭由一个或多个成员组成，分享居所，收入和资源共同用来满足家庭需要。以家庭为基础进行申请的，必须要证明他们之间的重要关系。

（三）国籍

美国公民和大多数的合法移民都可以申请保障性住房券，申请人需要证实其和其家庭成员的公民身份。

（四）生活方式

住房局需要对潜在的住户进行家访，了解其生活方式。对过去曾有毒品和刑事犯罪的申请人，住房局有可能拒绝其申请。

（五）社会保障卡号

年满6周岁的每位公民都必须公开他的社保卡号。

（六）资源

没有资源限制，但财产性收入要被计入每年收入。资源包括财务账户，股票，证券，投资账户，个人退休账户，房地产股权，可以提取的信托现金利益和可以提取的退休金。不包括的资源有个人必需财产，印第安人信托土地的利益，授信业务财产或农场和为残疾人转配的机动车辆。

（七）资源的转让

在一些情况下，申请人在住房券被批准或再核准之前的两年期间把自己的资产以低于市场价转让给了他人，这些被转让的财产仍然被计算入每年的收入中，从而来确定申请人的资格条件。

三 申请人的适格性（Suitability）

（一）指导意见

除了符合申请条件以外，保障性住房的申请人还必须具备适格性。这意味着：

1. 具有收入，租房历史证明申请人有能力根据住房局的制度和租赁条例来支付租金。

2. 根据住房的制度和租赁条例，合理维持和管理租房。这意味着有能力遵守和租房相关的健康和安全法律和条例。

3. 可以和其他居民和邻居和谐相处，注意自己的行为，不去干扰他们的生活、健康、安全或福祉，且不影响社区的环境。同时，还不能影响住房局工作人员的健康，安全和福祉。

4. 申请人不可以从事犯罪活动，包括在租房内从事和毒品相关的活动。保障性住房局将对申请人家庭中的每位年满18岁的成员进行筛查。

（二）适格性评分体系

申请人必须通过适格性评分体系中具有的积极因素和缺少的消极因素来证明其申请保障性住房的适格性。保障性住房局利用该评分体系来评估适格性的不同方面，包括租房历史、就业、赞助、服务协议等。每一项共六分，每项相加，最终确定申请人是否适格。保障性住房局根据申请获得适格性分数。评分体系的目的是加大申请人的机会来证明他的适格性，从而确保申请人都可以被公平地对待。

1. 租房历史

确定申请人适格性的最主要基础是申请人的租住历史。申请人必须证明在过去的 3 年中有居所。同时租住历史必须提供收入来源，即使申请正在接受住房和城市开发部的住房补贴，这也不影响其申请其他保障性住房补贴，其目的是要确保资助的是两个不同的租房。

申请人如果可以提供准确和连续的租住历史，将可以在适格性评估体系中获得两分。这就要求申请人提供地址、时间跨度、连续性、可负担性和房东之间的关系的证明。另外四分须在下列三种情况中获得：

第一种情况：租赁历史（Rental History）。美国保障性住房局在适格性方面最为看重积极的住房历史。申请人只有向当局证明在过去的 36 个月中有 12 个月的连续、独立和积极的在一个居所的居住记录才能满足相关得分要求。申请人的租住历史必须满足下列特性：

第一，连续性。在一个地方的租住历史必须连续，没有间断。

第二，独立性。之前的房东不是申请人的亲属或朋友。

第三，同一住户。申请人的所有的家庭成员是同一住户的成员，房东需要提供证明。

第四，租赁关系。之前的租赁合同与户主签订，承租人负责履行租赁合同中的义务，例如按时支付租金、照看单元以及和邻里和管理人员和平相处。

第二种情况：临时安置房住房历史（Transitional Housing History）。申请人如果没有独立的租住历史，可以向当局提供一年的在当地临时安置住房的积极和成功的居住表现记录来代替。如果临时安置住房的提供者可以证明申请人的积极表现，则可以获得相应分数。积极表现包括：按时支付费用、照看物业、和其他安置人员相处良好以及遵守规定。

第三种情况：之前的保障性住房租户（Previous SHA Residents）。之前的保障性住房租户必须和其他申请人一样要满足当前的租住条件。之前良好的租住记录，可以被认定为具有积极的适格性。

2. 资助协议（Sponsor Agreements）

作为评估申请人适格性的一部分，保障性住房局可以允许申请人的亲属提供一份资助协议，要求当申请人在获得进入保障性住房后遇到难以独立承担费用的情况下，资助人向申请人提供为期两年的资助。资助协议的目的是来确保有可能独立生活的申请人，其没有可以证实的其他家庭成员，在一旦没有其他经济来源的情况下无法独立生活时有其他经济来源维持生计。

3. 成年家庭成员就业情况（Employment of Adult Family Members）

在申请人条件面试阶段，如果申请人可以证实其现有就业历史，可以在适格性评估体系中获得一分。具体来讲，一周至少工作20小时，拥有工作须证实至少6个月。就业证明需要雇主的申明来证实。

4. 信用历史（Credit History）

当申请人的信用是正面的，并表明对自己的个人财务进行了负责任的管理，这将正面反映出申请人有能力按时支付租金和抚养家庭。信誉不足或没有信用，都不必然导致申请人适格性是负面的。一些信用负面评级例如按揭违约，由于疾病而失业，不会减少积极的财务管理。

5. 犯罪历史（Criminal History）

保障性住房局对被判处以下刑罚的或由于精神原因免除以下刑罚的或家庭成员有上述情形的申请人的申请在一定期限内是不予以受理的。同时，即使申请人没有被逮捕或定罪，但有证据明确表明申请人和其家庭成员正从事和毒品相关的犯罪活动、暴力犯罪活动或企图欺诈住房局，都将被拒绝受理申请。申请面试前6个月，由于以下四类犯罪被监禁的，住房局不予以受理：

第一类：严重的暴力犯罪和性犯罪，包括谋杀或过失杀人被判处20年的；四级伤害罪被判处10年的；故意伤害重罪被判处5年的；持械抢劫被判处10年的；纵火被判处10年的；绑架被判处7年的；性侵或强奸被判处10年的。

第二类：毒品相关犯罪，包括运输管控物资被判处5年的；当前吸食违法毒品的；犯有制造或生产安非他命被判处刑罚的；销售毒品被判处5年的。

第三类：其他犯罪行为，包括拥有或使用管控的物资被判处2年的；轻伤害被判处两年的；夜盗罪被判处2年的；抢劫被判处5年的；卖淫被判处2年的；家庭暴力被判处5年的；在过去3年被判处过其他重罪的。

第四类：惯犯，经常或习惯性的犯罪。

6. 其他影响适格性的负面指标

首先是负面的居住历史：申请人负面的住房记录有可能导致无法成功获得申请，这就包括申请人侵扰过邻里、长期拖欠房租、损坏物业、没有结清租金、被逐出物业、客人扰民以及客人从事犯罪活动。

其次是酗酒，如果有合理的理由相信申请人或其家庭成员恶意酗酒，对物业的其他住户的健康、安全或快乐造成威胁，联邦住房和城市开发部将会拒绝给予其住房补贴，地方住房局也不准许其申请保障性住房项目。

再次是申请过程中的威胁或恶意行为，申请人及其家人对其他居民或工作人员实施了身体伤害或暴力行为，将被拒绝申请。

最后是在申请过程中欺诈或弄虚作假，任何谎言和欺骗都将导致申请被拒绝。申请人必须披露犯罪历史。如果申请人在申请时没有披露，但被查出后，将被拒绝申请。弄虚作假的房东证明材料、收入、残疾、国籍证明或关于申请条件、适格性或优先性等的欺骗性文件都将导致申请被拒绝。

四 申请程序制度

在美国，保障性住房的租户申请程序和保障性住房房东的申请程序没有很大不同，为了可以获得住房券，租户需要完成以下步骤：

1. 填写并向地方住房局（Local Housing Authority）或者住房与城市开发局（HUD）提交申请，而且申请必须由申请人亲自完成。申请过程中需要个人的基本信息和收入信息。

2. 接受地方住房局的面试。依据地方住房局的政策，会要求租户到办公室或在租户家中进行面试。

3. 提交所有必要文件。住房局需要查看近期的工资单、银行流水和个人财产。住房局还要查看申请人的信用和背景，或者直接联系之前的房东进行核查。

4. 自己寻找和政府签约的保障性住房，租户需要和房东签订租房协议。

五 审核制度

美国住房与城市开发局（HUD）对其资助的保障性住房项目的申请

审核是其一项关键的行政工作。该工作要求美国各个地方的住房局来核实申请人的收入情况，也要求申请人提供并公开真实和完整的信息，以便于进行管理。美国各个地方住房局都会制定完善的制度来委托第三方对申请人的收入进行审核。美国住房与城市开发局（HUD）制定的规章要求地方住房局（HA）必须收到申请人的申请材料，独立第三方关于申请人的收入、财产、从收入中减扣的花费和其他影响收入的审核。美国住房与城市开发局（HUD）的规章针对收入、数额和减扣都做出了明确的规定。地方的审核制度就是要求维持项目的正义性。

为了阻止美国住房与城市开发局（HUD）保障性住房项目中的欺诈和滥用现象的发生，《美国法典》（the United States Code，USC）和《联邦法规法典》（Code of Federal Regulations，CFR）① 允许美国住房和城市开发局和地方住房局获得申请人的信息，从而确定申请人的申请资格和资助水平。最为重要的是《美国法典》（USC）规定了关于收入信息的电脑匹配协议，例如《联邦法规法典》（CFR）规定美国住房和城市开发局和联邦局签订计算机信息比对协议。《美国法典》规定了防止保障性住房欺诈和滥用的法律基础，规定住房局和城市开发部可以要求签订一份同意书，允许该部门可以从雇主获得申请人当前或之前的收入情况。总体上，美国保障性住房的申请审核制度包括：

（一）审核的方式和时间

地方住房局通过五种方式来审核申请者信息，依次为：第三方预审、第三方书面审、第三方口头审、住房局文件回审和申请人证明或申明。在审核申请人提供的信息前，住房局允许在 10 个工作日内获得第三方的证明材料，住房局必须保留不采用第三方核实证明的材料。整个核实程序不能超过 60 日的期限。

1. 独立第三方对收入的预审核

在美国，个人的收入信息的计算机数据已经系统化和统一化，因此通过独立第三方的计算机数据来核查收入信息是一种通常方式，该方式可以审核基本的收入类型：净收入，包括加班费、奖金、佣金和其他个

---

① 《美国联邦法规法典》美国联邦各个行政机构公布在《联邦公告》普通和永久规定的编纂法。参见 https://www.ecfr.gov/cgi-bin/ECFR?page=browse。

人服务赔偿；失业补偿；福利；社会保障利益，包括联邦和州的利益以及社保。

2. 独立第三方书面审核

第三方书面核实表通过一级保密邮件发送和收回。申请人要求签订授权，允许信息来源方可以向当局提供申请的收入信息，直接从信息来源方获取的核实表就是书面的核实。住房局不会将第三方的核实表直接交给申请人，而是直接邮递给信息来源方。填好的核实表返还给申请人，申请人之后把核实表交给住房局。申请人将从以下部门收到计算机打出的收入核实表，例如，社保局、银行、失业局、法院和福利部。

3. 独立第三方口头审核

当独立第三方书面的审核存在以下三种情况时，才适用第三方口头审核：第一是书面审核延迟或难以获得；第二是书面审核是传真或复印件；第三是书面审核材料由申请人递交给住房局，而不是信息来源地。当采取第三方口头核实时，要求工作人员以表格的形式记录下口头核实的人员、核实的时间和核实的内容。如果无法取得独立第三方的口头核实，地方住房局需要比对申请人提供的收入信息。如果通过电话核实，必须创建电话联系。

4. 材料复审

如果无法获取独立第三方书面和口头核实的信息，或者在10个工作日内信息没有被第三方核实，地方住房局将对文件进行相应标注。在此种情况下，如果申请人提供的信息完整，住房局将使用申请人提供的信息作为审核的主要信息来源。所有这些信息需要复印并保留在申请人的档案文件中。住房局接受的材料包括：打印的工资单；雇主的电脑打印工资单；签字的证明信；其他可以接受的核实材料。住房局也可以接受合格的传真文件和复印件，并被工作人员通过电话予以信息核实的，地方住房局对提供非原始文件的、原始文件被涂改的、不合格的或看似伪造的，将认定核实失败。在采用材料复审方式后，又收到了第三方审核，但二者之间存在差异，住房局将采用第三方核实。当局也不可以由于第三方审核的迟延而延让核时间超过10个工作日。

5. 申请人证明或申明

没有以上申明途径的，就需要申请家庭上交书面的，并附有签字和日期的自证材料。自证意味着如有不诚实的事实,将承担伪证罪。

(二)信息披露

申请人的成年家庭成员都需要签署住房局和城市开发部的信息披露表和隐私表。除此之外,他们还要签订一份授权书,当表格中的内容不充足时,当局可以要求补充更多个人信息。

(三)核实的事项

1. 所有住房局和城市开发部要求的收入;

2. 现有财产。包括在面试前的两年时间里低于市场价处理的财产,但财产本身市场价值低于5000美元的,不包括在内。还有如果申请声称没有银行账户或财产的,就无须提供;

3. 残疾状况;

4. 所有家庭成员的社保号;

5. 婚姻证明;

6. 适格性因素,包括租住历史;

7. 犯罪历史和信用历史,由第三方提供。

8. 其他地方住房局认为需要核实的事项。

六 批准制度（Admission）

在美国,住房局在遴选申请人时要确保不得存在歧视,例如,种族、肤色、宗教、原始国籍、性别、性取向、婚姻状况、年龄、退役士兵、残疾等。任何保障性住房补贴的申请者都有平等的机会来申请,并应该予以平等的对待。但由于补贴有限,只有七类申请人被优先考虑:

第一,家庭当前总收入符合或少于本地区中等家庭收入的30%;

第二,在受理前,家庭总收入连续12个月符合或少于本地区中等家庭收入的30%;

第三,申请者当前居住在公租房里;

第四,申请人属于无家可归者;

第五,在申请受理前12个月中有时无家可归;

第六,保障性住房的提供者推荐;

第七,如果当前申请人的住房被住房局购买用于保障性住房的,其可被认定为优先考虑对象。

这些优先考虑条件和美国民权相关法律以及住房和城市开发部的审核目标都是一致的。

(一) 申请名单的更新

在符合资格的申请名单中，申请人需要等待空缺的出现才能进入保障性住房项目的执行中。这就需要对申请或等候名单进行管理和分析，要定期审查申请人的数量、申请名单的新旧、以往的更新率和当前的空置率。管理人员分析每一份申请名单，当发现空缺时就批准符合资格的申请人填补，填补空缺的顺序取决于申请的时间前后。

(二) 申请人资格面试

当申请人被从等候名单中选出后，就需要参加资格面试。面试主要是向申请人阐释申请程序，向申请人建议其他项目或保障性住房机会。工作人员在面试中，要向申请人详细解释申请保障性住房项目的条件和适格性以及提供的相关证明性材料。对有残疾障碍的面试者，将提供合理面试环境。家长必须参加资格面试，并且提供需要的所有家庭成员的证明文件。针对纳税信用面试，所有的成年成员要求参加。在申请条件面试中，申请人需要提交一份完整的、准确的和真实的申请书，包括证明家庭收入、家庭组成、房东和其他事实的证明材料，从而来确定申请人的条件和适格性。

在参加面试前，申请人需要亲自完成申请填写。申请人提交的住房申请不完整或信息不准确导致的申请失败，住房局不承担责任。所有的成年家庭成员必须和住房局和城市开发部签订信息公开授权书、申请表和所有的补充性表格。如果不签订，将导致申请被取消。每位成年家庭成员必须签订同意书，披露其犯罪记录，并允许住房局在遵守住房和城市开发局规章以及住房局制度的前提下对记录进行备案和使用。每位家庭成员必须申明他的国籍，并提供相关国籍证明或移民证明。当申请人申请优先获得保障性住房，必须在条件面试中证实其理由。如果无法证实，将被书面通知重新回到等候名单中，不被优先考虑。申请人必须提供每位家庭成员的社保账号和文件。

如果在随后需要向申请人要求提交补充材料的，地方住房局需要向申请人发放书面通知，告知申请人必须在10个工作日内提供，否则将被取消申请资格。住房局还将针对申请人的背景信息进行核查，包括所有年满18岁的家庭成员的犯罪历史和信用。申请人在申请程序中没有完成任何一项环节都将导致被取消申请。

（三）二次审查

那些在第一次审查中没有获得所要求的适格性分数而被拒绝获得保障性住房项目的申请人，若他们满足了无相应犯罪记录的适格性标准，并且没有其他不可接受的负面指标，可以向监督成员要求进行第二次审核。第二次审查的目的是允许考量一些住房局审核制度中没有发现但需要考量的因素，从而使一些合理的特殊个体也可以独立地进入项目的覆盖范围。监督人员将做出二次审查的书面结论，载明第一次审查不通过但需第二次审查的理由。

（四）申请被拒：有权利递交补充信息

当申请人的申请由于不符合申请资格或适格性而被拒绝进行保障性住房项目的，地方住房局将以书面的形式通知申请人。通知书将告知被拒的原因，并提示申请人他有以下权利：

1. 在收到被拒通知后的两周内，补充提交符合条件和适格性的支撑材料；

2. 或者在收到被拒通知后的两周内，提交一份非正式听证的书面请求。

拒绝通知书还将告知申请人如有残疾情况，有权利申请合理住房，且需要提供补充信息或安排非正式听证。基于被拒通知，住房局将对申请人提供的补充材料进行第二次审核，并在充分考虑关于条件和适格性的基础上做出决定。如果地方住房局仍然拒绝二次审核，申请人可以要求一个非正式的听证会。

（五）通知

住房局将向被拒的申请人提供一个非正式的听证会。相关部门向确定被拒的申请人发送一份正式拒绝通知书。如果基于犯罪行为、信息准确性和关联性而被拒，通知还向被拒申请人提供一个争辩的机会。对申请人做出拒绝的工作人员不能参加听证会，住房局将委派一个管理人员或其他独立听证官来执行听证，该管理人员或独立听证官的听证将是申请人的最后救济途径。如果申请人没有提出非正式听证要求的，申请人的此项权利将被认定为放弃。

（六）在租赁过程中继续评估适格性

当申请人符合适格性，将被认定为临时性被批转住房项目，这种临时性身份将延续到第二轮的申请人等候名单中。申请人的适格性是一个连续性评估的过程，直到和房主签订了租赁合同。不符合适格性的，都将被拒绝参与保障性住房项目。申请人有可能在获得准入后，签订租赁合同前由于犯罪行为而被拒绝，也有可能在签订租赁合同之前，当局获知了其他拒绝因素而被排除在保障性住房项目之外。

七　等候名单（Waiting List）

由于申请的人数远大于可以提供的住房券，所以获准的申请人必须排队等待住房券的发放。住房局依据相关的法律，有权力挑选在等候名单中的申请人。例如，当局会优先考虑无家可归的，被迫迁移的，住房质量差的，身有残疾的或现有住房租金超过其收入一半的申请人。地方住房局要求在等候名单中但尚未得到面试的申请人和已经从等候名单中被抽出但尚未租赁住房的申请人接受每月一次的电话调查，其目的是要确定这类申请人是否仍然有意愿留在等候名单中。无法确认申请人申请意愿的，其将在一个月后被从等候名单中剔除。

除此之外，地方住房局为了确保等候名单的及时更新，其通过邮寄通知的形式，向所有在等候名单中但尚未面试的申请人投递通知信件。通知要求申请人在30个工作日内，以书面或电话的形式来确认他们是否仍然愿意留在等候名单中来申请保障性住房。申请人在规定期间内没有回复的，将被从等候名单中剔除，从而来确保等候名单的最新性。当然，地方住房局会为以上两种情况提供6个月的宽限期，使得两类申请人可以恢复其最初的申请日期。

第五节　各国保障性住房类型申请审核制度比较结果

（一）保障性住房类型

中国保障性住房类型包括经济适用房、公共租赁住房、拆迁安置房、两限商品房和农村保障房。中国保障性住房的体系主要是实物和货币补贴两种方式，其中经济适用房、两限商品房和安居房主要都是实物补贴，公共租赁房和拆迁安置房既可以实物补贴也可以货币补贴，选择权在申请人手中。可以看出中国保障性住房类型划分主要依据的是低收入群体的收入水平和项目的目标。公共租赁房保障的是城市最低收入人群的住房问题，经济适用房和共有产权房保障的是城市中有一定购房能力的低收入群体的住房利益，而限价房保护的是城市中低收入有住房困难群体的利益。由于保障对象不够具体和细化，导致中国保障性住房类型缺乏多元化。中国一些研究也涉及老年住房保障等问题，例如周燕珉的《老年住宅》①和《住宅精细化设计》②，对老年人的住房困难给予了高度关注，但和其他国家相比较，我国保障性住房分类明显笼统。

与新加坡相比较，中国保障性住房类型的划分不够细致，这也会导致保障的目标群体不明确，缺乏人性化。例如新加坡保障性住房类型包括：单间公寓、两居室公寓、三居室公寓、四居室公寓、五居室公寓、3代共居公寓（3Gen Flat）、特大公寓（Executive Flat）和定制住公寓（DBSS）。特大公寓的面积最大，3代共居公寓次之，公寓中多代人共同生活。这些公寓都具有卫生间、厨房等基本设施，只有面积大小和房间多少的区别。面积大的公寓卧室多，还具有储藏间，空间更大。这体现了新加坡保障性住房类型的划分中不仅考虑申请人收入，还考虑到申请人的家庭人员构成以及成员的特殊需求。新加坡和中国总体思路相同，都是政府统一建设保障性住房，政府是项目的主导人，在土地供给、住房设计、规划、建设、申请、分配和监督上都由政府负责。这既有优点也有缺点。优点就在于在社会资源动员和分配上具有效率，可以降低成本。缺点在于住房类型过于笼统，无法考虑到每户家庭的特殊需求。

和中国相比较，英国保障性住房类型和保障的群体也更广泛。虽然英国政府参与保障性住房的各个环节，但也引入了私人和非营利组织参与到了保障性住房的建设和分配环节以节约财政开支。在英国，廉租住房由政府和私人非营利组织供给，而中国的公共租赁房完全由政府供给，所以英国在廉租房的供给方面比中国多了一个渠道。另外，英国还创设

---

① 周燕珉：《老年住宅》，中国建筑工业出版社 2011 年版，第 3—18 页。
② 周燕珉：《住宅精细化设计》，中国建筑工业出版社 2008 年版，第 192—261 页。

了中间收入住房，中间收入住房迎合的住房困难群体是处于既不能负担得起在公开市场上购买或承租房屋的，但收入条件又不符廉租房的人群。英国中间收入的保障房又包含四类：第一类是政府和私人共有产权房。政府共有产权房是允许购房者占有25%—80%的产权，剩余部分由购房者支付租金给供房协会并由供房协会来管理。私人共有产权房和政府共有产权房的内容很相近，只是共有产权人变化成了开发商或公司。此类住房是为了帮助那些难以购买全部产权的人，这和中国的共有产权房有很多相同的地方。在中国，共有产权房的共有只能是申请人和政府，而英国的共有产权房人除了申请人，还有其他共有人包括政府和开发商。另外，中国的共有产权人中的申请人不需要向不具有产权的部分支付租金，而英国却需要。在英国，申请此类住房的人员往往要求是当地人，并且产权转让受到限制，不能以100%产权在市场上转让。这也和中国的共有产权房相同，共有产权人5年内不能进行交易，5年后可以进行上市交易。关于共有产权房的价格，英国完全属于市场价格，而中国的共有产权房的价格受到限制，其价格低于同地段的商品房。第二类是初次置业房，针对的是首次购买住房的群体。他们在公开的市场上购买商品房的房价是市场价的80%，剩余20%通过5年免息贷款来支付。而中国没有针对首次购房消费者的保障住房项目类型。第三类是限价房。限价房由私营开发商建造，并以低于市场价出售，价格是市场价的40%—70%。购房人以折扣价购买住房，并永久拥有产权。当限价房的业主要出售物业，需要签订法律协议来确保该物业仍然以相同的折扣价出售，使得该物业保持可负担性质。这和中国的限价商品房有很多相同的地方，只是英国限价房限制的是价格，而中国的限价房限制的不仅是价格，还有住房的面积。第四类是中间收入租赁房。此类住房由私营公司或个人开发、拥有和管理，政府通过与他们签订法律协议，在开发规划许可中约定他们必须把开发的房屋以市场价的80%进行出租。由于中国在住房保障领域没有引入私人和非营利组织的开发和管理，此类中间收入租赁房在中国不存在。事实上，此种做法值得中国借鉴，因为这既可以减轻政府管理的负担，也可以减少政府的财政支出。

显然，美国是另外一个极端。美国的公租房从1990年代就停建了，当前美国政府的财政有保障，所以，保障性住房实行货币化补贴。政府向适格的申请人提供住房资助，申请人在市场中寻找合适的住房。其中联邦政府和州政府都制定了保障补贴制度，针对的人群非常细化。美国的保障性住房项目主要有四大类：公租房项目、住房补助券项目、混居补贴项目和特别保障住房项目。不同的保障性住房项目有不同的特点，例如住房补助券项目分为两类，一类是以租户为基础的补贴。既可以补贴租金，也可以为购买住房提供购买补贴。补贴由政府发放给私人业主，券持有人在租住或购买保障性住房时，不受特定物业和地方的限制。另一类是以物业项目为基础的补贴。整栋物业的业主保留一部分或全部物业，作为公租房，向低收入群体出租。作为回报，联邦政府向业主支付补贴，来弥补租金差额。租户离开被补贴的物业，将失去以项目为基础的补贴。他们共同的特点就是帮助低收入且有住房困难的个人和家庭可以负担得起住房费用。这些项目保障的目标群体非常特定，既有低收入的单身群体，也有家庭，还包括高龄人、残疾人、精神障碍群体，等等。

新加坡、英国和美国的保障性住房类型很具体，这可以锁定低收入群体中的有住房困难的人，同时通过对这部分人的再细化再分类，制定更有针对性的保障项目和住房类型，这不仅可以达到保障弱势群体的住房权和人权，同时满足他们的特殊需求，使保障具有精准性和人性化。另外，他们在保障性住房项目上实行混居，让不同收入群体共同居住，消除歧视，促进社会融。这是中国保障性住房类型设计中可以借鉴的地方。

(二) 申请条件

中国、新加坡、英国和美国都把收入和现有住房状况作为申请是否适格的主要考量因素。和中国相比较，其他国家保障项目更多，他们的条件也更详细。例如新加坡的保障性住房项目中都有国籍和年龄的要求，除此之外有些项目还有特定的申请条件。廉租房申请条件要求新加坡公民身份（单身或家庭成员）；申请人年满21周岁；通常家庭月总收入不超过1500新元；住房状况是申请人、家人或共租人当前没有租住保障房；房产状况是申请人、家人或共租人当前没有购买保障房；禁止情形是已经被法规或政策禁止申请的，不再符合申请资格；家庭抚养方面，申请人或共租人的孩子有能力提供住处的，也不符合申请条件。购买保障性住房的条件根据不同的项目申请条件也不相同：（1）家庭购买制度，该项目要求申请人以家庭为单位（2）未婚夫妻购买制度，该项目要求是年龄在 21 周岁且未婚，但在购买保障性住房后的 3 个月内举行婚礼；(3) 单身新加坡公民购买制度，该项目要求未婚或离异的至少 35 岁，丧偶或孤儿至少 21 岁；满足民族融合政策和配额制度；如果是孤儿，去世的父母至少一方是新加坡公民或永久公民；如果申请人不到 35 岁，申请人的其他不满 35 岁的兄弟姐妹基于孤儿项目、单身项目或单身共居项目也不可以拥有或购买过保障房；(4) 单身共居购买制度，该项目要求，申请人和共居人必须是新加坡公民；满足民族融合政策和配额制度；必须共同购买；如果是未婚或离异的，须年满 35 周岁；如果丧偶或孤儿，须年满 21 周岁；如果是孤儿，去世的父母至少一方是新加坡公民或永久公民；如果申请人不到 35 岁，申请人的其他不满 35 岁的兄弟姐妹基于孤儿项目、单身项目或单身共居项目也不可以拥有或购买过保障房；(5) 非新加坡公民配偶购买制度，该项目要求，申请人是新加坡公民，配偶非新加坡公民或永久公民；申请人须年满 21 周岁，在申请购买保障性住房时，配偶必须持有效长期旅行或工作签证，有效期至少 6 个月；如果申请人年满 35 周岁，配偶必须持有效长期旅行或工作签证，有效期没有 6 个月的要求；在家庭成员方面，非新加坡公民配偶必须在申请中被列为居住成员；满足民族融合政策和配额制度；如果婚生子是新加坡公民或永久公民，申请人可以通过家庭购买制度来购买保障房；(6) 非新加坡公民家庭购买制度，该项目要求，申请人必须是新加坡公民；申请人须满 21 周岁；家庭核心成员方面，必须和父母、兄弟姐妹或孩子（丧偶或离异）组成核心成员家庭，至少父母一方或孩子持有长期旅游签证或工作签证，签证有效期为 6 个月；满足民族融合政策和配额制度；(7) 孤儿购买制度，该项目要求申请人必须是新加坡公民，共同居住人中至少包括一位单身的新加坡公民或永久公民的兄弟姐妹作为共同申请人或居住人（例如未婚的、离异的或丧偶的）；年龄方面，须年满 21 周岁；满足民族融合政策和配额制度；去世的父母至少一方是新加坡公民或永久公民。如果申请人不到 35 岁，申请人的其他不满 35 岁的兄弟姐妹基于孤儿项目、单身项目或单身共居项目也不可以拥有或购买过保障房；(8) 转化购买项目，经过批准，申请人可以购买相连的两套保障房，或购买与现有保障房相连的另一套保障房。该项目要求申请人必须是新加坡公民或永久公民，共居人至少包括一位新加坡公民或永久公民；年龄方面须年满 21 周岁；家庭核心成员方面，申请人必须和以下三类人中的一类组成核心成员家庭：配偶和孩子或父母和兄弟姐妹或孩子（丧偶或离异）；在民族融合政策和配额方面，可以选择购买相连的两套 3 居室或更小的保障房，且满足民族融合政策和配额制度，还可以选择购买和自己现有房屋相连的一套三居室或更小的保障房。这些项目的申请条件非常具体，针对的也是特定保障群体。所以说具体的项目针对特定的群体，对特定保障群体的再分类再细化是设定申请条件的前提。因此中国应该对保障住房项目再细化，基于细化的保障项目制定更有针对性的门槛。

英国的保障性申请条件考量的因素更全面，包括国籍、当地联系性、收入和存款额度、不可接受的行为、住房相关债务、住房需求程度、合理的倾斜人群、上班一族住户、社区贡献、医疗和福利需要和优先等级。作为一项福利，英国政府设定的保障性住房申请门槛远高于中国和新加坡。这是因为英国的保障性住房数量有限，其高门槛的设定就是为了确保真正的低收入群体收益。所以，除了国籍、当地公民身份、收入和年龄要求外，在英国申请保障性住房还需要证明自己是个合格诚信的公民。如果申请者或者申请者的家庭成员有过被足以认为严重的不适宜的行为的话，申请者很有可能被认定为不适格的申请者。不可接受的行为包括：对政府部门，住房协会或私人房主欠下了严重的债务，即欠债有 2 周或数额巨大的债务；申请者没有遵守偿还协议的条款；由于非法目的或非道德目的被认定过有罪；对邻居或观光者有过侵扰或滋扰行为；在自家或附近有过犯罪行为，并且仍然被认为对邻居和社区具有威胁；对同伴或家庭成员有过暴力行为；放任自己的财产状况恶化；通过欺骗行为获得社会性住房，例如，提供虚假信息；通过行贿方式获得社会性住房；有过住房或福利欺诈行为；有过家庭暴力犯罪的前科；对社会性住房中的政府雇员或开发商进行威胁或使用暴力的。中国的保障性住房的申请条件主要集中在收入、家庭成员、当地户口以及现有住房状况方面，和英国的保障性住房申请条件相比较过于宽泛和宽容。另外，英国政府还制定了保障性住房优先分配的等级和条件，把对保障性住房的需求分为四个等级。英国在 1996 年颁布的《住房法案》（*The Housing Act* 1996）中规定：以下人群在分配社会性住房的过程中属于优先考虑对象：（1）申请者必须是依据法律而界定成为无家可归的人；（2）申请者的现有住房条件不具备基本的卫生条件，并过于拥挤，或者被认定不适宜居住的住所；（3）申请者需要搬迁到适宜就医和接受福利的位置，或者由于残疾不便而需要搬迁到便利的社会性住房中；（4）申请者需要搬迁到城市的特定地区，以排解自身的困难或他人造成的困难。中国应当借鉴英国保障性住房优先分配制度，这可以锁定弱势群体中最弱势居民，从而实现分配正义，保障这部分最需要救济群体的住房权利和人权。

事实上，美国的保障性住房条件和英国类似，他们把申请的适格性分为基本的申请条件，例如收入、国籍、家庭、工作等。同时他们还设定了申请人的合格性，如同英国，美国也要求申请人是个良好的，有信用的，为社会做出过贡献的公民。由于美国主要是货币化补贴，所以对申请人的资格要求也很高：首先要求申请的租住历史良好，申请人必须证明在过去的 3 年中有居所。申请人如果可以提供准确和连续的租住历史，将可以在适格性评估体系中获得两分。与户主签订之前的租赁合同中良好的租住记录，承租人负责履行租赁合同中的义务，例如按时支付租金，照看单元和邻里和管理人员和平相处，可以被认定具有积极的适格性。其次是信用历史正面的，并表明对自己的个人财务进行了负责任的管理，这将正面反映出申请人有能力按时支付租金和抚养家庭。负面、信誉不足或没有信用，都不必然导致申请人适格性是负面的。一些信用负面评级例如，按揭违约，由于疾病而失业，不会减少积极的财务管理。最后是犯罪历史，严重犯罪都是认定申请不适格的重要因素。由于中国保障低收入群体的住房权利过于广泛，应当学习和借鉴英国和美国，保障低收入且良好公民的住房权利。一方面可以实现社会公平正义，另一方面可以营造公序良俗和有信用的社会环境。

（三）保障性住房的申请程序

每个国家都有主管保障性住房的部门，他们负责受理申请和审核申请。在中国申请人申请保障性住房后，还要提交相应的证明材料。中国是两级审核，首先由居委会和街道办事处进行初审，之后是住房保障部门的在审核。初审是最重要的审核，审核的是材料的真实性，再审时材料齐备，往往是形式审核。在英国，申请人首先要向保障性住房的申请登记部门（Housing Register）申请。英国通常由于保障性住房的数量有限,所以保障性住房申请登记部门要受理登记,并对申请人的资格进行审查,对符合条件的申请人制定排列清单,按照登记先后顺序进行分配。

第一,申请者要填写完整的保障性住房申请表,并提供相应的证明材料,这和中国相同。第二,一旦申请表格被填写完成,并提供了所有信息,审核部门可以对申请者信息进行查询,包括调查申请者的信用状况。地方管理部门通常在向保障性住房的申请人分配住房前进行一次家访,其目的就是核实申请人的真实情况。在中国,居委会和街道办事处也要对申请人进行入户调研和核实情况。根据英国1996年的《住房法案》第171条的规定,故意提交虚假信息或拒绝提供申请所必需的相关信息,将是一种刑事犯罪行为。因此,在申请表中或对每年的回审中故意提供虚假信息或拒不提供,申请人有可能会被认定为违法犯罪行为。另外,获得保障性住房的住户随后被发现提供虚假信息或没有提供所必需的重大信息,将面临诉讼风险,并且会导致丧失对保障性住房的占有。第三,在申请程序中要提供身份证明和支撑信息。要提供附有申请人的照片的身份证明,例如有效的护照或驾照。照片必须是近期的、清晰的,并书写申请人的姓名和地址。第四,联合申请的情形。当申请人有孩子并和其共同生活的,也要求填写申请表,并写明经常居住地,从而来评估该住房的居住情况。在中国,居委会和街道办事处在进行入户调查时,也需要审查家庭成员和住房状况。第五,英国政府保障性住房部门的成员和亲属关系需要披露。申请人在申请表中必须明示受理申请的地方保障性住房部门的工作人员,以及相关人员和申请人之间的关系。这种主动回避制度值得中国借鉴,因为这样可以平等地对待每一位申请人,赢得公众信任。第六,在英国,保障性住房的申请人有义务每年更新他们的申请信息。申请人的重大信息发生了变化的,仍然有义务通知保障性住房的申请部门。每一位申请人在每年都会获得一份通过邮件的方式申请信息更新通知,要求对发生的信息变化进行更新。在收到更新通知后,需要在4周内提交更新材料,否则申请将被取消。中国目前没有相应的要求,但这样规定非常必要,审查部门可以获悉申请人的财产变化,从而确定申请的保障适格性。另外,这样的实践可以创制诚信的社会环境。第七,审核一旦获得通过将被放到优先分配的范围。建立优先分配的轮候制度可以评估需要保障的人数，从而确定政府资助的预算和建造的保障性住房数量，其有着明显的评估作用。在这方面，中国也应该借鉴英国的制度和做法。

在申请程序方面，美国与其他国家不同的地方在于保障性租房申请程序包括承租人和出租人分别向地方住房局或联邦住房和城市开发局申请的程序，承租人为了获得住房补贴资格进行申请，出租人为了获得补贴的租金进行申请。这是因为美国住房保障主要采取货币补贴，完全由承租人在市场上寻找适宜的住房。因此，租赁协议由出租人和承租人双方签订，双方依据协议进行申请，两个申请程序基本相同。中国、新加坡和英国不存在这样的两套程序，申请人直接向主管部进行申请。在美国，提交的申请材料包括申请表、近期的工资单、银行流水和个人财产。住房局也还要查看申请人的信用和背景，或者直接联系之前的房东进行核查。另外，申请人还要接受面试审查。

（四）审核制度

中国的审核制度就是审核申请人提交的申请材料，其目的就是确定申请材料的真实性，这和其他国家审核的目的是相同的。但在审核事项方面，英国和美国的审核内容要广于中国。在英国，住房局主要审核三方面内容。首先审核申请人的优先分配等级，其次对申请进行经济评估，最后给予申请人申请复议的权力。

关于优先分配等级的审核制度，英国住房管理部门通常审核申请人的住房情况、住房适住性和健康问题，从而评估申请人群优先性的等级。优先分配等级制度是英国1996年《住房法案》166A（3）所规定的内容，其要求对五类人群在保障性住房的分配上给予合理的优先考量：第一类是无家可归的人；第二类是地方政府负有提供住房义务的人群；第三类是住在卫生环境差或拥挤或其他糟糕条件下的人群；第四类是需要医疗救治的人群；第五类是为了避免生活困难需要搬迁的人群。并把优先分配等级分为五级：第一等级是急需住房。主要是由于紧急医疗需要或福利需要住房，否则会威胁生命，或者由于暴力、骚扰、恐吓威胁或重要的工作或其他紧急管理的原因需要搬迁而无住房的人群。第二等级是很需要住房。这是因为现有住房拥挤或条件差，或经认定存在一级危险，且此生活危险在合理期间没法解决的。第三等级是合理的住房需求。首先是无家可归者,其次是现有居住环境不卫生或过度拥挤或条件差,再次是基于医疗或福利的原因需要来回奔波的人群,包括残疾人,最后是需要移动的人群,需要经常往返该地区的特定地方。第四等级是一般性的住房需求。这类人群有住房需要且和当地有联系,但无法负担购买住房。第五等级是普通的住房需求。这类人群和当地没有实质联系,但有能力支付按揭贷款或房租。

在美国,地方政府也制定了类似于英国的优先分配制度。美国地方住房局在遴选申请人时要确保不得存在歧视,例如,种族、肤色、宗教、原始国籍、性别、性取向、婚姻身份、年龄、退役士兵、残疾等。他们主张申请者都有平等的申请机会,并应当平等对待。同样由于补贴有限,美国七类申请人被优先考虑:第一类是家庭当前总收入在或少于本地区中等家庭收入的30%;第二类是在受理前,家庭总收入连续12个月在或少于本地区中等家庭收入的30%;第三类是申请者当前居住在公租房里;第四类是申请人属于无家可归者;第五类是在申请受理前12个月中有时无家可归;第六类是保障性住房的提供者推荐;第七类是如果当前申请人的住房被住房局购买用于保障性住房的,其可被认定为优先考虑对象。

英国和美国的优先分配制度值得中国借鉴,英国和美国不仅确定了优先分配的人群,还制定了优先分配的考量因素。首先保障性住房属于稀缺资源,应当确保最需要救济的弱势群体受到关照和帮助,这才能保护弱势群体的权益。其次国家的财政和社会的捐助是有限的,优先分配制度可以更准确地锁定保障对象,从而提供针对性的资助,让有限的资源被高效和正确地利用。最后优先分配制度可以缓解最弱势群体的住房困境,维护社会的公平正义,降低社会矛盾。

其次在申请复议制度方面。在英国,如果政府住房部门决定申请人不能申请保障性住房或不符合申请条件而对申请予以拒绝的,法律赋予申请人权利向政府部门要求复议。英国的1996年的《住房法案》第166条第二款规定:针对保障性住房申请的最终决定,政府住房部门有义务告知申请人有如下权利:(1)当申请人曾有严重的不可接受的行为而导致对保障房申请不予以考虑的,申请人有权利要求政府给出书面决定,并陈述不予考虑的原因;(2)经要求,申请人有权利获知其分配决定中被考虑的事实条件;(3)经要求,申请人有权利要求对(1)和(2)中的情形进行复议,申请人也有权利知晓复议的结果和理由。英国的保障性住房申请复议制度体现了对申请权利的尊重和保护,还可以防止和纠正不当审核行为,对这些行为要撤销和纠正。另外,保障性住房的申请审核复议制度既可以保护申请人的合法权益,也可以对审核机构进行监督,最终实现公平正确的分配结果。在中国引入保障性住房申请复议制度有着现实和必要的意义。

另外,美国在保障性住房审核制度方面,引入了第三方审核制度。美国各个地方住房局都会制定完善的制度委托第三方对申请人的收入进行审核,独立第三方对申请人的收入、财产、从收入中减扣的花费和其他影响收入进行审核。总体上,美国保障性住房的申请审核制度包括:(1)独立第三方对收入的预审核。利用计算机数据来核查收入信息是一种通常方式,该方式可以审核基本的收入类型:净收入,包括加班费、奖金、佣金和其他个人服务赔偿;失业补偿;福利;社会保障利益,包括联邦和州的利益、社保。(2)独立第三方书面审核。申请人要求签订授权书,允许信息来源方可以向当局提供申请的收入信息,直接从信息来源方获取的核实表就是书面的核实。信息来源包括:社保局、银行、失业局、法院和福利部。(3)独立第三方口头审核。当独立第三方书面的审核存在以下三种情况时,才适用第三方口头审核:第一是书面审核延迟或难以获得;第二是书面审核是传真或复印件;第三是书面审核材料由申请人递交给住房局,而不是信息来源地。(4)材料复审。如果无法获取独立第三方书面和口头核实信息,或者在10个工作日内信息没有被第三方核实,地方住房局将对文件进行材料复审。

中国、新加坡和英国都实行的是第一方审核。作为内部审核,其目的就是自查和自我完善。而美国在保障性住房申请审核制度中引入第三方审核,其有一定的制度优势:首先第三方审核的目的是以公平、公正和公开的形式对申请人的财产、收入和其他证明材料的真实性进行评估。同时,被委托的第三方更为专业,获取信息的渠道更广泛,效率更高。其次,美国的第三方审核步骤详细,分为预审、书面审、口头审核和材料复审,还为审查中出现的不利情形制定了各种预案,确保审查结果的实现。当然,第三方审核也会增加审核成本,增加财政负担。

第八章

保障性住房欺诈监督制度比较

第一节 中国保障性住房欺诈监督制度

一 背景

保障性住房在中国建设的数量很大,其目标是向没有住房的低收入群体提供居所,从而保障他们的住房权和人权,最终实现社会的公平和正义。虽然中国各个地方都制定了相应的制度来确保保障性住房分配的公平和正义,但是在分配的过程中,不符合条件的申请人通过欺诈的方式获得本不属于他们的保障住房的情况频发。这样不仅没有达到实现分配的公平和正义,反而加剧了社会的不公平。保障性住房分配中的欺诈行为屡见不鲜,实际案例在全国比比皆是。据国家审计署统计:在2013年、2014年和2015年,全国分别有4.75万、4.40万和5.89万户家庭骗取了保障房福利,包括住房和补贴。

中国《刑法》第266条关于诈骗罪规定:诈骗罪是指以非法占有为目的,用虚构事实或者隐瞒真相的方法,骗取数额较大的公私财物的行为。诈骗公私财物,数额较大的,处以三年以下有期徒刑、拘役或管制,并处或单处罚金;数额巨大或者有其他特别严重情节的,处以三年以上十年以下有期徒刑,并处罚金;数额特别巨大或者有其他特别严重情节的,处十年以上有期徒刑或无期徒刑,并处罚金或者没收财产。中国不同地方对诈骗罪的标准也不尽相同。[①] 根据《最高人民法院、最高人民检察院关于办理诈骗刑事案件具体应用法律若干问题的解释》(2011年4月

---

① 2017年《中华人民共和国刑法》第266条。

8日起实施）的规定：诈骗公私财物价值三千元至一万元以上和三万元至十万元以上、五十万元以上的，应当分别认定为刑法第266条规定的"数额较大""数额巨大"和"数额特别巨大"。①

一般情形下，诈骗罪的构成是：行为人以非法侵占公私财物为目的而实施欺诈行为；该欺诈行为致使被欺诈人产生错误认识，并基于此错误认识而处分财产；结果是诈骗人取得诈骗财物，被欺诈人受到财产上的损失。具体而言，欺诈罪的"四要件"包括：

（一）主体要件

诈骗罪的主体是一般主体，只要达到法定刑事责任年龄、具有刑事责任能力的自然人均能构成欺诈罪。

（二）主观要件

实施诈骗罪时，主体表现为直接故意而非间接故意或过失，并且在目的上具有非法占有公私财物的意图。

（三）客体要件

所实施的诈骗罪通常侵犯的客体是公私财物的所有权。

（四）客观要件

首先，诈骗罪往往表现为使用欺诈方法骗取数额较大的公私财物。

从形式上讲，欺诈行为包括两类，一是虚构事实，二是隐瞒真相。从目的上看，二者都具有使被害人陷入错误认识的意图并实施了相应的行为。所实施诈骗行为的内容就是让被害人发生了错误认识，并处分财产，使得诈骗人受益，给被害人造成了损失。所以不论是虚构和隐瞒的事实是否发生，只要符合了欺诈行为的内容，就可以认定是欺诈行为。诈骗行为本身既可以是作为，也可以是不作为，即有告知某种事实的义务，但不履行这种义务，使对方陷入错误认识或者继续陷入错误认识。只要行为人利用这种认识错误取得财产的，即被认定为诈骗行为。

其次，诈骗行为须使相对人发生错误认识。也就是说被害人相信了欺诈人的欺诈行为，并处分了自己的财产。在诈骗行为与被欺诈人处分财产的结果之间的前提必须是被欺诈人陷入了错误认识。如果被欺诈人

---

① 2011年《最高人民法院、最高人民检察院关于办理诈骗刑事案件具体应用法律若干问题的解释》第一条。http：//jxfy.chinacourt.gov.cn/article/detail/2011/05/id/2200776.shtml。

不是由于诈骗行为而产生错误认识，进而处分财产的，诈骗罪就不成立。被诈骗人只要求是具有处分财产的权限或者地位的人，不要求一定是财物的所有人或占有人。

再次，被诈骗人要求在错误认识的前提下处分了财产。财产处分包括处分行为与处分意思。处分财产表现为直接交付财产、承诺行为人取得财产或者承诺转移财产性利益。

最后，被害人因欺诈产生的错误认知处分财产后，行为人便获得财产，从而使被害人的财产受到损害。根据刑法第266条的规定，诈骗公私财物数额较大的，才构成犯罪。根据2010年11月24日最高人民检察院第十一届监察委员会第49次会议通过最新司法解释，诈骗罪的数额较大，以三千元至一万元以上为起点。诈骗未遂，情节严重的，也应当定罪并依法处罚。所以根据现有的法律规定，欺诈属于违法行为，其是否构成诈骗犯罪，需要参照《刑法》第266条的规定达到数额较大，才构成犯罪。显然，骗购或骗租保障性住房，在数额较大的情形下，属于刑事犯罪。

二　中国保障性住房欺诈行为类型

中国保障性住房诈骗行为主要包括三类。

（一）弄虚作假申请保障性住房

由于保障性住房保障的是城市中低收入群体的住房权，所以只有符合条件的公民才能获得相应的社会福利。这些条件包括家庭成员数目、户籍、收入、资产和住房状况等。然而，一些不符合条件的申请人通过隐瞒和弄虚作假，不向保障性住房的管理部门如实申报，进而达到不法侵占保障性住房的目的。虚假申请保障性住房指申请人以家庭或个人的名义申请保障性住房时，隐瞒或者提供虚假信息，包括申请人家庭或个人的成员数目、户籍所在地、收入、个人和家庭财产以及家庭或个人的当前住房情况等。在向保障性住房行政主管部门提交申请材料过程中，申请人不能如实提供证明材料或信息，致使保障性住房管理部门在认定申请人的申请资格时陷入错误认识，没有发现申请人不符合申请条件，最终错误处置保障性住房，把保障性住房分配给了非保障群体，让这类人群通过欺诈获得社会福利和资源，达到了不法侵占保障性住房的目的。

首先从弄虚作假诈骗申请保障性住房的主体要件上来看，我国现行保障性住房的法律和政策的规定鼓励以家庭为单位来申请廉租房和经济适用房，同时也规定符合条件的个人可以申请。《中华人民共和国刑法》规定：承担刑事责任的主体包括自然人和法人。家庭应当属于自然人范畴。因为家庭为单位申请保障性住房时，是由家庭成员中的代表来进行申请，并提供家庭成员的所有信息。所以，家庭在刑法上有别于公司、企业或者其他单位，但符合刑事责任的主体要件。

其次在主观方面，通过弄虚作假申请保障性住房的申请人主观上是明知自己的诈骗行为会使保障性住房审查部门陷入错误认识，进而致使审查部门错误地把保障性住房分配给了诈骗人。其在主观上积极追求犯罪结果，并希望这种结果发生，具有不法侵占保障性住房的目的。所以，虚假申请保障性住房的主观只能是故意。

再次，在客体方面，申请人通过弄虚作假的方式诈骗公共利益和社会资源与福利，侵犯了低收入群体的住房权与人权，破坏了保障性住房的公平分配秩序，并非法侵占了公共资源和社会福利。

最后，在客观方面。无论是以家庭或个人的名义在申请保障性住房时，他们都实施了诈骗行为，主要表现在隐瞒或者虚报申报家庭人口、户籍、收入、财产和住房等，从而骗取保障性住房。行为人积极作出欺诈行为，形式上包括两类，一是虚构申请信息，二是隐瞒真实情况，其实质上是实施了致使保障性住房的管理部门陷入错误认识而错误分配保障性住房的行为。诈骗罪，是指以不法占有为目的，使用虚构事实或者隐瞒真相的方法，骗取数额较大的公私财物的行为。从以上对弄虚作假申请保障性住房行为的分析可以看出，该行为完全符合《中华人民共和国刑法》规定的诈骗罪的犯罪构成要件，具有严重的社会危害性，严重地破坏了保障性住房分配的公平性。

（二）管理人员和其他单位渎职、失职或受贿协助虚假申请

虚假申请保障性住房有时还涉及为申请人开具虚假财产和收入证明的单位或滥用职权和玩忽职守的保障性住房审查工作人员。在此类案件中，涉及违法犯罪的主体有三类：

第一类是保障性住房的申请人。通过行贿保障性住房的审查部门，弄虚作假骗取保障性住房。此类申请人不仅符合诈骗罪的犯罪构成，同

时也构成《中华人民共和国刑法》中行贿罪的犯罪构成。此处需要讨论的是：行贿罪数罪问题以及涉及的三种案件类型。在中国，涉及保障性住房分配中的行贿罪的一罪与数罪问题主要存在于两种类型的案件。第一种类型的案件是申请人弄虚作假获得了保障性住房，而后为了避免被驱逐出保障性住房或为了逃避惩罚而行贿。第二种类型的案件是申请人不符合保障性住房的申请条件，但为了获得利益，申请人先行贿保障性住房的管理人员，即以行贿为手段实施犯罪行为。

第一种类型的案件中，当保障性住房的申请人为了逃避驱逐或处罚而实施行贿犯罪时，由于申请人先前实施的保障性住房欺诈犯罪与行贿罪之间没有联系，所以是刑法上两个独立的犯罪，应实行数罪并罚。针对保障性住房分配中行贿行为的第二种类型，中国法学理论界存在三种学说，即数罪说、一罪说和折中说。数罪说认为，为谋取不正当利益，即为了谋取不属于应得的保障性住房利益，而实施了行贿行为，也符合行贿罪的构成要件，应当对保障性住房诈骗罪与行贿罪进行数罪并罚。一罪说认为，保障性住房的申请人为了获得保障性住房利益从而实施了行贿保障性住房的审核部门的行为，其先前的行贿行为与后续的其诈骗行为之间具有牵连关系，构成牵连犯。应根据刑法理论上的一般原则，对行贿罪牵连犯"择一重罪从重处罚"。折中说认为，以行贿为手段实施对保障性住房诈骗犯罪的，应当具体行为具体分析。因为行贿行为并非与所要实施的保障性住房诈骗行为都具有行为或结果上的牵连关系，不能笼统地以牵连犯处理所有的犯罪。在中国，保障性住房分配中的行贿罪的一罪和数罪问题的争论的主要原因存在于对牵连犯的认定标准缺乏统一。

第二类是保障性住房部门的管理人员。申请保障性住房需要符合相应的条件，关于条件的适格性要经过保障性住房相关部门的审核。但往往有一些管理人员失职渎职，甚至玩忽职守，致使保障性的审核不够严格，导致不符合条件的申请人获取了保障性住房，使得保障性住房存在不公平、不公正的现象。《中华人民共和国刑法》分则第九章渎职罪及《刑法修正案（四）》共规定有35个罪名。渎职是指国家机关工作人员滥用职权、玩忽职守或者徇私舞弊，妨害国家机关的正常管理活动，致使国家和人民利益遭受严重损失的行为。根据渎职罪的客观表现可划分为以下三类犯罪：玩忽职守型渎职罪、滥用职权型渎职罪和徇私舞弊型渎职罪,但都没有规定保障性住房中的渎职罪。保障性住房管理人员失职渎职表现在:滥用职权,玩忽职守、徇私舞弊,或不按程序审核,保障性住房申请人的申请条件,例如,收入、人口、工作、财产和户籍等,造成了不符合条件的申请人获得了保障性住房。在此类案件中,这类保障性住房的管理人员只有在造成重大损失的前提下才构成渎职罪,否则仅承担行政责任。

第三类是出具证明材料的其他单位。由于保障性住房的申请需要出具收入、住房和财产等证明,这就需要在相应的单位来配合出具。保障性住房申请人如果因为收入超标但单位出具虚假证明的,便是违反了法律规定的诚实信用的原则。如果是单位在主观上是明知的或是故意的,那么有可能侵害第三者的合法权益,那么一旦发现就需要承担相应的行政责任。在我国许多地方也出台了有关的规定专门针对购买政策性住房的情况的规制,单位出具虚假的收入证明用来骗取购买政策性的住房的,单位将可面临罚款等的处罚措施。

(三) 隐瞒事实不及时退出保障性住房

保障性住房的退出机制是指占有保障性住房的家庭个人,当其不再符合住保障性住房救济的条件时,例如收入增加、家庭成员数减少或购买其他商品住房,应当退出其占有的保障性住房,让保障性住房的资源可以惠及其他低收入且无住房的家庭或个人。一方面,退出保障性住房是实现保障性住房再分配的一种重要形式,另一方面也是公平正义的体现。在中国,许多地方《保障性住房管理条例》对保障性住房退出机制都做了较为详细的规定,例如关于廉租房的规定,租赁合同或者货币补贴协议期限届满需要继续租赁或货币补贴的,廉租房的申请人应当在期满前3个月再次提出申请并向保障性住房管理部门提交所需证明材料,保障性住房审核管理部门予以审核并公示。审核通过且公示无异议或者有异议但经核实异议不成立的,保障性住房管理部门可以和申请人重新签订相应的租赁合同或者协议。再例如关于经济适用房,申请人以低价购得经济适用房后,按照法律法规,不可以出租,5年内也不得出售,出售时政府具有回购的权力,进而让经济适用房在低收入群体里循环。廉租房承租人没有按照《保障性住房管理条例》的规定申报证明材料,或者确已申报但经审核不再具备保障条件的,主管部门应当在原合同或者协议期限届满之日收回保障性住房，或者停止发放货币补贴。住房保障的家庭，因收入或资产增加等原因不再符合规定条件的，房地产行政主管部门应当解除保障性住房合同或者货币补贴协议、收回或者回购保障性住房或者停止发放住房货币补贴。经济适用房的产权人出租住房的、空置住房的或违规出售住房的，保障性住房管理部门应当收回住房，对收回的经济适用房进行再次分配。

弄虚作假骗取保障性住房或者货币补贴的，市房地产行政主管部门应当解除保障性住房合同或者货币补贴协议，收回保障性住房或者补贴资金，并处一定罚款或在一定期限内不允许其再申请保障性住房。不及时退出表现为不在符合规定条件的情况下继续自己居住保障性住房或擅自出租、出售保障性住房。从以上骗取保障性住房的行为分析来看，用刑法对其进行规制是完全可行的。此外，刑法是地方性法规的上位法，不管是执法机关还是司法机关，在处理案件过程当中首先都要严格适用刑法，再参照地方性法规。因此无论地方性法规有没有规定骗取保障性住房的行为入罪，都不存在用刑法对这类行为进行规制的任何障碍。

三 中国保障性住房中关于欺诈的制度困境

2007年出台的《经济适用房管理办法》的第七章第四十二条规定：

1. 擅自改变经济适用住房或集资合作建房用地性质的，由国土资源主管部门按有关规定处罚；

2. 擅自提高经济适用住房或集资合作建房销售价格等价格违法行为的，由价格主管部门依法进行处罚；

3. 未取得资格的家庭购买经济适用住房或参加集资合作建房的，其所购买或集资建设的住房由经济适用住房主管部门限期按原价格并考虑折旧等因素作价收购；不能收购的，由经济适用住房主管部门责成其补缴经济适用住房或单位集资合作建房与同地段同类普通商品住房价格差，并对相关责任单位和责任人依法予以处罚。该条主要涉及监督管理土地使用、销售价格和不符合购买条件中的违法行为和责任承担的规定。

而其四十三条规定：对弄虚作假、隐瞒家庭收入和住房条件，骗购经济适用住房或单位集资合作建房的个人，由市、县人民政府经济适用住房主管部门限期按原价格并考虑折旧等因素作价收回所购住房，并依法和有关规定追究责任。对出具虚假证明的，依法追究相关责任人的责任。该条明确了骗购经济适用房要承担法律责任，要收回所购住房，但关于承担的具体法律责任和何种性质的法律责任没有明确规定。

其第四十四条规定：国家机关工作人员在经济适用住房建设、管理过程中滥用职权、玩忽职守、徇私舞弊的，依法依纪追究责任；涉嫌犯罪的，移送司法机关处理。该条明确规定国家工作人员在经济适用房的建设和管理中如果涉嫌犯罪，要承担刑事责任。

2007年出台的《廉租住房保障办法》的第六章专门规定了廉租住房中各主体可能承担的法律责任。其中第二十九条规定：城市低收入住房困难家庭隐瞒有关情况或者提供虚假材料申请廉租住房保障的，建设（住房保障）主管部门不予受理，并给予警告。其第三十条规定：对以欺骗等不正当手段，取得审核同意或者获得廉租住房保障的，由建设（住房保障）主管部门给予警告；对已经登记但尚未获得廉租住房保障的，取消其登记；对已经获得廉租住房保障的，责令其退还已领取的租赁住房补贴，或者退出实物配租的住房并按市场价格补交以前房租。

其第三十二条规定：违反本办法规定，建设（住房保障）主管部门及有关部门的工作人员或者市、县人民政府确定的实施机构的工作人员，在廉租住房保障工作中滥用职权、玩忽职守、徇私舞弊的，依法给予处分；构成犯罪的，依法追究刑事责任。

尽管中国在2011年出台了《关于保障性安居工程建设和管理的指导意见》，该指导意见明确规定：以虚假资料骗购、骗租保障性住房的，要取消其在5年内再次申请购买或租赁保障房的资格。然而在司法实践中，中国每年仍有几万个保障性住房的欺诈案例，但案件的处理方式只有退房、补差价或者罚款，这些欺诈人仅仅承担民事和行政责任。目前，在中国通过诈骗方式获取保障性住房的行为还没有受到过刑事惩罚的先例。

在2010年，深圳出台了《深圳市保障性住房条例》，该条例的第五十二条规定：弄虚作假申请保障性住房的，如果是不符合申请条件的，管部门驳回其申请，处十万元罚款，并终身不再受理其购买保障性住房或者购房补贴申请；自驳回其申请之日起十年内不予受理其他住房保障申请；如果是符合条件的，也有弄虚作假的行为的，申请人、共同申请人有上述违法行为的，由主管部门驳回其申请，处三万元罚款，并自驳回其申请之日起五年内不予受理其住房保障申请。

其第五十三条规定：通过弄虚作假或贿赂已经获取保障性住房利益的，应当解除保障性住房租赁合同、买卖合同、货币补贴协议或者责令安居型商品房建设单位解除买卖合同，收回保障性住房或者补贴资金，除按照本条例第五十一条、第五十二条的有关规定追究责任外，加处一倍罚款，同时按照政府相关部门发布的同期同区域同类型普通商品住房的市场租赁指导价补收入期间的租金或者按照银行同期贷款利率补收补贴资金的利息。

其第五十五条规定：有关单位和个人为住房保障申请人、共同申请人出具虚假证明材料的，由主管部门在本部门政府网站予以公示，并对直接责任人员处三万元罚款，对责任单位处十万元罚款；属于国家工作人员的，依法给予处分。有关当事人涉嫌伪造、变造或者使用伪造、变造的国家机关、人民团体、企业、事业单位或者其他组织的公文、证件、证明文件的，主管部门应当移送公安机关依法处理。有关当事人涉嫌诈骗、伪造公文印章、贿赂等犯罪的，移送司法机关依法处理。

其第五十六条规定：主管部门或者其他相关部门及其工作人员违反本条例规定不履行职责的，依照有关法律、法规的规定，追究主要负责人和其他直接责任人员行政责任；构成犯罪的，依法追究刑事责任。

2014年，全国人大常委会对7个法律适用问题作出了解释，其中有一条是：以欺诈、伪造证明材料或者其他手段骗取养老、医疗、工伤、失业、生育等社会保险金或者其他社会保障待遇的，属于刑法第266条规定的诈骗公私财物的行为，构成诈骗罪。然而在司法实践中中国没有一个骗取保障房的人受到刑事处罚。按照现行法规，骗租、骗购者承担的责任应该包括民事的（退还承租或购买的房屋）、行政的（罚款）和刑事的三个层次，但中国缺了刑事责任这一环。在骗取保障房是否应该入刑上，国内并不是没有争议。最常见的一种反对观点是：保障房骗的只是"资格"，这种说法其实很难成立。虽然骗领人确实是自己花钱买了房，但在同地段下，保障房和商品房之间，公租房的租金与市场租金之间，都有着不小的价差，这个价差，正是骗领人的非法得利。在司法实践中，有的医院办理假住院手续套取医保，有的公民开豪车还领取低保，这些案例很多都被按诈骗罪追究刑事责任。所以，危害明显更大的骗取保障房行为也应当承担刑事责任。

通过上述的分析可以看出骗取保障住房的人在主观上是故意,具有非法占有公私财物的意图。在骗取保障性住房的行为上主要有三种:第一种是虚假申报。由于保障性住房的申请具有一定的条件,例如,收入、人口和户籍等,一些不符合条件的申请人往往虚报申请信息,从而骗取保障性住房;第二种是保障性住房的管理方渎职或受贿,协助不符合条件的申请人获得保障性住房的;第三种是不退出保障性住房。一些保障性住房的占有人不再符合条件时,隐瞒事实,拒不及时退出。这些行为都会致使公私财产受到损失,如果数额达到诈骗数额起点,构成数额较大的后果,只要符合以上犯罪构成要件,骗购和骗租保障性住房就构成了诈骗罪。

第二节　英国保障性住房欺诈监督制度

一　背景

根据法律规定,英国地方政府通过制定住房的需求等级来分配保障性住房。所以,法律在分配保障性住房时倾向于:无家可归者、需要医疗者、居住环境拥挤或生活困难的人群。该法律对分配条件的立法目的就是要确保把保障性住房分配给那些最需要住房的人群。然而,英国审计署[①]在 2012 年发布的审计结果显示,保障性住房欺诈使英国纳税人损失了 18 亿英镑。同时,也使得合法的保障性住房的申请人的申请周期变得更长。在 2011 年,英国地方政府就收回了将近 1800 套保障性住房。据保守估计,在英国大约有 160 万套保障性住房被转租。保障性住房欺诈是英国福利制度欺诈中最恶劣的一种,其远远超出了经济损失的范畴。保障性住房设立目的是向社会中低收入的群体提供居所,并改善他们的生活。但由于一些申请人的欺诈行为致使不符合申请条件的人获得了这类社会福利,不仅浪费了纳税人的钱,还再次造成了社会资源分配中的非

---

① 英国审计署(Audit Commission)(1983 年 4 月 1 日—2015 年 3 月 31 日)是一个独立的政府部门,在 2015 年 4 月被其他 4 个部门所取代(公共部审计委任有限公司、国家审计署、英国财务报告理事会、内阁办公室)。

正义，其实就是非权利人住到了物业中。这就意味着那些迫切需要住房的人被排除到了应获利益之外，这不仅不公平，还是违法的。

在英国，由于对保障性住房的需求在持续增长，这就对保障性住房的供给者增加了很大的压力。但因为低收入群体无法在正常的住房市场中负担租住或购买商品房，所以保障性住房的供给在很大程度上影响着他们个人和家庭的生活质量。然而在英国，保障性住房中的欺诈减少了可负担性住房的供给，并且此种欺诈在英国成为一个还没有被解决全国性问题。所以在 2013 年 1 月，英国政府颁布了《2013 年阻止保障性住房欺诈法案》，① 该法案将一些严重的保障性住房欺诈行为界定为刑事犯罪。该法案规定了以下六种保障性住房的欺诈行为：

1. 非法转租：在没有获得同意的前提下，政府提供的保障性住房无论是整体还是部分都不得转租。租住政府提供的保障性住房的人有权利接纳他人共同生活，但此人和被转租人的法律地位是完全不同的。

2. 空房：申请政府保障性住房的一个条件就是该住房是申请人唯一和主要的居所，所以不能存在空房不居住的情形。如果该条件被违反，他们将失去该住房。

3. 继承错误：英国《1985 年的住房法案》允许与申请人共同居住生活的配偶或民事合伙人继承该保障性住房的权益，条件是申请人死亡。其他形式的继承当事人具有自由合意的权利，但必须明确规定在租赁协议中。

4. 未授权转让：把现有的保障性住房转让给了其他人。作为保障性住房的使用人没有得到地方政府的同意，不允许互换住房。

5. 卖钥匙：当保障性住房的占有人离开住房后，把住房的钥匙私自给了其他人，以此获得一笔金钱的回报，这就是一种违法占有。

6. 通过欺诈获得保障性住房：这包含两种主要的欺诈行为。第一种是某人使用虚假身份获得保障房，换句话说就是保障性住房的占有人不是保障性住房的申请人。第二种是某人在保障性住房的申请过程中对自己现有的住房情况说谎，从而优先获得了保障性住房。同时，英国的

---

① 《2013 年阻止保障性住房欺诈法案》（Prevention of Social Housing Fraud Act 2013），https：//www.legislation.gov.uk/ukpga/2013/3/contents，Retrieved January 1，2019.

《1985 年的住房法案》也明确规定了这种故意或过失提供虚假证据而获得保障性住房的违法行为。

大多数的非法占有保障性住房，包括转租，都是民事案件而不是刑事犯罪。这也就意味着通过滥用保障性住房可以获得很大收益，但违法成本很小。在大多数被证实的欺诈案件中，当事人仅仅被要求返还保障性住房的钥匙。除了缺少有效威慑外，保障性住房的欺诈调查也缺少足够的调查权，这意味着英国的保障性调查只涉及一小部分违法侵占保障性住房的案件。

二 英国保障性住房中的欺诈程度和问题的性质

（一）英国保障性住房中欺诈的严重性和欺诈的原因

英国审计署（The Audit Commission）估算在英国将近有 160 万套保障性住房被转租，英国国家欺诈局（National Fraud Authority）认为住房欺诈使国家每年损失 18 亿英镑的财政收入。在英国，大城市的非法占有保障性住房的案件比较小城市少，这是因为大城市的商品房的租金比保障性住房的租金高很多。以伦敦为例，商品房的租金比保障性住房的租金高一倍。如果一个保障性住房的占有人出租保障性住房给他人，其往往可以获得很高的利益，通常会有每年一万英镑的利益。但在乡村区域，两类住房的租金差异就没有很明显，转租的情况也较少，但继承欺诈的行为更普遍。

（二）保障性住房的收回

保障性住房的欺诈行为在英国全国普遍发生，英国政府通过财政专项支出鼓励保障性住房的供给者来解决该问题。尽管由于经验和人力的不足，已经有大量的保障性住房由于欺诈行为被收回，在 2016 年至 2017 年就有大约超过 2000 套保障性住房被收回。基于打击的公开化和严厉性，一些欺诈人主动终止保障性协议，退还保障性住房。

英国中央政府也鼓励地方政府和住房协会联合行动打击欺诈。由于地方政府拥有更多的资源、经验和专业，与住房协会的合作是一种普遍现象，地方政府还可以从被收回的保障性住房中获得分配的提名权。在一些情形里，地方政府可以利用中央政府经费专门调查住房协会在本地区的保障性住房的存量问题。所以，许多住房协会在地方政府的监督下加大了打击保障性住房的欺诈行为的力度，这也可以解释为什么保障性住房在英国近年来被收回的数量有所增加。但英国调查人员提示到尽管收回的趋势在上升，但许多保障性住房的房主认为这仅仅触及了打击欺诈的表面，远没有解决核心问题。

（三）保障性住房欺诈打击

在打击欺诈的过程中，一些反馈的信息显示保障性住房的欺诈具有多样性的特征，既有家庭的欺诈行为，也有个人的欺诈。欺诈既存在于复式住宅，也存在于高层楼宇中。而且在调查保障性住房的欺诈过程中还发现了其他类型的犯罪，比如税务诈骗和有组织的其他犯罪。

调查还发现在很多种情形下保障性住房的非法占有人并没有故意和保障性住房的申请人共同实施欺诈。很多保障性住房的二手承租人是通过广告或中介联系到保障性住房一手承租人，他们很自然地认为这种租赁关系是合法的，而且他们还向保障性住房的一手承租人缴纳了市场水平的租金，并提前缴纳了定金。所以，在调查过程中，许多保障性住房的二手承租人，即转承租人可以向调查人提供保障性住房的申请人的姓名和一些详细信息。但这在一定程度上阻碍了证据的获得，而无法将欺诈人从保障性住房中驱逐出去。

三　英国在现有法律框架下打击保障性住房欺诈行为策略

英国保障性住房的欺诈有很多种形式。依据法律性质把它们分为民事案件和刑事案件，下文将逐一阐释各类案件的处理方式。

（一）民事案件

1. 转租

在英国，现行的法律在一定程度上允许保障性住房合法使用人接收访客或转租一部分物业，但转租全部物业是被禁止的。此种全部转租物业的欺诈仅仅是一种民事案件，在此意义上，这和违反民事法律或合同是没有区别的。和其他合同一样，保障性住房所有人即提供者，可以向法院起诉要求救济，例如要求欺诈人返还占有该住房。

一位保障性住房的占有人即使违法地转租了整个物业，其仍然是该物业的合法占有人。只有经过法院的诉讼程序后，判决他们离开或被驱逐后，他们才丧失了该物业的合法占有。保障性住房的业主也可以在非法转租案件中向欺诈人要求赔偿，但赔偿金的数额将是有限的。这是因为即使存在欺诈，业主仍然可以获得其所期待的租金，所以赔偿的基础理由不是非常充分。

2. 卖钥匙

出卖保障性住房钥匙的行为和转租不同。卖钥匙指保障性住房的合法占有人通常在获得一大笔转让费后，就和物业割裂了一切关系。虽然卖钥匙的欺诈行为没有转租普遍，但这构成了违约，业主可以以同样的方式要求返还占有物业。

3. 未授权转让（包括保障性住房的互换）

转让是一种合法的让渡。在租赁合同中转让是租赁合同主体的变化，即承租人的变化，一个有效转让的效力是新的承租人继承了之前承租人的权利和义务。保障性住房的转让只在一定的条件下存在可能性。如果存在一个保障性住房的未授权转让，例如没有获得房东的同意就擅自转让的，此种交易就被认为是无效转让。如果承租人通过欺骗获得了房东的同意而转让保障性住房的，例如提供虚假信息，房东可以基于违约和转让无效提起诉讼要求占有返还。

4. 继承错误

当保障性住房的占有人死亡的，有些情形下，配偶或家庭成员可以继承租住该物业。关于继承人的范围，地方政府提供的保障性住房要广于住房协会提供的保障性住房。但两类住房的继承人都被要求在租住人死亡时，继承人是和申请的租住人共同居住，有些继承人还要求在申请租住人死亡时，继承人和其共同居住至少超过一年时间。

一些人认为其符合继承条件，主张继承保障性住房的合法使用权，但事实上其要么没有和死亡人共同居住，要么没有达到要求的居住时间，或者不属于继承人的范围，而没有继承的权利。房东只能通过诉讼的形式要求返还物业，而继承人可以通过主张自己是合法的继承人进行抗辩。

（二）刑事案件

1. 购买权欺诈

保障性住房欺诈涉及刑事犯罪的行为，主要包括保障性住房的合法承租人在居住一段期间后愿意向保障性住房供给者购买该保障性住房时提供了误导性的信息，例如居住时间（因为英国法律规定要购买自己居住的保障性住房,有居住时间的要求)。按照英国的法律规定,此种欺诈行为违法,需要接受刑事程序的审理,并最终承担刑事责任。需要注意的是此种欺诈的最终目的是保障性住房的合法占有使用人基于购买权以巨大折扣价来购买保障性住房。

2. 通过提供虚假信息成功申请到保障性住房

此种欺诈指的是申请人故意或过失提供虚假申请信息,其目的就是获得保障性住房。英国1996年《住房法案》第171条（Section 171 of the Housing Act 1996）规定：在申请保障性住房过程中故意或过失提供虚假信息或不提供相关信息的,被认定为一种犯罪行为。①

(三) 惩罚

在英国,针对保障性住房欺诈的民事案件,其结果仅限于收回保障性住房并承担损害赔偿和相关费用。但关于刑事责任,现行的英国法律中没有规定相应的刑事责任,例如罚款或监禁刑。英国媒体曾报道有人由于转租保障性住房而被判处监禁刑的,事实上转租经常和多种类型的欺诈交织在一起,是这些欺诈行为本身违反刑事法律而需要承担刑事责任,而不是由于转租要承担刑事责任。

近些年来,保障性住房的供给方试图通过适用英国《2006欺诈法案》②来作为让转租人承担刑事责任的法律依据。但法官认为,只有转租人满足《2006欺诈法案》规定的行为条件时才有可能承担刑事责任,这些行为包括：保障性住房的申请过程中提供虚假信息,或者没有向管理方履行披露申请信息的法定义务,或者不诚实地滥用承租人的身份且没有尽到善良合理使用保障性住房的义务。尽管有些保障性住房的欺诈案件符合以上积极欺诈行为的范畴,但多数案件并不是由于以上积极欺诈行为所产生。这是因为在多数保障性住房欺诈案件中,申请人或占有人没有积极实施欺诈行为向管理方提供虚假申请信息,而是采取消极欺诈,即在被要求披露申请信息时采用沉默回避的方式。在英国,法律规定除

---

① 1996 *Housing Act*（Section 171）, https://www.legislation.gov.uk/ukpga/1996/52/section/171. Retrieve March 5, 2019.
② 《2006欺诈法案》(*Fraud Act* 2006) 在2006年被英国国会通过, 2007年1月15日生效, 适用于英格兰、威尔士和北爱尔兰地区。

了在住房福利中要求披露相关信息，在其他情形下并没有规定申请人或占有使用人有义务通知保障性住房的供给人存在欺诈、违约或违法行为。所以，这也是对保障性住房中的欺诈难以起到威慑作用的原因，最终成为现实中打击此类违法犯罪行为的障碍。

（四）返回的目的

申请地方政府和住房协会提供的保障性住房（Secure and Assured Tenancy）的其中一个主要条件就是该保障性住房必须被用作申请人的唯一或主要的家庭居所。英国的判例法认定：保障性住房的合法占有使用人可以住在其他地方，但仍然需要保留物业中的物品，从而来证实他们有返回该住房的目的。该目的可以通过在家中保留家具或其他财产来证明。

英国法院当前适用一案一例的方法来处理长期不在保障性住房中居住的案件，因为足够长时间的离开可以被认定为对现有保障性住房的抛弃。但保障性住房合法占有使用人在合理的期间内可以通过出示大量和实质的迹象证据来为自己辩护，证明其有返回的意图。然而在现实中，保障性住房的提供者会由于合法占有人的以上辩护理由，即使离开保障性住房数年之久，也无法收回保障性住房，住房还仍然被其占有。这反过来都阻止了供给方收回空置的保障性住房。

（五）保障性住房提供者的调查方式

当前，英国的保障性住房的供给者使用各种方式来调查和打击欺诈行为。主要包括：

1. 专职调查人员

在英国逐渐形成的共识就是雇佣专家调查人员是追回保障性住房的最有效方式。通常一个专职调查员的工作目标是一年追回25—30套保障性住房，在工作的第一年往往会查出比较多的保障性住房欺诈，随后查出的数量会逐渐减少。

2. 保障性住房审计

英国的很多保障性住房的供给方都会实施审计，其方式就是通过逐户入户核实保障性住房的居住情况。这样的审计方式要花费大量的时间和资源，所以多数的保障性住房的提供方每年只核查一部分或针对特定区域进行核查。为了加速审计过程，一些保障性住房的供给方为每位使用人进行拍照备案，当对保障性住房进行审计时，相片的参考可以大量节省审核身份的时间。

3. 信息比对

同时，英国越来越多的保障性住房供给方开始使用信息比对来调查欺诈行为。他们首先使用内部的各种记录的信息，然后扩大到使用其他机构的信息资料。

4. 检举

英国有一半的保障性住房的非法侵占是通过公众的提供信息发现的。当地居民最容易发现新邻居的到来和老邻居的离开，通过当地公告、传单和广告来提高居民的举报意识是非常重要的。检举是有价值信息的重要来源，他们往往是打击欺诈的开始，为保障性住房公平正义的声誉起到维护作用。

（六）信息共享的权力

1998年的英国《信息保护法案》（*The Data Protection Act* 1998）要求相关组织在处理个人信息时要尽到公平和适当的义务。其中有8条原则性的规定：要求在共享个人信息时必须要进行监督，并要满足严格的标准。根据法案的规定信息分享必须公平合法。①

当前英国保障性住房欺诈调查是以该法案第35条为法律依据，该条允许从其他组织获取信息。然而，该条并没有允许通过强迫的方式来获得个人信息，也没有规定一般的法定权力来分享权力。所以，在许多保障性住房的欺诈调查中都很难从其他组织获得个人信息。

四 加强保障性住房供给方的权力来解决住房欺诈

在英国，保障性住房供给方的欺诈调查可以得出两个结论：第一，实施保障性住房欺诈的人所承担的潜在法律责任的风险很低，并且现有的法律责任不具有威慑性；第二，缺少获取必要信息的途径，意味着保障性住房的供给方的调查权力和控告权力被严重制约。

英国保障性住房欺诈的调查人员和司法机关总是把保障性住房欺诈（Tenancy Fraud）和住房福利欺诈（Housing Benefit Fraud）相提并论，这

---

① 1998年英国《信息保护法案》旨在保护存贮在电脑中的私人信息和纸质档案私人信息。https://www.legislation.gov.uk/ukpga/1998/29/contents，Retrieved April 10, 2019.

是因为英国的《2006欺诈法案》对住房福利欺诈做出过明确规定：实施住房福利欺诈要承担罚金刑和监禁刑。并且调查人员有权力从各个机构获取相关个人信息，即可以强制第三方，例如嫌疑人的雇主、房东、银行和公用事业公司（自来水公司，电力公司等）来提供合理的个人信息。

英国政府目前担心的是现有针对保障性住房欺诈人的法律制裁的不充分和供给人的调查权力的局限性，这样会容易造成了成千上万保障性住房的滥用。英国的学者和司法机构就解决保障性住房的欺诈提出了以下建议：

（一）刑事执法

针对保障性住房的欺诈行为立法，设定专门的罪名来解决此种违法现象是必要和适当的。在英国，刑事制裁的方式有罚金、监禁刑或二者兼具。另外，还可以引入没收非法所得和针对保障性住房的供给的返还救济。如果就此设立一项新的罪名，英国的专家学者认为此类案件既可以在地方法院（Magistrates Court）审理，也可以在高级刑事法院（Crown Court）审理。建议地方法院在审理此类案件时，最多判处6个月监禁和5000英镑罚款。如果在高级刑事法院审理，可以判处更严重刑罚。例如两年监禁，最高5万英镑的罚款。

（二）对保障性住房欺诈的界定应该范围广一些

英国的法学专家学者认为现有的保障性住房欺诈的范围过于狭窄，不仅仅主要包括转租、卖钥匙和未授权的转让，应该把所有的欺诈行为都吸收进来让保障性住房欺诈界定更详细。因此对不同的欺诈应当详细解释，并进行列举。

（三）允许向保障性住房的供给方进行返还救济

当前，英国的《刑事诉讼法》中对由于一些犯罪行为没收非法财产进行了规定。然而，没收的财产都收归英国国有，而不是返还给被侵犯的个人或组织。所以当前的英国法学专家建议应该把没收的财产交给保障性住房的供给人，这会对保障性住房的供给人进行一些补偿。

（四）延伸地方政府对保障性住房欺诈的控诉权力

地方政府已经有权力针对本地区住房福利欺诈、一些道路交通犯罪和其他一些法律规定的犯罪提起控诉，所以英国的法学专家和学者也主张把保障性住房的欺诈行为纳入地方政府的控诉范围之内。对于是否赋予住房协会这样的控诉权，多数专家学者认为这不实际。因为住房协会毕竟是一个民事主体，其应当参与民事活动。当然，地方政府可以代替住房协会对欺诈人进行控诉。

（五）赋予信息获取的权力

正如之前所阐述的，当前英国保障性住房的供给方在获取必要个人信息方面的权力很少，因此他们没有办法有效的调查欺诈行为并对其进行打击。自从在英国对个人信息进行刑事立法保护以来，公众已经对信息共享的合法化产生了质疑，这也使得信息的持有人不能有效进行信息共享。英国现有立法明确规定了信息披露为了特定目的接收信息的特殊情形，这些特殊情形可以被允许（赋予自由裁量的权力来披露或接收信息资料）或强制（在一些情形下必须提交信息资料）信息披露。当前，英国的专家提出是否可以针对保障性住房中欺诈行为的调查专设一个强制信息披露的通道，从而来确保地方政府从指定的组织机构获取和调相关的信息，这些机构如果不提供信息资料将面对刑事制裁。专家建议此种刑事制裁可以和目前实行的住房福利欺诈进行类似的规定。至于对保障性住房欺诈控诉的权力，英国法律专家学者都认为不应当对住房协会赋予控诉的权力。然而，地方政府可以通过信息共享来使用个人信息，并对住房协会提供的保障性住房的欺诈进行调查。

地方政府和住房协会作为保障性住房的两大供给方，针对保障性住房的欺诈进行联合调查的例子在英国已经很多了。一个通常的做法是地方政府利用资源调查住房协会提供的保障性住房中的欺诈行为，从而获得对收回的住房协会提供的保障性住房的提名权。可以想见的是当英国的地方政府被赋予信息共享的权力后，住房协会也将从中受益。

同时，专家建议可以从指定的组织结构获取信息进行信息共享，这些组织机构至少应该包括银行、建造企业和公益企业，英国保障性住房的供给方反馈意见显示这些机构保存的信息对调查欺诈非常重要。需要注意的是，英国地方政府已经被赋予可以要求信息持有人针对其他事务提供信息的权力。因此，把此种权力延伸到对保障性住房欺诈的信息共享并等同于赋予一项新权力。

（六）对返回保障性住房意图的评估

在英国，一些保障性住房的合法占有使用人即使离开保障性住房很长时间，但其仍然占有保障性住房。这就要求调查方核实其是否具有返回保障性住房的意图，同时也就要求保障性住房的合法占有人能够做出离开住房的合理解释，例如住院。当然，制定合理的规则来认定离开是出于自愿或无法避免或必须很重要。因为依据这样的规则可以确定保障性住房的占有人离开住房多久才是合理的时间段，最终为是否收回保障性住房提供依据。

第三节　美国保障性住房欺诈监督制度

一　背景

美国联邦政府每年都有着巨大的财政支出，其中花费在补贴项目的经费就高达几千亿美元，补贴的项目超过1800多个，保障性住房项目就是其中一项。然而由于大规模的欺诈和滥用，美国联邦预算也成了受害方，很多人非法获取了本不属于他们的利益。医保、住房和学贷成了重灾区，每年浪费的纳税人钱高达1000亿美金。美国联邦保障性住房项目（Federal Housing Programs）一直以来是欺诈和滥用的高发区。在1971年，美国《时代》杂志就讨论过保障性住房项目中发生过的一则丑闻。一些房地产投机分子利用保障性住房项目获得巨额利润，损害了穷人的利益，这无外乎欺诈。杂志声称，只要联系政府向保障性住房项目开出支票，必然导致各种丑闻。在1980年代，住房与城市发展局（HUD）也爆发了巨大的丑闻，包括管理不善和非法干涉等行为，它们浪费了纳税人数十亿美元。还有住房与城市发展局的高级官员利用自己的地位获得保障性住房甚至当他们离职后会利用内部关系获取补贴和合同。

另外，地方住房局（Public Housing Authorities）（PHAs）也经常滥用联邦政府的拨款。住房与城市发展局每年向全国2000多个地方住房局提供80亿美元来支持保障性住房项目，但地方住房局经常被抱怨管理不善、贪腐和浪费。美国《迈阿密先锋报》在2006年曾报道了迈阿密市戴德（Dade）县的住房局（PHA）的一系列欺诈和腐败案件：（1）由于政治联系，住房局向开发商和非营业组织发放了数百万美元的资金来建造保障性住房，但最终有些没有建造，有些即使建造了，质量也非常粗劣。（2）住房与城市发展局（HUD）向地方住房局支付了3500万美元拆除破旧的公租房，并建设新的保障性住房。但在6年后，调查发现一半的资金不知去向，保障性住房仅建好3套。住房局把钱都浪费到了人员工资和咨询方面。（3）地方住房局允许开发商把保障性住房出售给富裕的投资人，他们转手后获得巨大利益。低收入人群没有获得被开发的保障性住房。

住房与城市发展局向各州和地方政府、房地产开发商、金融机构和非营利组织提供大量的补贴，其中发放最大的补贴是针对符合保障性住房条件的低收入承租人。另外，联邦保障性住房管理局（Federal Housing Administration）还向符合条件的申请人提供按揭贷款保险制度，但实际上，许多不符合条件的购买人通过提供虚假证明获得了补贴和贷款。放贷方也通过保险制度滥放大额贷款，这些欺诈行为增加了违约的风险，最终会浪费纳税人的钱。

在越来越多的保障性住房欺诈和滥用出现在住房和城市开发局（HUD）面前时，其发现没有足够人员来应对该现象，也没有能力来实施有效的监管。在很大程度上，住房与城市开发局不得不只依靠地方和州的权力部门，以及获得补贴的房东来进行监管。在1990年代，住房与城市开发局（HUD）的工作人员有9700多人，但进入21世纪后，这一人数降至8300人，许多现场办公室由于资金压缩被迫关闭。所以，在资金减少和人员不足的背景下，住房与城市开发局（HUD）的监管很难开展工作，这也就导致了相应的补贴没有流向真正需要帮助的人，最终使得欺诈行为开始蔓延。2015年8月的美国华盛顿邮报报道：住房与城市开发局（HUD）批准的保障性住房补贴的人中，大约有2.5万人提供了虚假的收入证明，他们的收入要高于申请设定的标准。

总体上，美国保障性住房的供给模式有两大类，一类是公租房（Public Housing），这类住房由地方政府（Housing Authority）来提供，因此地方政府是房东；另外一类是补贴性住房（Subsidized Housing），私人业主是房东。这类住房又分为两类：第一是以租户为基础的补贴项目（Te-nant-based），联邦政府直接向符合条件的承租人进行补贴；第二类是以保障性住房项目为基础的补贴项（Multifamily-based），开发商建设一定的保障性住房，政府向开发商进行补贴。所以，在美国保障性住房项目中的欺诈涉及多方主体，包括申请人、出租保障性住房的私人房主、保障性住房的开发商以及相关政府工作人员。

二 法律对策

(一) 监管法案

在1978年,美国出台了《监管法案》(Inspector General Act of 1978),其立法目的是阻止和调查项目和运行中的欺诈、浪费和滥用,从而改善经济以及保障性项目使用,效率和效果。在美国,监管办公室(OIG)是联邦或州机构内设立的独立的监管专业机构。每一个监管办公室有一个监察长(Inspector General or I. G.)负责总揽全局,而雇员承担的职责就是对行政机构的欺诈、浪费、滥用、贪污和管理不善进行鉴定、审计和调查。在1978年出台《监管法案》时,美国共有12个监管办公室,但至今已经增加到了73个。监管办公室不仅聘请刑事探员和审计人员。还聘请司法审计员,评估员,检查员和侦查员等专业人士。监管的范围包括针对政府雇员的内部监管和针对拨款受益人、合同商和联邦政府补贴受益人的外部监管。在2008年,美国通过了《监管改革法案》对1978年的《监管法案》进行了修改,既增加了雇员薪水,又赋予他们新的权力。

在保障性住房项目中,也引进了该法案。通常情况下,住房与城市开发局(HUD)对地方住房局(PHA)进行监管。其监管机构是住房与城市开发局下属的监管办公室(HUD Office of Inspector General),它是一个独立的机构,有着完备的组织结构。该办公室(OIG)致力于保护住房与城市开发局的项目和纳税人的钱免于被没有节操的个人和组织的利用和侵占。办公室的一个主要任务就是阻止和保障性住房产业相关客户、雇员、合同商和销售人员的浪费、滥用和不良管理,还承担内部和外部的审计和调查。办公室另外一个任务就是防止保障性住房项目中问题的发生。因此,预防欺诈是保护保障性住房项目的一个重要组成部分。

1. 内部监管

美国住房与城市发展局(HUD)下属的监管办公室(OIG)负责调查地方住房部门(PHA)雇员的欺诈行为。监管办公室查处的很多案件显示这些欺诈行为主要集中在财务和管理方面,所以很多雇员被停职和制裁,并被排除参与联邦项目。美国历史上,地方住房部门的欺诈调查还涉及住房与城市发展局的资金滥用问题,包括为了个人目的使用地方住房部门信用卡；贪污保障性住房的维修资金；接受保障性住房申请人的贿赂；侵占租金等。被调查的地方住房部门的雇员包括执行董事、会计、合同商、维修人员、检查人员、律师和董事成员。由于非法行为或不道德行为，执行董事不会被刑事指控，只会被解除职务。但在一些严重情况下，执行董事也要承担刑事责任。

为了解决保障性住房中的浪费、欺诈、滥用和管理不善，美国住房与城市发展局下属的监管办公室（OIG）经常发布一些针对欺诈等问题的预防对策。其目的就是要强调不当行为的红线，同时对教育官员避免管理不善和错误决策。具体的预防对策包括：第一，在聘用执行董事和其他岗位成员前，要对其信誉进行调查。并且还要求以上应聘人员签署相应信息公开的同意书，向公众公开的内容包括之前工作经历的审计记录。第二，地方住房部门必须履行规定，要求被聘用的执行董事具备相应的教育资质或直接经验，否则不能上岗管理地方住房部门。第三，住房与城市发展局为地方住房部门的人员建立一套认证制度。第四，要求地方住房董事会和执行董事在采购和合同领域必须经过最低限度的培训。第五，要求所有的地方住房部门雇员在应聘时提供一份书面申明，证明他们曾经没有被调查过，也没有参与过财务犯罪和道德堕落相关犯罪，否则将承担伪证罪。同时也要求地方住房部门制定相关政策来保障上述条件，当不满足上述条件时，其有权力不予以聘用或终止聘用。第六，要求所有地方住房部门雇员签署行为准则和道德协议，必须明确规定被禁止的行为，例如滥用地方住房部门信用卡、滥用地方住房部门交通工具、租赁豪华交通工具、未批准的出差、使用地方住房部门的资金支付个人费用，等等。第七，地方住房部门制定相应的反欺诈政策和项目，从而来减少滥用和申请欺诈的发生。第八，限制把承包合同交给利益相关人。

2. 外部监管

美国住房与城市发展局下属的监管办公室同样负责对保障性住房的合同商和申请人的条件进行监管。监管办公室（OIG）主要通过电脑比对的方式来进行监管，确保申请联邦住房项目的申请人提供的申请材料真实可信。监管办公室和住房与城市发展局的另外一个下属机构人力管理办公室（Office of Personnel Management，OPM）联合行动。在遵守美国

《1974年隐私法案》（Privacy Act of 1974）和《1988年计算机比对和隐私保护法案》（Computer Matching and Privacy Protection Act of 1988）的前提下，监管办公室收集的申请人收入信息，人力管理办公室则和计算机系统里录入的收入信息进行比对。监管办公室从人力管理办公室获得申请人收入信息的法律依据是得到了以下法律的授权：《1937年美国住房法案》（The United States Housing Act of 1937）；《1959年住房法案》（Housing Act of 1959）第202条；《国家住房法案》（The National Housing Act）第221条；《国家可负担性住房法案》（Cranston-Gonzalez National Affordable Housing Act）第811条；《1965年住房与城市开发法案》（Housing and Urban Development Act of 1965）第101条。

信息比对的主要目的包括：

第一，核实参与联邦保障性住房项目的个人收入；

第二，对符合条件的个人增加补贴的可用性；

第三，由于未报或少报收入，通过信息比对找出申请人多收到的补贴；

第四，收回多支出的补贴；

第五，调查，威慑和矫正保障性住房中的欺诈，浪费和滥用。

对没有按法律要求申报收入的申请人，监管办公室、工作人员、联邦机构和项目管理者都可以向违法者采取行政或法律手段。

在信息比对中，美国住房与城市开发局的监管办公室将把申请人申报的收入与人力管理办公室系统记录的信息和美国民政退休与保险记录的信息进行比对。监管办公室将会核对申请人的姓名、社保账号、出生日期、性别、收入和地址，从而找出是否存在出入，查明申请人获得的补贴水平是否适当。

首先，在收入核实方面，一旦发现比对后的申报收入或收入来源存在出入，监管办公室或住房与城市开发局官员将独立复审申请人收入情况，来确定申请人申报的收入是否正确或遵守了项目要求。其次，关于采取行政和法律措施方面，住房与城市开发局要求美国工资发放办公室（Payroll Office of America，POA）或自己工作人员注意以下情况：第一，解决收入出入问题。第二，利用正确的收入来确定住房补贴。美国工资发放办公室必须在完全参考申请保障性住房获取规定的前提下来计算补贴数额，确保在使用正确收入来计算补贴数额。发放办公室不得私自停止、终止或减少住房补贴，除非在独立调查后确实发现存在收入不匹配的情况，或者申请人提出复议后管理方维持原决定的，或者决定生效期限截止的。第三，严重违法的将受到全面调查，并开启民事或刑事程序。

（二）《虚报法案》

《虚报法案》（*The False Claims Act*）是一部美国联邦法律。① 该法律规定：如果任何个人或公司（尤其联邦合同商）在政府项目中实施欺诈将承担法律责任。这部法律是政府在被欺诈时，来维护政府权利的主要法律依据。《虚报法案》还规定了举报人条款（qui tam），允许非政府知情人员（relators）作为原告代替政府提起诉讼，这些知情人大多都是被告组织的工作人员。当他们依据此法案提起诉讼，通常他们可以获得被追索损失的一部分（15%—25%）作为奖励。在2017年，超过70%的联邦虚报案件都是由举报人发起的。《虚假法案》的内容包括：

1. 承担的责任

《虚报法案》规定：任何人为了获取美国金钱或财产，故意提交错误或欺诈性的信息，虚报人要承担民事追索责任和三倍的赔偿责任。这些虚报行为有7类：第一类是为了获得支付或批准，故意虚报；第二类是故意制作错误记录或申明进行虚报；第三类是串通实施违反《虚报法案》的行为；第四类是虚假证明政府使用财产的类型和数额；第五类是在不知情的情况下，证明收到财物；第六类是故意从非授权的政府官员手中购买政府财物；第七类是故意制作或使用虚假记录来躲避或减少向政府支付或转移财产的义务。此处的故意是指明知或忽视，在诉讼中不需要对欺诈的意图予以证明。

2. 赔偿与惩罚

《虚报法案》的民事赔偿和惩罚很严厉，被告要承担实际损害和数额在5500—11000美元惩罚性赔偿之和的3倍赔偿。基于诉讼标的额的计算方式不同，民事赔偿有可能远超实际损害。主动坦白违反《虚报

---

① 《虚报法案》（The False Claim Act）又被称为《林肯法案》，在1863年由美国总统亚伯拉罕林肯签署生效。https：//www.justice.gov/civil/false-claims-act，Retrieved July 8，2019.

法案》，并和政府全面配合可以承担的责任，将面临 2 倍而不是 3 倍的赔偿。相应地，和联邦政府从事商业往来的公司或接受联邦财务的公司应当执行内部举报规定，主动依据《虚报法案》检举公司违反联邦项目。

3. 时效

基于《虚报法案》提起的诉讼必须在违法行为发生起的 6 年内，或者在政府知道或应当知道之日起 3 年内提起，超过 10 年的案件将不得追诉。

4. 管辖范围

美国政府依据《虚报法案》来打击涉及联邦合同或联邦项目欺诈。每一个联邦机构内部执行《虚报法案》，包括联邦农业部、联邦退伍部、联邦住房与城市开发局等。通过《虚报法案》，美国政府每年向不同行业追回大量的补贴。总体上，《虚报法案》管辖的欺诈案件范围主要包括：医保行业、政府采购、教育和住房。由于以上行业都是联邦财政的主要补贴对象，所以欺诈案件时常发生，这也导致了大量的联邦补贴被他人侵吞，浪费了纳税人的钱。

依据《虚报法案》，在补贴性住房行业里的欺诈，主要是包含两大类案件：第一类是开发补贴性住房的开发商欺诈，他们申请联邦项目为低收入群体建筑保障性或可负担得起的住房，联邦政府向这些合同开发商提供大量的联邦补贴。但实际上，他们在获得补贴后，要么没有建设，要么少建设，要么质量不过关，从而侵吞了联邦资金。第二类是金融机构欺诈。保障性住房的申请人在获得补贴批准后，可以向金融机构贷款，用于支付房租或购买住房。联邦机构往往是贷款的担保人，并向放贷人提供相应的补贴。放贷人为了获得高额补贴，往往对一些不符合贷款条件的贷款人发放贷款，甚至当一些贷款申请人在申请贷款时提供不真实的收入信息，放贷人不仅不予以审查，还帮助伪造信息。这些行为都导致大量的联邦补贴被不法放贷人侵占。

5. 案件类型

美国住房与城市开放部项目中的虚假证明是政府开发商欺诈美国政府和纳税人的主要方式。许多举报人都成功地举报了政府合同商的欺诈行为，揭示了从美国政府偷取补贴的欺诈手段。根据《虚报法案》而提起的诉讼，美国政府每年从骗子开发商手中追回了数十亿美元的资金。在保障性住房项目中，政府开发商欺骗政府的典型案件类型有产品质量虚假证明（False Certification of Product Quality）、产品替换（Product Substitution）、交叉收费（Cross Charging）、提供服务的虚假证明（False Certification of Services Provided）、收取费用没有提供产品或服务（Charging for Services or Goods not provided）和违反《真实磋商法案》（Truth-in-Negotiations Act）。下面将详细阐释这些典型案例类型：

第一类是产品质量虚假证明（False Certification of Product Quality），该类案件通常在产品被批准大量生产后发生。被批准采用的原产品使用高质量材质和部件，包括强金属、密封、塑料和部件，然而在原型产品被测试和批准后，一些建筑合同商却使用质量差和价格低的材料建造房屋。造成房屋质量差，甚至不能居住。所以，当政府合同商对建筑房屋提供产品质量虚假证明时，有可能被提起相应诉讼。

第二类是产品替换（Product Substitution），此类案件和第一类产品质量虚假证明类似。产品替换案件通常是当政府合同商在合同中明确写明了建设房屋要使用的材料的等级、质量或品牌，但他们往往没有遵守合同的规定。这些合同商为了获得更大利益而使用质量差、价格低或非相应品牌的产品来代替合同约定的产品。同样，这类合同商也有可能被提起诉讼。

第三类是交叉收费（Cross Charging），此类案件是当政府和合同商订立了一个固定价格的合同，开发公司建设一定数量的保障性住房，而政府支付建造本价。但是实际上合同商可以控制建设时间，延长建设周期，从而可以要求政府增加一定比例的支出作为开发商的利润。当开发商利用虚假证明把固定价格合同（Fixed-price Contract）变成了固定成本加收益合同（Cost-plus Contract）后，这就也是一种典型的欺诈行为，也将有可能被提起诉讼。

第四类是违反《真实磋商法案》（Truth-in-Negotiations Act），此类案件中，《真实磋商法案》要求合同商向政府真实披露相关信息。如果开发商向政府提交虚假成本和价格资料，或不提交准确的价格信息，其目的是故意提高价格增加收入，这就违反了《真实磋商法案》，有可能被提起诉讼。

(三) 举报制度

近些年，美国保障性住房项目欺诈呈上升趋势，一些合同商通过欺诈的手段从联邦政府手中偷走了本来用以为低收入群体提供住房救济的资金。这些腐败的政府合同商从政府项目中获益，并通过欺诈使政府向其支付补贴。美国政府为了打击这类欺诈行为，在《虚报法案》中专门规定举报人条款（Qui Tam）赋予个人权利代替政府在联邦法院提起诉讼，并分得随后追索的财产。① 这又被称为代位诉讼制度。

1. 举报人制度演进

关于举报人制度的历史渊源可以追溯到罗马法和盎格鲁—撒克逊法。罗马的刑事控诉是由私人发起的。罗马的刑法规定：刑事诉讼的发起人可以获得一部分被告的财产作为奖励。举报人诉讼在以盎格鲁—撒克逊人为主体的英国也出现过。在 656 年，肯特王国发布了一项法令：不遵守安息日的公民将被要求承担罚金刑，举报人可以获得一半的罚金。

第一部举报人法律在 14 世纪的英国被颁布。1318 年的《约克法规》（*Statute of York*）规定了特定商品的统一价格，涵盖了早期的举报人法律制度。该法禁止市政官员出售调控的商品（尤其是白酒和饮食），国王可以没收此类商品。为了确保该法的实施，法律还规定对被告人起诉而没收的商品，可以对起诉人给予三分之一没收财物，作为国王赠予的礼物。在随后的 200 多年里，关于举报人制度的更多规定被制定了下来，尤其是在奖励举报者或代位诉讼人。例如 1328 年的《北安普顿法规》（*Statute of Northampton*）规定：通过没收和罚款的方式来惩罚持有土地和商人物品超过允许的期限的人。同时规定代替国王进行起诉的人将受到奖励。除此之外，分别在 1349 年和 1350 年实施的两部《劳动者法规》（*Statutes of Labourers*）也规定了当时的薪酬和价格控制，以及举报人可以从侵权人被没收的财产中获得奖励，或者从因怠于执行法律的市长或法官而罚没的财产里获得奖励。还有其他法律，虽然主要规定商事活动，但也涵盖了举报人制度。

一些举报人法案制定的目的是确保官员公正正派。例如，在 1360 年，英国国会就允许知情人对接受贿赂的陪审员提起诉讼。不久之后，

---

① 举报人制度（qui tam or whistleblower）规定在《虚报法案》中，不是单独的法案。

另外一部法律也规定：如果负责对国王进行物品采购和运输的人接受贿赂，被他人举报，也可以适用替代诉讼而获得奖励的制度。在1442年，英国的一部法律规定：禁止海关官员和公务员从事和其职务相关的业务。

在亨利二世时期，英国对举报人制度进行了改革，目的是避免滥用，例如为了躲避惩罚，被告和举报人合谋提起的诉讼。在1487年出台的一部法律规定被告和知情人串谋是一种犯罪，将被执行两年的监禁刑。

美国继承了普通法，同时也继承了英国的举报人制度。在美国内战时期，欺诈行为发生在各个方面。一些没有道德的合同商向军队出售了不合格的枪支、军火和老弱的马匹。随后在1863年的3月2日，美国就出台了《虚报法案》，该法案允许非官方人员向联邦合同商提起针对政府的欺诈诉讼。该法案的出台是为了解决这些顽固的欺诈行为，以往司法部门对这些欺诈行为都不愿意调查和公诉。更为重要的是，《虚报法案》中规定了举报人条款，该条款允许公民代替政府起诉，并获得一定比例的追索财产作为奖励。

2. 举报人的法律界定

在美国，举报人（Whistleblower）就是知情人（Relator），由他们揭露其雇主或其他商事主体的违法行为，包括欺诈或贪腐。这些违法行为有可能违反了《虚报法案》或类似的州法律和地方法律。举报人揭露针对政府的欺诈，可以代替政府依据举报人制度提起诉讼，并获得一定奖励。但在很多时候，举报人的人身会受到威胁和打击，所以，对举报人的保护也是法律规定的一部分。举报人保护制度在美国殖民时期就已存在，经过数百年的发展，美国涌现了许多关于保护举报人的先例。

《虚报法案》中举报人条款（Qui Tam Provisions）规定：举报人举报针对政府的欺诈，如若诉讼成功，举报人将收到和解和判决数额的15%—30%的利益。尽管《虚报法案》允许私人举报人提起针对政府的欺诈诉讼，但也限制了个人的诉讼能力，以避免针对同一被告或同一欺诈行为的多重起诉。所以，法律规定举报人须具备两个条件：第一是举报人直接和独立的知悉欺诈信息；第二是在起诉前必须主动向政府提供信息。

3. 举报人制度内容

在1986年，由于政府合同商欺诈多发，美国国会修订了《虚报法案》，其目的就是使举报人更容易对欺诈的公司和个人提起诉讼。该修正案也规定对举报人进行保护，免受报复。1986年的修正案对申报做出了界定，即申请人向美国政府申请部分金钱或财物的行为。举报人最多获得追偿数额的30%，且即使政府之前知道存在欺诈，也不能阻止举报人获得奖励。如果政府接管诉讼，举报人仍然可以是诉讼当事人，被告被要求支付举报人的律师费，这样举报人也免受被举报人的报复。根据《虚报法案》，任何欺骗政府获得利益都可能承担法律责任。通常的被告包括军工合同商、医保提供者、保障性住房合同商、其他合同商以及州和地方政府机构。举报人包括欺诈公司的在职或离职的雇员，政府合同商的竞争对手和公共利益团体。

《虚报法案》的实施就是为了鼓励私人市民协助政府打击欺诈。提起诉讼的行为被称为举报（Whistleblowing），举报人通常获得15%—25%被追索的财产。《虚报法案》允许私人代替美国政府起诉，这里的私人通常是知情人（Relator），他们通常掌握被告向美国政府提交或促使提交了错误或欺诈性的申报。知情人的资格必须符合法律规定，即必须是法律条件下的，并掌握原始信息的人，但知情人不需要是被告欺诈行为的受害人。同时，知情人掌握的信息不是公众都知晓的信息，除非该信息是原始信息。

一旦知情人代替政府起诉，基于举报而提起的诉讼必须封冻60日，从而允许政府在此期限对案件进行调查并决定是否进行介入。在美国司法部（Department of Justice）审查后，将选择做出如下决定：第一，是否介入并撤销诉讼；第二，是否介入并承担控诉的主要任务；第三，是否拒绝介入并允许举报人自己进行诉讼。在一些情况下，即使政府一开始拒绝介入，但只要后来又发现合理的介入理由可以随时介入。另外，从表面上看，举报人是代替政府提起诉讼，即使政府一开始选择不干涉，但政府仍然保留着同意或拒绝和解的权力。如果政府决定不参与举报诉讼，举报人将在没有司法参与的情况下单独进行诉讼。从历史上看，此种情形下诉讼的成功概率较小。但一旦胜诉，就有可能获得更高收益，有时最高达到被追索财物的30%。

4. 诉讼类型

根据《虚报法案》中举报人制度的规定，举报人提起的诉讼类型包括：第一类是对提供的货物或服务记错账目或过高添加；第二类是错误的价格信息和支付费用但从未提供服务；第三类是基于欺诈的目的，侵占政府财物；第四类是由于非法的原因，躲避政府债务；第五类是故意向政府提供缺陷或有危险的产品；第六类是伪造信息获得政府利益；第七类是向政府进行虚假申报获得政府补贴。因此一般承担的责任有两类，包括民事责任和刑事责任。

第四节　各国保障性住房欺诈监督制度比较结果

在中国，骗取保障性住房的行为主要有 3 种：第一种是虚假申报；第二种是保障性住房的管理人员的渎职或受贿，协助不符合条件的申请人获得保障性住房的。第三种是不退出保障性住房。保障性住房欺诈是否应当承担刑事责任，在中国还存在一定的争议。但该行为按照现行《刑法》的规定属于诈骗行为，符合诈骗罪的构成要件。按照现行法规规定来看骗租、骗购者承担的责任，应该包括民事的（退还承租或购买的房屋）、行政的（罚款）和刑事的三个层次，但中国缺了刑事这一环。

与英国制度比较，英国政府颁布了《2013 年阻止保障性住房欺诈法案》，该法案将一些严重的保障性住房欺诈行为界定为刑事犯罪。该法案规定了以下 6 种保障性住房的欺诈行为：非法转租；空房，即申请政府保障性住房要求该住房是申请人唯一和主要的居所；继承错误；未授权转让；卖钥匙和通过欺诈获得保障性住房。英国的司法实践认定大多数的非法占有保障性住房，包括转租、卖钥匙、未授权转让和继承错误，都是民事案件，而不是刑事犯罪。而将一些性质恶劣的保障性住房欺诈行为认定为刑事犯罪，包括：保护性住房购买权欺诈和通过提供虚假信息成功申请到保障性住房。在惩罚方面，针对保障性住房欺诈的民事案件，其结果仅限于收回保障性住房，承担损害赔偿和相关费用。但关于刑事责任，现行的英国法律中没有规定相应的刑事责任，例如罚款或监禁刑。专门制定保障性住房欺诈法或在保障性住房法案中进行专门规定可以明确界定保障性住房欺诈的行为性质，从而制定相应的处罚，这对中国解决保障性住房欺诈问题提供了很好的借鉴。另外，英国保障性住房的供给者使用各种方式来调查和打击欺诈行为，这些方式也值得中国借鉴，主要包括：设立专职调查人员、保障性住房审计、信息比对、检举和信息共享的权力。

美国为了解决保障性住房中的欺诈行为，在保障性住房领域中引入了《监管法案》，把监管分为内部监管和外部监管。内部监管指的是美国住房与城市发展局（HUD）下属的监管办公室（OIG）负责调查地方住房部门（PHA）雇员的欺诈行为。监管办公室查处的很多案件显示这些欺诈行为主要集中在财务和管理方面，因此很多雇员被停职和制裁，并被排除参与联邦项目。外部监管指的是美国住房与城市发展局下属的监管办公室同样负责对保障性住房的合同商和申请人的条件进行监管。监管办公室（OIG）主要通过电脑比对的方式来进行监管，确保申请联邦住房项目的申请人提供的申请材料真实可信，即将监管办公室收集的申请人收入信息和人力管理办公室计算机系统里录入的收入信息进行比对。另外，美国还在保障性住房领域引入了《虚报法案》。该法律规定：如果任何个人或公司（尤其联邦合同商）在政府项目中实施欺诈将承担法律责任。这部法律是政府在被欺诈时维护政府权利的主要法律依据。《虚报法案》还规定了举报人条款，允许非政府知情人员作为原告代替政府提起诉讼。当他们依据此法案提起诉讼，通常可以获得被追索损失的一部分（15%—25%）作为奖励。这些制度对打击保障住房中的欺诈行为都起到有效的作用，或可为中国建立相应制度提供参鉴。

参考文献

一 中文

《马克思恩格斯全集》（第十八卷），人民出版社1995年版。

曹金森：《保障性住区的混合居住效应研究》，《中国城市规划学会会议论文集》，杭州，2018年。

陈杰：《我国保障性住房的供给与融资：回顾与展望》，《现代城市研究》2010年第9期。

冯念一、陆建忠：《对保障性住房建设模式的思考》，《建筑经济》2007年第8期。

金俭、朱颂、李祎恒：《论保障性住房建设中的政府法律责任》，《现代城市研究》2010年第9期。

李利纳：《基于公共产品理论的保障性住房制度建设探析》，《人民论坛》2013年第20期。

林太志、朱秋诗：《土地视角下的保障性住房规划机制》，《规划师》2014年第12期。

刘颖、马泽方：《破解保障性住房融资瓶颈之策：REITs模式》，《河北经贸大学学报》2011年第5期。

潘仪凯、周峰、周绪旭：《保障性住房工程质量监督管理措施研究》，《住宅与房地产》2019年第10期。

濮励杰、张润森：《保障性住房的土地储备机制研究》，《现代城市研究》2010年第9期。

曲溪：《关于构建住房储蓄制度解决保障性住房资金缺口的若干思考》，《贵州师范大学学报》（社会科学版）2017年第6期。

周燕珉：《老年住宅》，中国建筑工业出版社2011年版。

周燕珉:《住宅精细化设计》,中国建筑工业出版社 2008 年版。

朱小磊:《广州经适房老年人居住需求评估及其启示》,《建筑学报》2013 年第 9 期。

[美] 埃德加·博登海默:《法理学:法律哲学与法律方法》,邓正来译,中国政法大学出版社 2004 年版。

[英] 杰里米·边沁:《道德与立法原理导论》,时殷弘译,商务印书馆 2000 年版。

[美] 罗纳德·德沃金:《认真对待权利》,信春鹰、吴玉章译,上海三联书店 2008 年版。

[英] 休谟:《人性论》,关文运译,商务印书馆 1980 年版。

[英] 亚当·斯密:《国民财富的性质和原因的研究》下卷,郭大力等译,商务印书馆 1974 年版。

[古希腊] 亚里士多德:《尼各马可伦理学》,廖申白译,商务印书馆 2003 年版。

[英] 亚琴·赛斯尔·庇古:《福利经济学》,何玉长等译,上海财经大学出版社 2009 年版。

[美] 约翰·罗尔斯:《正义论》,何怀宏等译,中国社会科学出版社 1998 年版。

[英] 约翰·梅纳德·凯恩斯:《就业、利息和货币通论》,陆梦龙译,中国社会科学出版社 2009 年版。

[英] 约翰·斯图亚特·穆勒:《功利主义》,叶建新译,中国社会科学出版社 2009 年版。

二 英文

Adam, S., *The Wealth of Nations*, New York: Random House, 1937.

Adler, P. & Adler, P., *Handbook of Qualitative Research*: Thousand Oaks: Sage Publications, 1998.

Agar, M., *The Professional Stranger: An Informal Introduction to Ethnography*, London: Academic Press, 1980.

Ahuja, A., Cheung, L., Han, G., Porter, N. & Zhang, W., Are House Prices RisingToo Fast in China?: IMF, 2010.

Ankrah, S., "The International Fraud and Corruption Report: A Study of Selected Countries", http://www.nhsbsa.nhs.uk/CounterFraud/Documents/International_fraud_and_corruption_report.pdf.

Aristotle, *Nicomachean ethics (with an English translation by H. Rackham)*, London: W. Heinemann, Harvard University Press, 1934.

Atkinson, A. B., Rainwater, L. & M., S. T, "Income Distribution in OECD Countries: Evidence from the Luxembourg", *Social Policy Studies*, Vol. 18, 1995.

Australia, G. O. S., *Determination of Criteria for the Purposes of the Concept of Affordable Housing Act SA 2003. Notice under Regulation 4 of the South Australian Housing Trust (General) Regulations 1995*, 2007.

Authority, N. Y. C. H., "Applying for Public Housing: Income Limits", http://www.nyc.gov/html/nycha/html/assistance/income.shtml, 2011.

Azad, B. & Wiggins, L. L., *Dynamics of Inter-Organizational Geographic Data Sharing: A Conceptual Framework for Research. In Sharing Geographic Information*, New Brunswick, NJ: Center for Urban Policy Research, 1995.

Barros, B., "Home as a Legal Concept", *Santa Clara Law Review*, 46, 255, 2006.

Barton, C., Bernstein, J., Leitmann, J. & Eigen, J., Towards Environmental Strategies for Cities, *World Bank Urban Management Program Policy Paper* (Vol. 18). Washington, DC: The World Bank, 1994.

Basu, K., *Social Norms and the Law*. London: Macmillan, 1998.

Batson, C. D., Sociobiology and the role of religion in promoting prosocial behavior: An alternative view, 1983.

Baxi, U., "Access, Development and Distributive Justice: Access Problems of the Rural Population", *Journal of the Indian Law Institute*, Vol. 18, No. 3, 1976.

Bello, A., *Obras Completas*. Santiago: Nascimiento, 1952.

Berkman, J. W., "Intellectual Property Rights in the P. R. C.: Impediments to Protection and the Need for the Rule of Law", *UCLA Pacific Basin Law Journal*, Vol. 1, No. 34, 1996.

Berry, M., Briskman, L., Mackenzie, D. & Ngwenya, T., *Victorian Indigenous Homelessness Study*, Melbourne: Aboriginal Housing Board of Victoria, 2001.

Bill, P., "China's Property: Bubble, Bubble, Toil and Trouble", http://www.time.com/time/magazine/article/0, 9171, 1971284, 00. html, 2010.

Birkland, T. A., *An Introduction to the Policy Process: Theories, Concepts and Model of Public Policy Making*, New York: M. E. Sharp, Inc., 2005.

Bodenheimer, E., *Jurisprudence—The Philosophy and Method of Law*, Cambridge: Harvard University Press, 1981.

Botton, A., *The Art of Travel*, London: Penguin, 2003.

Bramley, G., *Equalization Grants and Local Expenditure Needs: the Price of Equality*, Avebury: Aldershot and Brookfield, 1990.

Brockerhoff, M. & Brennan, E., "The poverty of cities in developing regions", *Population and Development Review*, Vol. 75, No. 114, 1998.

Bryman, A., *Social Research Method*, Oxford: Oxford University Press, 2004.

Burgess, R., *Field Methods in the Study of Education*, Lewes: Falmer Press, 1985.

Burns, A. C. & Bush, R. F., *Marketing Research: Online Research Applications (4th ed)*, New Jersey: Prentice Hall, 2002.

Chris, O., "World Bank Sees No Property Bubble in China", *Market Watch*, http://www.marketwatch.com/story/world-bank-sees-no-bubble-in-chinese-real-estate-2009-11-04.

Cicero, *De Finibus Bonorum Et Malorum. With an English Translation by H. Rackham*, Cambridge: Harvard Univ Press, 1956.

Cloke, P., Milbourne, P. & Widdowfield, R., "Change but no Change: Dealing with Homelessness under the 1996 Housing Act", *Housing Studies*, Vol. 15, No. 5, 2010.

Cochran, C. E., Mayer, L. C., Carr, T., Cayer, N. J. & Mckenzie, M. J., *American Public Policy: An Introduction*: Wadsworth Pub Co, 2011.

Cochran, C. L. & Malone, E. F., *Public Policy—Perspectives and Choices*,

New York: McGraw-Hill, 1995.

Coleman, J. L., *Market, Morals and the Law*, Cambridge: Cambridge University Press, 1998a.

Coleman, J. L., *Second Thoughts and Other First Impressions*, in Analyzing Law: *New Essays in Legal Theory*, Oxford: Clarendon Press, 1998b.

Coleman, J. L., "Tort Law and the Demands of Corrective Justice", *Indiana Law Journal*, Vol. 67, No. 2, 1992.

Commission, E., "Manual on Sources and Methods for the Compilation of COFOG Statistics: Classification of the Functions of Government (COFOG)", Luxembourg: *Office for Official Publications of the European Communities*, 2007.

Cong, P., "Affordable Housing Issue from the Perspective of Fairness", *Heihe Journal*, Vol. 141, No. 3, 2009.

Creswell, J. W., Plano Clark, V. L., Gutmann, M. L. & Hanson, W. E., "Advanced mixed methods research designs", *Handbook of Mixed Methods in Social and Behavioral Research*, 2003.

Creswell, J. W., *Research Design: Qualitative, Quantitative, and Mixed Methods Approaches*, Sage Publications, Inc., 2009.

Cronbach, L. J., Coefficient Alpha and the Internal Structure of Tests Psychometrika, Vol. 13, No. 3, 1951.

Davis, J. E., *The Affordable City: Toward a Third Sector Housing Policy*, Temple University Press, 1994.

Densham, P. J., "Spatial decision support systems", *Geographical Information Systems, Principles and applications*, Vol. 1, 1991.

Denzin, N. K. & Lincoln, Y. S., *Collecting and Interpreting Qualitative Materials*, Thousand Oaks: Sage, 1998.

Dickinson, J., *Administrative Justice and the Supremcy of Law*, Cambridge: Massachusetts, 1922.

Diener, E. & Crandall, R., *Ethics in Social and Behavioral Research*, University of Chicago Press, 1978.

Dolkart, A., *The Row House Reborn: Architecture and Neighborhoods in New

York City, 1908 – 1929, Johns Hopkins University Press, 2009.

Donald, A., Jacobs, L. C. & Razavieh, A., *Introduction to Research in Education (sixth edition)*, USA: Thomson Learning Inc., 2002.

Dworkin, R., *Taking Rights Seriously*, Harvard University Press, 1978.

Dye, T. R., "Models of politics: some help in thinking about public policy", *Understanding Public Policy*, Vol. 5, 1992.

Economist, "A Work in Progress", http://www.economist.com/node/18359954, 2011.

Eggertsson, T. & Eggertsson, *Economic Behavior and Institutions*, Cambridge University Press, 1990.

Fallon, R. H., Rule of Law as a Concept in Constitutional Discourse. *Colum. L. Rev.*, 97, 1, 1997.

Families and Communities Department, S. A., *Affordable Homes Program*, Retrieved from http://www.sa.gov.au/upload/franchise/Housing,%20property%20and%20land/Housing%20SA/AHP_DFC_FAQ_Oct_2010.pdf, 2010.

Feagin, J. R., Orum, A. M. & Sjoberg, G., *A Case for the Case Study*, The University of North Carolina Press, 1991.

Feng, C., "Evaluating the Affordable Housing Policy in China", *City Planning Review*, Vol. 23, 1999.

Field, C. G., "Building consensus for affordable housing", *Housing Policy Debate*, Vol. 8, No. 4, 1997.

Force, N. H. T., A Decent Place to Live (Vol. National Housing Task Force). Washington, DC, 1988.

Freeman, A., Chaplin, R. & Whitehead, C., "Rental affordability: A review of international literature", *Department of Land Economy, University of Cambridge Discussion Paper*, Vol. 88, 1997.

Furubotn, E. G. & Pejovich, S., *The Economics of Property Rights*, Ballinger Pub Co, 1974.

Gabriel, M., Jacobs, K., Arthurson, K., Burke, T. & Yates, J., "Conceptualising and measuring the housing affordability problem", *Collaborative Research Venture, Vol. 3, 2005.

Gabriel, M. & Jacobs, K., "Opportunities and constraints in state housing policy: the example of Tasmania's 'affordable housing strategy'", Urban Policy and Research, Vol. 24, No. 4, 2006.

Georgre, D. & Mallery, P., "SPSS for windows step by step: A simple guide and reference", 11.0 update: Boston, MA: Allyn & Bacon, 2003.

Gertrude, W. & Gladys, R., Social Group Work Practice: The Creative Use of the Social Process, Boston: Houghton Mifflin, 1949.

Glaser, B. G. & Strauss, A. L., The Discovery of Grounded Theory: Strategies for Qualitative Research, Aldine de Gruyter, 1967.

Government, D. f. C. a. L., Housing Strategy Statistical Appendix Table 600, 2010.

Gregg, N., "Eligibility for learning disabilities rehabilitation services: Operationalizing the definition", Journal of Vocational Rehabilitation, Vol. 4, No. 2, 1994.

Gupta, D. K., Analyzing Public Policy: Concepts, Tools, and Techniques, CQ Press, 2001.

Hair Junior, J. F., Anderson, R. E., Tatham, R. L. & Black, W. C., "Multivariate Data Analysis", Multivariate data analysis, 1998.

Hammersley, M., What's Wrong with Ethnography?: Methodological Explorations, Psychology Press, 1992.

Hancock, K. E., "'Can Pay? Won't Pay?' or Economic Principles of 'Affordability'", Urban Studies, Vol. 30, No. 1, 1993.

Hart, H. L. A., The Concept of Law, Oxford: Clarendon Press, 1961.

Hartman, C., "The Case for a Right to Housing", Housing Policy Debate, Vol. 9, No. 2, 1998.

Harvey, D., Social Justice and City, Baltimore: John Hopkins Press, 1973.

Harvey, F., Kuhn, W., Pundt, H., Bishr, Y. & Riedemann, C., "Semantic interoperability: A central issue for sharing geographic information", The Annals of Regional Science, Vol. 33, No. 2, 1999.

Hayes, B. E., Measuring Customer Satisfaction and Loyalty: Survey Design,

Use, and Statistical Analysis Methods, Asq Pr, 2008.

Healey, P., "Models of the development process: a review", *Journal of Property Research*, Vol. 8, No. 3, 1991.

Healy, M. & Perry, C., "Comprehensive criteria to judge validity and reliability of qualitative research within the realism paradigm", *Qualitative Market Research: An International Journal*, Vol. 3, No. 3, 2000.

Herlihy, B. E. & Corey, G. E., *ACA Ethical Standards Casebook*, American Counseling Association, 1996.

Homes Now, I., *BRICK TOWNSHIP APPLICATION FOR AFFORDABLE HOUSING*, http://www.homes-now.org/images/APPLICATION%20FOR%20AFFORDABLE%20HOUSING%20w%20cover%20letter%20-%202010.pdf, 2011.

Hosmand, L. S. T., "Alternative Research Paradigms: A Review and Teaching Proposal", *The Counselling Psychologists*, Vol. 17, 1989.

Hou, Y., "Housing price bubbles in Beijing and Shanghai?: A multi-indicator analysis", *International Journal of Housing Markets and Analysis*, Vol. 3, No. 1, 2010.

Israel, G. D., *Sampling the Evidence of Extension Program Impact*, University of Florida Cooperative Extension Service, Institute of Food and Agriculture Sciences, EDIS, 1992.

Janesick, V., "The dance of qualitative research design: Metaphor, methodology, and meaning", Norman K. Denzin and Yvonna S. lincoln Eds. *Handbook of Qualitative Research. Thousand Oaks*, CA: Sage Publications, 1994.

Jones, H. W., *The Efficacy of Law*, Northwestern University Press, 1969.

Kelsen, H., *General Theory of Law & State*, New Brunswick: Transaction, 2006.

Kelsen, H., "The Natural-Law Doctrine Before the Tribunal of Science", *The Western Political Quarterly*, 1949.

Kempthorne, O. & Curnow, R., "The partial diallel cross", *Biometrics*, Vol. 17, No. 2, 1961.

Krefting, L., "Rigor in qualitative research: The assessment of trustworthiness", *The American Journal of Occupational Therapy*, Vol. 45, No. 3, 1991.

Kretzmer, D. & Klein, E., *The Concept of Human Dignity in Human Rights Discourse*, Martinus Nijhoff Publishers, 2002.

Krugman, P., Wells, R. & Olney, M. L., *Essentials of Economics*, Worth Pub, 2006.

Leavitt, J., *The Hidden History of Housing Cooperatives*, Davis: Center for Cooperatives, 1995.

Ledyard, J. O., *Market failure in The New Palgrave Dictionary of Economics*, New York: Palgrave Macmillan, 2008.

Leeds, R., "Altruism and the norm of giving", *Merrill-Palmer Quarterly*, Vol. 9, No. 3, 1963.

Liang, L., C. & Du, D., B., "Lack of Fairness in Social Security Housing in China", *City Issues*, Vol. 11, No. 148, 2007.

Li, G. D., Liang, P. & Zhang, Y. L., "Discussion about Housing Supply for the Low and Middle Income from the Reflection of Affordable Housing Issues", *Pioneering With Science & Technology*, Vol. 6, 2007.

Likert, R., "A technique for the measurement of attitudes", *Archives of Psychology*, 1932.

Lincoln, Y. & Guba, E., *Naturalistic Inquiry*, New York: Sage, 1985.

Li, Z. X., Social Housing Investigation, 2012.

Lofland, J. & Lofland, L. H., *Analyzing Social Settings*, Wadsworth Belmont, CA, 2006.

Maclennan, D., Williams, R. & Foundation, J. R., *Affordable Housing in Britain and America*, Joseph Rowntree Foundation, 1990.

Ma, G. H., *Study on the Society Commercial Housing Problem*, Management Science, TongJi University, 2006.

Main, G. & Robson, B., Scoping Identity Fraud: An Abridged Version of a Report on Identity Fraud Risks in Commonwealth Agencies, Canberra: Attorney General's Department, 2001.

Mark, D. M. & Gould, M. D., "Interacting with geographic information: A commentary", *Photogrammetric Engineering and Remote Sensing*, Vol. 57, No. 11, 1991.

Maykut, P. & Morehouse, R., *Beginning Qualitative Research: A Philosophic and Practical Guide*, Routledge, Vol. 6, 1994.

McCarty, J., Fraud in HUD Home Program. Testimony before the U. S, House of Representatives Committee on Financial Services Subcommittees on Insurance. Housing and Community Opportunity and Oversight and Investigations, http: //financialservices. house. gov/UploadedFiles/110211mccarty. pdf, 2011.

McLeod, J., *Doing Counselling Research*, Sage Publications Ltd, 2003.

Miles, M. B. & Huberman, A. M., *Qualitative Data Analysis: An Expanded Sourcebook*, SAGE publications, Inc, 1994.

Miller, I., "Supervision in social work", *Encyclopedia of Social Work*, Vol. 2, 1987.

Milligan, V., Gurran, N., Lawson, J., Phibbs, P. & Phillips, R., Innovation in Affordable Housing in Australia: Bringing Policy and Practice for Not for Profit Housing Organizations Together *Final Report*, Melbourne: AHURI, Vol. 134, 2009.

Milligan, V., Phibbs, P., Fagan, K. & Gurran, N., A Practical Framework for Expanding Affordable Housing Services in Australia: Learning from Experience *Final Report* 61. Melbourne AHURI, 2004.

Musgrave, R. A., *The Theory of Public Finance: A Study in Public Economy*, McGraw-Hill New York, 1959.

National Bureau of Statistics, C., *China Yearbook (1996 – 1998)*, Beijing: China Statistics Press, 1997, 1998, 1999.

National Bureau of Statistics, C., *China Yearbook (1997 – 2009)*, Beijing: China Statistics Press, 1997 – 2009.

Niu, Y., "The Performance and Problem of Affordable Housing Policy in China", *Finance & Trade Economics*, No. 12, 2007.

North, D. C., *Institutions, Institutional Change, and Economic Performance*, Cambridge University Press, 1990.

Obasi, I. N., "Research methodology in political science", Enugu: Academic

Publishing, 1999.

Obermeyer, N. J. & Pinto, J. K. , *Managing Geographic Information Systems*, The Guilford Press, 2008.

OECD, Classification of Functions of Government, 1997.

Paris, C. , "International perspectives on planning and affordable housing", *Housing Studies*, Vol. 22, No. 1, 2007.

Patton, M. Q. , *Qualitative Research and Evaluation Methods*, Sage Publications, Inc, 2002.

Perry, S. R. , Moral Foundations of Tort Law, The. *Iowa L. Rev.* , Vol. 77, No. 449, 1991.

Peters, B. G. , *American Public Policy: Promise and Performance*, New York: Seven Bridges, 1999.

Plano, J. C. , Riggs, R. E. & Robin, H. S. , *The Dictionary of Political Analysis*, Santa Barbara, Calif: ABC-Clio, 1982.

Pound, R. , "Classification of law", *Harvard Law Review*, Vol. 37, No. 8, 1924.

Powers, P. J. , "Defining the Undefinable: Good Faith and the United Nations Convention on the Contracts for the International Sale of Goods", *JL & Com.* , Vol. 18, No. 333, 1998.

Publishers.

Radin, M. J. , "Reconsidering the rule of law", *BUL Rev.* , Vol. 69, No. 781, 1989.

Rainwater, L. , *Social Problems and Public Policy: Inequality and Justice*, Chicago: Aldine Publishing Company, 1974.

Rawls, J. , *A Theory of Justice*, Belknap Press, 1999.

Rybczynski, W. , *Home: A Short History of An Idea*, Viking New York, 1986.

Scott, J. , "A matter of record: Documentary sources in social research", *Recherche*, Vol. 67, No. 2, 1990.

Security Housing Bureau, Y. , Affordable Housing Constrution in Yinchuan, http://www.nx.xinhuanet.com/fc/2011 - 04/15/content _ 22719040. htm, 2011.

Security Housing Bureau, Y. , *Current Affordable Housing Program in Yinchuan*, Retrieved http: //www. ycre. gov. cn/news_list. asp? ntype, 2010.

Shen, Z. & Xiong, J. , C. , "Affordable Housing Fraud in Wuhan", http: //news. xinhuanet. com/fortune/2010 - 03/31/content_13275001. htm, 2010.

Shiller, R. , *Irrational Exuberance (2nd ed)*, Princeton: Princeton University Press, 2005.

Silverman, D. , *Interpreting Qualitative Data: Methods for Analyzing Talk, Text, and Interaction*, Sage Publications Ltd, 2006.

Solinger, D. J. , "The creation of a new underclass in China and its implications", *Environment and Urbanization*, Vol. 18, No. 1, 2006.

Statistics Bureau, C. , Administrative Division and Population of Ethnic Minority Autonomous Areas, National Bureau of Statistics, 2010.

Stiglitz, J. E. , "Symposium on bubbles", *The Journal of Economic Perspectives*, Vol. 4, No. 2, 1990.

Stone, M. E. , *Shelter Poverty: New Ideas on Housing Affordability*, U. S. Philadelphia: Temple Universtity Press, 1993.

Talen, E. , "Visualizing fairness: Equity maps for planners", *Journal of the American Planning Association*, Vol. 64, No. 1, 1998.

Tangri, S. S. , "Urban growth, housing and economic development: the case of India", *Asian Survey*, Vol. 8, No. 7, 1968.

Teijlingen, E. , Rennie, A. M. , Hundley, V. & Graham, W. , "The Importance of Conducting and Reporting Pilot Studies: the Example of the Scottish Births Survey", *Journal of Advanced Nursing*, Vol. 34, 2001.

Turkstra, J. , *Urban Development and Geographical Information: Spatial and Temporal Patterns of Urban Development and Land Values Using Integrated Geo-data*, Ph. D University of Utrecht, Colombia Utrecht, 1998.

UNGA, UN High Commissioner for Human Rights Resolution, 1996.

UNGA, Universal Declaration of Human Rights*International Organization and Conference Series* Ⅲ, Vol. 20, 1948.

Walker, G. Q. , *The Rule of Law: Foundation of Constitutional Democracy*, Melbourne: Melbourne University Press, 1988.

Wang, S. L. , *The Ideological Evolution of Urban Security Housing System in China*, Shanghai: Fu Dan University Press, 2006.

Wang, X. Y. & Xian, T. M. , *Research on the Running Security System of China's Security Housing Policy. Internet Technology and Applications*, Paper presented at the 2010 International Conference on, 2010.

Weinrib, E. J. , "Corrective justice in a nutshell", *The University of Toronto Law Journal*, Vol. 52, No. 4, 2002.

Wertz, F. J. , "Method and findings in a phenomenological psychological study of a complex life-event: Being criminally victimized", *Phenomenology and Psychological Research*, 1985.

Whistleblowers Protection Act 1993 (South Australia), 1993.

Whitehead, C. M. E. , "Planning policies and affordable housing: England as a successful case study?", *Housing Studies*, Vol. 22, No. 1, 2007.

Wiersma, W. & Jurs, S. G. , *Research Methods in Education: An Introduction*, Allyn & Bacon, 2004.

Willcox, R. , "Cooperative techniques and effective reduction in housing costs", *Land Economics*, Vol. 29, No. 4, 1953.

Wilson, W. & Anseau, J. , *Affordable Housing in England*, House of Commons Library, 2006.

Wong, T. C. , *Marketing Research*, Oxford: Butterworth-Heinemann, 1999.

Wratten, E. , "Conceptualizing urban poverty", *Environment and Urbanization*, Vol. 7, No. 1, 1995.

Yamane, T. , *Statistics, An Introductory Analysis*, New York: Harper and Row, 1967.

Zikmund, W. G. & Babin, B. J. , *Exploring Marketing Research*, South-Western Pub, 2006.

Zimmer, J. E. , *From Rental to Cooperative: Improving Low and Moderate Income Housing*, Beverly Hills: Sage Publications, 1977.

Zuckert, M. , *Launching Liberalism*, Lawrence, KA: University Press of Kansas, 2002.

致　　谢

做研究是每一位学者的使命和职责，但没有国家提供机会和家人背后的关爱，将很难完成任务。所以在此感谢国家的支持，感谢家人给予的帮助和鼓励！